PRIMEIRAMENTE DEUS

EDUARDO E KRISTIN NUNES

PRIMEIRAMENTE DEUS

365 DEVOCIONAIS PARA CRESCER EM FÉ

Editora Quatro Ventos
Avenida Pirajussara, 5171
(11) 99232-4832

Todos os direitos desta obra são reservados pela Editora Quatro Ventos.

Proibida a reprodução por quaisquer meios, salvo em breves citações, com indicação da fonte.

Diretor executivo: Raphael Koga
Gestão editorial:
Hanna Pedroza Carísio
Natália Ramos de Oliveira
Editora responsável:
Natália Ramos de Oliveira
Editora:
Josiane Anjos
Preparadores:
Ana Kézya Menezes
Ana Paula Cardim
Gustavo Rocha
Lucas Benedito
Milena Castro
Nadyne Voi
Revisores:
Carolyne Larrúbia D. Lomba
Lucas Lavísio
Diagramação: Suzy Mendes
Capa: Vinícius Lira

Todas as citações bíblicas e de terceiros foram adaptadas segundo o Acordo Ortográfico da Língua Portuguesa, assinado em 1990, em vigor desde janeiro de 2009.

Todo o conteúdo aqui publicado é de inteira responsabilidade dos autores.

Todas as citações bíblicas foram extraídas da Nova Almeida Atualizada, salvo indicação em contrário.

Citações extraídas do site *https://bibliaonline.com.br/naa*. Acesso em outubro de 2024.

1ª edição: novembro 2024

Catalogação na publicação
Elaborada por Bibliotecária Janaina Ramos – CRB-8/9166

N972p

Nunes, Eduardo

Primeiramente Deus: 365 devocionais para crescer em fé / Eduardo Nunes, Kristin Nunes. – São Paulo: Quatro Ventos, 2024.

392 p.; 16 x 23 cm
ISBN 978-85-54167-85-1

1. Teologia devocional. I. Nunes, Eduardo. II. Nunes, Kristin. III. Título.

CDD 277.3

Índice para catálogo sistemático

I. Teologia devocional

ESTE DEVOCIONAL PERTECENCE A:

CONHEÇA ESTE DEVOCIONAL

O relacionamento com Deus deve ser a base de toda a nossa vida; e Sua Palavra, o firme fundamento sobre o qual construímos cada um dos nossos dias. É exatamente por esse motivo que o momento devocional é tão importante em nossa caminhada. Sabemos que, para muitas pessoas, pode parecer complicado estabelecer um tempo para se desconectar de tudo e dedicar-se unicamente à intimidade com Deus. No entanto, isso pode ser mais simples do que parece! Assim, para facilitar seu momento de leitura bíblica, oração e comunhão com o Pai, dividimos este devocional em algumas partes, e, a seguir, explicaremos como cada uma delas funciona.

DATA
Cada reflexão neste livro foi pensada para corresponder a um dia do seu ano. Para ajudá-lo a se localizar ao longo dos meses, logo no início da página, você encontra o dia específico para a sua leitura.

VERSÍCULO-BASE
Todos os devocionais são biblicamente embasados, e, logo após o título, você pode ler o texto bíblico que fundamenta o conteúdo desenvolvido.

TEXTO DEVOCIONAL
Para auxiliá-lo na meditação e no entendimento do texto bíblico, esta seção apresenta reflexões e revelações a respeito do versículo-base.

CONTAGEM DO ANO
Nosso intuito é que este devocional seja seu companheiro ao longo de todo o ano, contribuindo para que seu relacionamento com Deus seja verdadeiramente profundo e constante. Assinale o espaço com a contagem do ano e acompanhe sua jornada de 365 dias.

NA PRÁTICA

Mais que lhe apresentar reflexões bíblicas, desejamos que a Palavra de Deus cause uma verdadeira transformação na sua vida, sendo refletida em suas ações e decisões no dia a dia. Por isso, após a leitura de cada texto, propomos uma aplicação prática e individual – pode ser uma oração direcionada, uma pergunta para que você analise sua vida ou, até mesmo, um desafio.

BÍBLIA EM UM ANO

Acreditamos que a verdadeira mudança ocorre apenas por meio do engajamento bíblico. Se você deseja alcançar níveis ainda mais profundos e ler a Bíblia completa ao longo do ano, acompanhe o plano de leitura indicado em cada página.

ANOTAÇÕES

Anote o que o Senhor falar com você ou aquilo que mais o impactar em cada devocional. Faça deste espaço um memorial da transformação que você viverá ao longo deste ano.

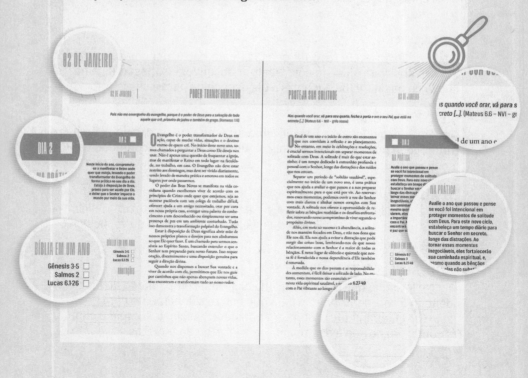

COMECE BEM

Utilize este espaço para registrar o que quiser. Você pode estabelecer metas para o seu ano ou escrever o que espera ao iniciar este devocional, por exemplo. Sinta-se livre para anotar e até mesmo ilustrar suas expectativas e inspirações.

Agora, faça uma oração para o ano que está se iniciando. Entregue a Deus seus sonhos, anseios e expectativas, e confie que os planos d'Ele são sempre melhores e maiores que os seus.

GRANDES EXPECTATIVAS | 01 DE JANEIRO

Toda a cidade estava reunida à porta da casa. (Marcos 1.33)

O início de um novo ano traz consigo a oportunidade de renovar nossas esperanças e expectativas em relação ao que Deus pode e quer fazer em nossas vidas. Assim como toda a cidade se reuniu à porta da casa onde Jesus estava, devemos nos aproximar d'Ele com um coração cheio de esperança, prontos para contemplar a maneira como o Senhor Se manifestará em nosso caminho.

Cultivar uma expectativa genuína começa com uma postura de fé e prontidão espiritual. Precisamos estar dispostos a deixar de lado as distrações e correr para o lugar onde Cristo está agindo. Em Marcos 1.33, vemos uma cidade inteira se reunindo em torno do Mestre, ansiosa por testemunhar os milagres e ensinos que fluíam de Sua presença e participar deles. Esse mesmo senso de embalo e atração deve permear nossos corações ao começarmos um novo ano.

Devemos, portanto, nos aproximar d'Ele com a mesma expectativa, perguntando o que Ele tem para nós neste novo ciclo. Isso significa abrir nossos corações para as novas direções, desafios e bênçãos que o Senhor nos deseja conceder. Em vez de nos contentarmos com o que já experimentamos, devemos estar prontos para receber o novo que Deus preparou.

O novo ano é uma chance de recomeçar, de redefinir nossas prioridades e de buscar uma intimidade mais profunda com o Senhor. Quando cultivamos grandes expectativas em relação ao Seu querer, preparamos o terreno para que Ele opere de forma poderosa em nossas vidas e ao nosso redor.

DIA 1

NA PRÁTICA

Aproveite os primeiros dias do ano e reserve um momento para estar em oração e reflexão, perguntando a Jesus o que Ele tem para você nesta nova temporada. Cultive uma expectativa genuína e peça a Deus que aumente sua fé para acreditar nas grandes coisas que Ele deseja realizar. Esteja pronto para viver coisas inimagináveis!

BÍBLIA EM UM ANO

- [ ] Gênesis 1-2
- [ ] Salmos 1
- [ ] Lucas 5.27-39

ANOTAÇÕES

02 DE JANEIRO | PODER TRANSFORMADOR

Pois não me envergonho do evangelho, porque é o poder de Deus para a salvação de todo aquele que crê, primeiro do judeu e também do grego. (Romanos 1.16)

DIA 2

NA PRÁTICA

Neste início de ano, comprometa-se a manifestar o Reino onde quer que esteja, levando o poder transformador do Evangelho de forma prática no seu dia a dia. Esteja à disposição de Deus, pronto para ser usado por Ele, e deixe que o Senhor impacte o mundo por meio da sua vida.

BÍBLIA EM UM ANO

Gênesis 3-5 ☐
Salmos 2 ☐
Lucas 6.1-26 ☐

ANOTAÇÕES

O Evangelho é o poder transformador de Deus em ação, capaz de mudar vidas, situações e o destino eterno de quem crê. No início deste novo ano, somos chamados a perguntar a Deus como Ele deseja nos usar. Não é apenas uma questão de frequentar a igreja, mas de manifestar o Reino em todo lugar: na faculdade, no trabalho, em casa. O Evangelho não deve estar restrito aos domingos, mas deve ser vivido diariamente, sendo levado de maneira prática e amorosa em todos os lugares por onde passarmos.

O poder das Boas Novas se manifesta na vida cotidiana quando escolhemos viver de acordo com os princípios de Cristo onde quer que estejamos, seja ao mostrar paciência com um colega de trabalho difícil, oferecer ajuda a um amigo necessitado, orar por cura em nossa própria casa, entregar uma palavra de conhecimento a um desconhecido ou simplesmente ser uma presença de paz em um ambiente conturbado. Tudo isso demonstra a transformação palpável do Evangelho.

Estar à disposição de Deus significa abrir mão de nossos próprios planos e desejos para nos alinharmos ao que Ele quer fazer. É um chamado para sermos sensíveis ao Espírito Santo, buscando entender o que o Senhor tem preparado para nosso futuro. Isso requer oração, discernimento e uma disposição genuína para seguir a direção divina.

Quando nos dispomos a buscar Sua vontade e a viver de acordo com ela, permitimos que Ele nos guie por caminhos que não apenas abençoam nossas vidas, mas encontram e transformam tudo ao nosso redor.

PROTEJA SUA SOLITUDE

03 DE JANEIRO

*Mas quando você orar, **vá para seu quarto, feche a porta** e ore a seu Pai, que está no secreto [...]*. (Mateus 6.6 – NVI – grifo nosso)

O final de um ano e o início de outro são momentos que nos convidam à reflexão e ao planejamento. No entanto, em meio às celebrações e resoluções, é crucial sermos intencionais em separar momentos de solitude com Deus. A solitude é mais do que estar sozinho; é um tempo dedicado à comunhão profunda e pessoal com o Senhor, longe das distrações e dos ruídos que nos cercam.

Separar um período de "solidão saudável", especialmente no início de um novo ano, é uma prática que nos ajuda a avaliar o que passou e a nos preparar espiritualmente para o que está por vir. Ao reservarmos esses momentos, podemos ouvir a voz do Senhor com mais clareza e alinhar nossos corações com Sua vontade. A solitude nos oferece a oportunidade de refletir sobre as bênçãos recebidas e os desafios enfrentados, renovando nosso compromisso de viver segundo o propósito divino.

Aliás, em meio ao sucesso e à abundância, a solitude nos mantém focados em Deus, e não nos dons que Ele nos dá. Ela nos ajuda a evitar a distração que pode surgir das coisas boas, lembrando-nos de que nosso relacionamento com o Senhor é a maior de todas as bênçãos. É nesse lugar de silêncio e quietude que nossa fé é fortalecida e nossa dependência d'Ele também é renovada.

À medida que os dias passam e as responsabilidades aumentam, é fácil deixar a solitude de lado. No entanto, esses momentos são essenciais para mantermos nossa vida espiritual saudável, e nosso relacionamento com o Pai vibrante ao longo de todo o ano.

DIA 3

NA PRÁTICA

Avalie o ano que passou e pense se você foi intencional em proteger momentos de solitude com Deus. Para este novo ciclo, estabeleça um tempo diário para buscar o Senhor em secreto, longe das distrações. Ao tornar esses momentos inegociáveis, eles fortalecerão sua caminhada espiritual, e, mesmo quando as bênçãos vierem, elas não substituirão a importância de estar a sós com o Pai. Apenas assim você encontrará a renovação, direção e paz que só Ele pode dar.

BÍBLIA EM UM ANO

- ☐ Gênesis 6-7
- ☐ Salmos 3
- ☐ Lucas 6.27-49

ANOTAÇÕES

04 DE JANEIRO | **POR QUE VOCÊ VEIO?**

*Jesus, porém, lhes disse: – Vamos a outros lugares, aos povoados vizinhos, a fim de que eu pregue também ali, pois **foi para isso que eu vim**.* (Marcos 1.38 – grifo nosso)

DIA 4

NA PRÁTICA

Busque em Deus clareza sobre seu propósito e seja intencional em seguir o chamado que Ele tem para sua vida. Escreva sua missão pessoal em lugar visível, como um lembrete que guiará suas decisões e a forma como você usará seus dons e recursos. Assim como Jesus, não se distraia com as expectativas dos outros. Mantenha o foco no que realmente importa e siga firme naquilo que o Senhor tem para você.

BÍBLIA EM UM ANO

Gênesis 8-10 ☐
Salmos 4 ☐
Lucas 7.1-17 ☐

ANOTAÇÕES

Há algo poderoso em saber exatamente o porquê de estarmos aqui. Jesus, em meio à crescente popularidade e às demandas incessantes das multidões, nunca perdeu de vista o propósito para o qual havia sido enviado. Quando todos esperavam que Ele continuasse curando e pregando onde já estava, Cristo os surpreendeu ao declarar que precisava ir a outros lugares, porque foi para isso que Ele viera.

A clareza de Jesus sobre Seu propósito é um exemplo vital para nós, especialmente ao iniciarmos um novo ano. O Mestre era guiado por um destino profético, completamente ciente de Sua missão. Ele sabia que não poderia Se distrair com as expectativas dos outros, mesmo que fossem boas. A importância de termos clareza sobre nosso chamado e de sermos intencionais em segui-lo, independentemente de outras demandas, é crucial para compreendermos o que Deus espera que façamos.

Ao observarmos a vida de Jesus, vemos que Sua intencionalidade em cumprir a missão era inabalável. Ele não permitiu que o sucesso temporário cegasse Sua perspectiva eterna. Da mesma forma, ao planejarmos nossas ações para o ano que está começando, precisamos adotar esse mesmo objetivo.

Os atrativos alheios são muitos, e é fácil perdermos o foco quando estamos cercados por eles de todos os lados. Contudo, assim como Jesus, precisamos evitar os desvios e atalhos, discernindo, por meio da palavra que recebemos, o que realmente importa. Por isso, não hesite em perguntar a Deus: "Por que eu estou aqui?" ou "O que o Senhor quer que eu faça?". Com toda certeza, Ele lhe responderá!

RESPONDA AO CHAMADO

| 05 DE JANEIRO

Quando o Senhor viu que ele se aproximava para ver, Deus, do meio da sarça, o chamou e disse: — Moisés! Moisés! Ele respondeu: — Eis-me aqui! (Êxodo 3.4)

Precisamos ser intencionais ao respondermos ao chamado de Deus, e não apenas ouvi-lO de longe, sem nos aproximarmos para cumprir os planos d'Ele. Moisés, que, ao se aproximar da sarça ardente, foi chamado pelo Senhor, é um exemplo de como devemos atender a esse tipo de convocação. Ele vê uma sarça pegando fogo e se aproxima, porém, primeiro, Deus lhe pede que tire as sandálias, pois a terra é santa.

Não apenas observe o fogo, aproxime-se dele. A experiência que temos com o Senhor precisa gerar aproximação! Quando Ele levanta homens e mulheres para Sua obra, chama-os para ainda mais perto de Sua Presença, pois ela, como fogo, purifica Seus filhos para que a obra seja feita, e Seu nome glorificado.

Moisés pode ter tido medo ou ter ficado confuso inicialmente, mas ele sabia que aquela era a voz do Deus de Israel. Ele tentou buscar argumentos do porquê não era a pessoa certa para a missão que o Senhor lhe estava dando. Não se sentia capaz, mas Deus lhe mostrou o caminho para que cumprisse o chamado. Já pensou? Tentar convencer um Deus que sabe de todas as coisas a mudar de ideia?

Talvez você tenha feito isso, pois se acha pequeno demais, como Moisés. Porém, o Senhor o levantou como libertador do povo e ouviu o clamor dos Seus filhos ali (cf. Êxodo 3.7, 9-10). Então o capacitou e honrou sua obediência. Devemos ter a convicção de que Deus nos sustentará, proverá e capacitará, porque, realmente, não somos capazes de fazer nada sem Ele. Só podemos participar de Seus planos porque Ele nos chama! Então, responda ao chamado.

☐ DIA 5

NA PRÁTICA

Você sabe qual o chamado de Deus para sua vida? Quais pensamentos rondam sua mente quando pensa sobre o que Ele disse que vai realizar por meio de você? Nunca duvide daquilo que Deus pode fazer! O poder vem d'Ele. Apenas confie e obedeça!

BÍBLIA EM UM ANO

- ☐ Gênesis 11
- ☐ Salmos 5
- ☐ Lucas 7.18-50

ANOTAÇÕES

....

....

....

....

....

....

06 DE JANEIRO | CUIDE PRIMEIRO DO SEU CORAÇÃO

Raça de víboras! Como vocês podem falar coisas boas, sendo maus? Porque a boca fala do que está cheio o coração. (Mateus 12.34)

DIA 6

NA PRÁTICA

Durante a semana, concentre-se em encher seu coração com a Palavra de Deus. Ore para que Suas promessas transbordem de sua boca, refletindo a verdade e o amor do Pai em suas palavras.

BÍBLIA EM UM ANO

Gênesis 12 ☐
Salmos 6 ☐
Lucas 8.1-25 ☐

ANOTAÇÕES

As palavras que falamos são um reflexo direto do que está em nossos corações (cf. Mateus 12.34). Se estivermos cheios de negatividade, medo ou raiva, é isso que sairá de nossas bocas. Mas, se estivermos preenchidos pela Palavra de Deus e Suas promessas, então nossas palavras serão vivificantes, encorajadoras e alinhadas à Sua verdade. Assim, antes de nos concentrarmos no que dizemos, precisamos nos concentrar no que está servindo de alimento aos nossos corações e mentes.

Nossas palavras são um espelho do estado de nossos corações. Se o que dizemos contraria as promessas de Deus, isso indica que precisamos reavaliar o que estamos permitindo preencher nosso interior. Estamos, então, alimentando-nos da Palavra do Senhor, ou estamos nos enchendo de coisas que nos afastam de Sua verdade? Logo, para falar palavras que se alinhem às promessas d'Ele, devemos primeiro encher nossos corações com Sua presença, Palavra e verdade.

Se seus lábios não estão refletindo o amor e as promessas do Criador, é hora de nutrir seu coração com a Palavra. A boca só pode declarar aquilo de que o coração está cheio, então se certifique de que o seu esteja transbordando com a presença de Deus. Passe um tempo lendo as Escrituras, medite sobre as promessas do Senhor e permita que a verdade transforme seu coração. Quando você fizer isso, suas palavras naturalmente se alinharão à vontade d'Ele. Portanto, cuidar de seu coração é o primeiro passo para garantir que suas palavras sejam uma bênção, tanto para você, quanto para os outros.

IMPROVÁVEIS

| 07 DE JANEIRO

Vendo isto, os fariseus perguntavam aos discípulos de Jesus: — Por que o Mestre de vocês come com os publicanos e pecadores? Mas Jesus, ouvindo, disse: — Os sãos não precisam de médico, e sim os doentes. (Mateus 9.11-12)

O Rei dos reis e Senhor dos senhores surpreendeu muitos em Sua época ao escolher passar tempo com aqueles considerados improváveis. Enquanto os fariseus e escribas se distanciavam dos pecadores e publicanos, Cristo fazia questão de estar com eles, não para validar seus pecados, mas para transformar suas vidas.

Os fariseus, zelosos pela pureza estética e pela observância estrita da Lei, ficavam indignados com as atitudes de Jesus. Para eles, estar na presença de pecadores comprometia a santidade e a reputação de um líder religioso. No entanto, Cristo não Se deixava levar pelas convenções. Ele entendia que os que mais precisavam de ajuda eram os conscientes de sua própria necessidade de redenção.

O hábito de Jesus de Se relacionar com os improváveis também revela muito sobre Sua natureza e missão. Ele não veio aos justos, mas aos pecadores (cf. Mateus 9.13). Porém, nem todos reconheceram seus estados de pecadores e sua necessidade de um Salvador. Sua presença entre os marginalizados e os doentes demonstrava a Sua compaixão por todos, independentemente de seu estado. Cristo viu além das aparências, focando na condição interior de cada um.

Como discípulo, você deve seguir o exemplo de Jesus ao estender graça aos que estão à margem da sociedade ou da comunidade religiosa. Isso significa não julgar pelas aparências, mas entender as lutas dos outros. Esteja disposto a quebrar as barreiras impostas pela sociedade para compartilhar o amor de Deus de forma significativa, buscando a restauração e a transformação de toda criatura.

■ DIA 7

NA PRÁTICA

Pense em alguém ou em um grupo de pessoas que é frequentemente considerado improvável ou marginalizado. Ore para que Deus lhe dê oportunidades de demonstrar o amor e a compaixão de Cristo a eles. Considere como você pode se envolver ativamente na vida dessas pessoas, oferecendo ajuda prática e apoio espiritual, seguindo o exemplo de Jesus. Que suas ações reflitam o coração do Senhor, que veio para buscar e salvar os perdidos (cf. Lucas 19.10).

BÍBLIA EM UM ANO

☐ Gênesis 13-14
☐ Salmos 7
☐ Lucas 8.26-56

ANOTAÇÕES

08 DE JANEIRO | **IDENTIDADE**

[...] Todas as vezes que Ana ia à Casa do Senhor, a outra a irritava. Por isso Ana se punha a chorar e não comia nada. Então Elcana, seu marido, lhe disse: — Ana, por que você está chorando? E por que não quer comer? E por que está tão triste? Será que eu não sou melhor para você do que dez filhos? (1 Samuel 1.7-8)

DIA 8

NA PRÁTICA

Você já viveu alguma situação em que se esqueceu de quem era? Os tempos difíceis já roubaram do seu coração a certeza de que você é filho de Deus? Como você pode manter-se no lugar certo e firmar-se na Rocha, que é Cristo, em tempos difíceis?

BÍBLIA EM UM ANO

Gênesis 15 ☐
Salmos 8 ☐
Lucas 9.1-27 ☐

ANOTAÇÕES

A frustração e a dor podem roubar a nossa identidade e nos fazer esquecer do nosso propósito e valor se não estivermos fundamentados na Rocha. Quando focamos o que nos falta ou que nos foi tirado, não percebemos todas as bênçãos que temos. Também não consideramos que já recebemos o maior presente que poderíamos ganhar: a Graça redentora de Deus. É por causa dela que somos chamados filhos amados, e essa é a nossa verdadeira identidade. Fomos adotados porque Cristo Se fez carne e sofreu em nosso lugar!

Para Ana, ter um filho era uma realização, e isso era lícito. É claro que podemos sonhar com grandes coisas e desejar alcançá-las; o problema é quando a demora em atingirmos esses objetivos — ou, até mesmo, o fracasso — se torna a definição de quem somos. Ana não era "a infértil", mesmo que a chamassem dessa forma; era "a mulher agraciada", cheia de fé e coragem. Ainda que nunca conseguisse gerar um filho ou que apontassem o dedo para ela, Ana cria na fidelidade de Deus e confiava na Sua soberania.

Isso não significa que ela não ficava triste ou abatida. Lemos que essa mulher sofria, mas se derramava diante do Senhor, expondo seus desejos, e não alimentava uma mentalidade de vítima ou regava um coração amargurado. Precisamos entender que, quando as coisas não saem como planejamos, Deus continua sendo bom e poderoso. Ele sabe o que desejamos, mas faz o melhor em prol do Seu nome e dos Seus filhos! A cura e transformação ganham espaço quando permanecemos confiantes e completamente dependentes do Pai, na derrota ou na vitória.

ANDAR COM CRISTO

09 DE JANEIRO

Em verdade, em verdade, lhes digo: se o grão de trigo, caindo na terra, não morrer, fica ele só; mas, se morrer, produz muito fruto. Quem ama a sua vida perde-a; mas aquele que odeia a sua vida neste mundo irá preservá-la para a vida eterna. (João 12.24-25)

A ideia de odiar a própria vida gera estranhamento. Ao ler esse verso, podemos ter a impressão de que devemos entrar em autocomiseração, agindo com completo desprezo ao que há de bom em nós, quando, na verdade, trata-se de morrer para nós mesmos — renunciar a nossas próprias vontades — a fim de vivermos para Cristo.

Quando aceitamos Jesus, precisamos rever antigos hábitos e posturas que já não condizem com a nossa nova natureza. Não mais buscamos satisfazer a nós mesmos, mas fixamos nossos olhos e ansiamos conhecer o coração e a mente do Deus que nos salvou. Ainda que enfrentemos oposições, ao servirmos o Senhor, dedicamos a Ele tudo o que somos e temos em uma entrega radical, sem medirmos esforços. Esse é o significado de tomar nossa cruz e segui-lO (cf. Lucas 9.23), procurando obedecer às Suas direções em cada detalhe.

Ou seja, nossa vida deve ser completamente entregue ao Senhor, e não pela metade. Vemos que alguns, muitas vezes, querem que Deus Se ajuste à sua maneira de viver, em vez de serem transformados de acordo com Sua palavra e vontade. Isso apenas mostra que não houve entrega radical nem confiança verdadeira no governo do Pai. Se você se encontra nesse lugar, esse é o momento de mudar sua perspectiva e seguir Jesus integralmente, entregando tudo o que é e todas as áreas de sua vida a Ele, não para buscar benefícios próprios, mas porque deseja Sua presença mais que todas as outras coisas. Escolha Cristo, carregue sua própria cruz. Somente assim você desfrutará de uma alegria plena que não lhe será tirada.

DIA 9

NA PRÁTICA

Quais obstáculos o têm impedido de seguir a Jesus? Como pode enfrentá-los? Ore a Deus pedindo discernimento acerca de quais hábitos você deve abandonar e peça as ferramentas e estratégias necessárias para permanecer firme, a fim de dar bons frutos.

BÍBLIA EM UM ANO

- [ ] Gênesis 16
- [ ] Salmos 9
- [ ] Lucas 9.28-62

ANOTAÇÕES

18 DE JANEIRO | **ENXERGUE O PRESENTE**

E por que o Senhor nos traz a esta terra, para cairmos à espada e para que nossas mulheres e nossas crianças sejam por presa? Não seria melhor voltarmos para o Egito?

(Números 14.3)

DIA 18

NA PRÁTICA

Mantenha seus olhos no que Deus está fazendo agora. Mesmo quando o medo e a dúvida surgirem, escolha abraçar novas perspectivas e seguir em frente com fé, confiando em Seus planos.

BÍBLIA EM UM ANO

Gênesis 17 ☐
Salmos 10 ☐
Lucas 10.1-20 ☐

ANOTAÇÕES

Quando os israelitas enfrentaram medo e incerteza no deserto, sua reação imediata foi olhar para trás, ansiando pela familiaridade do Egito, mesmo que significasse retornar a um lugar de escravidão. O medo distorce a perspectiva, fazendo-nos esquecer das promessas de Deus e duvidar de Seu plano. Os israelitas culparam Moisés e Arão, questionando as intenções do Senhor. Consumidos pelo medo, estavam dispostos a desistir da Terra Prometida, preferindo se apegar a um passado que não lhes servia mais.

O perigo de cair em um lugar de medo e murmuração é que isso nos cega para o que Deus está fazendo. Quando nos concentramos nos desafios futuros ou nas dificuldades do passado, perdemos de vista as promessas do Criador e Sua capacidade de nos ajudar. Essa mentalidade pode nos levar a tomar decisões ruins, como os israelitas que queriam retornar ao Egito simplesmente porque parecia mais seguro que enfrentar o desconhecido. Mas o Senhor nos chama para focar o que Ele está fazendo hoje e para confiar que Seu plano é melhor.

Para ver o presente com clareza, devemos mudar nossa perspectiva e focar a novidade de Deus em nossas vidas. É fácil ficar preso no passado ou sobrecarregado pelos desafios, mas devemos lembrar que o Senhor está sempre fazendo algo novo. Ao manter os olhos n'Ele e em Suas promessas, podemos superar o medo e abraçar o futuro que preparou para nós. Vamos escolher confiar no plano do Criador, permitindo que Ele nos guie para a frente, em vez de deixar o medo nos levar de volta ao passado.

COMBATA AS FORTALEZAS

11 DE JANEIRO

Porque as armas da nossa luta não são carnais, mas poderosas em Deus, para destruir fortalezas [...]. (2 Coríntios 10.4)

A mente é um campo de batalha em que as mentiras do Inimigo tentam erguer fortalezas que nos afastam da verdade da Palavra e de nossa identidade em Cristo. Em 2 Coríntios 10.4, o Apóstolo Paulo nos lembra de que as nossas armas não são carnais, mas são capazes de destruir qualquer coisa, mesmo os muros que tentam cercar nossos pensamentos, levando-nos a pensar de maneira contrária à vontade de Deus.

Paulo também alerta, em 2 Coríntios 11.3-4, para a estratégia do Maligno de corromper a mente dos crentes, desviando-os da devoção a Cristo. Isso acontece quando aceitamos afirmações como "não sou amado" ou "não sou capaz". De repente, sentimentos como a insegurança e a raiva transbordam, e isso significa que algo dentro de nós não está alinhado.

No entanto, por meio do Espírito Santo, recebemos a revelação para identificar essas mentiras e confrontá-las com as Escrituras. Como filho de Deus, você tem a mente de Cristo (cf. 1 Coríntios 2.16), e essa é a sua arma poderosa para demolir toda fortaleza mental. O Espírito Santo é nosso aliado nesse processo, pois não é possível usar armas espirituais de maneira natural, apoiados em nossas próprias forças. Ele é quem nos fortalece e nos dá a capacidade de vencer essas guerras.

Portanto, é necessário assumir que estamos em guerra: não podemos andar desarmados. Não subestime o poder das armas espirituais que o Senhor lhe deu. Combata as artimanhas do Diabo com a verdade da Palavra de Deus e permita que o Espírito Santo renove sua mente todo dia (cf. Romanos 12.2).

DIA 11

NA PRÁTICA

Identifique os pensamentos de medo, insegurança ou qualquer outra mentira que você tenha aceitado nos últimos tempos. Peça ao Espírito Santo que lhe revele a verdade de Deus para essas questões. Escreva versículos que combatam diretamente essas mentiras e medite neles todos os dias. Decida derrubar as fortalezas com as armas certas e alinhar sua mente com a mente de Cristo.

BÍBLIA EM UM ANO

- ☐ Gênesis 18
- ☐ Salmos 11
- ☐ Lucas 10.21-42

ANOTAÇÕES

12 DE JANEIRO | **NATURALMENTE SOBRENATURAL**

Porque o nosso evangelho não chegou a vocês somente em palavra, mas também em poder, no Espírito Santo e em plena convicção. E vocês sabem muito bem qual foi o nosso modo de agir entre vocês, para o próprio bem de vocês. (1 Tessalonicenses 1.5)

DIA 12

NA PRÁTICA

Depois de ler o devocional, exercite o sobrenatural em seu dia a dia durante esta semana. Leve isso como estilo de vida e seja ainda mais intencional nos próximos dias! Peça discernimento do Alto para ouvir a voz de Deus. Seja orando por cura, seja liberando alguma palavra profética, obedeça à direção do Espírito!

BÍBLIA EM UM ANO

Gênesis 19 ☐
Salmos 12 ☐
Lucas 11.1-28 ☐

ANOTAÇÕES

O crescimento do Reino de Deus ocorre no momento em que se unem o conhecimento das Escrituras e a manifestação do poder sobrenatural do Espírito Santo no dia a dia de Seu povo. Isso acontece quando o Espírito Santo tem liberdade para agir sempre em nosso meio e Se torna nosso Senhor e Amigo. **Não importa onde estivermos, quando abraçamos a responsabilidade da Grande Comissão, um avivamento se torna iminente.**

Ao atendermos ao chamado de Cristo para nossas vidas, agarramos e tomamos, para nós, a tarefa de trazer o sobrenatural para a rotina; o Céu na Terra. Não podemos nos acostumar com o poder explosivo do Espírito Santo nem o menosprezar — precisa ser algo que buscamos corriqueiramente com temor. No período em que Paulo exerceu seu ministério, os gentios eram convencidos a entregar a vida a Jesus enquanto presenciavam os prodígios e maravilhas que os apóstolos perpetuavam, fluindo desde Jerusalém até suas fronteiras mais distantes. A fé das pessoas que se achegavam a Cristo, em várias situações, foi encorajada pelo estilo de vida dos discípulos que atuavam no sobrenatural de maneira natural.

Em 2 Coríntios 12.12 está escrito: "Pois as minhas credenciais de apóstolo foram apresentadas no meio de vocês, com toda a paciência, por sinais, prodígios e maravilhas". O Espírito deseja agir com poder por meio de nós! É fato que a sociedade só é transformada por meio de um avivamento quando acompanhado de um grande mover sobrenatural. Basta olharmos para a História. Seja canal para que isso aconteça!

ASSUMA O SEU LUGAR

| 13 DE JANEIRO

Porque, se você ficar calada agora, de outro lugar virá socorro e livramento para os judeus, mas você e a casa de seu pai perecerão. Mas quem sabe se não foi para uma conjuntura como esta que você foi elevada à condição de rainha? (Ester 4.14)

Reconhecer e assumir as posições de poder e influência em que Deus nos colocou não são apenas um privilégio, mas uma responsabilidade. A história de Ester é um poderoso lembrete disso. Quando confrontada com a oportunidade de salvar seu povo, teve de decidir se permaneceria em silêncio, ou se usaria sua influência como rainha para cumprir um propósito divino. Ester 4.14 nos desafia a considerar se também fomos colocados em nossas posições atuais "para um tempo como este". É um chamado à ação, lembrando-nos de que estamos onde estamos por uma razão, e que esta geralmente é levar transformação e esperança aos que estão a nosso redor.

Assumir seu lugar no Reino de Deus significa reconhecer que sua influência e autoridade não são para ganho pessoal. Seja em uma posição de liderança, tendo voz na comunidade; seja simplesmente influenciando aqueles a seu redor, seu papel é vital. Como Ester, somos chamados a usar nossas posições para buscar justiça, compaixão e transformação na sociedade. Isso pode significar falar contra a injustiça, apoiar os necessitados ou somente viver a fé de forma que inspire outros a fazerem o mesmo.

Tomar seu lugar é entender que seu chamado é único e que sua posição, independentemente de quão pequena ou grande, tem potencial de impactar o mundo. A chave é abraçar seu papel com o entendimento de que o Senhor o colocou onde está com um propósito. Ao assumir seu chamado, você pode ser um canal para a transformação que Deus deseja, assim como Ester fez.

NA PRÁTICA

Identifique onde você tem influência, grande ou pequena. Ore pela coragem de usá-la para o propósito divino, seguindo o exemplo de Ester. Assuma seu papel com ousadia, sabendo que você é chamado para concretizar transformações.

BÍBLIA EM UM ANO

☐ Gênesis 20
☐ Salmos 13
☐ Lucas 11.29-54

14 DE JANEIRO | O SEU PAPEL NO MILAGRE

Se o Senhor não edificar a casa, em vão trabalham os que a edificam. Se o Senhor não guardar a cidade, em vão vigia a sentinela. Será inútil levantar de madrugada, dormir tarde, comer o pão que conseguiram com tanto esforço; aos seus amados ele o dá enquanto dormem. (Salmos 127.1-2)

DIA 14

NA PRÁTICA

Existe algum aspecto da sua vida que você tenta controlar sozinho? Submeta cada detalhe dos seus dias à soberania de Deus. Talvez, você já tenha Lhe entregado sua vida profissional, por exemplo, mas será que já submeteu a Ele todas as preocupações financeiras? Lembre-se de que seus esforços são inúteis quando não partem dos direcionamentos do Senhor.

BÍBLIA EM UM ANO

Gênesis 21 ☐
Salmos 14 ☐
Lucas 12.1-34 ☐

ANOTAÇÕES

Ter fé naquilo que Deus revelou não exclui a necessidade de assumir um papel ativo em nossos esforços e planejamentos. É necessário que tenhamos equilíbrio e entendamos que uma coisa não exclui a outra, pois existe uma responsabilidade importante em nossas mãos. É justamente isso o que lemos em Salmos 127.1--2! O salmista não nos aconselha a não trabalhar, ele chama a nossa atenção para fazer tudo debaixo da bênção do Senhor. Inútil é fazer sem a presença d'Ele!

Pensando nisso, ter discernimento para escutar a voz de Deus é vital para a jornada cristã; e não só isso, como também obedecer rapidamente às orientações d'Ele. É a dependência do Senhor que fará com que você não se torne falsamente um "superespiritual" ou um ativista, que serve na igreja movido por superficialidade. A nossa régua sempre deve ser as Escrituras.

Mesmo quando o Senhor nos dá uma palavra, existem papéis humanos a serem desempenhados: edificar a casa, vigiar a cidade ou conseguir o pão. Se ficamos distraídos e deixamos de contemplar a soberania divina nas situações, paramos de fazer nossa parte na colaboração com os milagres e intervenções do Senhor. Por outro lado, servir é em vão se Deus não estiver conosco! Ele é o detentor de todo poder e misericórdia, mas, ainda assim, nos convida a fazer parte do Seu agir. Não para que tenhamos fama, mas para que Seu nome seja glorificado e O contemplemos por Sua bondade! Não se afaste de sua responsabilidade nem ignore a soberania de Deus nisso. Renda-se ao Seu agir e obedeça-Lhe!

AVIVAMENTO

15 DE JANEIRO

Também muitos dos que haviam praticado magia, reunindo os seus livros, os queimaram diante de todos. Calculado o valor dos livros, verificaram que chegava a cinquenta mil denários. (Atos 19.19)

Para Martyn Lloyd-Jones, avivamento é "[...] um período de bênçãos e atividades incomuns na vida da Igreja Cristã. Avivamento significa despertar, estimular a vida, trazê-la à tona novamente".[1] Ou seja, ele não pode ser confundido com emoção ou ser resumido a um programa da igreja, campanha de evangelismo ou manifestação dos dons espirituais.

Em Atos 19, compreendemos que o agir do Espírito Santo culmina em algumas consequências visíveis. Além de salvações e milagres extraordinários, o avivamento em Éfeso tocou a cultura, e muitos queimaram seus livros de bruxaria. O Avivamento de Gales é outro grande exemplo de como essa transformação chega para a sociedade a partir de um avivamento espiritual particular. Não foi um evento eclesiástico, mas um desencadear de mudanças sociais, como o esvaziamento de tribunais, a baixa dos índices de criminalidade, diminuição do consumo de álcool e fechamento de bares. Além disso, casamentos e famílias foram restaurados, e a parcela da população que estava endividada quitou as suas dívidas.

Um verdadeiro avivamento é acompanhado de transformação social e arrependimento genuíno. Diferentemente do que muitos imaginam, não é fogo descendo do céu e pessoas caindo no chão. Ele precisa ser sustentável! Não busque apenas o dom de línguas, curas e profecias; sim, os sinais e maravilhas indicam que há poder, mas isso só se sustenta quando existe arrependimento de coração — essa é a porta de entrada para uma transformação pessoal e cultural.

---

[1] Martyn Lloyd-Jones, *Avivamento*, 1992, p. 104.

DIA 15

NA PRÁTICA

Analisando os períodos de Grande Despertar na História da Igreja e os relatos bíblicos, percebemos que Deus age poderosamente para despertar o coração de Seu povo. Pensando nisso, quais são os sinais de um avivamento pessoal e na comunidade ao nosso redor?

BÍBLIA EM UM ANO

- ☐ Gênesis 22
- ☐ Salmos 15
- ☐ Lucas 12.35-59

ANOTAÇÕES

16 DE JANEIRO | # O QUE FAZER COM O MILAGRE?

Então Manoá orou ao Senhor, dizendo: – Ah! Meu Senhor, peço que o homem de Deus que enviaste venha outra vez e nos ensine o que devemos fazer com o menino que há de nascer. (Juízes 13.8)

DIA 16

NA PRÁTICA

Reflita sobre os milagres que Deus já realizou em sua vida. Você tem buscado a direção d'Ele sobre como administrá-los? Reserve um tempo para orar, pedindo orientação sobre como cuidar das bênçãos recebidas. O seu compromisso de seguir os princípios e a vontade do Senhor garantirá que o milagre seja vivido da melhor maneira possível.

BÍBLIA EM UM ANO

Gênesis 23 ☐
Salmos 16 ☐
Lucas 13.1-17 ☐

ANOTAÇÕES

Muitas vezes, nossa atenção se concentra no pedido de um milagre. Oramos e suplicamos pela intervenção divina! Mas o que fazer quando o milagre finalmente acontece? A história de Manoá e sua esposa, pais de Sansão, nos oferece uma valiosa lição sobre a importância de buscar orientação não apenas antes do milagre, mas também após recebê-lo.

Em Juízes 13.8, vemos Manoá orando ao Senhor, pedindo direção sobre como criar o menino prometido por Deus. Esse gesto nos ensina que a resposta às nossas orações não é o ponto-final. Pelo contrário, é o início de uma nova jornada, em que a dependência do Alto é ainda mais crucial. A falta de direção divina pode transformar até mesmo um milagre em um fardo, levando-nos a enfrentar desafios que poderiam facilmente ser evitados.

É por esse motivo que a postura de Manoá (cf. Juízes 13.2-8) é um exemplo de humildade e dependência. Ele e sua esposa receberam a promessa com fé, mas, em vez de confiar apenas em sua própria compreensão, buscaram instrução divina para saber como criar o filho, que seria um instrumento nas mãos do Senhor. Ele reconheceu que a bênção de Deus vinha acompanhada de responsabilidade.

Em nossa vida, essa mesma atitude de entrega e busca por direção nos protege de erros e nos capacita a viver os milagres de maneira plena, conforme a vontade de Deus. Assim como Manoá, precisamos nos perguntar: "O que Deus quer que eu faça com o milagre que recebi?". Buscar a orientação divina em oração é o primeiro passo para administrar de forma sábia o que Ele nos confia.

A SEMELHANÇA COM CRISTO

| 17 DE JANEIRO

Mas o fruto do Espírito é: amor, alegria, paz, longanimidade, benignidade, bondade, fidelidade, mansidão, domínio próprio. Contra essas coisas, não há lei. (Gálatas 5.22-23)

Aos olhos de Deus, a verdadeira frutificação espiritual não é medida por quantos milagres realizamos ou pelo sucesso externo que alcançamos — é sobre o quanto nos assemelhamos a Cristo em nosso caráter e ações. O texto base de hoje dá uma imagem clara de como isso acontece (cf. Gálatas 5.22-23). O fruto do Espírito reflete o caráter de Jesus em nós. Podemos ter resultados impressionantes e, ainda assim, produzir frutos azedos se nossa vida não exibir essas qualidades.

Há perigo em focarmos apenas dons espirituais e conquistas externas enquanto negligenciamos a transformação do caráter. Podemos buscar os dons do Espírito, mas estes nunca devem encobrir a importância de desenvolvermos um caráter semelhante ao de Jesus. Mateus 7.16-23 nos adverte de que nem todos que realizam milagres em nome de Cristo realmente O conhecem. Afinal, o que mais importa é produzir boas uvas — fruto espiritual que glorifica o Pai. Esse tipo de frutificação vem de permitir que Deus trate não apenas o fruto, mas a raiz, transformando-nos de dentro para fora.

Ser mais como Cristo começa com viver diariamente o fruto do Espírito. Isso significa levar o amor e a paciência a nossas interações, mesmo em uma manhã agitada de segunda-feira. Quando nossas vidas dão bons frutos, glorificamos o Pai, mostrando ao mundo a verdadeira essência de Jesus por meio de nossas ações e caráter. Esse é o resultado de uma vida enraizada em Sua presença.

DIA 17

NA PRÁTICA

Examine sua vida: você está dando frutos que são um reflexo do caráter de Cristo? Peça a Deus que o molde à Sua semelhança, concentrando-se no verdadeiro crescimento espiritual em vez de em resultados ou sinais externos.

BÍBLIA EM UM ANO

- ☐ Gênesis 24
- ☐ Salmos 17
- ☐ Lucas 13.18-35

ANOTAÇÕES

18 DE JANEIRO | UNÇÃO

> *[...] Elias disse a Eliseu: – Diga o que você quer que eu faça por você, antes que eu seja levado embora. Eliseu disse: – Quero receber por herança porção dobrada do seu espírito. Elias respondeu: – Você fez um pedido difícil. Mas, se você me vir quando eu for levado embora, será como você pede [...]. (2 Reis 2.9-10)*

DIA 18

NA PRÁTICA

Como Eliseu, você já abandonou tudo o que o prendia, a fim de abraçar o chamado do Senhor? Caso não tenha feito isso, não hesite! Abra mão do que pode impedi-lo de cumprir os propósitos divinos e caminhe ao lado de homens e mulheres que carregam a unção do Espírito Santo.

Quando Elias o convocou, Eliseu largou tudo o que estava fazendo para acompanhá-lo (cf. 1 Reis 19.19-21). Até o momento em que o profeta subiu aos Céus em um carro de fogo, Eliseu havia passado bastante tempo observando-o e estava sempre por perto por onde quer que Elias fosse.

Enquanto muitos profetas ficaram à distância, aquém do Jordão — apenas à espera do momento em que Elias fosse levado —, Eliseu foi fiel e permaneceu junto de seu pai na fé até os últimos momentos de sua vida. Eliseu estava desesperado pela unção do Senhor sobre ele e, quando questionado por seu mestre o que gostaria de receber, não hesitou: "Eu quero porção dobrada do seu espírito!".

Assim, quando chegou a hora de assumir seu lugar, Eliseu já estava familiarizado com o mover profético. Além de ter afeição pelas coisas do Alto, tinha fé e um forte senso de urgência por ver o agir do Senhor. Ele sabia que não poderia substituir a voz profética de Israel apenas com métodos ou estratégias. Era necessário autoridade e poder do Alto. Isso também foi observado no Novo Testamento quando Jesus instruiu Seus discípulos a esperarem em Jerusalém até que recebessem poder de Deus (cf. Atos 1.4).

Quão desesperado pela unção do Espírito Santo você está? Se hoje lhe perguntassem qual é o seu maior desejo, o que você responderia? Você realmente anseia a unção? Somente por meio do poder sobrenatural de Deus podemos cumprir o nosso chamado aqui na Terra. Seja como Eliseu, queime as carroças, abrace o chamado do Senhor, sirva a unção e clame por poder do Alto!

BÍBLIA EM UM ANO

Gênesis 25 ☐
Salmos 18 ☐
Lucas 14.1-24 ☐

ANOTAÇÕES

JESUS DIZ QUEM EU SOU

| 19 DE JANEIRO

*Também eu lhe digo que **você é Pedro, e sobre esta pedra edificarei a minha igreja, e as portas do inferno não prevalecerão contra ela**. Eu lhe darei as chaves do Reino dos Céus; o que você ligar na terra terá sido ligado nos céus; e o que você desligar na terra terá sido desligado nos céus.* (Mateus 16.18-19 – grifo nosso)

Um encontro profundo com Jesus revela nossa verdadeira identidade e propósito em Deus. Foi isso o que aconteceu com Pedro após ele reconhecer quem Jesus era (cf. Mateus 16.15). Muitas vezes, buscamos a Deus para saber o nosso chamado ou futuro, mas, se, em vez disso, O buscarmos simplesmente por quem Ele é, Ele nos mostrará quem somos.

Além de Pedro ouvir da boca do Mestre a revelação de sua origem e missão, o discípulo recebeu uma tarefa e um objetivo. Ele nasceu para algo, e isso foi revelado a partir de Deus. O Senhor também deixou claro que Ele abençoaria a jornada de Pedro, não porque ele era um bom discípulo e sabia o que fazer, mas sim porque **Jesus o escolheu** para cuidar da Sua Noiva.

Antes de qualquer outra coisa, a nossa oração precisa ser parecida com a de Davi, em Salmos 27.4: "Uma coisa peço ao Senhor e a buscarei: que eu possa morar na Casa do Senhor todos os dias da minha vida, para contemplar a beleza do Senhor e meditar no seu templo". O nosso maior pedido e ambição deve ser a presença de Deus, porque a nossa verdadeira identidade será revelada n'Ele! Afinal, existimos e somos, porque Ele é!

Você pode até tentar buscar a sua essência na opinião alheia ou perseguir o seu propósito por meio dos seus próprios esforços, mas apenas Aquele que o criou sabe quem você é! Apenas Deus é o detentor do seu ser original! Você deseja saber o que o Senhor preparou para a sua vida? Busque um relacionamento profundo com Ele! Corra para os Seus braços! Ame-O com tudo o que você é!

DIA 19

NA PRÁTICA

Reflita: a sua vida com Deus tem sido baseada em pedir apenas algumas orientações sobre o seu futuro, ou em buscar a revelação do seu propósito a partir de quem Jesus é?

BÍBLIA EM UM ANO

- [ ] Gênesis 26
- [ ] Salmos 19
- [ ] Lucas 14.25-35

ANOTAÇÕES

28 DE JANEIRO | O FILHO MAIS VELHO

– Então o pai respondeu: "Meu filho, você está sempre comigo; tudo o que eu tenho é seu. Mas era preciso festejar e alegrar-se, porque este seu irmão estava morto e reviveu, estava perdido e foi achado". (Lucas 15.31-32)

DIA 28

NA PRÁTICA

Analise o seu coração e seja sincero: você se encaixa na posição do filho mais velho, que sempre esteve na casa do Pai, mas tem dificuldade de se alegrar com o irmão que voltou por ciúmes ou falta de amor ao seu próximo? Peça perdão ao Senhor, afaste-se de uma vida religiosa e volte a celebrar aquilo que alegra o coração de Deus.

BÍBLIA EM UM ANO

Gênesis 27 ☐
Salmos 20 ☐
Lucas 15 ☐

ANOTAÇÕES

O Reino de Deus é constituído de filhos; o Pai é o Rei, Jesus Se assenta à Sua direita, e nós, como filhos, também somos herdeiros e irmãos uns dos outros. Porém, é muito comum nos vermos como o irmão mais velho da parábola do filho perdido. Quando o mais novo voltou para a casa do pai, foi limpo e alimentado; o outro olhou para toda a situação e se sentiu de lado e rejeitado. Naquele momento, o que prevaleceu foi o egoísmo e a falta de empatia com aquele que havia sido restaurado.

Quando não exercitamos o perdão, expressamos que somos mais dignos do que o próprio Deus, que, sendo humilde, perdoa o nosso próximo e lança o pecado no mar do esquecimento (cf. Miqueias 7.19). A verdade é que precisamos manter um coração humilde e compassivo, como o do Pai! Se o Senhor, que é infinitamente bom e sem nenhum pecado, escolhe amar um pecador e fazê-lo limpo de novo, quem sou eu para não estender graça sobre a vida do meu irmão?

Uma mentalidade de órfão nos fará competir com nossos irmãos, enquanto, como filhos, nos alegraremos e celebraremos os romperes alheios. O filho mais velho não percebeu que, ao permanecer em casa, ele tinha tudo de que precisava e não deveria invejar a festa feita para o irmão, não se tratava de uma competição. No entanto, ele vivia baseado em regras, havia entrado no piloto automático e já não reconhecia a alegria e o privilégio de estar junto ao pai. Lembre-se: você que nunca saiu de casa já tem acesso ao mais importante: o próprio Deus! Tudo o que o Pai tem é seu: celebre com Ele!

A RESSURREIÇÃO E A VIDA

21 DE JANEIRO

Então Jesus declarou: – Eu sou a ressurreição e a vida. Quem crê em mim, ainda que morra, viverá. (João 11.25)

Nas palavras poderosas de Jesus, Ele Se revela como "a ressurreição e a vida". Essa afirmação não é apenas uma promessa futura, mas uma realidade presente e atuante na vida daqueles que creem n'Ele. Quando Cristo falou essas palavras a Marta, irmã de Lázaro, Ele estava prestes a realizar um milagre que demonstraria Seu poder sobre a morte física e espiritual.

É crucial nos lembrarmos das promessas do Senhor porque elas são a garantia de que Ele é fiel para cumprir o que promete. Assim como Jesus declarou a Marta que seu irmão ressuscitaria, Ele também prometeu estar conosco em todas as circunstâncias (cf. Mateus 28.20), levando vida onde há morte e restauração onde há desespero.

Enxergar o agir de Jesus no presente requer uma fé que transcende as aparências. É provável que você já tenha passado por situações que pareceram impossíveis de resolver, problemas que estavam além de qualquer solução humana. No entanto, é precisamente nesses momentos que você deve olhar para Cristo, a ressurreição e fonte de vida, confiando que Ele pode trazer à existência aquilo que aos seus olhos está morto.

Isso significa persistir na oração, na busca da Palavra de Deus e na obediência aos Seus ensinamentos, mesmo quando não compreender completamente Seus caminhos. Jesus tem o poder não apenas de trazer vida física a todas as coisas, mas também de restaurar e renovar espiritualmente tudo ao seu redor, mediante sua fé n'Ele.

DIA 21

NA PRÁTICA

Reflita sobre as áreas em sua vida que você considera "mortas" ou sem esperança. Em vez de desistir diante das circunstâncias, dedique tempo em oração, pedindo a Jesus que manifeste Seu poder na sua vida. Medite sobre as promessas de Deus em Sua Palavra e declare sua fé em Cristo para trazer ressurreição àquilo que parece perdido.

BÍBLIA EM UM ANO

- [ ] Gênesis 28
- [ ] Salmos 21
- [ ] Lucas 16

ANOTAÇÕES

22 DE JANEIRO | **NOVA NATUREZA**

E, assim, se alguém está em Cristo, é nova criatura; as coisas antigas já passaram; eis que se fizeram novas. (2 Coríntios 5.17)

DIA 22

NA PRÁTICA

Agora, pegue uma folha e divida-a ao meio. De um lado, coloque tudo aquilo que faz parte de sua antiga natureza (mentir, por exemplo) e, do outro, o que condiz com a nova identidade de filho que o Senhor lhe deu. Agradeça a Deus pela oportunidade de ser chamado de "filho" e comprometa-se a abandonar tudo o que você ainda carrega da velha natureza.

BÍBLIA EM UM ANO

Gênesis 29 ☐
Salmos 22 ☐
Lucas 17 ☐

ANOTAÇÕES

Assim que entregamos nossa vida ao Senhor, Ele nos envolve com Sua paternidade perfeita, e recebemos a identidade de nova criatura. Antes éramos órfãos; agora somos filhos! O que nos faz perceber essa nova condição é o contato com o Deus Pai, que nos atribui a compreensão de quem somos verdadeiramente.

Ser filho do Senhor é um convite à pessoalidade, recebemos uma identificação dotada de Graça abundante — podemos estar ao lado de um Deus extremamente amoroso e presente. Nosso papel é abraçar a nova natureza espiritual que nos é concedida, abandonando o passado e os velhos costumes. Afinal, não estamos mais presos a eles. Ser uma nova criatura, como Paulo escreve aos coríntios, é desenvolver novos hábitos e uma visão de mundo diferente da comum. É receber uma nova natureza! Vivê-la vai exigir de nós esforço, intencionalidade e, mais do que tudo, devoção genuína e dependência do Espírito Santo.

Em Gálatas 5.22-24 está escrito:

Mas o fruto do Espírito é: amor, alegria, paz, longanimidade, benignidade, bondade, fidelidade, mansidão, domínio próprio. Contra essas coisas, não há lei. E os que são de Cristo Jesus crucificaram a carne, com as suas paixões e os seus desejos.

Ou seja, é o agir d'Ele em nós que nos molda e capacita a produzir um fruto verdadeiro. Quando somos levados à lapidação de nosso caráter, a forma como nos enxergamos muda — e, consequentemente, nossa visão sobre o outro também é transformada. Nosso coração se conecta ao do Pai e passamos a ter a mente de Cristo.

SERVIÇO POR AMOR

| 23 DE JANEIRO

Mas você, Israel, meu servo; você, Jacó, a quem escolhi; você, descendente de Abraão, meu amigo; você, a quem eu trouxe dos confins da terra e chamei dos seus cantos mais remotos, e a quem eu disse: "Você é o meu servo, eu o escolhi e não o rejeitei".
(Isaías 41.8-9)

O profeta Isaías escreveu inúmeras profecias e promessas para Israel e, nessa passagem, registra as palavras do Senhor para Seu povo. "Você é o meu servo": esse chamado se estende a nós, porque Jesus demonstrou que isso faz parte de Seu caráter. O serviço precisa ser uma expressão da identidade de filhos que recebemos. Fazemos e servimos porque sabemos quem somos e reconhecemos nosso papel no Reino Celestial.

Devemos entender que o serviço é uma expressão de sermos como Jesus, e não uma forma de recebermos aceitação ou elogios. Quem tem essa motivação se torna vaidoso, religioso e cansado, porque sempre espera um retorno ou reconhecimento. O plano de Deus com o serviço é nos tornar humildes e parecidos com Seu Filho, eliminando toda vanglória e superficialidade.

Essa ação deve partir de um relacionamento profundo com o Pai, já que a motivação do serviço de um filho é o amor ao Senhor. Ele quer participar daquilo que Deus está fazendo e, por isso, poder servir é um prazer e uma expressão de amor verdadeiro!

Além disso, quando o fazemos para o Criador, também precisamos de zelo para que as atividades não se tornem um peso ou mera obrigação. Quando o servir parte do amor, fazemos porque este é ativo. Não fazemos para sermos amados, mas sim porque já somos! Enquanto servirmos a nosso Pai, as pessoas que estiverem perto de nós serão impactadas pela nossa devoção e poderão ter seus corações preenchidos também.

NA PRÁTICA

Agora que já leu o devocional, pense: se Deus lhe desse algo que você deseja muito, você seria capaz de entregar isso a outra pessoa, com alegria, caso Ele pedisse? Às vezes, queremos conquistar e subir patamares para provar a nós mesmos que somos capazes. Mas quem entende que é filho se satisfaz em saber que Deus o ama e o capacita para o serviço!

BÍBLIA EM UM ANO

- ☐ Gênesis 30
- ☐ Salmos 23
- ☐ Lucas 18.1-17

24 DE JANEIRO | PARA ALÉM DO VISÍVEL

Porque andamos por fé e não pelo que vemos. (2 Coríntios 5.7)

DIA 24

NA PRÁTICA

Registre os desafios que o impedem de confiar completamente nos planos do Senhor. Dê um passo de fé em uma área em que Deus falou ao seu coração, mesmo que ainda não faça sentido. Ele revelará o próximo passo à medida que você avançar.

BÍBLIA EM UM ANO

Gênesis 31 ☐
Salmos 24 ☐
Lucas 18.18-43 ☐

ANOTAÇÕES

À s vezes, o que Deus coloca em nossos corações não se alinha com o que faz sentido em nossas mentes. Em geral, esse é um chamado para entrarmos e nos movermos no desconhecido. É nesse momento que entra a verdadeira fé — confiar que o plano de Deus está em movimento, mesmo quando não conseguimos ver o quadro completo. Em 2 Coríntios 5.7, somos lembrados de que andamos pela fé, não pela vista. Trata-se de dar o primeiro passo, ainda que não saibamos aonde ele nos levará, acreditando que Deus está nos guiando a cada etapa do caminho.

Em algumas ocasiões, o Senhor revela apenas a primeira atitude que devemos tomar, pedindo que confiemos o resto a Ele. E, diante de um momento de incerteza, quando escolhemos dar o passo de fé, Deus começa a trabalhar de maneiras que não poderíamos imaginar. Por exemplo, Hebreus 11 nos mostra exemplos de diversos homens e mulheres que acreditaram no impossível e agiram somente pela fé, confiando no que não podiam ver.

Seguir o exemplo de pessoas que se movem em fé significa construir coisas — e investir nelas — que poderiam não se concretizar em nossa vida, mas que Deus é capaz de redirecionar para nos conduzir a caminhos que nunca imaginamos, demonstrando Sua soberania e cuidado em todas as circunstâncias. É sobre confiar na visão do Pai, que está acima da nossa, sabendo que nossos pequenos atos de fé contribuem para Seu plano maior. Quando nos movemos além do que é visível, posicionamo-nos para o impossível, permitindo que Deus trabalhe em nós e através de nós de maneiras poderosas.

JESUS NOS CONECTA A DEUS PAI

25 DE JANEIRO

Jesus respondeu: — Eu sou o caminho, a verdade e a vida; ninguém vem ao Pai senão por mim. Se vocês me conheceram, conhecerão também o meu Pai. E desde agora vocês o conhecem e têm visto. (João 14.6-7)

Nas Escrituras, Deus é conhecido por vários nomes, por exemplo: Jeová-Jiré quer dizer "O Senhor proverá" (cf. Gênesis 22.14); Jeová-Makadesh significa "O Senhor que santifica, torna santo" (cf. Levítico 20.8; Ezequiel 37.28); Jeová-Rafa (cf. Êxodo 15.26), Jeová-Nissi (cf. Êxodo 17.15), YAHWEH (cf. Deuteronômio 6.4; Daniel 9.14), entre outros. Todos os nomes atribuídos a Deus descrevem um aspecto diferente do Seu caráter multifacetado.

Um fato curioso é que Ele aparece como Pai no Antigo Testamento cerca de catorze vezes (cf. Salmos 103.13-14; Isaías 64.8). Já no Novo Testamento, a palavra "Pai", referindo-se a Deus, aparece 272 vezes, e grande parte delas foi dita por Jesus. A Cruz nos deu acesso a um Deus que é, entre tantos outros atributos, o nosso *Abba*. Nela, o Filho santo e perfeito foi tratado como um criminoso para que pudéssemos ser adotados como filhos amados. Nós recebemos o Espírito de adoção, e não de escravidão (cf. Romanos 8.15), por meio do Caminho verdadeiro podemos confiar e descansar nos braços de um Deus Pai.

Hoje só temos acesso ao Pai porque Jesus abriu esse caminho para nós! Já não vivemos mais escravos de nossos desejos e pecados, pois somos chamados a uma vida de liberdade por meio do Espírito. A orfandade foi arrancada de nosso coração graças ao sangue derramado do Filho Unigênito de Deus. Quanta beleza há no amor incondicional do nosso Jesus! Cristo é o caminho para o Pai e a nossa recompensa maior. Agora, somos chamados a partilhar do Seu sofrimento, mas também da Sua herança, para sempre.

DIA 25

NA PRÁTICA

Separe alguns minutos e anote em um papel todos os nomes de Deus que você conhece. Reflita sobre o que cada um revela sobre quem Ele é e perceba que a paternidade divina sustenta todo o nosso relacionamento íntimo, por meio de Jesus Cristo.

BÍBLIA EM UM ANO

- [ ] Gênesis 32-33
- [ ] Salmos 25
- [ ] Lucas 19.1-27

ANOTAÇÕES

26 DE JANEIRO |

NÃO VOLTE À ESCRAVIDÃO

Lembramos dos peixes que comíamos de graça no Egito. Que saudade dos pepinos, dos melões, dos alhos silvestres, das cebolas e dos alhos! Mas agora a nossa alma está seca, e não vemos nada a não ser este maná. (Números 11.5-6)

DIA 26 □

NA PRÁTICA

Faça uma pausa e considere se você está sendo puxado de volta para velhos padrões. Ore por discernimento e mantenha seu foco na Palavra de Deus, pois Ele o chamou para seguir em frente, não para trás.

BÍBLIA EM UM ANO

Gênesis 34 □
Salmos 26 □
Lucas 19.28-48 □

ANOTAÇÕES

Com frequência, nossas emoções e memórias desejam nos conduzir de volta aos lugares onde antes nos sentíamos confortáveis, mesmo que fossem prejudiciais. Os israelitas, em Números 11, ansiavam pela comida que desfrutavam no Egito, esquecendo-se de que aquele era um lugar de escravidão. Quando a vida fica difícil, podemos nos ver tentados a retornar a velhos hábitos, relacionamentos ou mentalidades dos quais Deus já nos libertou. Entretanto, devemos nos lembrar de que esses lugares, não importa o quão reconfortantes pareçam em retrospecto, eram prisões.

O perigo de retornar para onde Deus nos resgatou é que corremos o risco de desfazer o trabalho que Ele começou em nossa vida. Ou seja, nosso foco não deve estar no lugar do qual Jesus já nos libertou, mas sim no lugar para onde Ele nos está levando. Precisamos colocar nossos olhos nas coisas do Alto (cf. Colossenses 3.1-2). Como cristãos, temos de permanecer fundamentados na verdade da Palavra, que nos oferece estabilidade e orientação, mesmo quando nossas emoções estão nos puxando para a direção oposta.

Portanto, a Bíblia deve ser nosso guia para evitar que sejamos desviados por nossa alma. Billy Graham disse, certa vez: "Como cristãos temos uma única autoridade, uma única bússola: a Palavra de Deus".[1] Então, quando sentir o impulso de retornar aos velhos hábitos, volte seus olhos para a Escritura, porque nela você encontrará a força para permanecer no caminho da salvação e continuar avançando em sua jornada de fé.

[1] Billy Graham, *O segredo da felicidade*, 1962, p. 129.

O PROCESSO DE DAR À LUZ

| 27 DE JANEIRO

Em verdade, em verdade lhes digo que vocês vão chorar e se lamentar, mas o mundo se alegrará. Vocês ficarão tristes, mas a tristeza de vocês se transformará em alegria.
(João 16.20)

A o longo da narrativa bíblica, vemos muitas analogias que remetem ao processo de dar à luz. Jesus, em João 16.20-22, utiliza essa metáfora para ilustrar o que os discípulos experimentariam em breve: um momento de dor, mas que culminaria em alegria e novidade de vida. Assim como uma mulher em trabalho de parto, nós também passamos por processos nos quais Deus está criando algo novo em nosso interior.

Uma mãe que espera um filho sabe que algo está crescendo dentro dela, mesmo que ainda não possa ver ou entender completamente. Isso gera uma expectativa e esperança que nada mais pode proporcionar. Ela não sabe exatamente como o bebê será, mas isso não diminui sua alegria e seu preparo para o nascimento. Pelo contrário, faz todo o possível para estar pronta, preparando o quarto, estudando e dedicando-se para receber o bebê da melhor maneira possível.

Da mesma forma, devemos encarar os processos de Deus em nossa vida com expectativa. O Senhor está gerando algo dentro de nós, e, embora não saibamos todos os detalhes, sabemos que Ele é bom e fiel. Nossa atitude deve ser de preparação, mesmo em meio às dificuldades, porque confiamos que a tristeza e o esforço serão transformados em alegria no momento certo.

Ao olharmos para as provações que enfrentamos, podemos ver que Deus está trabalhando para nos levar a um lugar de realização. Há uma tensão natural nesse momento em que algo está prestes a nascer; contudo, assim como uma mãe se prepara com zelo, também devemos nos preparar espiritualmente para o que Ele tem para nós.

DIA 27

NA PRÁTICA

Tome um momento para refletir sobre os processos que você está vivenciando. Encare-os como parte do plano de Deus para gerar algo novo e bom em sua vida. Assim como uma mãe se prepara com amor e dedicação para receber seu filho, prepare-se espiritualmente para o que Deus está prestes a fazer. Cultive uma atitude de expectativa e esperança, confiando que a alegria virá no tempo certo.

BÍBLIA EM UM ANO

- [ ] Gênesis 35-36
- [ ] Salmos 27
- [ ] Lucas 20.1-26

ANOTAÇÕES

28 DE JANEIRO | # O QUE DEUS TEM PARA SUA VIDA

Confie no Senhor de todo o seu coração e não se apoie no seu próprio entendimento. Reconheça o Senhor em todos os seus caminhos, e ele endireitará as suas veredas. (Provérbios 3.5-6)

DIA 28

NA PRÁTICA

Separe alguns minutos para orar de forma intencional. Deixe que Deus o lembre dos propósitos d'Ele para sua vida e anote tudo o que Ele lhe falar.

BÍBLIA EM UM ANO

Gênesis 37 ☐
Salmos 28 ☐
Lucas 20.27-47 ☐

ANOTAÇÕES

Com certeza, você já ouviu que Deus tem um plano para sua vida, quer conheça Jesus há muito tempo, quer seja um novo convertido. Talvez você até tenha entendido essas palavras, mas será que elas encontraram solo fértil em seu coração? Quando escutamos muito algo, a tendência é que não reflitamos sobre a profundidade daquilo, porque, afinal, "eu já sei disso". Quero repetir para você: Deus tem um plano para sua vida! É pessoal e faz total sentido com quem Ele o criou para ser.

Não deixe que essa verdade se torne comum. Os dias podem passar, e a vida acontecer, mas as promessas de Deus para sua jornada têm de permanecer vivas. Podemos ter passado por várias experiências e nos dedicado a bons estudos e referências, e isso é lícito, mas, perto de Deus? Não vale de nada! Haverá momentos em que precisaremos apoiar nossa confiança n'Ele de maneira radical! Esse tipo de entrega total só é construído com um relacionamento profundo de paternidade e amor com o Criador. Ele está em todos os nossos caminhos, e podemos reconhecer isso do amanhecer ao anoitecer, mas, para que se torne uma realidade para nós, devemos nos achegar a Ele e conhecê-lO.

No dia a dia, Deus endireitará nossas veredas nas coisas mais simples do cotidiano. Uma vez que o Espírito Santo habita em nós, podemos confiar que está nos transformando constantemente. Não é um processo fácil, mas envolto em amor e fidelidade! O Senhor é fiel em nos preparar e santificar para que possamos cooperar com o Reino d'Ele.

O PROPÓSITO DA FLECHA

| 29 DE JANEIRO

[...] O Senhor me chamou desde o meu nascimento, desde o ventre de minha mãe fez menção do meu nome. Ele fez a minha boca como uma espada aguda, na sombra da sua mão me escondeu. Ele fez de mim uma flecha polida, e me guardou na sua aljava. E me disse: "Você é o meu servo, você é Israel, por meio de quem hei de ser glorificado". (Isaías 49.1-3)

Quando nos encontramos com Deus, passamos por uma transformação profunda. Entregar nossa vida a Jesus não é o ponto-final, mas o início de uma jornada cheia de propósito e significado. Afinal, o Senhor nos chama desde o nosso nascimento e nos molda para um destino específico; nossa existência passa a ter um destino traçado por Deus.

Não estamos aqui apenas para aceitar a Cristo como nosso Salvador e aguardar a Eternidade — mais do que isso, temos um papel ativo no plano divino! O propósito de uma flecha é ser lançada pelo arqueiro para atingir um alvo. Desde o momento em que nos entregamos ao Senhor, Ele nos prepara para que possamos cumprir Sua vontade, impactando o mundo ao nosso redor.

Apesar disso, é crucial não confundir urgência com pressa, pois esta pode nos levar a pular etapas essenciais do processo. Assim como uma flecha precisa ser polida e direcionada, precisamos ser aperfeiçoados e guiados por Deus. A fidelidade e a obediência também são fundamentais para que sejamos usados de maneira eficaz, e é por isso que devemos confiar no tempo divino, permitindo que o Senhor nos prepare completamente para a missão que nos foi designada.

Ser uma flecha polida nas mãos de Deus significa estar disposto a passar pelo processo de transformação e aperfeiçoamento. Às vezes, isso envolve desafios e provações, e será nesses momentos que seu caráter será refinado. O Pai conhece seu potencial e o prepara para grandes coisas. Sua responsabilidade, portanto, é se manter próximo a Ele, pronto para ser lançado a qualquer momento.

DIA 29

NA PRÁTICA

Peça ao Senhor que revele áreas em sua vida que ainda precisam ser polidas e ajustadas. Ore por paciência e fidelidade, confiando que Deus o está moldando para cumprir um propósito maior. Comprometa-se a seguir Sua direção, mesmo quando o caminho parecer longo ou difícil. Anote em um diário as promessas d'Ele para sua vida e revisite-as regularmente, lembrando-se de que Jesus é o Arqueiro que conhece o destino da flecha que você é.

BÍBLIA EM UM ANO

- [ ] Gênesis 38
- [ ] Salmos 29
- [ ] Lucas 21

ANOTAÇÕES

SE O SENHOR ESTIVER COM VOCÊ

30 DE JANEIRO

Dê-me agora este monte de que o Senhor falou naquele dia, pois, naquele dia, você ouviu que lá estavam os anaquins, morando em cidades grandes e fortificadas. Se o Senhor Deus estiver comigo, poderei expulsá-los, como ele mesmo prometeu. (Josué 14.12)

DIA 30

NA PRÁTICA

Passe um tempo em oração, pedindo a Deus que renove sua compreensão de Suas promessas. Renuncie a qualquer tentativa de alcançá-las em sua própria força e abrace a presença d'Ele como a chave para manter essas promessas vivas. Declare todos os dias que o Senhor é seu pastor e que nada faltará em sua vida (cf. Salmos 23.1).

BÍBLIA EM UM ANO

Gênesis 39 ☐
Salmos 30 ☐
Lucas 22.1-38 ☐

ANOTAÇÕES

Quando pensamos nas promessas de Deus, a história de Calebe, em Josué 14, é um dos exemplos perfeitos de perseverança e fidelidade. Calebe não confiou apenas em sua força para tomar a terra, sua confiança estava enraizada na presença do Senhor. Ele disse: "Se o Senhor Deus estiver comigo, poderei expulsá-los", lembrando-nos de que só podemos possuir o que o Senhor nos prometeu quando permanecemos perto d'Ele. Não se trata apenas de receber a promessa, mas de manter-se na Presença durante a jornada.

A fidelidade é o que nos qualifica, pois, quando respondemos a Deus dessa forma, mostramos a Ele que somos administradores confiáveis do que nos entregou. Em Números 14.8-9, Deus abençoa aqueles que permanecem leais. Trata-se de valorizar e cultivar continuamente os encontros que temos com Ele. Se Deus declara uma promessa em nossas vidas, não devemos desperdiçá-la, mas nutrir sua semente, permanecer em um relacionamento com Ele e confiar que, no Seu tempo, tudo se alinhará.

Nossa atitude deve espelhar a de Calebe: fé, integridade e discernimento inabaláveis. Devemos aprender a registrar e declarar as promessas sobre nossas vidas. Mesmo em momentos de crise ou dúvida, relembrar a Palavra fortalece nossa fé. Calebe não apressou o processo, ele esperou pacientemente por anos, sabendo que Deus seria fiel. Ele caminhou entre a tensão da "espera" e tempo certo para lutar. Da mesma forma, se o Senhor estiver conosco, podemos ter expectativa de que cada promessa se cumprirá no tempo determinado.

TIME DE ATAQUE

| 31 DE JANEIRO

Eis que eu dei a vocês autoridade para pisarem cobras e escorpiões e sobre todo o poder do inimigo, e nada, absolutamente, lhes causará dano. (Lucas 10.19)

Como cristãos, não somos chamados a viver passivamente quando se trata de guerra espiritual. Jesus deixou claro que recebemos autoridade sobre o Inimigo, conforme declarado em Lucas 10.19. Essa autoridade não é apenas para defesa, mas para assumir uma posição ativa — ser parte do "time de ataque". Para isso, reconhecer as áreas em nossas vidas nas quais Satanás tenta ganhar terreno é fundamental — pode ser por meio do pecado, distrações, medo ou até mesmo influências sutis que nos afastam da Verdade. Uma vez que identificamos essas áreas, podemos enfrentá-las.

Estar no time de ataque significa adotar uma mentalidade vencedora e combativa na fé. É sobre entender que não lutamos de um lugar de derrota, mas sim de vitória — já garantida por Cristo. Temos autoridade pelo nome de Jesus para pisotear os esquemas do Inimigo e expulsar qualquer influência que não esteja alinhada com a vontade de Deus. Isso requer vigilância diária — por meio da oração, declarando as Escrituras e permanecendo firme contra qualquer coisa que ameace nossa saúde espiritual.

Devemos ser proativos na proteção não apenas de nós mesmos, mas também de nossas famílias e comunidades. Orar regularmente por nossa família, amigos e até mesmo local de trabalho pode mudar a atmosfera. À medida que permanecemos conectados a Jesus e exercemos a autoridade que Ele nos deu, criamos um escudo contra influências malignas. Lembre-se: você não está apenas na defesa, você está no time de ataque. Permaneça vitorioso ao combater toda influência que não vem de Deus.

DIA 31

NA PRÁTICA

Identifique áreas em sua vida nas quais o Inimigo tentou ganhar terreno. Permaneça firme, usando a autoridade dada por Jesus, e declare vitória sobre essas áreas, expulsando a escuridão do seu ambiente. Confie que Deus está com você!

BÍBLIA EM UM ANO

- [ ] Gênesis 40
- [ ] Salmos 31
- [ ] Lucas 22.39-71

ANOTAÇÕES

FEVEREIRO

FORTALEÇA SUA FÉ

| 01 DE FEVEREIRO

Não duvidou, por incredulidade, da promessa de Deus; mas, pela fé, se fortaleceu, dando glória a Deus, estando plenamente convicto de que Deus era poderoso para cumprir o que havia prometido. (Romanos 4.20-21)

Abraão é um exemplo poderoso de fé inabalável. Romanos 4 nos mostra como ele se posicionou diante da impossibilidade de ter filhos, uma vez que tanto ele quanto Sara já estavam em idade avançada. Humanamente falando, não havia chance de a promessa de Deus se cumprir. No entanto, Abraão escolheu crer. Ele não se deixou dominar pela incredulidade ou dúvida, mas fortaleceu-se pela fé, glorificando o Senhor, convicto de que Ele era poderoso.

Esse episódio nos ensina que o fortalecimento da fé não vem pela ausência de desafios, mas sim pela confiança absoluta em Deus, apesar das circunstâncias. Abraão não ignorou a realidade, mas escolheu focar o que os Céus proclamavam a seu respeito. E é exatamente essa convicção que precisamos cultivar quando enfrentamos nossas próprias impossibilidades. Assim como o patriarca, somos chamados a crer além de prognósticos contrários.

A adoração desempenha um papel central nesse processo. Quando adoramos, nossos olhos deixam de focar as dificuldades e passam a enxergar a grandeza de Deus. A adoração nos fortalece porque ela nos lembra de quem o Senhor é e do que Ele é capaz de fazer. Isaías 54.1-2 nos traz uma imagem poética que também ilustra essa verdade. O profeta fala sobre cantar antes de ver a promessa cumprida, alargar as tendas e preparar o espaço antes mesmo de receber o que fora prometido. Ou seja, quando adoramos a Deus, estamos nos alinhando ao milagre, antes mesmo que ele aconteça!

DIA 32

NA PRÁTICA

Tire um tempo hoje para adorar a Deus, independentemente das circunstâncias que você esteja enfrentando. Em vez de focar a impossibilidade, concentre-se em quem o Senhor é. Enquanto você adora, permita que sua fé seja fortalecida e que seu coração seja cheio de convicção de que o Pai é poderoso para cumprir as promessas em sua vida.

BÍBLIA EM UM ANO

- [ ] Gênesis 41
- [ ] Salmos 32
- [ ] Lucas 23.1-25

ANOTAÇÕES

02 DE FEVEREIRO | **ALIANÇA COM DEUS**

E far-te-ei uma grande nação, e abençoar-te-ei, e engrandecerei o teu nome, e tu serás uma bênção. E abençoarei os que te abençoarem e amaldiçoarei os que te amaldiçoarem; e em ti serão benditas todas as famílias da terra. (Gênesis 12.2-3 – ARC)

DIA 33 ☐

NA PRÁTICA

Pense em ações simples e práticas a fim de andar em direção às palavras que você já tem. Por exemplo, se você recebeu uma profecia a respeito de outro país, procure aprender mais sobre ele, pesquise como você atuará lá e tire seu passaporte.

BÍBLIA EM UM ANO

Gênesis 42 ☐
Salmos 33 ☐
Lucas 23.26-56 ☐

ANOTAÇÕES

Abrão recebeu claramente um direcionamento do Senhor: "[...] Sai-te da tua terra, e da tua parentela, e da casa de teu pai, para a terra que eu te mostrarei" (Gênesis 12.1 – ARC). Talvez, ao lhe dar uma direção, Deus não mostre a você seu destino, mas sim o lugar no qual você não deve mais estar. Será necessário caminhar em fé, confiando apenas na aliança estabelecida com o Senhor.

Muitas pessoas esperam para cumprir seu chamado quando já receberam instruções minuciosas acerca do que as espera no futuro. Esse não é o posicionamento de um cristão. Seja proativo e fiel em zelar por sua aliança com Deus, honrando os direcionamentos que Ele já lhe deu. Obedeça hoje e deixe que Ele cuide do futuro. Creia em Sua fidelidade, lembrando-se das palavras do salmista: "[...] jamais vi o justo desamparado, nem a sua descendência a mendigar o pão" (Salmos 37.25).

Quando nos movemos em fé — sem depender do que vemos, mas andando em uma convicção eterna, depositada em nosso coração pelo Espírito Santo —, o Senhor derrama sobre nós Suas promessas. Não somente isso, mas Ele nos concede propriedade, dá-nos proteção, traz provisão e transforma nosso legado, de forma que Suas bênçãos alcançam as gerações seguintes como Ele fez com o povo hebreu. Na Palavra, vemos que Israel usufruía de uma bênção que foi conquistada por meio da aliança que Abraão havia feito com o Senhor. Semelhantemente, nossa obediência a Jesus possibilitará que gerações vindouras sejam encontradas pela glória de Deus.

PERSEVERANÇA E OBEDIÊNCIA

| 03 DE FEVEREIRO

Nós, porém, não somos dos que retrocedem para a perdição, mas somos da fé, para a preservação da alma. (Hebreus 10.39)

Josué e Calebe se destacaram em meio a uma geração que, diante das dificuldades, escolheu retroceder em incredulidade. Quando enviados para espiar Canaã, eles foram os únicos que permaneceram firmes na palavra do Senhor, confiando na Sua promessa, mesmo diante de gigantes e cidades fortificadas. Sua perseverança e obediência em crer na fidelidade de Deus trouxeram a consequência de um privilégio grandioso: eles foram os únicos daquela geração que entraram na Terra Prometida (cf. Números 14.6-9).

A obediência ao Senhor nos coloca no caminho da promessa, e é essa perseverança que faz a diferença entre quem retrocede e quem avança para conquistar. Como Josué e Calebe, somos chamados a não voltar atrás, mas seguir em frente, confiando que o Senhor é fiel.

A clareza do propósito também é fundamental para que possamos perseverar. Quando temos um "porquê" claro, encontramos forças para continuar, mesmo nos dias mais difíceis. Ter convicção sobre nosso destino nos ajuda a manter o foco e nos impulsiona a fazer o que está ao nosso alcance, sabendo que Deus é quem completa aquilo que nós não podemos fazer.

E é aqui que entra a nossa parte. O Senhor não nos chama a fazer o impossível. Ele nos chama a fazer, com excelência, o natural, aquilo que está ao nosso alcance. Quando obedecemos às Suas orientações, Ele entra com o sobrenatural. Portanto, o que o Senhor confiou às suas mãos hoje? Talvez não seja algo grandioso aos seus olhos, mas faça-o com perseverança, fé e obediência. Seja excelente no pouco, e Deus fará o resto.

☐ DIA 34

NA PRÁTICA

Tome uma atitude prática de fé e obediência. Identifique algo que Deus confiou em suas mãos, por menor que pareça, e faça com excelência. Confie que, ao fazer o que está ao seu alcance, o Senhor realizará o sobrenatural. Persevere e não retroceda diante dos desafios, sabendo que Ele é fiel para cumprir Suas promessas.

BÍBLIA EM UM ANO

☐ Gênesis 43
☐ Salmos 34
☐ Lucas 24.1-12

ANOTAÇÕES

04 DE FEVEREIRO | ADORAÇÃO GERA TRANSFORMAÇÃO

Ora, este Senhor é o Espírito; e onde está o Espírito do Senhor, aí há liberdade. E todos nós, com o rosto descoberto, contemplando a glória do Senhor, somos transformados, de glória em glória, na sua própria imagem, como pelo Senhor, que é o Espírito. (2 Coríntios 3.17-18)

DIA 35

NA PRÁTICA

Pense em como sua vida de adoração já transformou seu caráter desde que começou a andar com Jesus. Existe algum hábito ruim ou característica da sua personalidade que não agradava a Deus e que você mudou a partir da intimidade com Ele? Identifique também aquilo que ainda precisa ser mudado em seu caráter e entre em um lugar de adoração profunda, para ser confrontado e transformado pelo Espírito Santo.

BÍBLIA EM UM ANO

Gênesis 44 ☐
Salmos 35 ☐
Lucas 24.13-53 ☐

ANOTAÇÕES

Em Êxodo 8.25-28, Faraó sugere que Moisés adore o Senhor no próprio Egito. Porém, a adoração genuína precisa gerar transformação, ou seja, era necessário que o povo fosse tirado da escravidão e adorasse a Ele no Monte do Senhor. Esta é uma das estratégias do Diabo para manter as pessoas aprisionadas: louvar no cativeiro ou em sua vida antiga, sem abandonar os velhos hábitos. Mas os ídolos precisam ser completamente derrubados; não tem como deixar um pé no Egito e outro na Terra Prometida.

Você se torna parecido com aquilo que adora. Por isso, não permita que ídolos se levantem e permaneçam em seu coração. Em Salmos 135.15-18, está escrito:

Os ídolos das nações são prata e ouro, obra de mãos humanas. Têm boca e não falam; têm olhos e não veem; têm ouvidos e não ouvem; pois não há alento de vida em sua boca. Tornam-se semelhantes a eles os que os fazem, e todos os que neles confiam.

De quais ídolos você precisa se desvencilhar para contemplar a glória do Senhor, como Paulo escreve em sua segunda carta aos coríntios?

Em determinados momentos, precisamos parar tudo e entrar na presença de Deus para adorá-lO. Cadeias são quebradas em momentos de adoração. Existe purificação dos nossos pensamentos e mortificação do velho homem. Diferentemente do que a teologia da "hipergraça" aborda, nunca se guie pelo que sente. Adoração genuína não é nos nossos moldes, mas nos termos de Deus! Longe do Senhor, nosso coração se torna uma fábrica de ídolos; apenas a Graça é capaz de nos alcançar, resgatar e transformar.

REUNIDOS EM NOME DE JESUS

05 DE FEVEREIRO

Porque, onde estiverem dois ou três reunidos em meu nome, ali estou no meio deles.
(Mateus 18.20 – grifo nosso)

Quando nos reunimos em comunhão, é fundamental que o façamos em nome de Jesus. É a Sua presença que dá sentido aos nossos ajuntamentos, garantindo que Ele está conosco. Em outras palavras, podemos fazer conferências ou encontros por diversos motivos, mas Seu mover só é sentido de maneira plena quando nossa motivação é o Senhor.

Viver em unidade é essencial, pois todos devem compartilhar o mesmo objetivo ao se reunirem. A unidade em Jesus fortalece nossa fé e nos permite experimentar a plenitude da presença de Deus. Aliás, em 1 Coríntios 6.11 e Gálatas 3.24, entendemos que nossa autoridade para nos apresentarmos diante do Pai vem de nossa justificação em Cristo. Ele é o único caminho para o Pai (cf. João 14.6), e, por meio d'Ele, temos acesso ao trono dos Céus.

Além disso, pelo nome de Jesus, fomos autorizados a representá-lO na Terra. Assim como alguém que é habilitado para agir em nome de outra pessoa por meio de uma procuração, nós recebemos de Cristo a "jurisdição" para ensinar, pregar, curar e libertar. Ele nos deu essa autoridade ao retornar ao Pai, e agora somos os embaixadores do Seu Reino em todos os lugares, por isso fomos ensinados a orar em Seu nome (cf. João 14.13).

No entanto, é importante lembrar que essa autoridade deve ser exercida com sabedoria e discernimento. Por isso, você deve buscar orientação do Espírito Santo para agir conforme a vontade do Senhor, sendo fiel à missão que lhe foi confiada. A responsabilidade é grande, pois você representa o Filho de Deus e, assim, deve honrá-lO diante de todos.

DIA 36

NA PRÁTICA

Faça uma pergunta a si mesmo e aos seus amigos mais próximos: "Você realmente tem se reunido com outros em nome de Jesus apenas para buscar a Sua presença?". Reflita sobre essa questão com sinceridade, sondando o seu coração acerca de suas verdadeiras motivações. Seja intencional em convidar a presença de Cristo em todos os ambientes, rejeitando toda reunião dos santos que termina em conversas banais ou transforma-se em um culto dos egos.

BÍBLIA EM UM ANO

- [ ] Gênesis 45-46
- [ ] Salmos 36
- [ ] Hebreus 1

ANOTAÇÕES

06 DE FEVEREIRO | SENSO DE MISSÃO

Combati o bom combate, completei a carreira, guardei a fé. (2 Timóteo 4.7)

Como você pode ser um bom mordomo da missão de Deus em sua vida?

BÍBLIA EM UM ANO

Gênesis 47
Salmos 37
Hebreus 2

ANOTAÇÕES

O senso de missão muda a sua perspectiva. Ao assumir a responsabilidade por aquilo que Deus colocou em suas mãos, você deixa de se importar com questões supérfluas e passa a viver seu propósito de forma genuína todos os dias, sem depender de grandes acontecimentos. Isso é ser um bom mordomo da missão que o Senhor lhe conferiu.

Além disso, quando não temos um propósito claro, qualquer atalho se torna o caminho. Distrações, inseguranças, más influências e tentações também são capazes de nos distanciar do que o Senhor nos chamou para fazer.

Davi quase pôs tudo a perder por ter esquecido qual deveria ser o seu foco. Ele ficou conhecido como "o homem segundo o coração de Deus" porque sua maior preocupação era honrar o Senhor em tudo o que fazia. No entanto, a Bíblia narra que, certa vez, ele permaneceu no palácio em um período de guerra. Ao deixar de cumprir sua responsabilidade, Davi também deu lugar ao pecado, cometendo adultério e homicídio. Mais tarde, teve de enfrentar as duras consequências e se arrependeu profundamente (cf. 2 Samuel 11.1-12.23).

Não negocie o que Deus confiou a você. Mantenha-se posicionado onde Ele quer que você esteja. O Senhor não depende de ninguém para executar Seus planos, mas deseja que Seus filhos façam parte daquilo que Ele está construindo. Permaneça fiel e não permita que nada roube seu propósito ou tire os seus olhos do alvo, que é Cristo. Leve a sério a missão pela qual vive e honre o nome que você carrega. O Senhor almeja entregar-lhe um propósito; basta posicionar-se para vivê-lo.

O LUGAR DO SEU MILAGRE

| 07 DE FEVEREIRO

Ao receber a notícia, Jesus disse: – Essa doença não é para morte, mas para a glória de Deus, a fim de que o Filho de Deus seja glorificado por meio dela. (João 11.4)

O milagre é gerado em um lugar de fé e dependência em Deus. Você jamais viverá o sobrenatural do Senhor pela sua própria força. Por esse motivo, muitas vezes, Ele o colocará em situações em que você precisará de um romper, pois as obras que o Pai realiza apontam somente para Ele.

Às vezes, o milagre parece demorar tanto que você até se conforma em não o receber. Em momentos como esse, não caia na armadilha de culpar Jesus pelos "atrasos" na sua vida. Lembre-se de que, ainda que o problema não tenha solução aparente, para Deus nada é impossível. Ele é capaz de enfrentar as maiores tempestades apenas para encontrá-lo no lugar do seu milagre, assim como fez com os endemoninhados gadarenos. Cristo entrou em um barco e passou por um temporal para chegar à outra margem e alcançar aqueles homens que precisavam desesperadamente de libertação (cf. Mateus 8.23-34).

Muito do que Deus planeja realizar na sua vida pode parecer demorar, mas na verdade isso servirá para prepará-lo, a fim de que o prodígio realizado por Ele seja ainda maior. Quando isso acontece, é necessário paciência. Mantenha sua confiança firme no Senhor. O seu testemunho ainda pode impactar muitas outras pessoas que, ao olharem para você, verão o poder de Cristo, assim como aconteceu na ressurreição de Lázaro (cf. João 11.45).

Do mesmo modo, o Senhor deseja encontrá-lo e transformar a sua vida, seja qual for a situação que você estiver atravessando. Não tenha medo ou vergonha de clamar por Deus. Ele está mais perto do que você imagina. Apenas creia e persevere!

DIA 38

NA PRÁTICA

Ore pedindo a Deus que renove sua esperança acerca de alguma situação difícil ou aparentemente impossível.

BÍBLIA EM UM ANO

- [ ] Gênesis 48
- [ ] Salmos 38
- [ ] Hebreus 3-4

ANOTAÇÕES

08 DE FEVEREIRO | **SAIBA COMO PEDIR**

Ela respondeu: – Quero que me dê um presente. Já que o senhor me deu uma terra seca, me dê também algumas fontes de água. Então Calebe lhe deu as fontes superiores e as fontes inferiores. (Josué 15.19)

DIA 39

NA PRÁTICA

Reserve um momento para agradecer a Deus pelo que você já tem. Peça-Lhe que expanda sua visão, a fim de que suas necessidades não estejam presas apenas a este tempo, mas apontem para uma preocupação com a construção de legado.

BÍBLIA EM UM ANO

Gênesis 49-50 ☐
Salmos 39 ☐
Hebreus 5 ☐

ANOTAÇÕES

Quando pensamos em pedir algo a Deus, geralmente focamos a necessidade em si, mas a história de Acsa, em Josué 15.19, nos ensina uma lição mais profunda. Acsa já havia recebido terras, mas entendeu que terras sem água não sustentariam seus descendentes. Então, aproximou-se do pai, com sabedoria e discernimento, e pediu fontes de água — não apenas como algo para si, mas como um presente que garantiria um legado. Isso nos mostra que, quando pedimos, precisamos reconhecer o que já nos foi dado, tendo em vista um propósito ainda maior. Ou seja, é necessário misturar a gratidão pelo que já temos com a expectativa por aquilo que o Senhor fará.

Jesus também nos encoraja, em Mateus 7.7-8, a pedir, buscar e bater. Não se trata de ser exigente, trata-se de reconhecer que estamos diante de um Pai amoroso que deseja nos dar boas dádivas. O pedido de Acsa estava enraizado na gratidão — ela não pediu mais terras, mas a capacidade de aproveitar ao máximo o que já tinha, afinal, naquele tempo, as fontes de água em uma terra garantiriam a possibilidade de colheita e o cuidado de rebanhos. Assim, devemos pedir sabendo que Ele pode nos dar o que precisamos para levar adiante o legado que nos confiou.

A lição aqui é clara: peça com fé, mas esteja enraizado na gratidão, ciente do que você recebeu e do que Deus já lhe confiou. Entenda, também, que Ele Se deleita em dar mais àqueles que O buscam com o coração certo. Como Acsa, aproxime-se de Deus sabendo que seu pedido pode abrir portas — não apenas para você, mas para as gerações futuras.

MANTENHA O FOCO

| 09 DE FEVEREIRO

Sambalate e Gesém mandaram dizer a mim: "Venha, vamos nos encontrar numa das aldeias do vale de Ono". Na verdade, o que eles queriam era me fazer mal. Por isso enviei--lhes mensageiros para dizer: – Estou fazendo uma grande obra e não posso descer até aí. Por que devo parar a obra para ir me encontrar com vocês? (Neemias 6.2-3)

Manter o foco no chamado de Deus é crucial em um mundo cheio de distrações que podem facilmente nos afastar de nosso chamado. Por exemplo, a resposta de Neemias ao convite de seus inimigos é um exemplo poderoso. Quando confrontado com distrações projetadas para desviá-lo do caminho, ele permaneceu firme, recusando-se a deixar a missão importante que Deus lhe havia dado. Sua determinação nos ensina que devemos priorizar o trabalho do Senhor, reconhecendo que os alheamentos — por mais inofensivos que pareçam — podem comprometer nossa missão e consequente legado.

Para evitar distrações, precisamos, primeiro, identificá-las. Elas podem vir de muitas formas, como compromissos desnecessários, busca por interesses pessoais ou até conselhos bem-intencionados que não se alinham ao propósito de Deus para nossas vidas. Ao permanecermos conectados a Ele pela oração e pelas Escrituras, aguçamos nosso discernimento e focamos nosso verdadeiro chamado. O exemplo de Neemias nos ensina a importância de dizer "não" a qualquer coisa que ameace nos afastar do que o Criador nos chamou a fazer, garantindo que nossos esforços produzam resultados duradouros.

Dessa forma, priorizar a obra de Deus requer renovação diária de nosso foco e comprometimento. Isso significa pedir a Ele que deixe nossos corações alinhados à Sua vontade e remova qualquer coisa que nos distraia de nosso chamado. Manter o foco é perseverar, é continuar com nossos olhos no objetivo e confiar que o Senhor nos guiará a cada passo.

▪ DIA 40

NA PRÁTICA

Reflita sobre suas prioridades atuais. Elas estão alinhadas ao chamado de Deus? Peça sabedoria para eliminar distrações e para se dedicar à Sua missão, garantindo que você deixe um legado significativo.

BÍBLIA EM UM ANO

- ☐ Êxodo 1-2
- ☐ Salmos 40
- ☐ Hebreus 6

ANOTAÇÕES

....

....

....

....

....

....

18 DE FEVEREIRO

CONVIDE JESUS PARA SUA HISTÓRIA

Ao cair da tarde, os discípulos se aproximaram de Jesus e disseram: – Este lugar é deserto, e já é tarde. Mande as multidões embora, para que, indo pelas aldeias, comprem para si o que comer. (Mateus 14.15)

DIA 41

NA PRÁTICA

Faça uma lista dos dilemas atuais para os quais você tem tentado encontrar soluções por conta própria e ore, entregando cada um deles nas mãos do Senhor. Peça-Lhe que intervenha e transforme essas circunstâncias impossíveis. Permita que o Deus do impossível entre na sua história e veja como Ele pode mudar sua realidade. Dê um passo de fé e deixe que o sobrenatural faça parte do seu cotidiano.

BÍBLIA EM UM ANO

Êxodo 3-4 ☐
Salmos 41 ☐
Hebreus 7 ☐

ANOTAÇÕES

Os discípulos enfrentaram uma situação aparentemente insolúvel: o dia estava acabando, e a multidão não tinha o que comer. A solução apresentada foi prática e racional: mandar as pessoas embora para procurarem comida por si mesmas. No entanto, isso revelou uma visão limitada, focada na realidade natural e na falta de recursos humanos.

Muitas vezes, encontramo-nos em situações em que a saída parece distante. Enxergamos o problema com olhos naturais, focamos nossas limitações e tendemos a antecipar fracassos antes de buscar uma resposta do Alto. Porém, quando Jesus questionou Filipe sobre onde poderiam comprar pão, Ele já sabia como a história terminaria. O Mestre queria testar a fé e a perspectiva dos discípulos. Filipe não passou no teste, respondendo que duzentos denários não seriam suficientes (cf. João 6.7). Porém, Jesus nunca perguntou quanto custaria o suprimento, pois tinha certeza de que a provisão viria do Altíssimo.

Assim também Cristo nos convida a olhar para além de nossa perspectiva rasteira. Ele nos chama a abrir mão do controle e a depender d'Ele, permitindo que o sobrenatural intervenha em nossa trajetória. Em vez de apenas constatar a dificuldade ou buscar soluções apressadas, devemos convidar Jesus para agir, pois Ele é o Deus do impossível (cf. Lucas 1.37).

Pare de pensar apenas com seu raciocínio limitado e lembre-se de que você tem a mente de Cristo (cf. 1 Coríntios 2.16). Quando O deixamos conduzir nossos passos, abrimos espaço para o Seu agir e vemos as situações do ponto de vista sobrenatural.

ENVOLVA SUA FAMÍLIA

11 DE FEVEREIRO

Mas, se vocês não quiserem servir ao Senhor, escolham hoje a quem vão servir: se os deuses a quem os pais de vocês serviram do outro lado do Eufrates ou os deuses dos amorreus, em cuja terra vocês estão morando. Eu e a minha casa serviremos ao Senhor.
(Josué 24.15)

Ao lermos Êxodo 10.7-11, percebemos que, assim como o Inimigo, Faraó utilizou estratégias para manter o povo cativo. Após as pragas do Egito, seus conselheiros lhe pediram que deixasse Arão e Moisés adorarem o Deus deles, como haviam dito: "Temos que levar todos: os jovens e os velhos, nossos filhos e nossas filhas, nossas ovelhas e nossos bois, pois celebraremos uma festa ao Senhor" (v. 9). Porém, Faraó não queria que Moisés levasse seus servos e família para adorar com ele e o expulsou de sua presença.

Em certas situações, o Diabo pode até nos deixar adorar a Deus, mas tentará nos impedir de envolver nossa família — afinal, uma casa unida em adoração é poderosa! O Inimigo tem pavor disso, porque é dessa forma que construímos uma nação santa: por meio de famílias que servem e amam a Deus de todo o coração. Então, não negocie com Faraó! Não deixe sua família para trás. Preze pela adoração no seu lar, pois é isso que vai transformar sua cidade, seu país e o mundo.

Se sua família for cristã, mantenha um ambiente de devoção a Deus e cuide para que seus filhos aprendam os preceitos bíblicos. Caso você seja o único cristão de sua casa, permaneça firme! Ore ao Senhor para que encontre seu lar e para que você sinta pertencimento à sua comunidade de fé, para combater as armadilhas do Diabo. Famílias saudáveis e que entronizam o único Deus em seu meio têm um potencial transformador para nossa geração. O Senhor ama a família e zela pela comunhão!

DIA 42

NA PRÁTICA

Tire alguns minutos para orar pelos planos que o Senhor entregou em suas mãos e de sua família. Peça a Deus que fortaleça a comunhão entre vocês! Não subestime as investidas do mal para estragar esse projeto divino e envolva sua família naquilo a que o Senhor o tem direcionado.

BÍBLIA EM UM ANO

- ☐ Êxodo 5-6
- ☐ Provérbios 1
- ☐ Hebreus 8

ANOTAÇÕES

12 DE FEVEREIRO | NÃO TENTE COMPRAR O ESPÍRITO

[...] – Deem também a mim este poder, para que a pessoa sobre a qual eu impuser as mãos receba o Espírito Santo. Mas Pedro respondeu: – Que o seu dinheiro seja destruído junto com você, pois você pensou que com ele poderia adquirir o dom de Deus!
(Atos 8.19-20)

DIA 43

NA PRÁTICA

Você provavelmente já compreendeu que o Espírito Santo é uma pessoa relacional e que Ele faz parte da Trindade, assim como o Pai e o Filho. A partir disso, o que você pode fazer para melhorar o seu discernimento sobre quando um direcionamento vem do Espírito e quando está fundamentado na sua carne?

BÍBLIA EM UM ANO

Êxodo 7-8 ☐
Provérbios 2 ☐
Hebreus 9.1-22 ☐

ANOTAÇÕES

Muitos querem ser ativados pelo poder do Espírito Santo e agir por meio do sobrenatural, mas fazem isso como se fosse uma compra. Como se algo pudesse ser feito para que o Senhor libere o Seu poder — um conjunto de palavras bonitas, um tipo de tom de voz ou uma atmosfera de adoração no domingo. A questão é que a ativação é fruto da intimidade! Eu não posso só saber sobre Deus e o que Ele faz: preciso conhecê-lO!

Simão, o feiticeiro, desejava o poder dos apóstolos e lhes ofereceu dinheiro para obtê-lo. Ele não queria o senhorio de Jesus Cristo sobre sua vida, mas a possibilidade de ter o poder. Curas e milagres? São uma parcela muito pequena do que Deus pode fazer! Sabemos que são maravilhosos e sobrenaturais, mas o fim desses sinais não está neles mesmos; é para manifestar o Céu aqui na Terra e, muitas vezes, gerar arrependimento verdadeiro e redenção. Simão queria milagres, e não relacionamento; por isso, Pedro respondeu ao feiticeiro com tanta rispidez. A falta de entendimento só revelava o quão distante o coração daquele homem estava de Deus.

O Espírito Santo é uma pessoa da Trindade e, por isso, exige que nos relacionemos com Ele com temor e reverência. Barganha nenhuma move o coração do Senhor, pois Ele Se revela com poder aos Seus filhos, e essa manifestação é para que Seus sinais gerem salvação, não autopromoção. Portanto, busque submeter-se ao senhorio do Pai e reverencie quem Ele é! Peça-Lhe que gere mais temor em seu coração para reconhecê-lO nas situações cotidianas e se aproximar da Sua vontade perfeita.

PERMANEÇA

| 13 DE FEVEREIRO

Permaneçam em mim, e eu permanecerei em vocês. Como o ramo não pode produzir fruto de si mesmo se não permanecer na videira, assim vocês não podem dar fruto se não permanecerem em mim. (João 15.4 – grifos nossos)

A verdadeira frutificação não vem de nossos esforços, mas de nos mantermos conectados a Cristo. Em João 15.4, Jesus enfatiza a importância de permanecer n'Ele, lembrando-nos de que um ramo não pode dar fruto por si mesmo; é necessário que siga na videira. Isto é, nosso fruto espiritual é resultado de nosso relacionamento com Cristo. O verbo "permanecer" é repetido quatro vezes nesse versículo para destacar a necessidade de continuarmos ligados a Jesus em todas as estações da vida. Não é apenas uma experiência, mas um estilo de vida de constante confiança n'Ele.

Ser um discípulo maduro significa praticar a permanência e a constância na caminhada com Cristo. Esse relacionamento contínuo é o que garante que continuaremos a dar frutos, independentemente das circunstâncias a nosso redor. Assim, precisamos trazer à memória que o verdadeiro fruto vem da intimidade com Jesus, não de nossa força. Permanecer n'Ele significa nutrir continuamente essa conexão, deixando que Sua vida flua em nós e produza frutos abundantes e duradouros.

Fortalecer nossa conexão com Cristo é essencial para garantir que nossas vidas sejam frutíferas. Isso envolve oração, estudo da Palavra e orientação do Espírito Santo em nossa rotina. Quando nos concentramos em permanecer em Cristo, a frutificação segue naturalmente, porque tudo o que é saudável dá frutos. Nosso objetivo principal deve ser permanecer n'Ele, confiando que o Senhor produzirá em nós o fruto espiritual que O glorifica e abençoa os outros.

DIA 44

NA PRÁTICA

Desafie-se a se concentrar em permanecer em Cristo em vez de se preocupar com a conquista do sucesso. Ore pela graça de reconhecer que o verdadeiro fruto espiritual é resultado de seu relacionamento com Ele, não de seus próprios esforços.

BÍBLIA EM UM ANO

- [ ] Êxodo 9-10
- [ ] Provérbios 3
- [ ] Hebreus 9.23 - 10.18

ANOTAÇÕES

14 DE FEVEREIRO | **HONRANDO A PRESENÇA**

Assim, a arca de Deus ficou com a família de Obede-Edom durante três meses, e o Senhor abençoou a casa de Obede-Edom e tudo o que ele tinha. (1 Crônicas 13.14)

DIA 45

NA PRÁTICA

Separe um momento hoje para construir um altar ao Senhor em sua casa. Pode ser um espaço de oração ou simplesmente um momento dedicado à adoração. Busque honrar a presença de Deus com seu tempo, suas atitudes e decisões. Faça disso uma prática constante e observe como a Presença trará bênçãos e transformação para todas as áreas de sua vida.

BÍBLIA EM UM ANO

Êxodo 11-12 ☐
Provérbios 4 ☐
Hebreus 10.19-39 ☐

ANOTAÇÕES

Quando a Arca do Senhor, que representava Sua presença, foi levada para a casa de Obede-Edom, a bênção divina se espalhou sobre todos. O simples fato de esse homem ter recebido a Arca em sua casa por três meses fez com que tudo o que possuía fosse tocado pela benção divina. Isso nos ensina a diferença crucial entre buscar a bênção e honrar o abençoador. Enquanto honramos ao Senhor, Ele faz além daquilo que projetamos.

Nos momentos em que colocamos nossa atenção em glorificar ao Senhor, Suas dádivas se tornam uma consequência natural. Ou seja, em vez de estarmos focados no que podemos receber, devemos nos concentrar em quem Deus é e na maravilhosa oportunidade de ter Sua presença habitando conosco. É a honra que prestamos a Ele que abre as portas para que Seu favor flua abundantemente sobre nós.

Honrar a presença de Deus em nossa vida é mais do que apenas reconhecer Sua existência ou frequentar reuniões religiosas. É sobre construir, em cada detalhe do nosso cotidiano, um altar ao Senhor. Assim como antigamente os altares eram locais de sacrifício e consagração, hoje, o altar em nossa casa é representado por corações rendidos ao Senhor Jesus e pelo tempo que nos dedicamos em reverência e devoção em meio à nossa rotina.

A partir dessa escolha consciente, o Pai nos abençoa de maneiras que vão além do material. Sua paz invade nosso lar, e Sua sabedoria nos guia em cada situação! Assim, que possamos seguir o exemplo de Obede-Edom, reconhecendo que a verdadeira bênção não está nas coisas que possuímos, mas em Quem habita em nós.

DECLARE A REALIDADE DOS CÉUS

| 15 DE FEVEREIRO

E, depois de dizer isso, [Jesus] clamou em alta voz: – Lázaro, venha para fora! Aquele que tinha morrido saiu, tendo os pés e as mãos amarrados com ataduras e o rosto envolto num lenço [...]. (João 11.43-44 – acréscimo e grifo nossos)

Antes de Lázaro voltar a viver, depois de quatro dias sepultado, Jesus orientou os presentes para que retirassem a pedra que tampava o túmulo e declarou em voz alta que o morto saísse de onde estava. Ao ler esse relato, somos lembrados de que o Senhor é especialista em ressuscitar sonhos que já estavam esquecidos e mortos para nós. Basta uma única declaração de Cristo a respeito daquilo que já nos foi dado nos Céus para que os planos do Senhor sejam concretizados em nossas vidas.

No Antigo Testamento, em meio a uma visão, o profeta Ezequiel foi impelido a profetizar sobre um vale de ossos secos, de modo que eles se juntaram, criaram tendões, carne, músculo e pele, e ganharam vida, formando um exército numeroso (cf. Ezequiel 37.1-14). O texto é claro ao mencionar que o profeta profetizou conforme o Senhor havia ordenado. Em obediência a Deus, suas palavras geraram algo poderoso.

Quando entendemos que nossas declarações causam impacto, criamos um senso de responsabilidade em relação ao que sai da nossa boca. Diante de situações impossíveis, olhamos para o Senhor e declaramos os Céus abertos sobre o que quer que estivermos vivendo no momento, sempre mantendo-nos sensíveis. Por isso, esteja atento ao que Deus quer fazer. Jamais abra a sua boca a não ser para declarar a realidade dos Céus e da Palavra sobre os sonhos que o Senhor deseja ressuscitar na sua vida hoje. Assim como Jesus declarou: "Lázaro, venha para fora", Ele quer nos ensinar a gerar vida por meio de declarações impelidas pelo Espírito Santo!

DIA 46

NA PRÁTICA

Como as palavras de Jesus foram uma declaração de realidade celestial sobre a situação terrena? Pense em exemplos na sua vida em que você pode aplicar essa verdade e ore proferindo a vontade de Deus.

BÍBLIA EM UM ANO

- [ ] Êxodo 13-14
- [ ] Provérbios 5
- [ ] Hebreus 11.1-22

ANOTAÇÕES

16 DE FEVEREIRO | **NÃO SEJA UM MERO OUVINTE**

Mas aquele que atenta bem para a lei perfeita, lei da liberdade, e nela persevera, não sendo ouvinte que logo se esquece, mas operoso praticante, esse será bem-aventurado no que realizar. (Tiago 1.25)

DIA 47

NA PRÁTICA

Pergunte-se se você está apenas ouvindo a Palavra ou se está aplicando os ensinamentos em sua vida diária. Estabeleça passos práticos a partir da última pregação que você ouviu e coloque-os em ação ainda hoje. Comprometa-se a ser um praticante ativo das Escrituras e a buscar a transformação contínua que a Graça do Senhor proporciona.

BÍBLIA EM UM ANO

Êxodo 15 ☐
Provérbios 6 ☐
Hebreus 11.23-40 ☐

ANOTAÇÕES

Ser Igreja não se resume a frequentar cultos, participar dos momentos de louvor e ouvir pregações. Em Tiago 1.25, encontramos uma orientação clara: não devemos ser apenas ouvintes da Palavra, mas praticantes dela. O verdadeiro compromisso com Cristo exige mais do que uma presença física nas atividades de nossa comunidade local; demanda uma transformação interna que se reflete em ações concretas.

Após nossa conversão, iniciamos um processo contínuo de santificação. Esse processo visa remover "o mundo" de nós, permitindo que caminhemos em santidade e em comunhão com nossos irmãos, fazendo parte do Corpo de Cristo. À medida que nos aproximamos de Deus, somos purificados, e nossa maneira de pensar é transformada, pois Ele nos capacita a não somente escutar, mas também a viver a realidade das Escrituras na prática.

A Graça do Senhor desempenha um papel essencial nessa transformação. Além de nos salvar e redimir, ela nos modifica completamente, de dentro para fora, conduzindo-nos a renunciar à impiedade e às paixões mundanas (cf. Tito 2.11-12). Ou seja, enquanto você se conforma ao molde divino, a imagem de Cristo se forma na sua vida, e, assim, suas ações passam a se alinhar com o padrão bíblico.

Logo, a verdadeira prática da Palavra não é apenas um ato isolado, mas um reflexo natural de uma vida que foi genuinamente transformada pelo Senhor e agora é dedicada a Ele.

ALINHE SUA PERSPECTIVA

| 17 DE FEVEREIRO

Relataram a Moisés e disseram: – Fomos à terra à qual você nos enviou. De fato, é uma terra onde mana leite e mel; estes são os frutos dela. Mas o povo que habita nessa terra é poderoso, e as cidades são muito grandes e fortificadas. Também vimos ali os filhos de Anaque. (Números 13.27-28)

A história dos doze espias nos ensina muito sobre como escolhemos enxergar as circunstâncias. Após retornarem de Canaã, dez deles voltaram amedrontados pelo tamanho dos gigantes e pelas cidades fortificadas. Eles até reconheceram a abundância da terra, mas permitiram que o medo os dominasse, resultando em uma perspectiva negativa que contaminou todo o povo.

Em contraste, Josué e Calebe mantiveram os olhos fixos naquilo que o Senhor havia declarado! Eles viram os mesmos gigantes e as mesmas cidades fortificadas, mas sua fé lhes permitiu enxergar além das dificuldades. Eles acreditavam que, apesar das aparentes impossibilidades, Deus era fiel e poderoso para cumprir Suas promessas.

Da mesma forma, Jesus, no Getsêmani, enfrentou uma angústia imensa ao contemplar a cruz que O aguardava. Ele orou expressando Seu desejo de evitar aquele sofrimento, mas, ao mesmo tempo, entregou-Se à vontade do Pai (cf. Mateus 26.39). Cristo encontrou alegria ao olhar para o martírio, não porque a dor fosse insignificante, mas porque Ele viu além dela: a salvação que Sua morte traria à humanidade (cf. Hebreus 1.2).

O melhor modo de alinhar nossa perspectiva é focar as promessas de Deus, e não as dificuldades. Quando nos cercamos de pessoas que nos encorajam e compartilham a mesma fé, somos fortalecidos para olhar para os desafios com uma nova visão. Precisamos aprender a ver com as lentes celestiais, entendendo que, mesmo quando enfrentamos obstáculos, eles podem ser os meios pelos quais Deus nos torna mais próximos d'Ele e nos prepara para receber Suas dádivas.

DIA 48

NA PRÁTICA

Escolha realinhar sua perspectiva. Em vez de focar as dificuldades, direcione sua atenção para as promessas divinas e os frutos que o Senhor já está produzindo em sua vida. Medite nessas histórias e peça a Deus que lhe conceda uma visão celestial para enxergar além dos problemas e encontrar alegria e esperança em meio aos processos. Rodeie-se de pessoas que, como Josué e Calebe, encorajam sua fé e permita que essa certeza o impulsione a cumprir os propósitos divinos.

BÍBLIA EM UM ANO

- ☐ Êxodo 16-17
- ☐ Provérbios 7
- ☐ Hebreus 12

ANOTAÇÕES

18 DE FEVEREIRO | RESPEITANDO AMBIENTES DE FÉ

E riam-se dele. Mas Jesus, mandando que todos saíssem, levou consigo o pai e a mãe da criança e os que vieram com ele e entrou onde ela estava. (Marcos 5.40)

DIA 49

NA PRÁTICA

Peça a Deus que revele áreas nas quais a incredulidade pode estar bloqueando um avanço. Ore por sabedoria para remover distrações e pessoas que bloqueiam sua fé, criando espaço para o Senhor Se mover com poder.

BÍBLIA EM UM ANO

Êxodo 18-19 ☐
Provérbios 8 ☐
Hebreus 13 ☐

ANOTAÇÕES

A construção de uma atmosfera de fé é essencial para a manifestação de milagres. Na história de Marcos 5.40, quando Jesus estava prestes a ressuscitar a filha de Jairo, Ele primeiro tirou do ambiente aqueles que não tinham fé e davam o caso como perdido. É bem provável que Cristo estivesse preparando um ambiente livre de incredulidade, a fim de que o milagre fluísse livremente. A fé é como uma moeda para a manifestação do Reino de Deus (cf. Hebreus 11) e, além de ser pessoal, pode ser comunitária, como no caso em que quatro amigos levaram um paralítico até Jesus (cf. Marcos 2.3-5). A atmosfera que cultivamos ao nosso redor impacta o que Deus pode fazer naquele espaço.

A incredulidade pode agir como um bloqueio à obra sobrenatural do Senhor. Assim como Jesus afastou os incrédulos para criar um ambiente propício, nós também precisamos estar conscientes das influências que alimentam a dúvida em nossos corações. Nem sempre se trata de cortar relações, mas de entender que ambientes cheios de fé são essenciais para que os milagres se desenrolem. Podemos ver Deus Se mover livremente quando nos cercamos daqueles que acreditam em Seu poder.

Há momentos em que o Senhor pode tirar de nossa vida pessoas ou situações que não estão alinhadas aos Seus planos, não como punição, mas para preparar a atmosfera certa para Sua obra. Isso não significa isolamento, e sim a importância do discernimento espiritual em nossos relacionamentos. Ao buscar um milagre, é crucial estar cercado por aqueles que creem no que o Senhor pode fazer.

DISCÍPULOS OU ATIVISTAS?

| 19 DE FEVEREIRO

"O Espírito do Senhor está sobre mim, porque me ungiu para evangelizar os pobres; enviou-me para proclamar libertação aos cativos e restauração da vista aos cegos, para pôr em liberdade os oprimidos, e para proclamar o ano aceitável do Senhor." [...] – Hoje, se cumpriu a Escritura que vocês acabam de ouvir. (Lucas 4.18-19,21)

Com os desafios da geração em que vivemos, é fácil confundir a linha entre ser um ativista religioso e um verdadeiro discípulo de Cristo. Enquanto o ativista vê problemas e se esforça para resolvê-los por meio de sua própria força, o discípulo reconhece a necessidade da unção do Espírito Santo para realmente fazer a diferença. A missão de Jesus, conforme descrita em Lucas 4.18-19, lembra-nos de que nosso trabalho no mundo deve ser conduzido pelo Espírito. Um verdadeiro discípulo entende que o sucesso, aos olhos de Deus, não é sobre o quanto fazemos, mas sobre o quanto confiamos em Seu poder para nos guiar e sustentar.

Ser um discípulo de Cristo significa reconhecer que nossa força sozinha é insuficiente, de modo a depender de Seu direcionamento em nossas ações. Essa dependência transforma nossa abordagem, garantindo que nosso trabalho esteja alinhado aos propósitos de Deus, e não a nossas próprias agendas. Não se trata de fazer mais, mas de estar em sintonia com o que o Senhor quer fazer por meio de nós.

A missão de Jesus, em Lucas 4.18-21, serve como nosso modelo. Ele não apenas agiu, mas o fez sob a unção do Espírito Santo, trazendo verdadeira liberdade e cura para aqueles em necessidade. Como Seus discípulos, somos chamados a fazer o mesmo. Ao confiar no Espírito Santo, podemos ir além do mero ativismo e nos tornarmos vasos pelos quais o poder de Deus flui, causando impacto duradouro no mundo a nosso redor.

NA PRÁTICA

Reserve um tempo para avaliar suas motivações. Você está agindo como um ativista religioso ou um verdadeiro discípulo? Deixe suas ações serem guiadas pela sabedoria de Deus, para refletir verdadeiramente o coração de um discípulo.

BÍBLIA EM UM ANO

- [ ] Êxodo 20-21
- [ ] Provérbios 9
- [ ] Mateus 1

ANOTAÇÕES

20 DE FEVEREIRO |

A UNÇÃO CHEGA PARA QUEM SERVE

Todo lugar em que puserem a planta do pé eu darei a vocês, como prometi a Moisés. (Josué 1.3)

DIA 51 ☐

NA PRÁTICA

Dedique tempo nos próximos dias para servir sem expectativa de recompensa ou reconhecimento. Procure seu líder ou pastor e se disponha a servi-lo, ainda que em uma atividade banal. Concentre-se em glorificar a Deus por meio de suas ações, refletindo a obediência de Josué e a perseverança de Eliseu.

BÍBLIA EM UM ANO

Êxodo 22-23 ☐
Provérbios 10 ☐
Mateus 2 ☐

ANOTAÇÕES

Servir a Deus não é sobre posição ou visibilidade, mas sim sobre honrá-lO com um coração totalmente devoto à Sua vontade. Josué e Eliseu, por exemplo, antes mesmo de assumirem papéis de liderança, viveram vidas de serviço. Eles não correram para a linha de frente, mas serviram fielmente aos seus mentores — Moisés e Elias. Sua disposição em servir os preparou para receber as promessas de Deus e assumir os papéis designados a eles. Vemos isso em Josué 1.3, quando Deus promete: "Todo lugar em que vocês pisarem, Eu lhes darei". Foi o processo que levou Josué até aquele ponto.

Davi também exemplificou essa atitude de serviço. Quer fosse um pastor de ovelhas, quer fosse um rei governando uma nação, seu coração permaneceu o mesmo: fiel e devoto a Deus. Assim, esse mesmo coração de serviço deve ser nosso objetivo. João 15 nos mostra que, antes de os discípulos serem chamados de amigos, eles passaram anos servindo ao lado de Jesus. O serviço veio primeiro, e, por meio disso, eles construíram um relacionamento de intimidade e amizade. É exatamente por meio dessa atitude de serviço que desbloqueamos as coisas mais profundas de Deus.

Quando servimos, algo em nós é ativado. Nem sempre podemos ver o impacto imediato, mas cada ato de serviço abre a porta para uma unção maior. Ao longo da narrativa bíblica, percebemos que o "manto" sempre cai ao lado de alguém que está servindo. Da mesma forma, assim como Eliseu recebeu uma porção dobrada após servir Elias fielmente, também acessaremos as promessas de Deus ao servirmos com corações humildes.

ENCARE O PROBLEMA

| 21 DE FEVEREIRO

Então Jesus, erguendo os olhos e vendo que uma grande multidão se aproximava, disse a Filipe: – Onde compraremos pão para lhes dar de comer? (João 6.5)

Diante da multidão, Jesus fez uma provocação a Filipe. Ele sabia o que iria fazer, mas usou a oportunidade para ensinar algo crucial sobre fé e enfrentamento de problemas.

As duas reações naturais do ser humano diante do aperto são o desespero e a negação. O desespero nos paralisa, impede-nos de ver soluções e nos faz esquecer da autoridade que temos em Cristo. Já a negação menospreza os problemas, permitindo que eles cresçam e se tornem mais difíceis de resolver. Por exemplo: uma pequena goteira, quando ignorada, pode se expandir e destruir a casa inteira (cf. Eclesiastes 10.18). Porém, cristãos saudáveis reconhecem a urgência de lidar com as "goteiras" da vida.

Por isso, Jesus nos ensina a encarar tudo de frente. Ao perguntar a Filipe onde poderiam comprar pão, Ele estava preparando o terreno do milagre. Após sua errônea resposta, André enxergou na multidão uma possiblidade — um jovem com cinco pães e dois peixes. Como seguidores de Cristo, devemos ser rápidos em responder aos desafios com fé. O Espírito Santo o direciona e capacita a enfrentar qualquer situação, e o convida a transpor os obstáculos que muitas vezes você tenta ignorar.

Somente deixar os dilemas de lado não é a solução! Precisamos ser proativos, buscar a direção do Alto e agir com a autoridade e a sabedoria que o Senhor nos deu. Cada contratempo é uma oportunidade para ver o poder de Deus em ação e de testemunhar Sua fidelidade. Ao enfrentar as dificuldades com coragem, você mostrará ao mundo que serve a um Senhor que é maior do que qualquer adversidade.

DIA 52

NA PRÁTICA

Identifique um problema específico que você tem evitado. Pode ser um conflito relacional, uma decisão difícil ou uma situação de pecado não resolvida. Ore a Deus pedindo sabedoria e coragem para enfrentar essa questão de frente. Compartilhe com um líder ou amigo de confiança, pedindo que interceda por você e ajude-o a encontrar soluções. Lembre-se de usar a autoridade que você tem em Cristo e aja com fé, sabendo que Deus está ao seu lado.

BÍBLIA EM UM ANO

- [ ] Êxodo 24
- [ ] Provérbios 11
- [ ] Mateus 3

ANOTAÇÕES

22 DE FEVEREIRO

A RESPOSTA E O POSICIONAMENTO

Até quando, Senhor, clamarei pedindo ajuda, e tu não me ouvirás? [...] Por que toleras a opressão? Pois a destruição e a violência estão diante de mim; há litígios e surgem discórdias. Por isso, a lei se afrouxa e a justiça nunca se manifesta. Porque os ímpios cercam os justos, e assim a justiça é torcida. (Habacuque 1.2-4)

DIA 53

NA PRÁTICA

Ore a Deus pedindo discernimento para ouvir a Sua voz e confiar em Sua justiça, mesmo quando ela parece estar distante da sua realidade.

BÍBLIA EM UM ANO

Êxodo 25-27 ☐
Provérbios 12 ☐
Mateus 4 ☐

ANOTAÇÕES

Habacuque foi levantado por Deus para profetizar ao final do período do reino de Judá. O povo se encontrava em crise espiritual e política e havia endurecido o coração contra o Senhor, preferindo dar ouvidos apenas aos profetas que declaravam paz, mesmo em meio a tanto pecado e idolatria. Era como se estivessem anestesiados.

No entanto, o profeta se incomodava com o caos e entrou em crise, pois não conseguia compreender o triunfo do ímpio e o silêncio de Deus. Apesar disso, ele encontrou forças para buscá-lO e O questionou acerca de Sua aparente indiferença. O Senhor, então, deu Sua resposta, que foi ainda mais dura que o silêncio: Ele anunciou que os babilônicos marchariam sobre toda a terra (cf. Habacuque 1.5-6).

Será que estamos prontos para escutar do Senhor algo que não queremos? Certamente Habacuque não esperava ouvir aquela resposta, mas isso fazia parte do propósito divino. Deus sempre tem um plano e, muitas vezes, não nos entregará uma explicação, mas nos dará uma revelação.

Diante de tudo o que ouviu, Habacuque se posicionou na torre de vigia (cf. Habacuque 2.1). Embora não tenha gostado da resposta que recebeu, ele tinha um compromisso e não era movido por desespero. O profeta aguardaria pelo direcionamento do Senhor. Assim como ele, posicione-se em oração para ouvir a voz de Deus independentemente da situação. Ainda que você não entenda ou discorde, confie nos planos divinos. Diante de algo novo, o Senhor convoca os intercessores, por isso permaneça no lugar de sentinela, mesmo sem compreender.

PAIXÃO PELAS ALMAS

| 23 DE FEVEREIRO

No dia seguinte, quando eles desceram do monte, uma grande multidão veio ao encontro de Jesus. (Lucas 9.37)

Subir ao monte é indispensável para nossa vida espiritual. Assim como Jesus se retirava para a montanha para orar e se conectar com o Pai, nós também precisamos de momentos de intimidade com Deus para fortalecer nossa relação com Ele. Essas experiências nos renovam e nos preparam para enfrentar o mundo com autoridade e poder.

No entanto, é crucial lembrar que não podemos permanecer isolados em nossa busca por Deus. O topo da montanha é importante, mas nosso chamado é descer e encontrar os perdidos!

Cristo nos ensina que, após nosso tempo de comunhão com o Pai, devemos cumprir nossa missão. O amor pela presença do Senhor pode até nos conduzir ao topo do monte, porém a paixão pelas almas nos chama para estar entre aqueles que ainda não conhecem a Jesus. Se permanecermos apenas no secreto, sem nos relacionarmos com as pessoas, negligenciaremos nossa missão.

A verdadeira transformação espiritual não se manifesta apenas nos altos lugares, mas principalmente na maneira como alcançamos e amamos aqueles que precisam de salvação. Portanto, busque momentos de intimidade com o Pai, contudo lembre-se de que sua paixão pela presença do Senhor deve se refletir do lado de fora do seu quarto. Como Jesus, vá ao encontro das multidões, levando o Reino de Deus para onde ele é necessário.

NA PRÁTICA

Gaste tempo subindo ao seu "monte" espiritual para buscar a presença de Deus. Durante esse momento, peça ao Senhor que revele a você uma palavra específica direcionada a alguém do seu convívio ou até mesmo um estranho. Esteja sensível ao Espírito Santo e aproveite a melhor oportunidade para entregar essa mensagem, compartilhando o amor de Cristo. Se possível, ore com essa pessoa e faça dessa experiência a primeira de muitas!

BÍBLIA EM UM ANO

- ☐ Êxodo 28-29
- ☐ Provérbios 13
- ☐ Mateus 5.1-16

24 DE FEVEREIRO |

OBEDIÊNCIA RADICAL

Aquele que diz: "Eu o conheço", e não guarda os seus mandamentos, é mentiroso,
e a verdade não está nele. (1 João 2.4)

DIA 55

NA PRÁTICA

Examine sua caminhada com Cristo: sua obediência é parcial ou radical? Ore pela coragem de segui-lO completamente, reconhecendo que a verdadeira proximidade com Deus requer obediência inabalável.

BÍBLIA EM UM ANO

Êxodo 30-32 ☐
Provérbios 14 ☐
Mateus 5.17-48 ☐

ANOTAÇÕES

Viver em obediência radical aos mandamentos de Cristo é o que define a verdadeira permanência n'Ele. A passagem de 1 João 2.4 deixa claro que, se afirmamos conhecê-lO, mas não guardamos Seus mandamentos, enganamos a nós mesmos. A obediência é a evidência de nosso amor por Deus e a base de nosso relacionamento com Ele. Quando seguimos Sua Palavra, demonstramos nosso amor por Ele e pelo próximo, o que reflete a essência de Seu caráter. Esse tipo de submissão surge de uma profunda intimidade com Cristo.

A obediência radical ao Senhor abre a porta para novos níveis de proximidade com Ele. Não condiciona o amor e a Graça de Deus; ao contrário: é uma resposta à plenitude dessas duas dádivas em nossas vidas. Essa conexão com Cristo se manifesta naturalmente por meio do amor — ao Senhor e aos outros, especialmente a nossos inimigos. Enraizado na obediência, esse amor nos leva a um relacionamento mais profundo com Ele, no qual Sua presença se torna mais real, e Sua orientação mais evidente em nossas vidas diárias.

Reconhecer que a obediência não é relativa, mas essencial, é a chave para aprofundar nossa intimidade com Jesus. A verdadeira devoção significa dizer "sim" a Deus em todas as circunstâncias, confiando que Seus caminhos são mais elevados que os nossos. À medida que vivemos essa obediência radical, nossas vidas são transformadas, e alcançamos um relacionamento mais íntimo com o Criador, experimentando uma profundidade de amor, Graça e devoção que só podem vir se verdadeiramente permanecermos n'Ele.

MILAGRE SEM PRETENSÃO

| 25 DE FEVEREIRO

Certo dia, Eliseu passou por Suném, onde morava uma mulher rica, que insistiu para que ele ficasse para uma refeição. Assim, todas as vezes que passava por lá, entrava para fazer uma refeição. (2 Reis 4.8)

À s vezes, achamos que milagres são performados apenas quando os buscamos ativamente, porém Deus trabalha a nosso favor mesmo quando não esperamos. A história da mulher sunamita nos ensina algo profundo. Seu gesto de hospitalidade — oferecer não só uma refeição, mas também construir um quarto para Eliseu (cf. 2 Reis 4.10) — abriu a porta para uma bênção sobrenatural. Sem expor suas dores, ela confiou no Senhor e simplesmente honrou a unção que estava sobre a vida do homem de Deus. Isso nos ensina a importância de agir com amor e generosidade no dia a dia, sem esperar algo em troca. Um coração doador cria um ambiente propício para o mover de Deus.

Em algumas ocasiões, o sobrenatural vem por meio de pequenos atos diários de amor e dedicação. Assim, a sunamita nos mostra o poder que existe em servir a Deus sem buscar nada em troca. Sua disposição em servir sem pedir por milagres revela uma fé que não se abala diante das circunstâncias, como alguém que prepara um terreno fértil sem saber quando, ou se, as sementes irão florescer — apenas confiando no processo e na fidelidade de Deus.

Essa história de 2 Reis 4.8 nos ensina que viver com simplicidade e dedicação nos posiciona para receber milagres, não porque os perseguimos, mas porque estamos alinhados com o coração de Deus. Confie que Ele vê sua fidelidade e agirá no momento certo, trazendo bênçãos inesperadas e sobrenaturais. Deus nunca Se esquece de um coração que O serve com amor e devoção.

DIA 56

NA PRÁTICA

Passe um tempo em oração, pedindo ao Senhor para alinhar seu coração com o d'Ele por meio de atos de amor e generosidade. Assim como a sunamita, seja um anfitrião da presença de Deus e creia que Ele Se moverá nos momentos comuns da sua vida.

BÍBLIA EM UM ANO

- ☐ Êxodo 33-34
- ☐ Provérbios 15
- ☐ Mateus 6.1-18

ANOTAÇÕES

26 DE FEVEREIRO | **O RECALCULAR DA ROTA**

Jonas se levantou e foi a Nínive, segundo a palavra do Senhor. Ora, Nínive era uma cidade muito importante diante de Deus; eram necessários três dias para percorrê-la. (Jonas 3.3)

DIA 57

NA PRÁTICA

Reflita sobre todas as vezes em que a misericórdia do Senhor o encontrou e o levou de volta para o caminho. Faça uma análise da sua vida e identifique se você precisa se arrepender de alguma desobediência que o tirou da rota recentemente. Caso perceba que tem se distanciado do caminho em que deveria estar, quebrante-se aos pés do Senhor. Sua misericórdia sempre nos alcança.

BÍBLIA EM UM ANO

Êxodo 35-36
Provérbios 16
Mateus 6.19-34

ANOTAÇÕES

Nós só estamos aqui hoje porque, em algum momento de nossa trajetória, o Senhor nos viu e nos trouxe de volta para casa, arrancando-nos da perdição. Ele olhou para nós, deu-nos mais uma chance e disse: "Eu ainda tenho uma obra para fazer em sua vida". Onde existir arrependimento, sempre haverá uma oportunidade de retorno.

Jonas errou e foi encontrado pelo Senhor com disciplina, então se arrependeu e se quebrantou diante do Altíssimo. Depois disso, recebeu novamente a ordem de ir para Nínive, pois Deus queria que ele recalculasse a rota e voltasse para o plano inicial.

No Novo Testamento, vemos algo semelhante. Pouco antes da crucificação, Pedro negou a Cristo três vezes — mas logo chorou amargamente, pois percebera o que havia feito (cf. Marcos 14.66-72). Ao terceiro dia, Maria Madalena, Maria e Salomé foram visitar o túmulo de Jesus, porém o encontraram vazio. Após avisar-lhes que Cristo havia ressuscitado, o anjo que estava ali orientou: "Mas vão e digam aos discípulos dele e **a Pedro** que ele vai adiante de vocês para a Galileia [...]" (Marcos 16.7 – grifo nosso). O Senhor fez questão de confirmar que Pedro receberia uma nova chance!

Contudo, não existe o recalcular da rota sem arrependimento. Saber que Deus irá nos perdoar não nos dá o direto de errar deliberadamente; isso é pecado e falta de temor. Apesar de o Senhor estar pronto para nos perdoar e nos colocar de volta no caminho certo, devemos ser cuidadosos para não abusar de Sua misericórdia. Portanto, abracemos o recalcular da rota com temor!

ARREPENDIMENTO

| 27 DE FEVEREIRO

Porque assim diz o Senhor Deus, o Santo de Israel: "Na conversão e no descanso está a salvação de vocês; na tranquilidade e na confiança reside a força de vocês. Mas vocês não quiseram". (Isaías 30.15)

Em um mundo onde não existe certo e errado, todos fazem o que querem sem peso na consciência, pregando a ideia de que não precisamos nos arrepender. O convite de Jesus, no entanto, é bem claro: "Se alguém quer vir após mim, negue a si mesmo, dia a dia tome a sua cruz e siga-me" (Lucas 9.23). **Você não pode viver a vida de Cristo se não carregar a sua cruz!** Ele não pode mudar a sua vida a não ser que você a perca. Para tanto, o arrependimento é o primeiro passo.

A boa notícia é que o Senhor jamais rejeita um coração quebrantado. Sua Palavra afirma que, se você se converter de seus caminhos, Ele o perdoará (cf. 2 Crônicas 7.14). Assim, uma mudança de rota radical possibilita sua restauração completa. Não é pelo seu esforço: o Espírito Santo o ajudará nessa caminhada. Hoje mesmo, você pode se achegar a Deus, tomar a decisão de Lhe entregar as rédeas da sua vida e confessar a Ele as suas falhas.

Deixe para trás o pecado que o mantinha aprisionado. Seja o que for, coloque aos pés da Cruz e entenda que o arrependimento genuíno jamais trará culpa; pelo contrário, trará salvação (cf. 2 Coríntios 7.10). Ele é um privilégio por meio do qual você encontrará descanso. Uma vez arrependido, decida, todos os dias, entregar seu coração e mente a Cristo. Mantenha seus olhos fixos n'Aquele que é sempre fiel e justo para perdoar seus pecados e purificá-lo de toda injustiça (cf. 1 João 1.9). Ele é Deus misericordioso e não permitirá que seus pés vacilem (cf. Salmos 121.3) nem por um segundo sequer. Cabe a você ser obediente a todo tempo.

DIA 58

NA PRÁTICA

Peça ao Espírito Santo que sonde o seu coração e lhe revele a necessidade de transformação em quaisquer áreas da sua vida. Faça uma oração de arrependimento ao Senhor, receba o Seu perdão e peça ajuda ao Espírito Santo para abandonar hábitos pecaminosos que o mantiveram preso até aqui. Peça a Deus que continue fortalecendo-o a todo tempo.

BÍBLIA EM UM ANO

- ☐ Êxodo 37-38
- ☐ Provérbios 17
- ☐ Mateus 7

ANOTAÇÕES

....
....
....
....
....

28 DE FEVEREIRO |

DÊ O CONTROLE AO ESPÍRITO SANTO

E apareceram, distribuídas entre eles, línguas, como de fogo, as quais pousaram sobre cada um deles. Todos ficaram cheios do Espírito Santo e começaram a falar em outras línguas, segundo o Espírito lhes concedia que falassem. (Atos 2.3-4)

DIA 59

NA PRÁTICA

Aproveite o último dia do mês para buscar discernimento em Deus! Agradeça por Sua direção e peça a Ele que tome o controle total de sua vida. Esteja atento e faça aquilo que Ele o direcionar a fazer. Por exemplo, se sentir que deve dizer uma palavra de encorajamento a alguém, diga-a. Deixe que o Espírito o conduza!

BÍBLIA EM UM ANO

Êxodo 39-40 ☐
Provérbios 18 ☐
Mateus 8.1-13 ☐

ANOTAÇÕES

Hoje queria lembrá-lo de que você é um rio, não um lago! Já reparou que, em um lago, a água fica estagnada e não vai a lugar nenhum, mas que, em um rio, ela corre? Este a recebe da fonte e libera. Do mesmo modo, o Espírito Santo não habita em você para ser contido e ficar parado em seu interior. Ele deseja fluir, enchê-lo e transbordar a outros!

A transformação, percebida a quilômetros de distância, é um dos indícios de que o Espírito tem o controle de nossas vidas. Ela é perceptível, pois, quando damos liberdade para que Ele flua por meio de nós, existe mudança de conduta e da realidade. O cansaço e o desânimo podem até bater à nossa porta e nos fazer pensar que estamos sozinhos, mas temos que entregar o controle ao Espírito Santo e descansar, sabendo que Ele vai nos transformar e direcionar.

Em Atos 2, no Pentecostes, a consequência do transbordar do Espírito foi o falar em novas línguas, conforme Ele lhes concedia. Esse dom permitiu que os estrangeiros que passavam ali, de lugares diferentes do mundo, ouvissem o Evangelho e entendessem o que era dito (cf. Atos 2.511). Na sequência desse evento maravilhoso, Pedro prega o Evangelho, e milhares são salvos. Isso nos mostra que o estabelecimento do Reino de Deus exige de nós um posicionamento: permitir que o Espírito Santo flua como um rio a partir de nosso interior, de acordo com Sua vontade. Então, não retenha o poder do Espírito! Esse destravar espiritual precisa ser realidade em nossas vidas. O Espírito Santo nos traz discernimento, transformação e poder. Deixe-O agir!

MARÇO

01 DE MARÇO | # TRANSFORMANDO CIDADES E NAÇÕES

[...] – Toda a autoridade me foi dada no céu e na terra. Portanto, vão e façam discípulos de todas as nações, batizando-os em nome do Pai, do Filho e do Espírito Santo, ensinando-os a guardar todas as coisas que tenho ordenado a vocês [...]. (Mateus 28.18-20)

DIA 60

NA PRÁTICA

Você já sabe em qual esfera da sociedade foi chamado para atuar? Pense em como você pode cumprir a Grande Comissão no lugar em que está inserido – seja na sua família, no seu trabalho ou na sua comunidade. Lembre-se de que você carrega a autoridade de Cristo e que, por meio da sua vida, Ele pode transformar cidades e nações. Ouse sonhar com a transformação que o Senhor deseja realizar e escolha ser um participante ativo nela!

BÍBLIA EM UM ANO

Levítico 1-2 ☐
Provérbios 19 ☐
Mateus 8.14-34 ☐

ANOTAÇÕES

A Grande Comissão não é apenas uma instrução, mas um chamado de poder dado por Jesus. Isso é fascinante! O Evangelho de Cristo não é poderoso apenas para salvar uma vida, mas também para transformar uma nação. Podemos compreender essa verdade a partir da profecia de Isaías 61, que é um texto messiânico. No versículo 1, lemos que a unção nos empodera para pregar as Boas Novas; no versículo 4, o profeta fala sobre a restauração de cidades antigamente assoladas. Deus é poderoso para chacoalhar nações presas em ciclos de iniquidade, como corrupção, e levar Sua justiça para esses ambientes.

Ao olharmos para o reformador Neemias, também vemos a preocupação do Senhor com as cidades. Afinal, sua compaixão e clamor, somados à ação e liderança, foram as bases para a transformação social e restauração de Jerusalém (cf. Neemias 1). De modo semelhante, a Rainha Ester colocou sua posição em risco para salvar o povo judeu (cf. Ester 5).

Precisamos entender que estar no mercado de trabalho ou envolvido no setor público pode ser tão espiritual como ser um pastor ou missionário. Somente com a inserção da Igreja de Cristo nos diferentes setores da sociedade é que veremos uma cidade discipulada. Precisamos de embaixadores que serão enviados ao campo missionário da Educação, do Governo, da Economia, das Mídias, da Arte e da Família, a fim de que o Reino se expanda nas nações. Portanto, seja fiel onde você está, sabendo que Deus pode usar seu trabalho, suas ações e suas palavras para cumprir a vontade d'Ele e transformar o ambiente ao seu redor.

FUJA DA SUPERFICIALIDADE

02 DE MARÇO

Quando os apóstolos, que estavam em Jerusalém, ouviram que o povo de Samaria tinha recebido a palavra de Deus, enviaram-lhes Pedro e João. Chegando ali, oraram por eles [...], pois o Espírito ainda não havia descido sobre nenhum deles. [...] Então lhes impuseram as mãos, e eles receberam o Espírito Santo. (Atos 8.14-17)

Pedro e João, ao chegarem em Samaria, tinham experimentado tanto do Senhor que era nítido o poder que carregavam. Ao ver aquilo, Simão, o feiticeiro, pediu pelos dons, como se fossem uma mercadoria, e Pedro respondeu: "[...] — Que o seu dinheiro seja destruído junto com você, pois você pensou que com ele poderia adquirir o dom de Deus!" (Atos 8.20). A verdade é que os dons não estão à venda e não são baseados em uma receita mágica. Simão não entendeu que eram frutos de um relacionamento íntimo com Deus e que seria necessário arrependimento e quebrantamento de coração (cf. vs. 21-25).

Muitos querem poder espiritual sem relacionamento; plataforma sem ter vida no secreto e influência sem ter autoridade. A grande questão é que podemos estar em um ambiente de avivamento e mover do Espírito Santo, mas isso por si só não é garantia de que carregamos a presença de Deus. O relacionamento com o Senhor é pessoal e intransferível. Jesus quer um relacionamento fora da superficialidade de um anseio por ser "o ungido", mas que seja pautado em desejar a face do Altíssimo. A autoridade espiritual é apenas consequência de um relacionamento com o Rei, não o fim em si.

Nós só conseguimos aprofundar nossa relação com Deus dedicando nosso tempo a Ele. Leia a Palavra e deixe que ela entre em seu coração, tenha comunhão com pessoas que também estão caminhando com Cristo, ore ao Senhor e jejue, consagrando-se. Seu relacionamento pessoal com Deus é mais importante do que a performance dos seus dons sobrenaturais e curas!

NA PRÁTICA

Como podemos evitar cair na armadilha de valorizar mais os dons espirituais do que a intimidade com o próprio Deus? Quais práticas espirituais podemos adotar para aprofundar nossa comunhão com Ele e evitar uma mentalidade de superficialidade espiritual?

- ☐ Levítico 3-4
- ☐ Provérbios 20
- ☐ Mateus 9.1-17

....
....
....
....
....
....

03 DE MARÇO | NÃO SEJA GUIADO PELA CARNE

Se vivemos no Espírito, andemos também no Espírito. (Gálatas 5.25)

DIA 62

NA PRÁTICA

Reserve um tempo para refletir sobre as áreas de sua vida em que a carne tem prevalecido. Pergunte-se: "Estou sendo guiado pelo Espírito ou pelos meus próprios desejos?". Em seguida, ore pedindo ao Espírito Santo que lhe dê força e determinação para renunciar à carne e firmar um compromisso mais profundo com Deus. Lembre-se de que andar no Espírito é um processo diário. Ao longo do tempo, você verá os frutos dessa escolha.

BÍBLIA EM UM ANO

Levítico 5-6 ☐
Provérbios 21 ☐
Mateus 9.18-38 ☐

ANOTAÇÕES

A vida cristã é uma jornada de renúncia constante aos desejos da carne e de busca por uma vida guiada pelo Espírito. Vivemos em um mundo onde as influências externas, sejam elas culturais, sociais ou pessoais, nos pressionam a ceder à nossa natureza pecaminosa. No entanto, dar vazão a nossos impulsos é perigoso, pois eles nos afastam de Deus e nos tornam vulneráveis aos discursos que nos cercam.

Na verdade, a carne e o espírito estão em constante conflito dentro de nós. Desde a Queda (cf. Gênesis 3), nossa natureza carnal é marcada pelo desejo pelo pecado e tende a resistir às práticas espirituais que nos aproximam do Pai, como o jejum, a leitura bíblica e a oração. É por isso que, muitas vezes, sentimos uma batalha interna ao tentarmos seguir os caminhos divinos. A carne deseja satisfação imediata, enquanto o Espírito nos chama a uma vida de sacrifício e entrega.

Para vencer essa luta, precisamos entender que somos chamados a viver no Espírito, para que nossas ações sejam guiadas por Ele, e não por sentimentos. Estabelecer e honrar uma aliança com Deus é um passo crucial para isso! Quando firmamos esse pacto, dispomo-nos a renunciar a nosso ímpeto e a nos sujeitar à vontade do Senhor.

Tal decisão nos agracia com a verdadeira liberdade, à medida que nos afastamos das armadilhas que a carne nos impõe. Em contrapartida, exige de nós um posicionamento diário de renunciar a nós mesmos, tomar nossa cruz e seguir Cristo. Assim, tornamo-nos exemplos vivos do poder transformador de Deus em nossas vidas.

OS FRUTOS DO ALTAR DO SENHOR

04 DE MARÇO

Três dias depois, houve um casamento em Caná da Galileia, e a mãe de Jesus estava ali.
Jesus também foi convidado, com os seus discípulos, para o casamento.
(João 2.1-2 – grifo nosso)

O fruto de um ambiente pautado na Palavra é legado; o fruto de um ambiente cercado de adoração é a presença constante de Cristo; o fruto de um ambiente de oração é a manifestação do sobrenatural; o fruto de um ambiente com relações saudáveis é a abundância. Você consegue perceber que, ao criarmos um altar para o Senhor em nosso lar, passamos a desfrutar ainda mais de Quem Ele é?

O capítulo 2 de João nos fala muito sobre isso. Jesus escolheu manifestar Seu primeiro milagre em um casamento ao qual havia sido convidado. A verdade é que muitos querem desfrutar da transformação da água em vinho, no entanto, nem todos convidam Cristo para o casamento. Convide Jesus para seu lar e esteja disposto a fazer tudo o que Ele mandar (cf. João 2.5).

Em Mateus 11, Cristo denunciou as cidades onde Ele havia manifestado Seu poder e não houve arrependimento. Isso mostra que, por mais importante que seja, a manifestação de milagres por si só não é suficiente para criar uma atmosfera agradável a Ele, uma vez que muitos querem prodígios sem comprometimento.

Em contrapartida, Jesus era desejado e querido em Betânia e, mesmo na véspera de sua última Páscoa, optou por encontrar espaço em sua preciosa agenda para visitar uma casa onde foi adorado e honrado naquela cidade (cf. João 12.1-3). Que possamos construir uma atmosfera de adoração em nossos lares e derramar aquilo que é mais precioso aos pés de Cristo, a fim de que Ele seja honrado e de que Sua fragrância se espalhe por todo ambiente. Que nossas casas sejam marcadas pela presença de Deus!

DIA 63

NA PRÁTICA

Caso você ainda não seja casado, ore ao Senhor pedindo sabedoria para estabelecer um altar a Ele em seu futuro lar, declare que você viverá um ambiente que honra e glorifica a presença de Jesus e, desde agora, comece a construí-lo. Caso você já seja casado, converse com sua família, e, juntos, pensem em hábitos que vocês podem desenvolver para que seu lar seja um ambiente cada vez mais propício à presença de Jesus. Orem, convidando-O a esse lugar.

BÍBLIA EM UM ANO

- [ ] Levítico 7-8
- [ ] Provérbios 22
- [ ] Mateus 10.1-25

ANOTAÇÕES

05 DE MARÇO | LEGADO

> Recordo-me da sua fé não fingida, que primeiro habitou em sua avó Lóide e em sua mãe Eunice, e estou convencido de que também habita em você. (2 Timóteo 1.5 – NVI)

DIA 64

NA PRÁTICA

Depois deste devocional, lembre-se das pessoas que o levaram até Cristo. Ore em agradecimento e envie uma mensagem a elas como forma de honrar o legado que deixaram em sua vida.

BÍBLIA EM UM ANO

Levítico 9-10 ☐
Provérbios 23 ☐
Mateus 10.26-42 ☐

ANOTAÇÕES

Uma vez ouvi uma frase que me impactou muito: herança é o que deixamos para alguém, enquanto legado é o que deixamos na vida de alguém. Paulo se recordava do legado que Timóteo havia recebido: uma fé não fingida que já alcançava a terceira geração. A Bíblia inteira demonstra esse traço do caráter geracional das promessas de Deus!

O próprio Cristo sabia que não veria o fruto de Seu trabalho na Terra de forma imediata, mas que o resultado de Sua obediência transformaria gerações. Por isso, os apóstolos entendiam a necessidade de manter vivos Seus ensinamentos e legado por meio da Palavra e dos testemunhos do povo de Deus. Esse entendimento era tão enraizado entre os cristãos das Escrituras, que Paulo diz: "E o que de minha parte ouviste através de muitas testemunhas, isso mesmo transmite a homens fiéis e também idôneos para instruir a outros" (2 Timóteo 2.2).

A fé cristã é uma promessa passada de geração em geração, sustentada pelo legado de nossos pais na fé. Honre a história daqueles que vieram antes de você e passe a sabedoria aos mais jovens! O sucesso sem sucessor é, na verdade, fracasso. Obtermos êxito em nosso chamado ou atrairmos um avivamento para nossa sociedade, sem prepararmos a próxima geração para dar continuidade a isso, é perda de tempo. Então, independentemente da esfera em que atua e gasta sua energia, invista em pessoas que permanecerão atraindo a realidade do Reino para a Terra, mesmo quando você não estiver mais aqui. Deseje que sua vida com Deus inunde a de seus filhos e netos!

ENTREGUE-SE POR COMPLETO

06 DE MARÇO

Retirando-se pela segunda vez, orou de novo, dizendo: — Meu Pai, se não é possível que este cálice passe de mim sem que eu o beba, faça-se a tua vontade. (Mateus 26.42)

Existe vitória no Getsêmani. Isso porque, nesse lugar de angústia, a obediência é provada. Dura seria a missão de carregar os pecados de toda a humanidade. Por saber disso, pouco antes de ser preso, humilhado e morto, Jesus foi ao jardim orar e clamou para que a vontade do Pai fosse feita, apesar de encontrar-Se em profunda agonia e tristeza.

A Palavra declara, em Hebreus 5.8, que: "Embora fosse Filho, aprendeu a obediência pelas coisas que sofreu". Ao priorizar os planos do Senhor, colocando-os acima do seu sofrimento, você se torna mais que vencedor.

O problema é que, hoje, muitos esperam alcançar vitória sem atravessar os processos da vida. Querem resultados imediatos sem serem provados, quando, na verdade, são justamente os momentos mais difíceis que geram amadurecimento. É como o preparo do azeite: as azeitonas são prensadas para que se extraia delas o óleo. Foi com esse entendimento que Jesus Se entregou para ser preso e crucificado. Ele sabia o que deveria ser feito para que a profecia se cumprisse e a humanidade fosse reconciliada com Deus (cf. Hebreus 12.2).

Saiba que o Pai está de braços abertos para acolhê-lo nos momentos difíceis. Busque a Sua presença, mas mantenha um coração disposto a entregar completamente sua vida em obediência e temor a Deus. Haverá momentos em que a dor será parte do processo.

Seja um filho maduro e fiel, que não se rende aos sofrimentos do mundo, mas se entrega totalmente ao Pai.

DIA 65

NA PRÁTICA

De que forma os processos pelos quais você tem passado hoje têm contribuído para o seu amadurecimento como filho de Deus?

BÍBLIA EM UM ANO

- [ ] Levítico 11-12
- [ ] Provérbios 24
- [ ] Mateus 11.1-19

ANOTAÇÕES

07 DE MARÇO | REVISTA-SE

Revesti-vos de toda a armadura de Deus, para que possais estar firmes contra as astutas ciladas do diabo. (Efésios 6.11 – ARC)

DIA 66

NA PRÁTICA

Dedique um tempo para ler Efésios 6.11-17 e refletir sobre cada peça da armadura de Deus. Anote em um caderno como você pode aplicar esses elementos em sua vida. Ore ao Senhor, pedindo que reforce sua mente com a verdade e o capacite a usar Suas armas espirituais. Confie que, ao reprogramar sua mente com a Palavra de Deus, você estará preparado para resistir às ciladas do Inimigo e permanecer firme.

BÍBLIA EM UM ANO

Levítico 13 ☐
Provérbios 25 ☐
Mateus 11.20-30 ☐

ANOTAÇÕES

A batalha espiritual é uma realidade diária. Porém, para sermos vitoriosos, precisamos reprogramar nossa mente. Em 2 Coríntios 10.3-5, somos lembrados de que nossas armas não são carnais, mas poderosas em Deus para levar cativo todo entendimento à obediência de Cristo. Ou seja, é necessário que a maneira como pensamos seja transformada, alinhando nossas atitudes à verdade e rejeitando as mentiras do Diabo.

Efésios 6.11-17 detalha a armadura de Deus. Ela inclui o cinto da verdade, que nos fortalece com integridade; a couraça da justiça, que nos protege contra toda acusação; o calçado da preparação do Evangelho da paz, que nos capacita a compartilhar a mensagem de Cristo; o escudo da fé, que apaga os dardos inflamados do Maligno; o capacete da salvação, que guarda nossa mente das dúvidas; e a espada do Espírito, que é a Palavra de Deus, nossa arma ofensiva contra todo engano.

Revestir-se de toda a armadura de Deus requer intencionalidade. Assim, confiamos nas palavras do Senhor e declaramos Suas verdades. Quando enfrentamos ataques, nós nos lembramos das Suas promessas, respondendo com as Escrituras, assim como Jesus fez em Sua tentação no deserto (cf. Mateus 4.1-11).

Uma mente moldada pela Palavra de Deus sempre permanecerá firme. Por isso, renove seu entendimento meditando nas Escrituras e permitindo que elas o conduzam. A armadura divina não é apenas para proteção; é um lembrete da nossa autoridade em Cristo. Com ela, estamos equipados para enfrentar tudo, sabendo que Deus é nosso refúgio e fortaleza (cf. Salmos 46.1).

INTENCIONALIDADE

08 DE MARÇO

Eliseu perguntou à mulher: — O que posso fazer por você? Diga-me o que é que você tem em casa. Ela respondeu: — Esta sua serva não tem nada em casa, a não ser um jarro de azeite. Então Eliseu disse: — Vá, peça emprestadas vasilhas a todos os seus vizinhos; vasilhas vazias, muitas vasilhas. (2 Reis 4.2-3)

Um dos princípios para o cumprimento dos propósitos de Deus na sua vida é ser extremamente intencional com as palavras que o Senhor já liberou sobre você, fazendo a sua parte com zelo! Em 2 Reis 4.1-7, uma mulher pede ajuda a Eliseu, pois acaba de ficar viúva e não tem como pagar suas dívidas, então ele a orienta a derramar seu único recurso — um pouco de azeite — no máximo de vasilhas que encontrasse com os seus vizinhos. Assim, o azeite foi multiplicado, e ela pôde vendê-lo!

O interessante nessa história é que o profeta poderia ter pedido à mulher um grande recipiente para acelerar o processo, mas a ordem foi: "[...] Vá, peça emprestadas vasilhas a todos os seus vizinhos; vasilhas vazias, **muitas vasilhas**" (v. 3 – grifo nosso). Foi necessário um esforço para que o milagre se concretizasse, e isso não diminui seu aspecto sobrenatural. O ponto aqui é que, muitas vezes, o número de vasilhas que você leva ao Senhor representa o tamanho da sua expectativa pelo milagre!

As promessas de Deus são realizadas aos poucos e envolvem excelência no planejamento e obediência nos pequenos passos. Afinal, confiar n'Ele não é ficar parado, é fazer tudo sem perder de vista o objetivo, a intenção final. O planejamento é a sua fé em ação! Por isso, buscar vasilhas será determinante para a medida de multiplicação. A mulher não teria direito de reclamar de pouco azeite caso só tivesse conseguido três vasilhas. Então, seja fiel ao obedecer ao planejamento do Alto, multiplicando as bênçãos que são derramadas em sua vida.

DIA 67

NA PRÁTICA

O que você precisa fazer hoje para ser mais intencional naquilo que Deus já lhe ordenou? Quais passos você já pode começar a dar? Planeje e aplique de forma prática!

BÍBLIA EM UM ANO

- [ ] Levítico 14
- [ ] Provérbios 26
- [ ] Mateus 12.1-21

ANOTAÇÕES

09 DE MARÇO | **ALÉM DE NÓS**

Dá-me, agora, sabedoria e conhecimento, para que eu saiba conduzir-me à frente deste povo; pois quem seria capaz de governar este grande povo? (2 Crônicas 1.10)

DIA 68

NA PRÁTICA

Não se contente com a resolução dos seus dilemas pessoais, mas busque a sabedoria divina para ser uma bênção na vida dos outros. Suas decisões podem impactar as pessoas ao seu redor, então peça ao Espírito Santo que guie suas escolhas de acordo com Sua vontade. Ao fazer isso, você verá como Deus pode usar sua vida para trazer provisão e direcionamento coletivos.

BÍBLIA EM UM ANO

Levítico 15-16 ☐
Provérbios 27 ☐
Mateus 12.22-50 ☐

ANOTAÇÕES

A oração de Salomão em 2 Crônicas 1.10 revela uma postura de humildade e visão além das necessidades pessoais. Quando Deus lhe deu a oportunidade de pedir qualquer coisa, o rei poderia ter solicitado riquezas, longevidade ou vitória sobre os inimigos. No entanto, ele pediu sabedoria e conhecimento para liderar o povo de Israel.

Salomão entendeu que as responsabilidades que ele carregava não eram apenas para seu próprio benefício, mas para o bem de toda a nação. Esse exemplo nos desafia a reavaliar nossos próprios pedidos. Será que nossas orações estão focadas apenas em necessidades imediatas, ou estamos buscando a sabedoria divina para impactar positivamente aqueles ao nosso redor? Um dos pedidos mais sábios que você pode fazer ao Senhor é clamar por sabedoria, uma vez que Ele a dá liberalmente (cf. Tiago 1.5).

A sabedoria que vem de Deus é mais do que uma habilidade intelectual; é a mente de Cristo que nos concede a capacidade de enxergar o quadro maior, abençoando não apenas nossa vida, mas também as pessoas à nossa volta. Isso significa que precisamos buscar sabedoria para sermos líderes melhores, influências positivas em nossa comunidade e fontes de encorajamento para todos que cruzarem nosso caminho.

Além disso, a sabedoria divina nos ajuda a lidar com grandes responsabilidades com mais leveza e confiança. A sabedoria que vem de Deus nos ensina a tomar decisões justas e equilibradas, a sermos bons mordomos do que nos foi confiado e a agirmos com compaixão e justiça em todas as situações.

O QUE TEM SAÍDO DE SUA BOCA?

| 18 DE MARÇO

Então Calebe fez calar o povo diante de Moisés e disse: – Vamos subir agora e tomar posse da terra, porque somos perfeitamente capazes de fazer isso. (Números 13.30)

Quando os doze espiões retornaram da exploração da Terra Prometida, dez deles imediatamente começaram a declarar palavras de derrota, espalhando medo e desânimo entre o povo. Concentraram-se nos obstáculos em vez de nas promessas de Deus, e suas palavras negativas rapidamente influenciaram toda a comunidade. Esse é um lembrete poderoso do quão facilmente podemos concordar com declarações negativas, especialmente quando brincam com nossos medos. O povo escolheu ouvir os espiões, esquecendo-se da promessa do Senhor. Como resultado, começou a murmurar e a perder a esperança.

Em forte contraste, a resposta de Calebe nos ensina uma lição importante sobre como reagir quando ouvimos palavras que contradizem as promessas de Deus. Em vez de concordar com a atitude derrotista dos outros espiões, Calebe corajosamente afirmou que deveriam tomar posse da terra, pois tinham plena capacidade para isso, conforme Números 13.30. A fé dele não foi abalada pelo que viu; ao contrário, permaneceu firme na promessa de Deus e declarou palavras de vitória e encorajamento.

Essa história nos desafia a considerar o que tem saído de nossas bocas. Estamos declarando fracasso diante dos obstáculos, ou permanecendo firmes nas promessas de Deus, como Calebe? Mesmo quando não podemos ver o resultado, devemos alinhar nossas palavras às promessas do Pai, que trazem vida e esperança em todas as situações. Assim, temos de permanecer firmes na fé, declarando vitória, e não permitindo que o medo ou a dúvida criem raízes em nossos corações.

◼ DIA 69

NA PRÁTICA

Em momentos de dúvida, apegue-se às promessas de Deus. Fale-as em voz alta, silenciando a murmuração, confiando que Sua palavra se cumprirá em Seu tempo perfeito.

BÍBLIA EM UM ANO

- ☐ Levítico 17-18
- ☐ Provérbios 28
- ☐ Mateus 13.1-23

ANOTAÇÕES

11 DE MARÇO | OUÇA E OBEDEÇA

Jonas se levantou, mas para fugir da presença do Senhor, para Társis. Desceu a Jope, e encontrou um navio que ia para Társis. Pagou a passagem e embarcou no navio, para ir com eles para Társis, para longe da presença do Senhor. (Jonas 1.3)

DIA 70

NA PRÁTICA

Após a leitura deste devocional, passe dez minutos em silêncio, a fim de ouvir aquilo que o Senhor está falando a você. Pergunte-lhe quais são os planos d'Ele para a sua temporada e simplesmente obedeça. Não caia na armadilha de tentar fugir do chamado de Deus para sua vida. Se estiver em desobediência, arrependa-se e receba a Graça do Senhor para "recalcular a rota" em sua jornada.

BÍBLIA EM UM ANO

Levítico 19 ☐
Provérbios 29 ☐
Mateus 13.24-58 ☐

ANOTAÇÕES

Uma coisa precisa estar clara para nós: as palavras de Deus são uma ordem. Não se trata de um conselho ou uma sugestão, mas de uma ordenança a ser imediatamente obedecida. Muitos desejam ser amigos do Senhor, mas não aprenderam a seguir as ordens de um general. Antes de serem chamados de amigos por Jesus, os discípulos tiveram de caminhar três anos ao Seu lado (cf. João 15.14-16). Afinal, não está pronto para intimidade aquele que não aprendeu a obedecer prontamente!

Quando o Senhor falou com Jonas, ordenando que fosse a Nínive, Ele deu àquele homem uma missão. No entanto, Jonas fugiu da presença d'Ele. A história desse profeta nos mostra que ouvir a voz de Deus traz a nós uma responsabilidade, e não podemos ser levianos nem displicentes. A obediência gera proximidade, mas a rebeldia gera distância, e, toda vez que entramos em rebeldia contra o Senhor, escolhemos fugir de Sua presença. Contudo, ainda que tentemos, nunca seremos capazes de escapar de Seus olhos (cf. Salmos 139.10). Assim, devemos dar passos de obediência, sendo responsáveis com as palavras que Ele nos entrega.

Certa vez, tive a oportunidade de me reunir com Loren Cunningham e fazer-lhe uma pergunta. Diante daquele homem de Deus, eu queria saber como poderia terminar bem minha jornada com o Senhor. Ao que ele me respondeu: "Ouça, obedeça e nunca desista". A verdade é que muitos ouvem o Senhor, mas não Lhe obedecem, ignorando o fato de estarem frente ao próprio Deus. Por isso, eu lhe pergunto: qual é a ordem do Senhor para sua temporada? Você está obedecendo?

ESTAMOS EM GUERRA

| 12 DE MARÇO

[...] Então o rei de Israel, Josafá e o rei de Edom foram falar com Eliseu. [...] Eliseu disse: — [...] se eu não respeitasse a presença de Josafá, rei de Judá, não daria atenção nem olharia para você. Agora me tragam um músico. Enquanto o músico tocava, o poder de Deus veio sobre Eliseu. (2 Reis 3.12,14-15)

Quando um país se encontra em guerra, não há tempo a perder com discordâncias; devemos, mais do que nunca, procurar estratégias certeiras para vencê-la. Em 2 Reis 3, ao se verem sem água e em um iminente conflito com os moabitas, os reis de Israel e Judá decidiram se unir e buscar a direção de um profeta do Senhor. Após Josafá procurar por Eliseu, o profeta pediu que buscassem por um harpista, e, somente enquanto o músico tocava, Eliseu recebeu o poder que vinha de Deus.

Quantas vezes somos procurados, assim como o harpista, para contribuir com os dons que Deus nos concedeu? É necessário que nossa ajuda seja requerida quando as pessoas ao nosso redor precisam de auxílio. E essa passagem nos mostra que devemos contribuir com nossos dons para o propósito ao qual todos fomos designados, reconhecendo sempre que precisamos uns dos outros, ainda que sejamos diferentes.

Por isso, é fundamental que tenhamos um senso de pertencimento, compreendendo que nosso propósito é um — levar o Evangelho de Cristo —, e, com esse objetivo, é crucial nos reunirmos com pessoas que possuem a mesma fé que nós e caminham para esse mesmo alvo. Os dons e talentos que carregamos são diversos e complementares (cf. 1 Coríntios 12.4). Mas cada um deles é fundamental, e, a partir do momento que entendemos o quanto é importante unirmos nossas forças em prol do Reino, avançamos em obediência ao Senhor, impulsionando e suportando uns aos outros em amor, caminhando para atingir e concretizar os planos de Deus na Terra.

 DIA 71

NA PRÁTICA

Busque descobrir de que forma os seus dons e talentos podem ser úteis na igreja que você frequenta e na área em que atua.

BÍBLIA EM UM ANO

- ☐ Levítico 20-21
- ☐ Provérbios 30
- ☐ Mateus 14.1-21

ANOTAÇÕES

13 DE MARÇO | **PELA ÓTICA DE DEUS**

Os escribas dos fariseus, vendo Jesus comer em companhia dos pecadores e publicanos, perguntavam aos discípulos dele: – Por que ele come e bebe com os publicanos e pecadores? (Marcos 2.16)

DIA 72

NA PRÁTICA

Nos próximos dias, pratique ativamente o que leu no devocional. Olhe para os outros com a visão de Deus e pense em como pode desenvolver uma perspectiva profética e honrosa em relação às pessoas, refletindo o que o Senhor está fazendo na vida delas. Comprometa-se a tornar a honra um hábito em sua vida!

BÍBLIA EM UM ANO

Levítico 22-23 ☐
Provérbios 31 ☐
Mateus 14.22-36 ☐

ANOTAÇÕES

A perspectiva de Deus é completamente diferente da nossa. Quando pensaríamos em julgar, Ele amaria. Quando daríamos as costas, Ele estenderia a mão. Quando nos irritaríamos, Ele seria paciente e compassivo. Quando não nos importaríamos, Ele Se sacrificaria. Sua forma de agir e de nos ver vai além de qualquer lógica humana! Nunca conseguiremos compreendê-la inteiramente.

Jesus demonstrou isso em todo o tempo em que esteve na Terra. Era taxado como mentiroso e transgressor da Lei, como lemos em Marcos 2.16. Em vez de elevar a voz e discutir com os escribas e mestres, Ele, sendo Deus e perfeito em Sua conduta, amava-os e os tratava com humildade. Nosso Salvador tinha razões para se irar com quem não compreendia os propósitos eternos. Afinal, era Deus, mas fazia o oposto e servia aos que O condenavam. Por isso, agir com graça e misericórdia tem de ser nosso estilo de vida. Precisamos acessar um lugar de honra sobre o outro de maneira profética, não como resultado do que este nos fez, mas do que Cristo está fazendo na vida daquela pessoa.

Quando somos tentados a olhar para o próximo com olhos de comparação, julgamento e condenação, nosso coração se torna aos poucos ofendido e tem dificuldade de perdoar, enxergando mais os defeitos que as qualidades. Por isso, devemos estender graça e misericórdia por reconhecer que também fomos muito perdoados por Deus.

VOCÊ TEM AS CHAVES

| 14 DE MARÇO

Eu lhe darei as chaves do Reino dos Céus; o que você ligar na terra terá sido ligado nos céus; e o que você desligar na terra terá sido desligado nos céus. (Mateus 16.19)

Jesus entregou chaves preciosas nas mãos de Sua Noiva. A Igreja de Cristo não é um simples prédio ou uma instituição que abriga crentes, é a assembleia de Seus santos redimidos, a recompensa do Filho de Deus por Seu sacrifício, comissionados a representar Seu Reino nas nações. Imperadores poderosos que eram cultuados e apreciados não conseguiram acabar com a Noiva. Criaram arenas para colocar os cristãos e fizeram espetáculos da tragédia, mas isso não parou a Igreja. Mao Tsé-Tung, quando dominou a China, trouxe repressão, fuzilamento e morte para os que diziam seguir a Cristo: hoje, o país já tem mais de 97,2 milhões de crentes.[1]

O poder do Inferno não pode impedir o avanço da Noiva de Cristo, pois Jesus entregou as chaves de Seu Reino em nossas mãos. A chave sempre é utilizada para acessar ou abrir algo, e quem a possui é alguém de confiança ou que exerce algum tipo de autoridade sobre o local.

Uma vez que estamos com Cristo, Ele nos dá as chaves para ligar e desligar aqui na Terra. O termo *deó*, utilizado por Jesus nessa passagem, significa, em linguagem rabínica, "proibir ou declarar lícito".[2] Ou seja, o Senhor compartilha conosco a autoridade do Céu — chaves que funcionam e são úteis apenas na Terra, pois, na Eternidade, não precisaremos delas. A necessidade de, ativamente, trazer a realidade dos Céus à Terra existe hoje. Portanto, tome posse daquilo que Cristo conferiu a você!

DIA 73

NA PRÁTICA

Como você pode utilizar essas chaves das quais Jesus fala, em Mateus 16.19, aqui na Terra para expandir o Reino de Deus de maneira ativa?

BÍBLIA EM UM ANO

- [ ] Levítico 24-25
- [ ] Eclesiastes 1
- [ ] Mateus 15.1-20

ANOTAÇÕES

---

[1] **Tudo sobre a perseguição aos cristãos na China.** Publicado por *Portas Abertas* em outubro de 2020. Disponível em *https://portasabertas.org.br/artigos/tudo-sobre-a-perseguicao-aos-cristaos-na-china.* Acesso em setembro de 2024.

[2] BIBLEHUB. Bible hub, 2024. **1210. deó.** Disponível em *https://biblehub.com/greek/1210.htm.* Acesso em setembro de 2024.

16 DE MARÇO | **PODER E AUTORIDADE**

E, colocando os apóstolos diante deles, perguntaram: — Com que poder ou em nome de quem vocês fizeram isso? (Atos 4.7)

DIA 74

NA PRÁTICA

Ao refletir sobre o que leu, responda: de onde vinha a autoridade de Pedro e João para pregar o Evangelho e realizar curas? Como eles faziam essas obras? Hoje, de que forma o Espírito Santo intervém quando cultivamos um relacionamento de intimidade com Ele, como fizeram os apóstolos?

BÍBLIA EM UM ANO

Levítico 26-27 ☐
Eclesiastes 2 ☐
Mateus 15.21-39 ☐

ANOTAÇÕES

....
....
....
....
....
....

Antes de Jesus ascender aos Céus, os discípulos foram incumbidos da Grande Comissão. Pedro foi um dos apóstolos responsáveis por liderar a Igreja na empreitada de anunciar a Mensagem do Cristo com autoridade e poder do Espírito Santo a fim de que o Reino de Deus se manifestasse na sociedade.

Em Atos 4, Pedro e João estavam diante do Sinédrio para serem julgados e foram questionados sobre os milagres que faziam. A resposta de Pedro foi a seguinte:

> *[...] em nome de Jesus Cristo, o Nazareno, a quem vocês crucificaram e a quem Deus ressuscitou dentre os mortos, sim, em seu nome é que este está curado na presença de vocês. (v. 10 – grifo nosso)*

A autoridade dessas palavras fez com que os líderes religiosos reconhecessem que aqueles homens, de fato, haviam estado com Jesus, porque, por meio do Espírito, o poder e a autoridade do Filho foram expressos por eles.

Cristo nos deu a seguinte promessa: tudo o que pedirmos, em Seu nome, nos será dado para que o nome de Deus seja glorificado (cf. João 14.12-14). O poder sobrenatural do Espírito Santo age em nós e a partir de nós para que todos vejam a autoridade de Cristo e digam: "Este andou perto de Jesus".

Mais do que boas palavras ou estratégias inteligentes, precisamos carregar o poder do Espírito Santo, a fim de que até mesmo os nossos opositores não possam negar que somos parecidos com Cristo. Somos representantes do Mestre aqui nesta Terra como embaixadores do Seu Reino, até que Ele venha, e devemos agir por meio do Seu nome!

FRUTOS VERDADEIROS

| 16 DE MARÇO

Cedo de manhã, ao voltar para a cidade, Jesus teve fome. E, vendo uma figueira à beira do caminho, aproximou-se dela, encontrou nada, a não ser folhas [...]. (Mateus 21.18-19)

Pode ser tentador cair na armadilha de focar as aparências, quando, na verdade, devemos buscar uma vida que produza frutos verdadeiros. O encontro de Jesus com a figueira, em Mateus 21.18, ilustra essa lição de forma poderosa. Cristo não a amaldiçoou por falta de folhas, mas por sua ausência de frutos, apesar de sua aparência promissora. Isso nos ensina que, em nossas vidas espirituais, não basta parecermos saudáveis ou frutíferos — precisamos realmente dar frutos que revelem a vida de Jesus em nós.

Isso significa permitir que o caráter de Cristo seja formado em nós diariamente. É mais do que apenas exibir sinais externos de fé; é cultivar um relacionamento profundo e genuíno com Deus que resulte em transformação real. Na prática, isso desenvolve qualidades como amor, paciência, gentileza e autocontrole — características que crescem constantemente conforme caminhamos com Jesus. A verdadeira medida de nossa saúde espiritual não está em como parecemos aos outros, mas no quanto nos assemelhamos a Cristo à medida que crescemos em nossa fé.

Para evitar a tentação de ter apenas "folhas" sem frutos, devemos avaliar regularmente nosso crescimento espiritual. Você é mais parecido com Jesus hoje do que no início de sua jornada? Se não, é hora de se concentrar novamente em produzir frutos reais. Assim, sua prioridade será o crescimento genuíno em vez da aparência, garantindo que sua vida reflita a verdadeira frutificação que vem de um relacionamento profundo com Cristo.

DIA 75

NA PRÁTICA

Passe um tempo em oração, pedindo a Deus que revele áreas de sua vida em que você pode estar se concentrando na aparência em vez de no verdadeiro crescimento espiritual. Comprometa-se a cultivar uma vida que dê frutos genuínos, semelhantes aos de Cristo.

BÍBLIA EM UM ANO

- [ ] Números 1-2
- [ ] Eclesiastes 3
- [ ] Mateus 16

ANOTAÇÕES

17 DE MARÇO |

NÃO LUTE COM A SUA FORÇA

[...] "Não por força nem por poder, mas pelo meu Espírito", diz o Senhor dos Exércitos.
(Zacarias 4.6)

DIA 76

NA PRÁTICA

Reserve um momento para refletir sobre uma área em que você tem se esforçado sozinho. Peça ao Espírito Santo que a assuma e confie em Deus para trazer o avanço em Seu tempo perfeito.

BÍBLIA EM UM ANO

Números 3-4 ☐
Eclesiastes 4 ☐
Mateus 17 ☐

ANOTAÇÕES

Tentar lidar com tudo sozinho não é apenas exaustivo, mas insustentável. Com frequência, pensamos que, se apenas nos esforçarmos mais ou trabalharmos mais, poderemos fazer as coisas acontecerem. Porém, não foi assim que Deus nos criou para viver. Como em Zacarias 4.6, vemos que não é por nossa própria força ou poder que a mudança real acontece, mas pelo Espírito de Deus. Quando confiamos em nossos esforços, estamos fadados a fracassar. Contudo, quando nos inclinamos para o poder do Espírito Santo, descobrimos que o caminho de Deus não é apenas o mais eficaz, mas, também, o mais seguro.

O Senhor não precisa de nossa pressa para realizar Sua vontade, mas procura por nossa confiança e dependência n'Ele e deseja de nós um posicionamento em que renunciamos ao controle. São nesses momentos de rendição que Deus intervém e faz o que nunca poderíamos fazer sozinhos, pois avanços não vêm de nossos esforços, e sim de Seu poder, que trabalha através de nós. Quanto mais dependemos d'Ele, mais vemos Sua mão agindo de maneiras que nos deixam maravilhados.

Viver pela fé pode parecer arriscado, mas é o que torna o impossível uma realidade. Quando paramos de nos esforçar e começamos a confiar, dando passos de fé, abrimos a porta para Deus fazer algo poderoso. Nossa fé não é apenas uma crença; é um convite para o Pai Se mover em nossas vidas de formas que nem podemos imaginar. Então não lute com sua força, apenas descanse no Senhor.

SEJA FORTE E CORAJOSO

| 18 DE MARÇO

Seja forte e corajoso, porque você fará este povo herdar a terra que, sob juramento, prometi dar aos pais deles. Tão somente seja forte e muito corajoso para que você tenha o cuidado de fazer segundo toda a Lei que o meu servo Moisés lhe ordenou [...]. (Josué 1.6-7)

Mudanças são quase sempre desafiadoras. Especialmente se recebemos a responsabilidade de substituir um grande líder, como aconteceu com Josué. Após a morte de Moisés, ele foi encarregado de assumir o seu lugar e conduzir o povo hebreu à Terra Prometida. O Senhor o estava promovendo a um novo patamar — antes ele estava acostumado a ser servo de Moisés; agora, seria o líder da nação.

Assim como Josué, precisamos estar dispostos a abrir mão da estação antiga para viver o novo de Deus. Devemos ter coragem para encarar ambientes desconfortáveis, pois eles são os mais propícios para o crescimento. Talvez você também esteja diante de obstáculos que o impedem de alcançar as promessas do Senhor, assim como o povo hebreu esteve diante do Rio Jordão, que o separava da Terra Prometida. No entanto, é necessário confiar que Deus estará sempre com você, auxiliando-o, estação após estação. Tenha coragem para atravessar o seu "Jordão" e permaneça obediente aos comandos do Senhor.

Nós não podemos conciliar as estações — inverno e primavera não podem coexistir. Jesus mesmo disse aos Seus discípulos: "Ninguém põe remendo de pano novo em roupa velha [...]" (Mateus 9.16). **Quando a primavera chega, o inverno deve ficar para trás.** Precisamos abandonar a segurança de fluir por meio do que estamos acostumados e abraçar o desconforto da nova estação. É verdade que nesse lugar pode haver incerteza e que talvez nos sintamos inseguros. Contudo, ao nos posicionarmos com coragem em completa dependência do Senhor, nós nos alinharemos para entrar no novo de Deus.

DIA 77

NA PRÁTICA

Que atitude você precisa tomar hoje para "atravessar o Jordão"? Ore pedindo a Deus coragem para se posicionar.

BÍBLIA EM UM ANO

- [ ] Números 5-6
- [ ] Eclesiastes 5
- [ ] Mateus 18.1-14

ANOTAÇÕES

19 DE MARÇO |

QUEM É O ESPÍRITO SANTO?

E eu pedirei ao Pai, e ele lhes dará outro Consolador, a fim de que esteja com vocês para sempre: é o Espírito da verdade, que o mundo não pode receber, porque não o vê, nem o conhece. Vocês o conhecem, porque ele habita com vocês e estará em vocês.

(João 14.16-17)

DIA 78

NA PRÁTICA

Registre em uma folha de papel o momento mais marcante que você viveu com o Espírito Santo até hoje. O que Ele lhe disse que mudou a sua conduta? Qual "puxão de orelha" você levou ou qual acolhimento sentiu? Anote o que vivenciou com detalhes para se lembrar de que o Espírito Santo é real e habita em você!

BÍBLIA EM UM ANO

Números 7-8 ☐
Eclesiastes 6 ☐
Mateus 18.15-35 ☐

ANOTAÇÕES

A Trindade é composta pelo Pai, pelo Filho e pelo Espírito Santo. Deus é um só, mas Se revela nessas três pessoas. O Espírito Santo é apresentado como o Consolador e Conselheiro de nossas almas, e, além de habitar em nós, Ele nos capacita para viver nesta Terra a partir do que a Palavra diz. A busca por uma vida de dependência e sensibilidade ao Espírito Santo é importante para a caminhada cristã porque nos capacita na missão de espalhar o Evangelho pelo mundo. Antes do "ide" ou de vivermos tudo que Deus tem para nós, precisamos ser cheios do Espírito.

O Espírito Santo não é um vento, fogo, poder, nuvem ou sensação; você pode até ver ou sentir essas coisas, mas não pode interagir com elas. Ele é uma pessoa e, assim, exige um relacionamento. Ele Se entristece (cf. Efésios 4.30; Isaías 63.10) e Se alegra! É, também, quem nos santifica e nos torna mais parecidos com Cristo, porque podemos até tentar fazer com que o fruto do Espírito (cf. Gálatas 5.22-26) surja em nós por nossas boas ações, mas, sem Ele, não conseguiremos!

O próprio Cristo foi ungido com Espírito Santo e poder para o cumprimento da Sua missão (cf. Atos 10.38). Se até Jesus atuou em parceria com o Espírito Santo, precisamos reconhecer que nós também somos completamente dependentes d'Ele. Carecemos do Espírito Santo operando em nós! Por isso, renda-se — e seja transformado, capacitado e consolado!

COMBATA O MEDO

| 28 DE MARÇO

Não se atemoriza de más notícias; o seu coração é firme, confiante no Senhor.
(Salmos 112.7)

A vida cristã não nos isenta de enfrentarmos adversidades, mas nos dá a certeza de que não estamos sozinhos em meio às tempestades. Como filhos de Deus, somos chamados a confiar plenamente em nosso Pai, independentemente das circunstâncias. A confiança que depositamos n'Ele não é baseada em uma vida livre de problemas, mas na certeza de que o Senhor está ao nosso lado em cada situação.

Na passagem de Mateus 8.23-27, vemos como Jesus, mesmo em meio a uma tempestade que aterrorizava Seus discípulos, permaneceu em paz. Sua confiança no Pai era inabalável! Assim, Ele repreendeu a fúria do vento e do mar, e houve grande bonança. Esse exemplo nos ensina que, ao combater o medo, devemos manter nossos olhos em Cristo e confiar que Ele tem poder sobre todas as coisas.

O salmista também declara que o justo não se atemoriza de más notícias, porque sua confiança está no Senhor. Isso significa que nossa alegria e paz não dependem das circunstâncias ao nosso redor, mas da nossa identidade como filhos de Deus e da segurança que encontramos n'Ele.

Para combater o medo, precisamos renovar nossa mente todos os dias, com a certeza de nossa filiação divina e da constante presença do Pai. Isso nos ajuda a manter uma fé inabalável e equilíbrio, mesmo quando nossos dilemas parecem complexos demais. Então, não permita que as circunstâncias ditem o estado do seu coração; mantenha sua confiança no Senhor e experimente a verdadeira paz e alegria que só Ele pode dar.

■ DIA 79

NA PRÁTICA

Fortaleça sua confiança em Deus! Identifique os medos justificáveis e os irracionais e entregue-os ao Senhor, pedindo que mude sua mente e eleve sua confiança n'Ele. Medite sobre as promessas do Pai e sua identidade como filho amado. Permita que essa verdade se firme em seu coração, mesmo diante de más notícias. Cultive uma mentalidade de filho, lembrando que sua alegria e paz vêm do Senhor, e não das circunstâncias.

BÍBLIA EM UM ANO

- [ ] Números 9-10
- [ ] Eclesiastes 7
- [ ] Mateus 19.1-15

ANOTAÇÕES

21 DE MARÇO | **A BELEZA DA PODA**

Vocês já estão limpos por causa da palavra que lhes tenho falado. (João 15.3)

DIA 80

NA PRÁTICA

Passe um tempo em oração, pedindo a Deus que revele áreas nas quais a poda espiritual é necessária. Abrace esse processo, confiando que remover aspectos negativos leva a um crescimento mais saudável e a frutos mais abundantes.

BÍBLIA EM UM ANO

Números 11-12 ☐
Eclesiastes 8 ☐
Mateus 19.16-30 ☐

ANOTAÇÕES

A poda talvez pareça dolorosa no início. No entanto, é crucial para nossa evolução espiritual e frutificação. Assim como um jardineiro corta galhos mortos ou crescidos demais para permitir que uma planta floresça, Deus remove os aspectos negativos de nossas vidas — rejeição, medo e comparação, por exemplo — que impedem nosso crescimento. João 15.3 ensina que já estamos limpos por causa da palavra que Ele nos falou. Mesmo assim, a poda é um processo contínuo, que nos prepara para uma frutificação ainda maior.

Por outro lado, o perigo de rejeitá-la é sermos levados à estagnação ou ao declínio espiritual — aqueles que recusam a dor da poda podem ter de enfrentar a dor do corte. Isso porque, quando resistimos à poda do Senhor, recusamos o crescimento e a frutificação que Ele quer nos dar. Às vezes, nós confundimos a poda com rejeição, achando que estamos sendo punidos, mas, na verdade, ela é um sinal do cuidado divino. A disciplina é um privilégio dos filhos, e comparar nossa jornada com a dos outros só nos distrai do trabalho único que Ele faz em nós. Cada ramo é podado conforme sua necessidade, a fim de dar mais frutos.

Nossa atitude em relação à poda deve ser de gratidão. Em vez de um revés, devemos enxergá-la como um passo necessário para uma maior frutificação. Quando a abraçamos, permitimos que o Senhor remova qualquer obstáculo ao nosso crescimento. Assim, ao confiar no Jardineiro, podemos encarar a poda com esperança, sabendo que estamos sendo preparados para a colheita abundante que está por vir.

NÃO DEIXE PARA DEPOIS

| 22 DE MARÇO

E, saindo elas para comprar, chegou o noivo, e as que estavam preparadas entraram com ele para a festa do casamento. E fechou-se a porta. (Mateus 25.10)

Enganamo-nos ao pensar que temos todo o tempo do mundo para buscar a Deus e responder ao Seu chamado. A parábola das dez virgens nos lembra da urgência de estarmos prontos e de buscarmos o Senhor enquanto Ele pode ser encontrado (cf. Isaías 55.6). As tolas desperdiçaram sua chance porque não estavam preparadas. Isso nos ensina que o instante de buscar o Senhor é agora. Quando Jesus encontrou Zaqueu, a ordem foi clara: "Zaqueu, desce depressa" (cf. Lucas 19.5). Existem coisas que precisamos fazer de imediato e de forma prioritária; responder ao chamado de Cristo é uma delas.

Entender o *kairós* divino (em grego, "tempo oportuno")[1] significa reconhecer a urgência de nos tornarmos disponíveis a Ele hoje. Além disso, a porta da oportunidade não fica aberta indefinidamente. Se não estivermos prontos na hora e no lugar certos, perderemos o que o Criador tem para nós. Por isso, é crucial permanecer espiritualmente faminto, buscando-O constantemente e mantendo-se em sintonia com Seu tempo. O Noivo virá, e precisamos estar preparados. Caso contrário, corremos o risco de encontrar a porta fechada.

Portanto, não deixe para depois. A urgência de buscar o Senhor é real, e a hora de agir é agora. Tenha como prioridade procurá-lO diariamente, cultivar a fome por Sua presença e estar pronto para quando Ele Se mover. O Noivo chegará, e aqueles que estiverem preparados entrarão em Sua presença. Não perca o momento adiando-o. Busque-O enquanto pode ser encontrado e esteja a postos quando a porta se abrir.

DIA 81

NA PRÁTICA

Torne uma prioridade buscar a Deus diariamente, abraçando a urgência de Seu tempo. Peça-Lhe que revele a você como ser um vaso para os propósitos d'Ele, respondendo a Seu chamado no momento presente.

BÍBLIA EM UM ANO

- [ ] Números 13-14
- [ ] Eclesiastes 9
- [ ] Mateus 20.1-16

ANOTAÇÕES

---

[1] KAIROS [2540]. *In*: DICIONÁRIO bíblico Strong. Barueri: Sociedade Bíblica do Brasil, 2002.

23 DE MARÇO |

ADORE EM MEIO À AFLIÇÃO

E, depois de lhes darem muitos açoites, os lançaram na prisão, ordenando ao carcereiro que os guardasse com toda a segurança. [...] Por volta da meia-noite, Paulo e Silas oravam e cantavam louvores a Deus, e os demais companheiros de prisão escutavam.
(Atos 16.23,25)

DIA 82

NA PRÁTICA

Cultive o hábito de começar todos os seus dias agradecendo ao Senhor por tudo o que Ele já fez, tem feito e ainda fará. Ao fazer isso, procure incluir situações difíceis que renderam testemunhos de fé.

BÍBLIA EM UM ANO

Números 15-16 ☐
Eclesiastes 10 ☐
Mateus 20.17-34 ☐

ANOTAÇÕES

Adorar a Deus em meio às adversidades pode ser extremamente doloroso, mas é justamente nesse lugar que a nossa fé é testada e tende a amadurecer. Além disso, as pessoas à nossa volta também testemunham aquilo que estamos vivenciando e podem ser atraídas ao Senhor por meio de nós, assim como aconteceu com Paulo e Silas.

Ao serem jogados na prisão e colocados presos a um tronco, eles escolheram passar seu tempo orando e cantando louvores. A passagem relata que, em seguida, um terremoto sacudiu os alicerces da prisão, soltando as correntes de todos os presos e abrindo as portas do cárcere (cf. Atos 16.26). Porém, em vez de fugirem, os prisioneiros permaneceram onde estavam. No fim, o carcereiro e toda a sua família foram batizados depois de ouvirem a Palavra.

Sabemos que as circunstâncias em que vivemos nem sempre são as melhores. Frequentemente, podemos nos encontrar em situações árduas e, ao colocá-las diante do Senhor, até podemos pedir que Ele mude nossa realidade, mas, se isso não acontecer, precisamos confiar que a vontade do Pai é boa, perfeita e agradável (cf. Romanos 12.2). Quando somos intencionais em adorá-lO nesses momentos de aflição e dificuldades, nossa fé e segurança no Senhor aumentam, e aqueles que estão próximos a nós podem testemunhar a bondade e fidelidade de Deus por meio de nossas vidas.

JESUS SABE O FINAL DA HISTÓRIA

24 DE MARÇO

Então o povo saiu para ver o que tinha acontecido. Aproximando-se de Jesus, encontraram o homem de quem tinham saído os demônios, vestido, em perfeito juízo, sentado aos pés de Jesus; e temeram. (Lucas 8.35)

Creio que o Senhor está semeando em nós, como Igreja, uma urgência: o amor pelas almas. Existe um mundo inteiro lá fora que precisa de Jesus! Pessoas que estão sedentas e não encontram a verdadeira fonte da vida. Ao lermos sobre o ministério de Cristo aqui na Terra, podemos atestar que Ele não mediu esforços para amar, salvar e servir as pessoas, e somos chamados para agir da mesma forma.

Antes de encontrar a terra dos gerasenos, Jesus estava com os discípulos no barco, e uma grande tempestade os atingiu. Ao passo que o Mestre dormia, aqueles que O acompanhavam sentiam medo e preocupação, até que decidiram acordá-lO. Jesus, então, deu uma ordem ao vento, e tudo se acalmou; depois, questionou o motivo de estarem com medo (cf. Lucas 8.22-25). Será que não tinham fé?

Um ponto interessante aqui é que o Senhor sabia quais seriam os próximos passos daquele dia. Ele sabia que encontraria um homem que precisava ser liberto e também tinha ciência do que o Pai queria fazer. Ao chegarem à cidade, a primeira coisa que viram foi um homem cheio de demônios — que encontraria o toque sobrenatural de Deus, seria liberto, curado, restaurado e levantado como uma grande voz.

Para Jesus, valeu a pena atravessar um lago em meio à tempestade e ser rejeitado por uma cidade, porque Ele sabia o final da história: um homem seria alcançado pelo Evangelho. Ele sempre sabe o final! Sejamos, então, restaurados e levantados como aqueles que estenderão amor e enfrentarão o que for necessário para propagar as Boas Novas.

DIA 83

NA PRÁTICA

Você já parou para pensar que Jesus sabe o fim da sua história? Ele sabe onde você estará e como chegará lá. Então, não tenha medo de obedecer-Lhe, independentemente das tempestades. Após este devocional, ore e confie n'Aquele que tudo sabe!

BÍBLIA EM UM ANO

- [ ] Números 17-18
- [ ] Eclesiastes 11
- [ ] Mateus 21.1-27

ANOTAÇÕES

25 DE MARÇO | **PROTEGENDO O FRUTO DO SENHOR**

Peguem as raposas, as raposinhas, que devastam os vinhedos, porque as nossas vinhas estão em flor. (Cântico dos cânticos 2.15)

DIA 84

NA PRÁTICA

Identifique as "raposinhas" que podem estar comprometendo o fruto espiritual em sua vida. Seja incisivo e combativo com os hábitos ou atitudes que precisam ser corrigidos em seu comportamento e tome medidas para eliminá-los, firmando a decisão de abandoná-los imediatamente. Mantenha sua vinha protegida e cuide do que Deus está construindo em você.

BÍBLIA EM UM ANO

Números 19-20 ☐
Eclesiastes 12 ☐
Mateus 21.28-46 ☐

ANOTAÇÕES

Quando a Palavra fala sobre as "raposinhas" que devastam as vinhas, ela está nos alertando sobre os pequenos inimigos que, se não forem derrotados, podem comprometer o que Deus está construindo em nossas vidas. Elas representam os pequenos comportamentos, atitudes e negligências que, de início, parecem inofensivos, mas, com o tempo, podem destruir nosso fruto espiritual.

Todos nós temos áreas sensíveis que precisam de proteção e cuidado. Pode ser uma atitude negativa, um hábito que não contribui para nossa edificação ou mesmo a falta de compromisso com as disciplinas espirituais, como a oração e a leitura da Palavra.

A Bíblia nos ensina que nossa vida espiritual é como uma vinha (cf. Isaías 5; João 15) que precisa ser cuidada. A vinha representa a obra do Senhor e carrega todo o potencial daquilo que Ele quer fazer em nós e por meio de nós — em nossa genética espiritual está a capacidade de produzir frutos. No entanto, se deixarmos que atitudes destrutivas entrem em nossas vidas, essas raposinhas podem devorar o que Espírito Santo está cultivando em nosso jardim interior.

Além disso, precisamos entender que negligenciar pequenos detalhes em nossa caminhada pode ter consequências duradouras. Muitas vezes, os problemas não surgem de grandes pecados, mas da soma de pequenas falhas. Uma atitude não corrigida aqui, um hábito descuidado ali, e, aos poucos, colocamos tudo a perder. Por isso, Jesus nos chama a sermos fiéis nas pequenas coisas, pois é por meio da fidelidade que Ele nos confia coisas maiores (cf. Lucas 16.10).

BUSQUE O ESPÍRITO SANTO

| 26 DE MARÇO

Mas vocês receberão poder, ao descer sobre vocês o Espírito Santo, e serão minhas testemunhas tanto em Jerusalém como em toda a Judeia e Samaria e até os confins da terra. (Atos 1.8)

Essas foram as últimas palavras de Jesus antes de subir aos Céus. Ele poderia ter falado qualquer outra coisa, mas frisou a importância do Espírito Santo para o cumprimento da Grande Comissão. Cristo orou ao Pai para que Ele nos desse o Consolador a fim de habitar em nós e nos encher de poder para anunciar a Sua Mensagem! Assim, aquilo que recebemos no secreto impacta os que estão ao nosso redor, porque o Espírito não entrou em nossa vida para que haja edificação e permaneçamos parados. Ele quer trabalhar em nós e por meio de nós!

Por causa disso, encher-se do Espírito Santo não é uma opção, é um mandato! Imagine o seguinte: você tem um carro e coloca gasolina, mas apenas deixa a chave na ignição e não o liga. É claro que ele não vai sair do lugar! Você pode querer muito mover esse carro, mas ele só vai se mexer se você girar a chave. Isso também ocorre na nossa vida com Deus! Até enchermos o tanque com o Espírito e girarmos a chave de fato, não nos lembraremos de fazer o que é importante e não nos moveremos.

Encher o tanque é como cultivar uma relação íntima com o Espírito por meio da oração, do jejum, da leitura bíblica e da comunhão, por exemplo. Girar a chave, por sua vez, é deixar que o Espírito Santo tome o controle e o conduza em revelação e poder! Quando deixarmos que Ele direcione a nossa vida, certamente chegaremos ao nosso destino, e o Evangelho será pregado a todos. Apaixone-se pelo Espírito Santo, encha-se d'Ele todos os dias e permita que Ele conduza os seus passos!

DIA 85

NA PRÁTICA

Como você pode cultivar uma vida diária cheia do Espírito Santo e estar pronto para ser enviado por Ele em missão, seja em outro país, outro estado, no seu ambiente de trabalho ou de estudos? Faça uma lista com o que pode ser feito ainda hoje e peça uma nova sensibilidade à presença do Espírito Santo ao longo do seu dia.

BÍBLIA EM UM ANO

- [ ] Números 21
- [ ] Cântico dos cânticos 1
- [ ] Mateus 22.1-22

ANOTAÇÕES

27 DE MARÇO |

RECONHEÇA O QUE DEUS JÁ FEZ

Bendiga, minha alma, o Senhor, e não se esqueça de nem um só de seus benefícios. (Salmos 103.2)

DIA 86

NA PRÁTICA

Reserve um momento para agradecer ao Senhor pelas vitórias passadas. Deixe que a gratidão e a adoração limpem seus olhos e restaurem a alegria de sua salvação, mudando sua perspectiva rumo à bondade de Deus.

BÍBLIA EM UM ANO

Números 22 ☐
Cântico dos cânticos 2 ☐
Mateus 22.23-46 ☐

ANOTAÇÕES

Quando nos envolvemos em desafios, é fácil perdermos de vista tudo o que Deus fez por nós. Porém, nossa visão se torna mais clara, e nossa perspectiva mais purificada ao escolhermos ser gratos e adorar o Senhor por livramentos e bênçãos com os quais Ele já nos presenteou. A gratidão purifica nossa perspectiva, como se retirasse uma neblina de nossos olhos. O salmo 103.2 nos lembra de bendizer o Criador e de não esquecer Seus benefícios. Quando permitimos que a alegria de nossa salvação desapareça (cf. Salmos 51.12), corremos o risco de entrar em um lugar perigoso, em que o descontentamento e a reclamação criam raízes, como visto durante a jornada dos israelitas no deserto (cf. Números 11.1).

Estes, que clamavam pela libertação da escravidão, começaram a resmungar apesar das maravilhas que Deus realizava em seu meio. Isso nos mostra que a questão nem sempre é precisar de mais sinais ou maravilhas, mas de reconhecer e ser grato pelo que o Criador já fez. Os maiores antídotos contra um coração murmurador são a adoração e a gratidão. Assim, focamos não o que nos falta, mas o que já recebemos do Senhor.

Desenvolver um coração cheio de agradecimento e louvor tem um impacto profundo em nossas vidas. A adoração muda a atmosfera e traz a presença do Criador a todas as situações (cf. Salmos 22.3). Em processos difíceis, ela limpa nossa visão, purifica nossa perspectiva e renova a alegria de nossa salvação. Então, em todas as estações, deixe que o louvor e a gratidão sejam sua resposta e que a presença de Deus o guie e sustente.

USE A SUA ESPADA

| 28 DE MARÇO

Naquele dia vocês saberão que eu estou em meu Pai, que vocês estão em mim e que eu estou em vocês. (João 14.20)

As palavras que declaramos sobre nós mesmos têm um profundo impacto em nossa vida espiritual. Em João 14.20, Jesus nos lembra de nossa união com Ele e com o Pai. Essa verdade é essencial para compreender e viver a nova identidade que temos em Cristo. Se estamos n'Ele, não vivemos mais de acordo com nossa velha natureza. Em vez disso, devemos usar a Bíblia como nossa espada, proclamando as verdades celestiais sobre quem somos agora, afugentando todas as mentiras que o Inimigo tenta plantar em nossas mentes.

Ou seja, apenas o Senhor pode dizer quem você realmente é! A Palavra de Deus é a fonte da nossa verdadeira natureza, e é por meio dela que combatemos todo engano de Satanás. Então, se o Maligno lhe disser: "Você não é amado!", confronte essa mentira com a verdade: "Eu sou amado!" (cf. João 15.9).

Algumas outras declarações poderosas, baseadas nas Escrituras, incluem:

- "Eu sou uma nova criação em Cristo!" (cf. 2 Coríntios 5.17).
- "Eu sou um sacerdote do Reino de Deus!" (cf. Apocalipse 1.6).
- "Eu sou mais que vencedor por meio de Cristo!" (cf. Romanos 8.37).

Essas afirmações, mesmo que pareçam simples, o ajudarão a alinhar a sua mente com a verdade bíblica e a viver com confiança. Lembrar que estamos firmados em Jesus e que Ele está em nós nos faz entender que nada mais pode nos definir, além d'Ele. Assim, sua nova identidade em Cristo deve moldar suas ações, pensamentos e sentimentos, permitindo que você viva de acordo com quem Deus o criou para ser.

■ DIA 87

NA PRÁTICA

Escolha três verdades bíblicas sobre sua identidade em Cristo e escreva-as em diferentes cartões. Declare essas verdades diariamente em oração, afirmando quem você é em Jesus e rejeitando qualquer mentira que possa surgir nesse momento. Espalhe cada um dos cartões pelos cantos da sua casa e permita que essas declarações renovem sua mente quando encontrar algum deles. Sempre que possível, peça a Deus que o ajude a viver de acordo com o propósito d'Ele e segundo a sua nova natureza.

BÍBLIA EM UM ANO

☐ Números 23
☐ Cântico dos cânticos 3-4
☐ Mateus 23.1-12

ANOTAÇÕES

29 DE MARÇO | NÃO FIQUE INDIFERENTE

Ao aproximar-se do portão da cidade, eis que saía o enterro do filho único de uma viúva; e grande multidão da cidade ia com ela. Ao vê-la, o Senhor se compadeceu dela e lhe disse: – Não chore! (Lucas 7.12-13)

DIA 88

NA PRÁTICA

Peça a Deus que o ajude a responder às necessidades do próximo com amor e compaixão, assim como Eliseu e Jesus fizeram. Esteja atento àqueles que estão sofrendo e deixe suas ações refletirem a bondade de Deus.

BÍBLIA EM UM ANO

Números 24 ☐
Cântico dos cânticos 5 ☐
Mateus 23.13-39 ☐

ANOTAÇÕES

Quando olhamos para a história de Eliseu e a sunamita, vemos um claro contraste entre a indiferença de Geazi e a compaixão de Eliseu. Geazi, o servo do homem de Deus, estava tão focado em seus deveres que se mostrou indiferente ao desespero da mulher que havia perdido seu filho. Em vez de oferecer conforto, tentou afastá-la, sem demonstrar empatia (cf. 2 Reis 4.27). A falta de compaixão é evidência daqueles que estão mais preocupados com os afazeres do que com a missão de alcançar e transformar vidas.

Em contraste, Eliseu percebeu o clamor da sunamita e, movido por compaixão, intercedeu por ela, agindo como um canal para que o poder de Deus se manifestasse. Essa compaixão reflete o coração de Cristo quando, em Lucas 7, Ele encontrou uma viúva que também havia perdido seu único filho. Movido por compaixão, Jesus não apenas passou por ela, mas Se compadeceu de sua dor. Suas palavras foram seguidas por uma ação poderosa. Ele ressuscitou o jovem, trazendo vida e esperança onde havia apenas dor (cf. vs. 14-15). Assim como Eliseu, Jesus não foi indiferente ao sofrimento, mas respondeu com amor e poder.

Como Igreja, nosso chamado é refletir essa mesma compaixão. Não estamos aqui para seguir um sistema, mas para sentir a pulsação do coração de Cristo e estender Seu amor aos necessitados. Seja por meio de atos de gentileza, compartilhando o Evangelho, seja entrando em lugares escuros com a luz de Cristo, nossa missão é manifestar Sua compaixão. Ao fazer isso, participamos dos milagres que Deus deseja realizar no mundo.

ANDE NO ESPÍRITO

| 30 DE MARÇO

E os que são de Cristo Jesus crucificaram a carne, com as suas paixões e os seus desejos. (Gálatas 5.24)

Andar no Espírito não é somente ter experiências sobrenaturais ou emocionais — é um compromisso diário de alinhar nossas vidas com a vontade de Deus mediante a obra do Espírito Santo. Embora esses momentos de fervor espiritual possam ser poderosos, eles não substituem o trabalho consistente e diário de nos alimentarmos com a Palavra e sermos moldados por ela. Em Gálatas 5.24-25, Paulo nos alerta de que pertencer a Cristo significa crucificar a carne com suas paixões e desejos. Assim, para viver no Espírito, também devemos andar n'Ele, fazendo escolhas que reflitam nosso compromisso com o Pai, e não com as nossas emoções.

Os desejos da carne estão constantemente em desacordo com o que Deus faz em nossas vidas. Uma vez que nossa perspectiva não estiver alinhada com o Espírito, lutaremos para suportar os processos pelos quais somos guiados. Mas o Senhor nos chama para algo mais elevado e duradouro. Portanto, o verdadeiro desafio não é apenas ter algumas experiências, mas viver no Espírito todos os dias, escolhendo o Caminho em vez dos nossos próprios desejos. Gosto de dizer que o difícil não é "cair" no Espírito, e sim andar no Espírito.

Para combater a carne, precisamos de uma estratégia sólida: nutrição da Palavra de Deus e enchimento contínuo do Espírito Santo. Esse não é um evento único, mas uma disciplina que nos fortalece para as batalhas. Quando nos preenchemos com a Verdade e permanecemos conectados ao Espírito, somos capacitados para superar a atração da carne e andar no caminho que o Pai colocou diante de nós.

 DIA 89

NA PRÁTICA

Desafie-se a buscar a presença do Espírito Santo além de momentos emocionais. Passe tempo sendo preenchido pela Palavra de Deus todos os dias para construir força espiritual duradoura para combater a carne.

BÍBLIA EM UM ANO

- [ ] Números 25-27
- [ ] Cântico dos cânticos 6-7
- [ ] Mateus 24.1-28

ANOTAÇÕES

31 DE MARÇO |

DESENVOLVA UM CORAÇÃO GRATO

E ordenou que a multidão se assentasse na grama. Tomando os cinco pães e os dois peixes e, olhando para o céu, deu graças e partiu os pães. Em seguida, deu-os aos discípulos, e estes à multidão. (Mateus 14.19 – NVI – grifo nosso)

DIA 90

NA PRÁTICA

Reflita sobre seu mês e enumere ao menos dez motivos pelos quais você é grato. Depois, ore agradecendo a Deus por cada um deles.

BÍBLIA EM UM ANO

Números 28-29 ☐
Cântico dos cânticos 8 ☐
Mateus 24.29-51 ☐

ANOTAÇÕES

Reclamar é uma das atitudes mais contagiosas e cíclicas que estamos propícios a ter. Mesmo que Deus tenha feito coisas incríveis na sua vida, se decidir reclamar — porque é uma decisão —, dificilmente conseguirá enxergar Suas maravilhas. Foi esta a atitude dos hebreus: depois de serem libertos da escravidão, passaram muito tempo murmurando sobre o que não tinham e até desejaram voltar para o Egito (cf. Êxodo 16.23).

A verdade é que, ao olhar para o que há de ruim, tendemos a procurar cada vez mais defeitos em tudo, e a reclamação acaba se tornando um hábito. Dificuldades e contratempos fazem parte do dia a dia de todos; contudo, tenha bom ânimo (cf. João 16.33)! Não permita que momentos difíceis tirem o seu foco daquilo que Deus já fez e ainda fará.

Se aprender a ser grato pelas pequenas coisas, poderá antecipar muitos romperes na sua vida. Foi o que aconteceu antes de Cristo multiplicar os cinco pães e dois peixes; Ele os ergueu e, primeiro, agradeceu o que tinha em mãos. A partir de então, todos tiveram suas necessidades supridas, e ainda sobrou o suficiente para encher doze cestos.

Agradecer quando visualizamos o milagre é fácil, difícil é agradecer em antecipação. Isso é tarefa para os discípulos que conseguem descansar na bondade de Cristo! Então, comece a ser grato ainda que a realidade ao redor continue igual. Siga o exemplo de Jesus e mude sua perspectiva. Se as circunstâncias permanecerem as mesmas, mantenha o foco no Senhor. Aprenda a nutrir um coração tão grato que jamais sobre espaço para qualquer reclamação.

ABRIL

01 DE ABRIL | EXPECTATIVA CELESTIAL

Ele cavou a terra, tirou as pedras e plantou as melhores mudas de videira. No meio da vinha, ele construiu uma torre e fez também um lagar. Ele esperava que desse uvas boas, mas deu uvas bravas. (Isaías 5.2)

DIA 91

NA PRÁTICA

Ore e peça a Deus que revele se suas ações são realmente frutíferas ou apenas resultado de seu próprio esforço. Busque uma intimidade mais profunda com Ele, para que sua vida produza frutos doces que abençoem e sirvam aos outros.

BÍBLIA EM UM ANO

Números 30-31 ☐
Jó 1 ☐
Mateus 25.1-30 ☐

ANOTAÇÕES

Imagine que está no mercado e vê um cacho de uvas que parece delicioso. Você o compra, leva-o para casa, lava-o e coloca-o na geladeira, esperando saboreá-lo mais tarde. Mas, quando finalmente decide comê-lo, as uvas estão azedas. As expectativas de Deus para nossa frutificação são semelhantes. Em Isaías 5.2, o Senhor é retratado como o agricultor que preparou cuidadosamente uma vinha, removendo pedras e plantando as melhores videiras. No entanto, apesar de todas as condições perfeitas, a vinha produziu uvas azedas, em vez dos frutos doces que Ele esperava.

A verdadeira frutificação não é apenas produzir algo, mas o tipo certo de fruto. Assim como esperava por boas uvas, Deus espera que nossas vidas produzam bons frutos, refletindo nossa união com Ele. A diferença entre as uvas selvagens e as boas está na fonte de seu crescimento. Se confiamos apenas em nossos esforços, podemos acabar com resultados azedos. Mas, quando permanecemos conectados ao Senhor, nossos frutos são doces e cumprem as expectativas divinas.

A relação entre Isaías 5 e João 15 é clara: Jesus é a videira verdadeira que realizou o que Israel não conseguiu. Para dar frutos hoje, precisamos nos manter conectados a Ele. Fruto não é resultado de esforço, mas sim de uma conexão profunda e genuína com o Senhor. Tudo aquilo que é saudável frutifica naturalmente. Nossa fecundidade não é sobre lutar por conta própria, mas sobre permanecer em Cristo, produzindo, de forma natural, o tipo de fruto que abençoa e serve aos que estão a nosso redor.

SEM MAIS PONTES

| 02 DE ABRIL

O Senhor falava com Moisés face a face, como quem fala com o seu amigo. Depois Moisés voltava para o arraial. Porém, o moço Josué, seu auxiliar, filho de Num, não se afastava da tenda. (Êxodo 33.11)

No Antigo Testamento, quando Moisés buscava o Senhor, ele se retirava da multidão. Você deve se lembrar de que, para isso, levantava uma tenda longe do acampamento (cf. Êxodo 33.7), ou seja, afastava-se para ficar a sós com Deus. Uma vez na tenda, o Senhor, com presença manifesta, falava-lhe face a face, como a um amigo. Nesse momento, todo o povo mantinha distância, exceto Josué. O discípulo de Moisés não se contentava em olhar de longe a presença de Deus — como o restante do povo —, ele queria estar o mais perto possível. Em vez de ouvir as direções do Criador de maneira terceirizada, aquele jovem desejava ter um contato direto com Ele.

É esse mesmo anseio que devemos cultivar todos os dias. Os cultos, as pregações, as conferências e os discipulados de que participamos em nossa vida em comunidade têm um papel muito importante em nosso crescimento. Porém, não podemos deixar que momentos como esses nos impeçam de conhecer a vontade do Pai ou que nos tornem displicentes em ouvir Sua voz de forma individual. Nosso Deus é um Deus pessoal.

Hoje não precisamos que outras pessoas nos representem diante d'Ele: Cristo já fez isso. Por meio do sacrifício de Jesus, a ponte que nos leva ao Pai — antes quebrada pelo pecado do homem — foi reconstruída, e não existe mais nenhuma barreira que nos impeça de ir até nosso Deus. Cristo abriu o caminho de maneira permanente! Assim, podemos permanecer em Sua presença em casa, na igreja, no trabalho, na escola, na faculdade e em qualquer lugar do mundo.

DIA 92

NA PRÁTICA

Lembre-se do que Cristo reconstruiu por meio de Seu sacrifício na Cruz. Perceba como a presença constante de Deus em sua vida faz parte desse presente inestimável por meio da Graça: o contato direto com o Pai. Você tem aproveitado isso?

BÍBLIA EM UM ANO

- [ ] Números 32-34
- [ ] Jó 2
- [ ] Mateus 25.31-46

ANOTAÇÕES

03 DE ABRIL | NÃO SE ACOSTUME COM A PRESENÇA

Tendo saído dali, Jesus foi para a sua terra, e os seus discípulos o acompanharam. [...] Não é este o carpinteiro, o filho de Maria e irmão de Tiago, José, Judas e Simão? As suas irmãs não vivem aqui entre nós? E escandalizavam-se por causa dele. (Marcos 6.1,3)

DIA 93

NA PRÁTICA

De que maneira a familiaridade com a presença de Jesus pode prejudicar seu relacionamento com Ele? Procure discernir formas pelas quais você pode evitar cair na armadilha da indiferença espiritual, mantendo uma postura de reverência e temor diante de Deus.

BÍBLIA EM UM ANO

Números 35-36 ☐
Jó 3 ☐
Mateus 26.1-30 ☐

ANOTAÇÕES

É maravilhoso chegar a um nível tão íntimo de amizade a ponto de se sentir confortável com alguém em qualquer circunstância. Os silêncios são menos constrangedores, as visitas se tornam mais frequentes, mas também menos formais. É verdade que não há nada de errado em se familiarizar com a presença do Senhor. Pelo contrário, ela deve ser parte do nosso dia, e devemos crescer cada vez mais nesse relacionamento. O perigo está, no entanto, em se acostumar e deixar de estar fascinado com Sua glória e presença.

Corremos o risco de negligenciar o mover de Deus quando passamos a enxergá-lo como algo comum. Foi o que aconteceu no dia em que Jesus voltou à Sua cidade natal depois de realizar muitos milagres. Ele Se viu em um ambiente em que Sua presença não era devidamente valorizada. As pessoas que haviam testemunhado Seu crescimento O reconheciam não como o Filho de Deus, mas como um homem comum, e isso as levou à incredulidade. Assim, não conseguiam entender o propósito do que Cristo fazia.

Aprenda a desfrutar da presença de Jesus. Busque-O, ore, adore e clame por mais fome e sede d'Ele. Por mais familiar que seja ter o Senhor por perto e ainda que Ele esteja sempre acessível, há mais a conhecer; a fonte é inesgotável, e todos os dias há algo novo. Portanto, não se acostume. Continue a buscá-lO incansavelmente.

A RESSURREIÇÃO DA PROMESSA

| 04 DE ABRIL

[...] O menino ficou sentado no colo dela até o meio-dia, e então morreu. Ela subiu e o deitou sobre a cama do homem de Deus; fechou a porta e saiu. Chamou o marido e lhe disse: — Mande-me um dos servos e uma das jumentas. Preciso ir depressa falar com o homem de Deus e voltar. (2 Reis 4.20-22)

Quando o filho da mulher sunamita morreu, sua resposta foi surpreendente. Em vez de se desesperar ou organizar um funeral, ela imediatamente o levou ao quarto que fizera para Eliseu, o homem de Deus. Curiosamente, a mulher não lamentou nem contou ao marido sobre a morte, pois sabia para onde levar seu problema — direto para a presença do Senhor. Sua ação revela uma fé profunda e uma confiança no poder divino, demonstrando seu entendimento de que os homens não poderiam resolver seu problema, apenas o Todo-Poderoso.

Sua urgência em encontrar Eliseu não era apenas sobre buscar respostas, mas sim sobre chegar à fonte da promessa. Afinal, aquele filho era um presente de Deus, prometido por meio do profeta. Quando confrontada com uma promessa que parecia perdida, a mulher sunamita não aceitou a derrota. Pelo contrário, ela acreditava que, se Deus era poderoso o suficiente para dar vida à promessa, Ele certamente poderia ressuscitá-la. Sua fé a sustentou mesmo diante do impossível.

Da mesma forma, quando nos deparamos com momentos em que promessas ou sonhos parecem mortos, não devemos desistir. Como a mulher sunamita, precisamos levar essas promessas de volta a Deus, confiando que Ele pode trazê-las à vida. Seja um sonho adiado ou uma situação sem esperança, coloque a promessa diante do Senhor e creia que nada é impossível para Ele. Não se renda ao desânimo, em vez disso, confie que Deus pode ressuscitar o que parece perdido.

DIA 94

NA PRÁTICA

Apresente a Deus os sonhos dos quais você desistiu, lembre-se das palavras que recebeu a respeito de cada um deles e creia que o Senhor pode ressuscitar tudo o que está morto.

BÍBLIA EM UM ANO

- [ ] Deuteronômio 1-2
- [ ] Jó 4
- [ ] Mateus 26.31-46

ANOTAÇÕES

05 DE ABRIL | **DOMINE A SI MESMO**

Por isso, aquele que pensa estar em pé veja que não caia. Não sobreveio a vocês nenhuma tentação que não fosse humana; mas Deus é fiel e não permitirá que vocês sejam tentados além do que podem suportar; pelo contrário, juntamente com a tentação proverá livramento, para que vocês a possam suportar. (1 Coríntios 10.12-13)

DIA 95

NA PRÁTICA

Identifique uma área de sua vida em que você esteja lutando para manter o domínio sobre si mesmo e busque ajuda do Espírito Santo para obter vitória. Comprometa-se a dedicar um tempo diário à leitura da Palavra de Deus e à oração, pedindo discernimento e força para enfrentar suas tentações. Compartilhe com alguém mais experiente sua dificuldade e peça apoio em sua jornada.

BÍBLIA EM UM ANO

Deuteronômio 3-4 ☐
Jó 5 ☐
Mateus 26.47-75 ☐

ANOTAÇÕES

Todos nós somos tentados e passamos por momentos de pressão nos quais a carne deseja fazer o que é contrário ao interesse do Espírito Santo. Nesses momentos, precisamos lutar como vencedores, e não como vencidos, sabendo que o Senhor é fiel e nos apresenta um escape para cada dificuldade que enfrentamos.

Para andarmos em pureza, primeiro é necessário ter a revelação de que Deus luta por nós e nos concedeu uma nova natureza. Só assim podemos deixar para trás os hábitos que nos prendem ao velho homem. Efésios 4.22-32 nos exorta a abandonar os comportamentos corruptos e a nos revestirmos de Cristo. Essa transformação começa com a revelação de nossa identidade celestial e com a decisão de mudar!

A Palavra de Deus e o Espírito Santo desempenham papéis fundamentais em nosso crescimento espiritual. A Bíblia nos proporciona a sabedoria necessária para identificar e enfrentar as tentações, enquanto o Consolador atua em nosso interior, ajudando-nos a viver de acordo com os princípios divinos. Não podemos alcançar o crescimento espiritual por nossas próprias forças; é necessário depender de Deus e nos alimentarmos de Sua Palavra.

Manter-nos vigilantes é vital, pois não podemos baixar a guarda em nossa caminhada espiritual. Fazer orações sinceras, como "Jesus, estou muito tentado a cair. Por favor, me ajude!", é a melhor forma de buscar auxílio divino nas horas difíceis. Deus sempre fornece o escape necessário, mas precisamos permanecer vigilantes e buscar ativamente essa ajuda. Permaneça de pé e conte com o auxílio do Espírito Santo!

A CONSTRUÇÃO NA ESPERA

| 06 DE ABRIL

Construam casas e morem nelas; plantem pomares e comam o seu fruto. (Jeremias 29.5)

O povo de Israel, exilado na Babilônia, ansiava por uma libertação imediata, mas o Senhor os instruiu a fazer algo surpreendente: edificar e prosperar na terra da espera. Esse princípio também se aplica a nós hoje, especialmente enquanto aguardamos a volta de Jesus e o cumprimento de Suas promessas.

Adotar uma mentalidade de longo prazo, focada na construção do Reino, é fundamental para nossa jornada cristã. Enquanto esperamos, nossa missão não é apenas passiva, mas ativa. Somos chamados a fundamentar algo duradouro, tanto em nossa vida espiritual quanto nas áreas práticas de nosso cotidiano.

Isso significa investir em relacionamentos, desenvolver habilidades, servir à comunidade e, acima de tudo, manter nossa fé firme. Ao focarmos a construção em vez de apenas ansiarmos por um livramento rápido, demonstramos nossa confiança na fidelidade de Deus e nossa disposição para administrar bem os recursos e as oportunidades que Ele nos confiou.

Talvez você esteja esperando por uma promoção, pela cura ou por uma transformação em sua família. Mas o que você está construindo enquanto aguarda? É importante lembrar que nossa esperança pelo cumprimento das promessas divinas não nos impede de viver plenamente o propósito de Deus no presente. Aliás, este é o real sentido de "trazer o Céu para a Terra": viver com mentalidade generosa e alicerçada nos propósitos e princípios divinos dia após dia.

DIA 96

NA PRÁTICA

Faça uma reflexão sobre as áreas da sua vida em que você tem esperado por um livramento rápido. Em vez de focar apenas a espera, comece a construir e administrar o que o Senhor já lhe confiou. Ore e peça sabedoria para adotar uma mentalidade de longo prazo, comprometida com a construção do Reino de Deus em todas as áreas.

BÍBLIA EM UM ANO

- [ ] Deuteronômio 5-6
- [ ] Jó 6
- [ ] Mateus 27.1-31

ANOTAÇÕES

....
....
....
....
....

07 DE ABRIL | PODER DO ALTO

Eis que envio sobre vocês a promessa de meu Pai; permaneçam, pois, na cidade, até que vocês sejam revestidos do poder que vem do alto. (Lucas 24.49)

DIA 97

NA PRÁTICA

Tire um tempo para buscar a presença de Deus e pedir que o Espírito Santo o encha com o poder do Alto. Faça um compromisso de cultivar um relacionamento mais profundo com o Consolador, permitindo que Ele guie suas ações e decisões diárias. Ore para que sua igreja seja um local onde o sobrenatural seja manifesto, trazendo cura, paz e avivamento para todos que entrarem ali.

BÍBLIA EM UM ANO

Deuteronômio 7-8 ☐
Jó 7 ☐
Mateus 27.32-66 ☐

ANOTAÇÕES

Jesus, antes de subir aos Céus, deixou uma promessa: o envio de um Consolador. Ele sabia que a missão de levar o Evangelho ao mundo inteiro seria impossível com capacidades humanas. Por isso, prometeu a nós o poder do Alto para que pudéssemos dar continuidade à Sua obra de maneira eficaz.

Cumprir a Grande Comissão sem esse revestimento é como tentar lutar uma batalha sem armas. O Espírito Santo nos equipa não apenas com coragem, mas também com dons espirituais, sabedoria e discernimento para enfrentar qualquer desafio. Quando estamos cheios d'Ele, somos capacitados a pregar o Evangelho com ousadia, a orar pelos enfermos com fé, a ministrar aos necessitados com compaixão e a manifestar o Reino de Deus na Terra.

O impacto de uma congregação revestida com o poder do Alto é inegável: doentes são curados, oprimidos encontram paz, dons espirituais começam a fluir, e há um despertar espiritual que afeta não apenas a Igreja, mas toda a comunidade ao seu redor. Para participarmos disso, é essencial que cada um de nós passe por processos contínuos de arrependimento. Além disso, devemos cultivar nosso amor pela intimidade com o Pai, buscando Sua presença diariamente e permitindo que o Espírito Santo nos encha e nos guie.

O avivamento começa em seu coração. Quando você é cheio do Espírito Santo, torna-se instrumento nas mãos de Deus para trazer transformação. Esse poder do Alto o capacitará a ir além das suas limitações, para que possa ver o Reino de Deus manifesto de forma tangível neste tempo.

ASSUMA A RESPONSABILIDADE

| 08 DE ABRIL

Pegou o manto de Elias, que havia caído, bateu com ele nas águas e disse: – Onde está o Senhor, Deus de Elias? Quando ele bateu nas águas, elas se dividiram para os dois lados, e Eliseu passou. (2 Reis 2.14)

Após a morte de Elias, Eliseu se deparou com a responsabilidade de assumir o manto e de continuar a obra iniciada por seu mentor. Diante do luto, o profeta passou pelo reconhecimento do novo encargo que surgiu. Isso ficou claro quando o último milagre de Elias (cf. 2 Reis 2.8), a divisão das águas, se tornou o primeiro milagre de Eliseu, marcando a continuidade da obra divina.

Receber o manto de Elias é uma grande honra, mas também carrega o peso de uma missão e de um ministério. A unção e o manto não são meros símbolos de status ou de autoridade; são ferramentas para cumprir um propósito específico e sobrenatural na Terra. Em nosso próprio ministério, o comportamento que devemos ter ao receber a unção é de compromisso e seriedade, levando em conta a confiança e a imagem daqueles que nos levantaram.

Não se trata de promoção pessoal, mas de assumir a responsabilidade de conduzir e de frutificar no serviço a Deus. Na verdade, a unção é concedida com o intuito exclusivo de que possamos operar sob a autoridade d'Aquele que nos concedeu, sendo nossa incumbência cumprir a missão com fidelidade e eficácia.

Ou seja, o manto de Elias que Eliseu recebeu não foi um presente para exibir, mas uma responsabilidade para liderar e operar no poder de Deus. Manter a chama viva e agir com a responsabilidade que vem com a unção é essencial. É preciso lembrar que, após receber o manto, devemos usá-lo para preencher lacunas espirituais, discipular outros e levar adiante a obra com dedicação e transformação.

■ DIA 98

NA PRÁTICA

Reflita sobre o manto espiritual que você recebeu e sobre como está assumindo a responsabilidade que vem com ele. Pergunte a si mesmo como pode usar a unção e autoridade que Deus lhe deu para preencher lacunas espirituais e servir de forma frutífera. Comprometa-se a não apenas receber a unção, mas a agir com responsabilidade e fidelidade, mantendo a chama viva em seu serviço ao Senhor.

BÍBLIA EM UM ANO

☐ Deuteronômio 9-10
☐ Jó 8
☐ Mateus 28

ANOTAÇÕES

09 DE ABRIL | DEUS ESCOLHEU VOCÊ

> Antes da fundação do mundo, Deus nos escolheu, nele, para sermos santos e irrepreensíveis diante dele [...]. (Efésios 1.4)

DIA 99

NA PRÁTICA

Hoje, peça ao Senhor que o use de maneira sobrenatural, por meio do agir do Espírito Santo. Peça-Lhe uma palavra profética ou de conhecimento para alguém que você não conhece e esteja sensível para ser Sua voz assim que identificar essa pessoa — pode ser na rua, no ônibus, na faculdade...

BÍBLIA EM UM ANO

Deuteronômio 11-12
Jó 9
Atos 1

ANOTAÇÕES

O Senhor olhou para a Terra e nos escolheu para sermos Sua voz aqui, baseados sempre em Sua Palavra! Isso é um grande privilégio e responsabilidade, além de ser confrontador e desafiador.

Entre tantas pessoas, Deus o escolheu para ser as mãos e os pés d'Ele aqui na Terra. É evidente que o Reino do Senhor está sempre avançando, mas será que você também está crescendo e cooperando para isso? Será que, ao olhar para a própria vida há um ano, você consegue notar alguma diferença? Quando estamos buscando Jesus e andando com Ele, nossa vida não pode ser a mesma de um ano atrás.

Se você não vê crescimento, quero encorajá-lo a se colocar em lugares mais desafiadores. Muitas vezes, estamos vivendo um cristianismo muito seguro e confortável, e Jesus não faria isso! Ele chegava às cidades e mudava tudo. O mesmo acontecia com os discípulos que "viravam o mundo de cabeça para baixo" (cf. Atos 17.6). Assim, se você não está vendo crescimento na sua vida espiritual, seja guiado pelo Espírito Santo de Deus e saia da sua zona de conforto.

Apenas dessa forma, colocando-se disponível para ser "esticado", você verá um crescimento verdadeiro! Afinal, Deus o escolheu. O que você fará a partir disso? Se já aceitou Jesus como seu Senhor e Salvador, o Espírito Santo habita em seu interior e quer usar sua vida. Não fique apenas esperando alguém orar ou impor as mãos sobre você: seja sensível àquilo que o Senhor está fazendo e não viva um cristianismo confortável. Deus tem muito mais do que isso para nós!

INVERSÃO DE VALORES

| 18 DE ABRIL

Então Deus perguntou a Jonas: – Você acha que é razoável essa sua raiva por causa da planta? [...] Você tem compaixão da planta que não lhe custou nenhum trabalho. [...] E você não acha que eu deveria ter muito mais compaixão da grande cidade de Nínive, em que há mais de cento e vinte mil pessoas [...]? (Jonas 4.9-11)

Após se arrepender de sua desobediência, Jonas percorreu em apenas um dia toda a cidade de Nínive, que deveria ser percorrida em três dias (cf. Jonas 3.3). É bem provável que o profeta tenha passado a mensagem do Senhor para aquela cidade sem um zelo e comprometimento total com a missão delegada, uma vez que não queria ver a redenção daquele povo. Contudo, a "pregação ruim" de Jonas provocou um fenômeno no evangelismo mundial: todos creram.

Quando, finalmente, o profeta terminou de percorrer Nínive, sentou-se enfurecido e descontente com o decreto de misericórdia do Senhor. Deus, então, fez uma planta crescer para dar-lhe sombra e, na madrugada seguinte, enviou um verme para atacá-la. Ao acordar, Jonas ficou irado, a ponto de desejar morrer! Parece até brincadeira, não é? Mas quantas vezes não agimos como ele? Esquecemo-nos da Graça e nos comportamos como filhos mimados.

O fim da história de Jonas nos mostra que ele era um profeta em crise, vivendo uma inversão de valores. Ele amava a planta; odiava o povo. Amava as coisas; odiava as pessoas. Contudo, Deus não deu Seu filho por plantas, mas por pessoas. Infelizmente, Jonas não entendia que a mesma misericórdia da qual havia provado se estendia ao povo.

Hoje, os valores de nossa geração também estão invertidos. Quantas pessoas se comovem mais ao ver animais sendo maltratados do que ao ver bebês sendo mortos? Deus veio redimir o Homem e amar as pessoas! Voltemos à Palavra a fim de que, ao percebermos essas inversões à nossa volta, possamos agir de acordo com a Verdade.

■ DIA 108

NA PRÁTICA

Depois da leitura do devocional de hoje, analise seu interior e perceba se não está agindo como Jonas. Seu coração tem se movido por pessoas ou pelas coisas desta Terra?

BÍBLIA EM UM ANO

☐ Deuteronômio 13-14
☐ Jó 10
☐ Atos 2.1-13

ANOTAÇÕES

....

....

....

....

....

....

....

11 DE ABRIL | NÃO TENHA MEDO

Os ímpios fogem, mesmo quando ninguém os persegue, mas o justo é intrépido como o leão. (Provérbios 28.1)

DIA 101

NA PRÁTICA

O que significa ser um verdadeiro discípulo de Jesus Cristo? Qual é a importância de respondermos à convocação divina para uma vida de completa rendição e intrepidez, glorificando o Senhor? Comprometa-se com esse chamado à ousadia de maneira prática em sua vida diária.

BÍBLIA EM UM ANO

Deuteronômio 15-16 ☐
Jó 11 ☐
Atos 2.14-47 ☐

ANOTAÇÕES

É comum nos sentirmos amedrontados por alguma situação da vida. A vontade inicial realmente sempre será de fugir de uma conversa difícil ou de um desafio inesperado, mas a Palavra nos diz para sermos como leões. O que isso significa? Filhos de Deus não correm dos problemas nem se escondem com medo. Não!

A coragem e a ousadia precisam fazer parte de quem somos! Leia um pouco sobre a vida dos discípulos nos evangelhos e em Atos. As pessoas só conheceram a Mensagem porque eles não tiveram medo da morte e pregaram com fervor em lugares escuros. Os discípulos de Jesus não oravam apenas por proteção, mas, incendiados, clamavam por ousadia e pela revelação do poder majestoso do Céu (cf. Atos 4.29).

Um dos doze, João, escreveu em sua carta: "**No amor não existe medo**; pelo contrário, o perfeito amor lança fora o medo. Porque o medo envolve castigo, e quem teme não é aperfeiçoado no amor" (1 João 4.18 – grifo nosso). Ele havia andado com o Salvador, experienciado a perseguição por parte dos religiosos da época e pôde constatar que não existe medo onde há a revelação do amor de Deus! Isso é poderoso!

Quando entendemos a magnitude desse amor, somos movidos em ousadia maior, porque nada valerá mais do que aquilo que é eterno. A morte será lucro (cf. Filipenses 1.21), e as coisas desta Terra serão apenas vaidades (cf. Eclesiastes 1.1-11), então o que temer? Deus é conosco! Não torne o medo algo comum. Tenha coragem de aceitar o convite do próprio Jesus, pois ser Seu discípulo é ter intrepidez diante das situações que se apresentam.

O QUE DEUS ESTÁ FAZENDO

| 12 DE ABRIL

O povo se queixou de sua sorte aos ouvidos do Senhor. Quando o Senhor ouviu as reclamações, sua ira se acendeu, e fogo do Senhor ardeu entre eles e consumiu algumas extremidades do arraial. (Números 11.1)

Há momentos que nos sentimos desanimados quando não conseguimos entender o que Deus está fazendo em nossas vidas, especialmente durante as estações difíceis. Porém, são nessas situações que Ele trabalha — de maneiras que podem não ser visíveis de imediato. Como Igreja de Jesus, precisamos reconhecer que cada processo e cada deserto que passamos tem um propósito. Em Números 11.1, somos advertidos de nossas reclamações, pois, além de terem consequências, elas revelam nossa necessidade de confiar no plano de Deus, mesmo quando não faz sentido para nós.

Ao sermos guiados pela Palavra e pelo Espírito Santo, começamos a entender o propósito maior. Além disso, devemos trazer à memória que os processos de Deus são projetados para nos transformar de dentro para fora, mudando a maneira como pensamos, agimos e respondemos aos desafios da vida. Portanto, em vez de reclamar ou resistir, precisamos nos inclinar para esses momentos, sabendo que Deus os usa para nos refinar e nos alinhar com a Sua vontade.

A perseverança é a chave nesses processos. À medida que caminhamos por desertos e estações difíceis, o apoio do Senhor se manifesta em nossas vidas por meio de Sua constante presença, Suas promessas e a obra silenciosa do Espírito Santo dentro de nós. É por meio desses desafios que somos transformados, aprendendo a confiar mais profundamente e a agir com mais fidelidade. Ao abraçar o que Deus está fazendo, permitimos que Sua obra dê frutos em nossas vidas, gerando uma transformação verdadeira e duradoura.

DIA 102

NA PRÁTICA

Reserve um tempo para refletir sobre o que Deus está fazendo em sua vida agora. Ore por sabedoria para alinhar seus pensamentos e ações com o processo e a transformação d'Ele.

BÍBLIA EM UM ANO

- [ ] Deuteronômio 17-18
- [ ] Jó 12
- [ ] Atos 3

ANOTAÇÕES

13 DE ABRIL | **ASSUMA A POSIÇÃO DE FILHO**

Digo, porém, o seguinte: durante o tempo em que o herdeiro é menor de idade, em nada difere de um escravo, mesmo sendo senhor de tudo. (Gálatas 4.1)

DIA 103

NA PRÁTICA

Reflita sobre o que já tem em Cristo! Faça uma lista da herança que está disponível, não por merecer, mas graças à infinita misericórdia do Pai. Por exemplo, você tem acesso à intimidade com Deus, à provisão divina e ao cuidado. Identifique aquilo de que ainda não tomou posse – talvez uma cura para a alma ou proteção vinda do Senhor – e peça ao Espírito Santo que o ajude a amadurecer para receber a herança que já é sua.

BÍBLIA EM UM ANO

Deuteronômio 19-20 ☐
Jó 13 ☐
Atos 4.1-22 ☐

ANOTAÇÕES

....

....

....

....

....

Existem cristãos que estão há mais de quinze anos na igreja e continuam meninos, reclamando de futilidades e se portando como órfãos. Mas há uma expectativa celestial para o nosso crescimento na fé (cf. 1 Pedro 2.2). A realidade é que a infantilidade espiritual nos impede de assumir nossa herança. Aqueles que creem em Cristo receberam o poder de se tornarem filhos de Deus (cf. João 1.12). Que boa notícia! Não somos mais escravos do pecado, porém filhos de um Pai bondoso! Agora que fomos adotados, precisamos crescer em maturidade. Seria insanidade ser criança para sempre! Existe algo disponível para nós que só pode ser acessado por meio da maturidade.

Em Lucas 15.11-32, lemos a história do filho pródigo, que pegou sua herança antes do tempo devido; nesse mesmo texto, somos apresentados ao seu irmão mais velho, que, tendo toda a fortuna disponível, sentiu-se deixado de lado. Os dois se mostraram imaturos, pois nenhum entendia, de fato, o que era deles! Ao nos mantermos como crianças, nós renunciamos ao que Cristo conquistou para nós: uma vida de paz com Deus e abundante em Graça.

Qual deve ser, então, nossa postura ao compreendermos a herança que temos em Cristo? Generosidade, amor, entrega e perdão! Quando você entende, como um filho maduro, aquilo que lhe está disponível em Deus, torna-se mais generoso e amoroso; perdoa mais e se entrega mais. Aquilo que era para Abraão, na verdade, sempre fora o prenúncio do que seria revelado em Jesus Cristo. N'Ele, recebemos a vida. Assim, a partir dessa verdade, posicione-se como um filho maduro!

O TEMPO DE PREPARO

| 14 DE ABRIL

Davi tinha trinta anos de idade quando começou a reinar [...]. Em Hebrom, reinou sobre Judá sete anos e seis meses; em Jerusalém, reinou trinta e três anos sobre todo o Israel e Judá. [...] Davi ia crescendo em poder cada vez mais, porque o Senhor, o Deus dos Exércitos, estava com ele. (2 Samuel 5.4-5, 10 – grifos nossos)

Se fomos encontrados por Jesus, e Ele restaurou nossa alma, então por que continuamos nesta Terra? Já somos d'Ele; poderíamos somente levantar os nossos braços, e Ele nos puxaria para a glória, não é mesmo? É engraçado pensarmos dessa maneira, mas às vezes agimos como se isso fosse verdade e nos esquecemos de que estamos sendo forjados para cumprir um propósito. As coisas não acabam no momento da conversão, na verdade, é aí que a jornada de avivar o mundo começa.

Não é do dia para a noite que as palavras do Senhor serão cumpridas. Leva tempo! Ao lermos a história de Davi, percebemos que ele era apenas um jovem quando recebeu uma promessa de Deus e foi ungido pelo profeta Samuel (cf. 1 Samuel 16.1-13), porém era necessário que o tempo certo chegasse para que todas as coisas se concretizassem. O texto de 1 Samuel 22.1-5 relata que o futuro rei se escondeu em Adulão e em Moabe por um tempo, esperando o direcionamento de Deus.

Assim como Davi, preocupe-se em abraçar o processo de preparo e o tempo no esconderijo, pois é lá que Deus irá confrontá-lo e capacitá-lo para que você esteja tão apaixonado pelo Senhor que a bênção não o corrompa. No fim das contas, o propósito não é um destino, é uma pessoa. A pessoa que o encontrou e o preparou: Jesus Cristo. O importante é que apenas o Seu nome seja glorificado, pois, além de um simples chamado pessoal, tudo colabora para a expansão do Seu Reino. Você é a extensão do Corpo de Cristo nesta Terra, e a atinge como uma flecha ardente de amor pelo Espírito!

☐ DIA 104

NA PRÁTICA

Quando paramos para refletir sobre o chamado de Deus para a nossa vida, podemos estar em dois extremos: passividade ou pressa. Você acredita que se encaixa em algum dos dois grupos, ou tem conseguido equilíbrio? Como pode viver o processo de maneira mais intencional?

BÍBLIA EM UM ANO

☐ Deuteronômio 21-22
☐ Jó 14
☐ Atos 4.23-37

ANOTAÇÕES

15 DE ABRIL |

PARTICIPE DO PROCESSO

Jesus lhes disse: – Encham de água esses potes. E eles os encheram totalmente. (João 2.7)

DIA 105 ☐

NA PRÁTICA

Pense na sua necessidade atual que mais precisa de uma intervenção sobrenatural e pergunte a Deus, em oração: "O que devo fazer para ver Sua mão operando em minha vida?". Não importa qual seja a ordem do Senhor, seja obediente à voz d'Ele e esteja disposto a cumprir com sua parte, ainda que não faça tanto sentido. Lembre-se: os milagres de Deus, muitas vezes, começam com um pequeno passo de fé.

BÍBLIA EM UM ANO

Deuteronômio 23-24 ☐
Jó 15 ☐
Atos 5.1-16 ☐

ANOTAÇÕES

Quantas vezes pedimos ao Senhor por um milagre, esperando que Ele faça tudo por nós? Enquanto isso, esquecemos que a nossa confiança precisa se manifestar em ações concretas. O relato das bodas em Caná, registrado em João 2, ensina-nos uma lição valiosa sobre a cooperação entre Deus e os homens na operação do sobrenatural.

Infelizmente, quando nos acostumamos a somente aguardar que Ele tome atitudes em nosso lugar, sem que façamos nossa parte, corremos o risco de desenvolver uma fé passiva e de nos tornarmos acomodados. Além disso, essa postura pode nos levar a duvidar do Seu poder quando as coisas não acontecem como esperamos.

Ao pedir que os servos enchessem os potes com água, Jesus demonstrou seu desejo de que sejamos participantes ativos de Seu plano. Ele poderia ter transformado a água em vinho instantaneamente, mas escolheu envolver outras pessoas no processo. É como se Cristo dissesse: "Eu posso fazer sozinho, mas escolho fazer com a sua participação". Isso revela a importância da colaboração com Deus! Ao obedecer ao comando do Mestre, todos ali se posicionaram a favor do milagre.

Quando seguimos as ordens do Alto, mesmo sem entender seus objetivos, cedemos espaço para que os Céus se abram. A matemática é simples: o toque sobrenatural de Cristo + sua fé e obediência radical = milagre.

NÃO SE COMPARE

| 16 DE ABRIL

Porque pela graça vocês são salvos, mediante a fé; e isto não vem de vocês, é dom de Deus; não de obras, para que ninguém se glorie. Pois somos feitura dele, criados em Cristo Jesus para boas obras, as quais Deus de antemão preparou para que andássemos nelas.
(Efésios 2.8-10)

Assim como a salvação, nada do que você tem é mérito seu. Quem lhe deu sua força e inteligência? Quanto você paga pelo ar que respira? Parece estranho acreditar que mesmo todo esforço do mundo não confere a ninguém o direito a qualquer honra. Isso não significa que aquilo que você faz não é importante, no entanto suas obras e ações são consequência de sua identidade em Cristo, além de evidenciarem uma fé genuína (cf. Tiago 2.22).

O que você faz aponta para Deus, e as suas habilidades provêm d'Ele. Entender isso nos tira o peso da comparação. Na parábola dos talentos, cada servo foi incumbido de multiplicar o que recebeu, de forma que, quando o patrão voltasse, a renda estivesse maior (cf. Mateus 25.14-30). Aquele que recebeu menos, por medo e insegurança, talvez tenha se comparado aos dois outros. Por isso, não permita que qualquer comparação o paralise. Você estará ocupado demais para olhar para o lado quando puser os seus olhos n'Aquele que é o dono dos dons que carrega.

Lembre-se de que o "pouco" nunca é pouco nas mãos de Cristo. Não perca tempo se lamentando por aquilo que você não tem e jamais se esconda atrás de desculpas! Jesus mesmo disse que a seara é grande, mas que poucos são os trabalhadores (cf. Lucas 10.2). Não entre em competição com quem recebeu uma porção diferente da sua. Deus é justo e não exige que faça mais do que lhe entregou. A única coisa que Ele cobra é a sua fidelidade. À medida que for fiel, Ele poderá conferir a você mais do que já recebeu. Contudo, isso serve tão somente para glorificá-lO.

DIA 106

NA PRÁTICA

Há alguma área na sua vida em que você tem se comparado a outras pessoas? Pergunte a Deus em oração o que Ele tem entregado a você e Lhe peça ajuda para lidar com as suas inseguranças.

BÍBLIA EM UM ANO

- [ ] Deuteronômio 25-27
- [ ] Jó 16
- [ ] Atos 5.17-42

ANOTAÇÕES

17 DE ABRIL | **O ÊXODO**

Moisés, porém, respondeu ao povo: – Não tenham medo; fiquem firmes e vejam o livramento que o Senhor lhes fará no dia de hoje, porque vocês nunca mais verão esses egípcios que hoje vocês estão vendo. (Êxodo 14.13)

DIA 107 ☐

NA PRÁTICA

Ao ler um pouco sobre a história do povo de Israel sendo liberto do Egito, você pôde perceber alguma similaridade com a sua história de libertação em Jesus Cristo? Se sim, reflita sobre o descanso que existe em encontrar a verdadeira salvação para a sua alma.

BÍBLIA EM UM ANO

Deuteronômio 28 ☐
Jó 17 ☐
Atos 6 ☐

ANOTAÇÕES

O êxodo dos hebreus faz um forte paralelo com o sacrifício de Cristo. O povo estava preso como escravo no Egito, sem casa e direção, mas, por meio de Moisés, foi liberto e recebeu uma terra que manava leite e mel. Do mesmo modo, Jesus veio para todos que estão perdidos e vagando sem lar. Além disso, deu-nos uma morada com Ele, trouxe cura, redenção, libertação e restauração para o Seu povo.

Na morte dos primogênitos — a última praga —, as casas que foram marcadas com o sangue do cordeiro não sofreram perda. Até isso aponta para Cristo — não se sai da escravidão sem o Seu sangue! Quando cremos no Seu sacrifício, o nosso antigo jugo de servidão é quebrado, e nos tornamos livres. Uma nova natureza nos envolve: a de filhos encontrados pelo amor perfeito do Pai. Os seus antigos costumes não fazem mais parte de quem você é a partir disso, assim como não faziam mais sentido para Israel após sair do Egito. A idolatria e o comodismo podem até tentar desviar os seus olhos, como aconteceu várias vezes com o povo, mas tenha a certeza de que o Senhor está realizando um processo de purificação no seu interior.

Aquiete a sua alma e saiba que Ele é Deus (cf. Salmos 46.10)! Se for necessário passar pelo deserto antes de chegar ao lugar que lhe foi prometido, não tema! O verdadeiro alívio será encontrado no Senhor! Não deixe a transformação que Deus quer fazer em sua vida passar sem que você perceba. Jesus não só nos livra do pecado e da morte eterna, mas nos purifica durante nossos dias nesta Terra. Esteja atento e seja transformado!

ALTO PREÇO

| 18 DE ABRIL

Ele, por sua vez, se afastou um pouco, e, de joelhos, orava, dizendo: — Pai, se queres, afasta de mim este cálice! Contudo, não se faça a minha vontade, e sim a tua. (Lucas 22.41-42)

Jesus tinha o costume de orar no Monte das Oliveiras, o Getsêmani, e, no versículo de hoje, Ele havia ido lá para suplicar por Sua vida ao Pai, pois sabia da agonia e dor que viriam — não apenas as dores físicas, mas o peso do pecado que estaria sobre Si e a angústia que tomaria o Seu coração. Ainda assim, Jesus pediu que a vontade do Pai fosse feita, independentemente do quanto Lhe custaria para nos limpar de toda iniquidade.

O Senhor, em um ato de obediência, entregou-Se como sacrifício vivo pelo meu e pelo seu pecado para que, hoje, pudéssemos ter acesso ao Pai e desfrutar de Sua presença. O preço foi muito alto e foi pago com o sangue do Filho de Deus! Nós merecíamos a condenação eterna e a morte, porque nosso coração é rebelde e cheio de pecado, mas Aquele que é puro e não tem pecado algum Se ofereceu em nosso lugar, pagando a dívida que tínhamos.

Eu não sei qual temporada você tem vivido, mas confie no Pai, independentemente das adversidades, pois bendito é aquele cuja esperança está no Senhor (cf. Jeremias 17.7-8). Essa confiança o levará a frutificar nas estações mais secas e difíceis! Deus deu o Seu Filho para que todos que crerem n'Ele tenham acesso à salvação (cf. João 3.16) e possam desfrutar novamente de Sua plenitude. Esse ato escandaloso de Deus constrange a minha existência e me arranca de qualquer tipo de ceticismo ou comodidade — é este efeito que a Mensagem da Cruz precisa ter em nós: quebrantamento pelo alto preço pago. Afinal, nada que podemos fazer se equipara ao que Jesus conquistou para nós!

DIA 108

NA PRÁTICA

Agora, pare por alguns instantes e tente visualizar o Cordeiro no monte orando, chorando e agonizando, a ponto de escorrer sangue de Sua face. Esse homem Se entregou por amor a nós e nos fez livres! Quão grande amor! Nesta sexta-feira, tire um tempo para ler Lucas 22.39-46 e deixe o Espírito Santo ministrar ao seu coração.

BÍBLIA EM UM ANO

- ☐ Deuteronômio 29-30
- ☐ Jó 18
- ☐ Atos 7.1-22

ANOTAÇÕES

19 DE ABRIL |

COMPRADOS PELO SANGUE

Cristo nos resgatou da maldição da lei, fazendo-se ele próprio maldição em nosso lugar [...] para que a bênção de Abraão chegasse aos gentios, em Cristo Jesus, a fim de que recebêssemos, pela fé, o Espírito prometido. (Gálatas 3.13-14)

DIA 109 ☐

NA PRÁTICA

Agora reflita: o que o sangue do cordeiro simbolizava no Antigo Testamento, principalmente nos rituais de Páscoa? E hoje? Que similaridade esse conceito tem com o sacrifício de Cristo na Cruz para nós?

BÍBLIA EM UM ANO

Deuteronômio 31-32 ☐
Jó 19 ☐
Atos 7.23-60 ☐

ANOTAÇÕES

....

....

....

....

....

Como já vimos, antes de os hebreus saírem do Egito (cf. Êxodo 12) pela liderança de Moisés, o Senhor ordenou que um cordeiro sem defeitos fosse sacrificado. Por meio das pragas, Deus estava preparando o coração do povo para entregar a maior revelação: não é possível sair da escravidão do Egito sem o sangue do cordeiro. Eles só seriam livres depois do derramar de sangue de um sacrifício puro e sem manchas.

Da mesma forma, não é pela nossa força que conseguimos nos libertar. Precisamos do sangue do Cordeiro perfeito. As correntes do mundo espiritual não são quebradas pela nossa força ou violência. Necessitamos de Cristo! Você só sai do Egito após ser lavado no sangue de Jesus.

João Batista, em João 1.29, avista uma pessoa na multidão e diz: "[...] Eis o Cordeiro de Deus, que tira o pecado do mundo!". Apenas Ele é sem defeitos e perfeito! Não existe outro que possa apagar os pecados e pagar pela nossa depravação. Pecamos e morremos para Deus, "porque o salário do pecado é a morte, mas o dom gratuito de Deus é a vida eterna em Cristo Jesus, nosso Senhor" (Romanos 6.23). O pecado custava nossa morte, mas Jesus nos cobriu de sangue!

Durante a Páscoa no Egito, o sangue do cordeiro foi aplicado nos umbrais das portas para simbolizar que os que moravam nas casas eram separados e pertenciam a Deus, para que o anjo da morte não matasse os primogênitos. Hoje, temos vida e liberdade porque o sacrifício de Cristo nos alcançou e, portanto, precisamos aplicar o sangue de Jesus em nossas vidas!

ELE VIVE

| 20 DE ABRIL

Porque assim como Jonas esteve três dias e três noites no ventre do grande peixe, assim o Filho do Homem estará três dias e três noites no coração da terra. (Mateus 12.40)

Jesus veio ao mundo, viveu, curou e ensinou. Ele também chorou, sofreu e morreu. Mas a verdadeira mensagem que pauta o Evangelho é esta: **Ele vive!** Cristo ressuscitou, como estava escrito nos livros dos profetas. A história de Jonas, citada no livro de Mateus, por exemplo, aponta para essa promessa.

O Senhor havia dito a Jonas que fosse até a cidade de Nínive, mas ele não obedeceu, pois sabia que Deus era misericordioso para perdoar aquele povo. Então foi engolido por um grande peixe e ficou dentro da barriga dele por três dias e três noites. Cientificamente, o ácido gástrico do estômago do animal teria consumido Jonas, e ele teria morrido, porém o profeta foi cuspido após o tempo determinado por Deus.

A história desse profeta é imperfeita, mas aponta para o único Homem perfeito que pisou nesta Terra: Jesus. Ele, sim, não hesitou em obedecer a Deus para livrar o Seu povo e estendeu graça sobre aqueles que não mereciam. Ele veio — porque sabia que a misericórdia do Pai nos alcançaria —, morreu e ressuscitou, após três dias e três noites, e sinalizou que isso aconteceria ao apontar para Jonas! Por causa de Cristo, você pode, hoje, ter acesso à vida eterna!

Jesus venceu a morte! O que devemos temer, então? A vitória foi garantida por Cristo na cruz, e nada pode nos separar de Seu amor! Nada! Anseie ser transformado e alcançado por essa mensagem todos os dias e nunca deixe que, com o passar dos anos de caminhada, a vivacidade do Evangelho se torne comum demais para você. Não seja apático à vida que lhe foi dada em Cristo!

DIA 110

NA PRÁTICA

O que você tem feito no seu dia a dia para lembrar e manter viva a verdade de que Jesus venceu a morte e, por isso, hoje você também tem vida? Celebre a ressurreição de Cristo não apenas neste domingo de Páscoa, mas diariamente — Ele vive!

BÍBLIA EM UM ANO

- [ ] Deuteronômio 33-34
- [ ] Jó 20
- [ ] Atos 8.1-25

ANOTAÇÕES

21 DE ABRIL | **DEPENDA SOMENTE DE DEUS**

Então o rei de Israel disse: — Ah! O Senhor chamou estes três reis para os entregar nas mãos de Moabe. (2 Reis 3.10)

DIA 111

NA PRÁTICA

Faça uma análise sincera de suas amizades e relacionamentos. Pergunte-se: "Essas pessoas me ajudam a crescer espiritualmente? Elas me incentivam a buscar Deus?". Se a resposta for "não", talvez seja hora de reavaliar essas relações e buscar novas amizades mais construtivas. Lembre-se: a dependência exclusiva de Deus é o caminho para uma vida abundante e vitoriosa.

BÍBLIA EM UM ANO

Josué 1-2 ☐
Jó 21 ☐
Atos 8.26-40 ☐

ANOTAÇÕES

Em 2 Reis 3, encontramos a história do rei Josafá, que se aliou a Acabe, um homem ímpio e desobediente. Essa aliança, embora parecesse promissora, levou Josafá a uma situação de grande perigo. Diante desse episódio, a pergunta que ecoa em nossos corações é: por que um homem de Deus se envolveu em algo tão arriscado?

A resposta está na falta de dependência exclusiva no Senhor. Ao tomar sua decisão, Josafá negligenciou a vontade divina e deixou seus interesses falarem mais alto. Quando não buscamos o Senhor, abrimos mão de Sua sabedoria.

Assim como Josafá, podemos nos encontrar em dificuldade por escolhas precipitadas. É por isso que a Bíblia nos adverte: "Confie no Senhor de todo o seu coração e não se apoie no seu próprio entendimento" (Provérbios 3.5).

Ao nos unirmos às pessoas erradas, estamos suscetíveis a seus valores corruptos. Agora pense por um instante: o Deus que conhece cada estrela pelo nome precisa de nossas conexões para operar um milagre? É claro que não! Nosso desespero apenas revela uma tendência a buscar soluções humanas para problemas espirituais. O Senhor não precisa de nossas estratégias. Somente espera que busquemos Sua vontade acima de tudo.

O primeiro passo é reconhecer que somos responsáveis por nossas decisões. Não podemos culpar Deus pelas consequências de nossas escolhas. Se nos falta sabedoria, devemos ter coragem de pedir ao Senhor, que a concede a todos generosamente (cf. Tiago 1.5). Por meio de nossa sinceridade, Ele nos livrará de erros desnecessários.

A MISSÃO E O TEMPO

| 22 DE ABRIL

Ao cumprir-se o dia de Pentecostes, estavam todos reunidos no mesmo lugar. De repente, veio do céu um som, como de um vento impetuoso, e encheu toda a casa onde estavam sentados. (Atos 2.1-2)

Às vezes, a parte mais difícil de cumprir o chamado é discernir quando esperar e quando agir. Os discípulos receberam a ordem de ir por todo o mundo (cf. Marcos 16.15), mas também foram instruídos a esperar pelo Espírito Santo em Jerusalém (cf. Atos 1.4). Essa espera não era passiva; eles se dedicaram à oração e mantiveram a unidade, confiando que o Espírito os capacitaria no tempo certo. Assim como eles, não podemos cumprir nossa missão se não estivermos cheios do Espírito. O tempo importa tanto quanto o chamado em si.

Esse equilíbrio entre "ir" e "esperar" é essencial. Há uma grande diferença entre dar um passo por nossa própria força e ser fortalecido pelo Espírito de Deus. Temos uma missão, mas precisamos esperar o tempo e a condição certa para vivê-la. Em momentos de incerteza, podemos olhar para o exemplo da Igreja Primitiva: eles não se apressaram; esperaram juntos, buscando a presença e a direção do Espírito, e, enfim, O receberam no dia de Pentecostes. Sua obediência abriu a porta para o sobrenatural — como vimos em nosso texto-base.

Há momentos em que enfrentamos situações semelhantes: discernir quando é hora de esperar e quando é hora de agir. Como os discípulos, precisamos cultivar a paciência e a unidade, confiando que, quando o momento for certo, Ele enviará Seu Espírito para nos guiar, capacitar e equipar para a missão. Lembre-se: esperar faz parte do processo, e o Espírito Santo é sempre fiel para chegar na hora certa. Continue orando, construindo comunidade e confiando que o tempo de Deus é perfeito.

DIA 112

NA PRÁTICA

Reserve alguns minutos para pedir discernimento a Deus sobre o momento da sua missão. Ore por paciência e clareza, assim como os discípulos esperaram pelo Espírito Santo. Confie no Seu tempo perfeito e esteja pronto quando Ele chamar.

BÍBLIA EM UM ANO

- ☐ Josué 3-4
- ☐ Jó 22
- ☐ Atos 9.1-18

ANOTAÇÕES

23 DE ABRIL |

NAZARÉ X CAFARNAUM

Mas o centurião respondeu: — Senhor, não sou digno de recebê-lo em minha casa. Mas apenas mande com uma palavra, e o meu servo será curado. [...]. Ao ouvir isso, Jesus ficou admirado e disse aos que o acompanhavam: — Em verdade lhes digo que nem mesmo em Israel encontrei fé como esta. (Mateus 8.8,10)

DIA 113

NA PRÁTICA

Qual é a diferença entre uma perspectiva terrena e uma perspectiva eterna de Jesus Cristo? Como podemos evitar cair na indiferença, além de cultivar uma visão do Alto a respeito da nossa identidade como filhos de Deus na vida cotidiana?

BÍBLIA EM UM ANO

Josué 5-6 ☐
Jó 23 ☐
Atos 9.19-43 ☐

ANOTAÇÕES

Existe um grande perigo em se acostumar com a presença de Jesus. Jamais podemos deixar de nos maravilharmos em Sua presença. A cidade em que o Senhor passou boa parte da Sua infância e adolescência é um exemplo de como podemos nos tornar indiferentes e até mesmo incrédulos em nosso coração. O povo de Nazaré estava tão acostumado a conviver com Jesus que desconsiderava o fato de que Ele era o Ungido de Deus e Aquele de quem falavam as profecias contidas nas Escrituras.

Em contrapartida, ao curar o servo de um centurião em Cafarnaum, Jesus disse: "[...] Em verdade lhes digo que nem mesmo em Israel encontrei fé como esta" (v. 10). O agir do Mestre os confundia, dando lugar à irreverência e falta de temor. Eles estavam tão perto de Cristo, mas tão longe da revelação de Sua divindade — e nós também estamos suscetíveis a cair nesse lugar de desprezo.

Existem quatro indicadores de que nos acostumamos com a Presença: familiaridade, passividade, irreverência e incredulidade. A nossa relação com Cristo precisa ser acompanhada da revelação de quem Ele é, pois isso nos tornará temerosos, e, assim, honraremos o Seu nome. Ele é o enviado de Deus!

Não deixe que o seu coração se torne indiferente à presença d'Aquele que é adorado nos Céus e reinará eternamente (cf. Filipenses 2.911). Viva momentos de encontros profundos com o Senhor, ansiando por mais; nunca se acostume com esse relacionamento, pois é a consciência de quem Deus é que sustenta a nossa permanência n'Ele, com quebrantamento e dependência.

RAIZ DE JESSÉ

24 DE ABRIL

E, naquele dia, haverá uma raiz de Jessé, a qual erguerão como uma bandeira do povo; a ele os gentios buscarão, e seu descanso será glorioso. (Isaías 11.10 – BKJ)

O profeta Isaías, séculos antes do nascimento de Jesus, proclamou uma profecia significativa sobre a vinda de um descendente de Jessé, pai do rei Davi. Essa "raiz de Jessé" seria levantada como uma bandeira para todo o povo, e os gentios buscariam n'Ele o seu descanso glorioso. Essa profecia aponta diretamente para Cristo, o cumprimento das promessas divinas feitas ao povo de Israel desde o passado.

Como descendente direto de Davi, Jesus cumpriu as expectativas messiânicas estabelecidas pelas Escrituras do Antigo Testamento. Ele veio não apenas para restaurar o reino de Israel, mas para ser a luz para todas as nações, incluindo os gentios, proporcionando-lhes paz e reconciliação com Deus.

Os gentios, neste contexto, eram todos aqueles que não faziam parte do povo escolhido, considerando todas as nações ao redor do mundo. Sendo assim, a profecia de Isaías se estende a nós, porque Jesus veio, como o Salvador universal, oferecer salvação a todos os que creem n'Ele, sem importar sua origem étnica ou cultural.

Hoje, nós podemos nos aproximar de Cristo por meio da Palavra de Deus, recebendo a revelação de quem Ele é. Ao estudarmos as profecias do Antigo Testamento que apontam para Jesus, como a raiz de Jessé, compreendemos melhor a Sua identidade como o Messias prometido. Ele é o cumprimento perfeito das Escrituras, trazendo esperança e salvação a todos os que O recebem como Senhor de suas vidas.

■ DIA 114

NA PRÁTICA

Dedique um tempo para estudar as profecias messiânicas do Antigo Testamento, como a raiz de Jessé. Medite sobre como essas profecias confirmam a identidade de Jesus e Sua missão. Considere como você pode compartilhar o conhecimento de Cristo com outras pessoas, especialmente com aquelas que ainda não O reconhecem como Salvador. Ore a Deus para que lhe conceda a oportunidade de testemunhar sobre o poder transformador de Jesus em sua vida e na vida daqueles ao seu redor.

BÍBLIA EM UM ANO

- [ ] Josué 7-8
- [ ] Jó 24
- [ ] Atos 10.1-33

ANOTAÇÕES

25 DE ABRIL | AMOR SACRIFICIAL

Nisto consiste o amor: não em que nós tenhamos amado a Deus, mas em que ele nos amou e enviou o seu Filho como propiciação pelos nossos pecados. (1 João 4.10)

DIA 115

NA PRÁTICA

Para você, o que é expressar o amor sacrificial de Jesus que o alcançou por meio do preço pago na Cruz? De modo prático, como as pessoas podem ver isso em sua vida?

BÍBLIA EM UM ANO

Josué 9-10 ☐
Jó 25 ☐
Atos 10.34-48 ☐

ANOTAÇÕES

A Palavra nos ensina o verdadeiro significado do amor. Na verdade, ela aponta em todas as suas páginas para Quem é o próprio amor: Jesus. Tudo o que foge d'Ele não é o amor em sua plenitude ou como foi criado para ser. O amor, conforme Deus criou, é sacrificial, paciente, doador e duradouro (cf. 1 Coríntios 13). Quando a Verdade e a salvação nos encontram, somos incondicionalmente amados por Cristo, e, a partir disso, nada pode nos separar d'Ele (cf. Romanos 8.38-39).

O Apóstolo João, em sua primeira carta, nos ensina que Deus nos amou antes de podermos amá-lO de volta, ou seja, a ação partiu d'Ele. Nós apenas O amamos como uma resposta natural ao Seu irresistível amor, que é traduzido em um sacrifício vivo: a Cruz. Deus deu o Seu próprio Filho porque nos amou e desejou que pudéssemos ser livres e ter acesso a Ele.

Partindo disso, entendemos que o amor sempre faz algo! Quem ama age e, mais do que isso, age de maneira compassiva e sem egoísmo, porque esse tipo de amor foi derramado por nós. Por meio da dor e do sofrimento de Cristo, hoje, temos a incumbência de continuar a missão que Ele iniciou na Terra, sendo a extensão do amor nessa geração. Podemos expressar esse amor sacrificial nos doando pelo nosso próximo e investindo o nosso tempo, sem esperar nada em troca. Realmente é difícil, mas aqui está o ponto-chave: o amor nos custa. Custa muito! O próprio Jesus nos ensinou isso, e este é o convite — viver um amor que exige tudo de nós!

PARA ONDE VAMOS?

26 DE ABRIL

Porque também a nós foram anunciadas as boas-novas, exatamente como aconteceu com eles. Mas a palavra que eles ouviram não lhes trouxe proveito, porque não foram unidos por meio da fé com aqueles que a ouviram. (Hebreus 4.2)

Ao fazermos uma viagem, seguimos um caminho para chegar ao destino. Para isso, podemos recorrer a um mapa ou um GPS (hoje, temos também aplicativos com essa função). Mas, se não sabemos para onde vamos, não faz sentido seguirmos direções específicas; qualquer lugar nos servirá, pois não teremos clareza quanto ao nosso destino, e poderemos até nos perder. O mesmo acontece em nossa vida espiritual.

É extremamente importante buscarmos a direção de Deus sobre todas as coisas, mesmo que estas pareçam muito pequenas ou irrelevantes. Antes de nos posicionarmos e começarmos a dar pequenos passos para atingir determinado objetivo, é necessário que tenhamos clareza do destino e o motivo de seguirmos tal direção. Por isso, é fundamental conhecermos Aquele que é o caminho (cf. João 14.6). Jesus deve ser quem nos guia, pois Ele sabe de todas as coisas e anseia por nos proporcionar a vontade boa, perfeita e agradável (cf. Romanos 12.2) — mesmo que, em alguns momentos, não pareça o melhor aos nossos olhos. Portanto, é essencial conhecermos as Escrituras, pois a opinião do Pai é o que nos guia em direção ao alvo certo.

Além de sermos guiados pelas Escrituras, as palavras específicas do Senhor acerca dos nossos próximos passos também são essenciais (cf. Provérbios 29.18), e, para discerni-las, precisamos estar perto d'Ele. Vale a pena lembrar que nenhuma palavra profética pode substituir a Bíblia ou ir contra o que está nela.

Se nós nos propusermos a seguir Jesus, encontraremos paz e segurança, mesmo em momentos difíceis da nossa jornada.

DIA 116

NA PRÁTICA

Ore, pedindo a Deus que lhe dê clareza acerca dos passos que você precisa dar hoje em sua vida.

BÍBLIA EM UM ANO

- [ ] Josué 11-12
- [ ] Jó 26
- [ ] Atos 11.1-18

ANOTAÇÕES

....
....
....
....
....
....

27 DE ABRIL |

NÃO ENTRISTEÇA O ESPÍRITO

Mas eles foram rebeldes e contristaram o seu Espírito Santo. Por isso, ele se tornou inimigo deles e ele mesmo lutou contra eles. (Isaías 63.10)

DIA 117 ▢

NA PRÁTICA

Depois de ler o devocional, reflita sobre seus hábitos, dificuldades e rotina. Existe algo que você ainda faz e entristece o Espírito Santo? A Palavra de Deus nos orienta em relação a coisas que Lhe agradam. Nunca se distancie daquilo que a Bíblia propõe a nós como conduta perfeita em Cristo.

BÍBLIA EM UM ANO

Josué 13-14 ▢
Jó 27 ▢
Atos 11.19-30 ▢

ANOTAÇÕES

....
....
....
....
....

O Espírito Santo é Deus, uma vez que faz parte da Trindade junto ao Pai e ao Filho. A pessoa do Espírito Se expressa, fala, ouve e, além de tudo, sente alegria e tristeza. A questão é que só saberemos de seus intentos se tivermos um relacionamento profundo com Ele. É como qualquer relação interpessoal, em que apenas saberemos o que faz o outro feliz ou o que o deixa chateado se conversarmos e convivermos com ele.

O livro do profeta Isaías nos revela que o Espírito pode ficar triste pelas ações do povo de Deus. Em Efésios 4, quando Paulo os exorta a manter a santidade e a cultivá-la intencionalmente, diz: "E não entristeçam o Espírito Santo de Deus, no qual vocês foram selados para o dia da redenção" (v. 30). O conselho do apóstolo é não entristecer o Espírito Santo com ações impuras!

Precisamos andar em temor ao Senhor e honrar a presença do Espírito de Deus em nossas vidas. Ele deseja nos transformar para que, dessa forma, transbordemos as Boas Novas a outras pessoas, a fim de que a Verdade as alcance. Tire de sua rotina hábitos que desagradam ao Senhor, como fofoca, palavras torpes, imoralidade, mentira, inveja, gula, falta de domínio próprio e, principalmente, apatia frente à intimidade com Deus. Permita que o Consolador sonde seu coração e revele até mesmo comportamentos tóxicos que parecem estar enraizados em seu caráter. É no aprofundamento da relação com o Pai que o Espírito, ao nos exortar, adentra os lugares escuros e arranca de nós aquilo que O ofende. Andar em intimidade gerará temor em nosso coração.

O NOME DE JESUS

28 DE ABRIL

Pelo que também Deus o exaltou sobremaneira e lhe deu o nome que está acima de todo nome, para que ao nome de Jesus se dobre todo joelho, nos céus, na terra e debaixo da terra, e toda língua confesse que Jesus Cristo é Senhor, para glória de Deus Pai.
(Filipenses 2.9-11 – ARA)

A palavra "Jesus" carrega um significado profundo que supera um simples nome. José foi instruído pelo anjo a dar esse nome ao filho de Maria porque Ele salvaria seu povo dos seus pecados (cf. Mateus 1.21). Jesus é o Salvador prometido, aquele que veio para reconciliar a humanidade com Deus por meio do Seu sacrifício na cruz.

Além de ensinar verdades profundas, Cristo também trouxe cura e libertação às multidões durante Seu ministério terreno. Ele demonstrou autoridade sobre doenças físicas, libertou pessoas de opressões espirituais e ensinou com autoridade divina que desafiava os ensinamentos religiosos da época (cf. Mateus 4.23-24).

Por isso, o nome de Jesus não é apenas uma palavra, mas carrega autoridade espiritual. Filipenses 2.10-11 nos diz que esse nome é exaltado acima de todo nome e que um dia toda língua confessará que Jesus Cristo é o Senhor. Este é o poder do nome que tem autoridade nos Céus, na Terra e debaixo da Terra. Nele encontramos perdão, libertação e vida eterna.

Como Igreja, somos chamados a proclamar o nome de Jesus com fé e confiança. Viva em obediência a Ele, ensine Suas palavras e demonstre Seu amor ao mundo. Empoderado pelo nome de Jesus, você pode enfrentar desafios espirituais, trazer esperança aos desanimados e testemunhar o poder transformador do Evangelho.

DIA 118

NA PRÁTICA

Reflita sobre o poder do nome de Jesus em sua vida. Dedique um momento em oração, rendendo-se à autoridade de Cristo. Medite sobre como você pode proclamar o nome de Jesus com ousadia e fé, confiando em Seu poder para trazer transformação. Ore por oportunidades de compartilhar o Evangelho com os outros, capacitado pelo Espírito Santo, sabendo que o nome de Jesus tem o poder de salvar e mudar vidas.

BÍBLIA EM UM ANO

- [ ] Josué 15-17
- [ ] Jó 28
- [ ] Atos 12

ANOTAÇÕES

29 DE ABRIL | DO SUSSURRO AOS TELHADOS

O que eu digo a vocês no escuro, falem à luz do dia; o que é sussurrado nos ouvidos, proclamem dos telhados. (Mateus 10.27 – NVI)

NA PRÁTICA

Em um momento de oração e reflexão, pergunte ao Senhor o que Ele deseja que você proclame ao mundo. Peça coragem para falar com autoridade o que o Criador lhe revelar. Depois, saia com fé e proclame essas verdades, seja em conversas com amigos e familiares, seja em suas redes sociais ou qualquer outro ambiente. Lembre-se: a autoridade que você tem para proclamar vem de sua submissão e quebrantamento diante do Pai.

BÍBLIA EM UM ANO

Josué 18-19 ☐
Jó 29 ☐
Atos 13.1-25 ☐

O quebrantamento diante de Deus é a chave para a verdadeira autoridade espiritual. Quando nos rendemos completamente a Ele, reconhecendo total dependência, somos capacitados a nos levantarmos com coragem diante das circunstâncias mais desafiadoras. Aquele que se ajoelha em oração e humildade diante do Rei dos reis adquire força e bravura necessárias para se manter firme frente a qualquer situação ou pessoa.

Tendo como exemplo o profeta Elias, observamos que sua autoridade espiritual não vinha de sua posição ou habilidades pessoais, mas de sua profunda devoção a Deus. Ele era um homem que passava tempo no secreto, em comunhão íntima com o Pai, ouvindo Suas instruções e sendo quebrantado em Sua presença. Quando declarou que não choveria em Israel por três anos (cf. 1 Reis 17.1-7), sua profecia não era um ato impulsivo, mas o resultado de uma vida de reverência diante do Senhor.

Há uma profunda conexão entre ouvir os sussurros de Deus em nossos momentos de oração e a proclamação dessas verdades ao mundo. Ele fala aos nossos corações no silêncio, revelando Seus planos e propósitos, e nos chama a compartilhar essas revelações com clareza. Proclamar dos telhados o que foi sussurrado em nossos ouvidos é um ato de obediência, uma demonstração de que confiamos no Criador e em Suas promessas, mesmo quando o mundo ao nosso redor não entende ou não aceita a mensagem. Assim, cumprimos nosso chamado de ser a voz de Deus na Terra, iluminando o caminho para aqueles que ainda não O conhecem.

CONTINUE SEMEANDO

| 30 DE ABRIL

Todos estes, mesmo tendo obtido bom testemunho por meio da fé, não obtiveram a concretização da promessa. (Hebreus 11.39)

Fé não é sobre frutos imediatos; é sobre confiar no quadro maior que Deus está tecendo, mesmo quando não podemos ver o resultado completo. Os homens e as mulheres de fé mencionados em Hebreus 11 andaram em obediência a Deus, embora tenham falhado em algum momento. No entanto, persistiram, conscientes de que sua fé estava construindo algo além deles mesmos. O legado de cada um não estava vinculado ao que podiam ver, mas ao que acreditavam que Deus faria no final.

Precisamos cultivar a mesma mentalidade, entendendo que nossos esforços hoje podem dar frutos na vida daqueles que virão depois de nós. Isso requer um coração que esteja disposto a abrir mão de resultados imediatos e, em vez disso, se concentrar em construir um legado de fé e obediência. Ao desapegar do resultado, você será ainda mais alinhado com a perspectiva eterna de Deus, confiando que Ele é fiel para cumprir Suas promessas em Seu tempo.

Aprender a trabalhar e obedecer sem esperar recompensas não é fácil, mas é essencial para uma vida de fé verdadeira. Quando parar de depender dos resultados e, em vez disso, focar a jornada da obediência, você abrirá seu coração para a paz profunda que vem da confiança no plano de Deus. Trata-se de plantar sementes hoje, sabendo que elas podem florescer amanhã ou mesmo nas gerações vindouras.

DIA 120

NA PRÁTICA

Reflita sobre uma promessa que Deus lhe deu. Comprometa-se a semear sementes de fé e obediência, mesmo que você não veja a colheita completa em sua vida. Confie no tempo e propósito de Deus.

BÍBLIA EM UM ANO

- [ ] Josué 20-21
- [ ] Jó 30
- [ ] Atos 13.26-52

ANOTAÇÕES

PROXIMIDADE

| 01 DE MAIO

E Elias disse a Eliseu: – Fique aqui, porque o Senhor me enviou a Betel. Mas Eliseu disse: – Tão certo como vive o Senhor, e como você vive, não o deixarei ir sozinho. E, assim, foram até Betel. (2 Reis 2.2)

Seguir Jesus radicalmente significa muito mais do que apenas observá-lO de longe. Envolve uma entrega total e um compromisso profundo, que nos leva a morrer para nós mesmos e a nos envolver ativamente no que Ele está fazendo. Assim como Eliseu demonstrou ao seguir Elias de maneira incansável e comprometida, somos chamados a um relacionamento mais próximo e ativo com Cristo.

O exemplo de Eliseu é um contraste claro com o comportamento dos profetas que apenas acompanharam à distância o que estava acontecendo. Enquanto os de Betel e Jericó se contentaram em observar de longe o que Elias fazia, Eliseu fez questão de estar próximo, participando ativamente e demonstrando dedicação radical. Ele não se limitou a ser um espectador, mas se envolveu profundamente no processo, o que revela seu compromisso verdadeiro e sua fome pela unção de Deus.

A disposição de Eliseu para seguir Elias em cada etapa de sua jornada, mesmo quando lhe foi dito para ficar onde estava, também mostra um nível de intencionalidade e desejo verdadeiro que vai além do superficial. Ele estava determinado a não se afastar em nenhum momento daquilo que o Senhor estava fazendo por meio de seu mestre. Esse tipo de engajamento é elementar para receber uma porção dobrada da unção e para experimentar o pleno impacto do chamado espiritual em nossas vidas.

DIA 121

NA PRÁTICA

Seja sincero sobre a profundidade de seu compromisso com Jesus: você está só observando de longe ou se envolvendo ativamente na obra que Deus está realizando? Determine-se a perseguir com radicalidade a unção do Alto, servindo com dedicação e participando plenamente do que Ele está fazendo. Lembre-se: a proximidade com Cristo não é apenas uma questão de presença física, mas de envolvimento total com Seu propósito.

BÍBLIA EM UM ANO

- [ ] Josué 22
- [ ] Jó 31
- [ ] Atos 14

ANOTAÇÕES

....
....
....
....
....
....

02 DE MAIO | # MÉTODO SEM RELACIONAMENTO

Mais tarde, chegaram as virgens imprudentes, dizendo: "Senhor, senhor, abra a porta para nós!" (Mateus 25.11)

DIA 122

NA PRÁTICA

Reflita sobre seu relacionamento com Deus. Você está confiando na rotina ou está cultivando ativamente uma interação com Ele? Tem se apoiado em métodos ou em relacionamento? Garanta que seu coração esteja cheio de "óleo extra", pronto para encontrar Jesus quando Ele vier.

BÍBLIA EM UM ANO

Josué 23-24 ☐
Jó 32 ☐
Atos 15.1-21 ☐

ANOTAÇÕES

É fácil cair na armadilha de confiar em métodos e rotinas para entrar na presença do Senhor e manter nossas vidas espirituais. Contudo, a parábola das dez virgens nos alerta sobre a importância do relacionamento com Deus na preparação do nosso encontro com Jesus. A diferença entre as virgens sensatas e insensatas é que as sensatas levaram óleo extra, simbolizando unção do Espírito Santo e uma vida conectada a Deus.

O óleo representa intimidade, e a lâmpada aponta para ministério e plataforma. De que vale uma plataforma incrível se não houver a presença de Deus? Infelizmente, muitos têm valorizado mais a exposição do que uma vida de profunda comunhão com o Senhor. Assim como uma lâmpada precisa de óleo para brilhar, nossas vidas espirituais necessitam da presença do Espírito Santo. A lâmpada pode existir, mas, sem o óleo, não cumprirá seu propósito de iluminar. Dessa forma, você até pode fingir proximidade com o Noivo, mas não unção. Podemos enganar os outros, dizendo que amamos Jesus, que lemos a Bíblia e que oramos todos os dias, mas o Criador vê nossos corações e sabe se estamos realmente preparados.

Portanto, precisamos investir tempo com Jesus, deixar que nossos corações sejam preenchidos por Sua presença e viver com a expectativa constante de Seu retorno. As virgens imprudentes foram deixadas de fora porque não conheciam Aquele que é o caminho. Logo, nosso papel é cultivar uma relação com o Senhor que vá além da superfície, garantindo que, quando o Noivo vier, estaremos prontos para entrar na Eternidade com Ele.

MARCAS DE COMPAIXÃO

| 03 DE MAIO

Quando ouvi estas palavras, eu me sentei, chorei e lamentei por alguns dias [...].
(Neemias 1.4)

A verdadeira compaixão, isto é, aquela que nos move a agir, deve estar enraizada no amor de Deus e ser nutrida por nossa intimidade com Ele. Quando Neemias ouviu sobre a destruição de sua cidade, não se apressou em agir. Em vez disso, sentou-se, chorou, lamentou e buscou a Deus por meio do jejum e da oração (cf. Neemias 1.4). Essa reação nos ensina que, antes de cumprir efetivamente a Grande Comissão, nossos corações devem ser profundamente tocados pela compaixão divina.

A misericórdia de Cristo pelos necessitados serve como exemplo máximo para nós hoje. Seu coração sempre esteve totalmente alinhado à vontade do Pai — a Quem buscava em oração. Isso nos mostra que nossas obras de justiça devem ser guiadas por uma profunda intimidade com Deus. Sem isso, nossos esforços correm o risco de se tornarem egoístas. É por meio do relacionamento com o Criador que encontramos força e orientação para usar armas espirituais, como o jejum e a oração, assegurando que nossas motivações permaneçam puras e que o Reino de Deus seja plenamente manifestado.

À medida que realizamos a Grande Comissão, é crucial que nossa compaixão se traduza em ação, mas não qualquer uma. Esta deve ser fortalecida pelo Espírito Santo. Dessa forma, a misericórdia, quando combinada à intimidade com Deus, torna-se uma força poderosa que pode realmente transformar vidas e cumprir a missão que nos foi dada. Ao seguirmos esse caminho, nossas obras refletirão o amor e a justiça do Senhor no mundo.

■ DIA 123

NA PRÁTICA

Passe um tempo em oração e jejum para alinhar seu coração ao amor de Deus. Ao longo deste dia, peça ao Senhor que revele a você como Ele enxerga aqueles que estão à sua volta. Deixe que a verdadeira compaixão, inspirada por Ele, guie suas ações no cumprimento da Grande Comissão.

BÍBLIA EM UM ANO

- [ ] Juízes 1
- [ ] Jó 33
- [ ] Atos 15.22-41

ANOTAÇÕES

04 DE MAIO | **A JORNADA DA SANTIFICAÇÃO**

E todos nós, com o rosto descoberto, contemplando a glória do Senhor, somos transformados, de glória em glória, na sua própria imagem, como pelo Senhor, que é o Espírito. (2 Coríntios 3.18)

DIA 124

NA PRÁTICA

Ore ao Senhor, colocando diante d'Ele tudo o que ainda deve ser mudado em sua mente e coração. Se há algo que você precisa trazer à tona, procure alguém temente a Deus e de sua confiança para conversar.

BÍBLIA EM UM ANO

Juízes 2-3 ☐
Jó 34 ☐
Atos 16.1-15 ☐

ANOTAÇÕES

A santificação é um processo contínuo. Apesar da importância do nosso empenho, essa transformação não pode ser atingida por conta própria: é obra do Espírito Santo em nós. Ainda não conheci uma pessoa que, após ter decidido por Cristo, nunca mais pecou. Mas, à medida que continuamos a contemplar a glória de Deus, algo começa a nos transformar de dentro para fora, até que nos tornemos cada vez mais parecidos com Ele.

A verdade é que, ainda que nos empenhemos ao máximo para andar em santidade, não conseguiremos com nossos esforços. A santificação é uma ação divina, o trabalho do Espírito Santo em nós. Não é fruto de religiosidade ou uma lista de regras sobre o que podemos ou não fazer, mas uma transformação profunda em nosso caráter.

Quanto mais perto de Deus, mais temos dimensão do quanto precisamos continuar caminhando em arrependimento e purificação. O Espírito Santo nos convence de nossos pecados e nos capacita em nossas fraquezas, e por meio d'Ele conseguimos vencer as tentações: "Digo, porém, o seguinte: vivam no Espírito e vocês jamais satisfarão os desejos da carne" (Gálatas 5.16).

Assim, será possível afirmar como Paulo: "Sejam meus imitadores, como também eu sou imitador de Cristo" (1 Coríntios 11.1). O apóstolo não disse isso por se considerar superior aos demais. Pelo contrário, ele reconhecia suas fraquezas e tinha consciência de que havia sido redimido por Jesus. Entretanto, desde que fora encontrado por Cristo, passou por uma transformação radical e começou a viver em integridade, propagando o Evangelho.

O SEGREDO DO PROFÉTICO

| 05 DE MAIO

Então profetizei como me havia sido ordenado. Enquanto eu profetizava, houve um ruído, um barulho de ossos que batiam contra ossos e se ajuntavam, cada osso ao seu osso.
(Ezequiel 37.7)

O dom profético é um convite de Deus para que vejamos além das circunstâncias físicas e nos conectemos com o que Ele está realizando no mundo espiritual. Em Ezequiel 37, o profeta recebe uma visão de um vale cheio de ossos secos. Aos olhos humanos, não havia esperança de mudança. No entanto, a visão espiritual revelou algo muito maior: a possibilidade do sopro de vida vindo diretamente do Senhor.

Quando Deus nos chama a profetizar, Ele não espera que nossas palavras estejam fundamentadas em nossos desejos ou naquilo que achamos ser melhor. Pelo contrário, Ele nos instrui a declarar o que está em Seu coração. Foi exatamente isso o que Ezequiel fez! Ele profetizou conforme foi ordenado, sem alterar ou adicionar sua própria interpretação.

Este é um grande ensinamento para nós: a obediência é chave no uso do dom profético. Muitas vezes, ao olharmos para nossa vida ou para o mundo ao nosso redor, sentimo-nos pressionados a duvidar do que o Senhor está fazendo. Contudo, o dom profético nos ensina a confiar no plano de Deus, ainda que ele não seja visível imediatamente.

O profeta não ignora a realidade ao seu redor, mas também não se limita a ela. Ele entende que as promessas de Deus transcendem a situação atual e, por isso, escolhe declarar profeticamente com base no que os Céus apontam. Para exercitar essa prática, precisamos estar constantemente conectados com o Pai em oração e com a leitura da Sua Palavra, discernindo a Sua voz e obedecendo com confiança.

NA PRÁTICA

Clame ao Senhor pela abertura dos seus olhos espirituais, permitindo que você veja além das circunstâncias físicas. Peça sabedoria e discernimento para obedecer fielmente à direção de Deus no uso do dom profético. Exercite essa prática ao declarar profeticamente, baseado naquilo que o Pai revela a você, e observe como Ele agirá mediante sua obediência.

- ☐ Juízes 4-5
- ☐ Jó 35
- ☐ Atos 16.16-40

06 DE MAIO | ALIMENTO SÓLIDO

Pois, quando já deviam ser mestres, levando em conta o tempo decorrido, vocês têm, novamente, necessidade de alguém que lhes ensine quais são os princípios elementares dos oráculos de Deus. Passaram a ter necessidade de leite e não de alimento sólido.

(Hebreus 5.12)

DIA 126

NA PRÁTICA

Reconheça seu nível de maturidade espiritual hoje: você está se contentando com leite espiritual ou está buscando alimento sólido? Identifique áreas em que você pode aprofundar sua compreensão da Palavra e intencionalmente busque crescer em sua comunhão com Deus. Comprometa-se a investir mais tempo em oração e estudo pessoal da Bíblia e procure maneiras de aplicar as verdades espirituais em sua vida diária, permitindo que o Espírito Santo o guie em sua jornada de crescimento.

BÍBLIA EM UM ANO

Juízes 6 ☐
Jó 36 ☐
Atos 17.1-15 ☐

ANOTAÇÕES

O versículo de Hebreus 5.12 nos desafia a refletir sobre nosso estágio espiritual e crescimento. O "leite" mencionado aqui se refere a ensinamentos e revelações que já foram processados por outras pessoas — informações básicas e elementares que são adequadas para novos crentes. No entanto, o "alimento sólido" representa uma profundidade maior, em que somos capazes de processar tudo isso sozinhos, por meio do Espírito Santo, sem depender constantemente de terceiros.

À medida que buscamos maturidade, é essencial nos alimentarmos dessa "comida espiritual". Isso gera um aprofundamento da nossa comunhão com Deus, em que recebemos Suas verdades diretamente de Sua Palavra. Quando não mais precisamos de alguém para nos ensinar os princípios básicos, significa que atingimos um nível em que podemos sustentar nossa caminhada e também contribuir para o crescimento do Corpo de Cristo.

Na prática, a diferença entre esses dois grupos de pessoas está na capacidade de sua compreensão e aplicação das verdades bíblicas em sua vida. Enquanto o primeiro depende de recursos externos para manter-se de pé, o segundo tem intimidade com o Senhor, que é revelada por meio da sua experiência.

Para alcançar esse nível de profundidade, você deve ser intencional em sua busca por alimento sólido. Não somente consumir livros e pregações, mas investir tempo em oração, meditação na Palavra e em uma relação diária com o Espírito Santo. É necessário ir além dos "aperitivos" e ansiar por um **maná** que o capacite a viver de maneira plena.

SEJA OUSADO

| 07 DE MAIO

Daniel, porém, decidiu não se contaminar com a comida e o vinho que o rei lhes tinha dado. Pediu permissão ao chefe dos oficiais para não comer esses alimentos, a fim de não se contaminar. (Daniel 1.8 – NVT)

Ser ousado vai além de expressar fortes argumentos para sustentar uma opinião. A ousadia consiste em continuar vivendo de acordo com os princípios corretos, ainda que ninguém ao seu redor esteja fazendo o mesmo. Quando você se posiciona no centro da vontade de Deus, não leva mais em consideração os parâmetros do mundo. Assim, nenhuma ideia contrária aos preceitos bíblicos é capaz de desviá-lo da rota.

Um grande exemplo disso é Daniel. Quando foi levado à Babilônia para servir no palácio, ele se manteve firme em meio a uma cultura totalmente diferente da sua (cf. Daniel 1.1-15). Da mesma forma, não permita que críticas e opiniões o afastem do seu propósito. Pelo contrário, não pare! Você precisa de musculatura espiritual para prosseguir diante das oposições. Em uma sociedade em que não há verdades absolutas, é muito fácil se deixar influenciar por qualquer ideologia. No entanto, Jesus instruiu Seus discípulos: "Que a palavra de vocês seja: Sim, sim; não, não. O que passar disto vem do Maligno" (Mateus 5.37). Um posicionamento firme é sinal de maturidade espiritual. Você precisa estar tão convicto do seu chamado que nenhuma crítica poderá enfraquecê-lo.

Às vezes, as pessoas acabam cedendo à pressão social por medo de não serem aceitas, mas não negocie seus princípios com receio de desagradar alguém. Seja ousado e fiel o bastante para que, assim como Paulo orientou à igreja de Éfeso, você não seja levado por qualquer vento de doutrina (cf. Efésios 4.14).

DIA 127

NA PRÁTICA

Pense em uma situação na qual você precisa ser ousado hoje. Como você pode desenvolver-se espiritualmente para perseverar em meio à oposição?

BÍBLIA EM UM ANO

- ☐ Juízes 7-8
- ☐ Jó 37
- ☐ Atos 17.16-34

ANOTAÇÕES

08 DE MAIO | **VULNERABILIDADE**

Eu sozinho não posso levar todo este povo, pois é pesado demais para mim. Se me tratas assim, mata-me de uma vez. Se achei favor aos teus olhos, peço que não me deixes ver a minha miséria. (Números 11.14-15)

DIA 128

NA PRÁTICA

Ter amigos, líderes e profissionais nos acompanhando é muito importante, mas isso não pode roubar o lugar de Deus em nossa vida. Há alguma área que você ainda não abriu inteiramente ao Senhor? Reserve um tempo para derramar seu coração a Deus, assim como Moisés fez. Seja vulnerável diante d'Ele, confiando-Lhe suas preocupações e emoções mais profundas. Ele nos conhece melhor do que ninguém e pode fornecer a sabedoria, a paz e a força de que precisamos.

BÍBLIA EM UM ANO

Juízes 9 ☐
Jó 38 ☐
Atos 18 ☐

ANOTAÇÕES

Ser vulnerável não é algo ruim, é ser honesto com Deus de uma forma que permita que Ele seja verdadeiramente seu porto seguro. Moisés entendeu isso em Números 11.14-15 quando não conteve suas emoções e derramou seu coração ao Senhor, admitindo que não poderia carregar o fardo sozinho. Ele se voltou para Deus, o único que poderia realmente entender e fornecer a ajuda de que precisava. Isso nos ensina que vulnerabilidade diante do Senhor não é um sinal de fraqueza, mas uma profunda confiança em Seu cuidado conosco.

Há um perigo real em se abrir para os outros antes de expor o coração diante de Cristo. Quando fazemos de outra pessoa nosso principal confidente, ela se torna nosso porto seguro, aquela que mais nos influencia. Embora seja importante ter pessoas que nos apoiam em nossas vidas, devemos primeiro levar nossas preocupações, pensamentos e emoções a Deus — assim como Moisés direcionou suas vulnerabilidades ao Senhor —, sabendo que Ele é o lugar mais seguro para nossa alma.

Quando nos sentimos sobrecarregados, podemos chorar (isso não é um problema), mas devemos estar atentos às pessoas com quem choramos. Antes de recorrer a um psicólogo, pastor ou até mesmo a um familiar próximo, precisamos levar nossas lágrimas a Jesus. Nem sempre Ele responderá da maneira que esperamos, pois Sua resposta à nossa vulnerabilidade geralmente é diferente do que pedimos, mas é sempre exatamente o que precisamos para continuar avançando na fé.

ARREPENDA-SE CONTINUAMENTE

| 09 DE MAIO

Porque a tristeza segundo Deus produz arrependimento para a salvação, que a ninguém traz pesar; mas a tristeza do mundo produz morte. (2 Coríntios 7.10)

O arrependimento é mais do que apenas um evento único quando aceitamos Jesus como nosso Salvador. Na verdade, é uma jornada constante que nos mantém alinhados com a vontade de Deus. Isso porque, sem a consciência de que devemos nos arrepender todos os dias, perdemos a necessidade de ter um Salvador. Mas, quando nos arrependemos, permitimos que Sua graça nos transforme, garantindo nossa proximidade com o Pai.

Ao longo da nossa caminhada, é fácil sermos tentados a diluir o Evangelho para torná-lo mais palatável, eliminando a necessidade de confrontar nossos pecados. Contudo, esse engano nos afasta da verdadeira essência da mensagem de Deus, além de nos impedir de viver um quebrantamento real. Leonard Ravenhill, em *Por que tarda o pleno avivamento?*[1], lembra-nos de que o verdadeiro avivamento começa com o arrependimento da Igreja, levando a um despertar mais amplo. Quando a Igreja chora e se arrepende, o mundo testemunha o poder transformador do amor de Deus.

A tristeza, como afirma 2 Coríntios 7.10, não tem a ver com vergonha, mas com um desejo genuíno de mudar e se aproximar do Senhor. Experimente essa verdade, coloque-se de joelhos e promova um espírito de humildade e contrição. Isaías 57.15 destaca que Deus, embora santo e exaltado, habita com os contritos e humildes. Ao quebrantar-se diante do Senhor, você permitirá que Sua presença o preencha e traga verdadeira transformação.

---

[1]   Leonard Ravenhill, *Por que tarda o pleno avivamento?*, 1981.

DIA 129

NA PRÁTICA

Ore pedindo ao Senhor que sonde o seu coração. Caso exista algum pecado que ainda não foi exposto, apresente isso a Deus em oração, reconhecendo seu erro e pedindo perdão. Medite em Salmos 51 e Efésios 4.30, sabendo que o amor incondicional, o perdão e o desejo de restauração vêm do Pai. Arrependimento é sobre humildade, e não sobre condenação.

BÍBLIA EM UM ANO

- [ ] Juízes 10
- [ ] Jó 39
- [ ] Atos 19.1-20

ANOTAÇÕES

10 DE MAIO | A MATERNIDADE É UMA MISSÃO

"Eis que a virgem conceberá e dará à luz um filho, e ele será chamado pelo nome de Emanuel." ("Emanuel" significa: "Deus conosco".) (Mateus 1.23)

DIA 130

NA PRÁTICA

Reserve um tempo para refletir sobre sua missão como mãe. Peça a Deus que alinhe suas perspectivas com as d'Ele e fortaleça seu compromisso com a criação de seus filhos no temor do Senhor. Escreva um diário de oração, pedindo sabedoria e orientação para cada área da maternidade. Compartilhe seus desafios e vitórias com outras mães, buscando construir uma rede de apoio mútuo. Se você não é mãe, ore por aquelas que são, pedindo a Deus que as fortaleça e as guie em sua missão divina.

BÍBLIA EM UM ANO

Juízes 11-12 ☐
Jó 40 ☐
Atos 19.21-41 ☐

ANOTAÇÕES

A maternidade é uma missão divina, e Maria, mãe de Jesus, é um exemplo supremo de comprometimento a ela. Quando Gabriel anunciou que ela seria a mãe do Messias, Maria respondeu com obediência, aceitando a responsabilidade de gerar e de criar o Filho de Deus. Esse ato de submissão ilustra a perspectiva do Senhor sobre a maternidade: é uma tarefa sagrada que requer total dependência d'Ele.

A missão de Maria ao gerar o Messias também nos ensina muito sobre a criação de uma criança. Ela foi chamada para uma incumbência única, mas sua disposição em cumpri-la nos mostra que, independentemente das circunstâncias, devemos buscar orientação no Senhor. Maria enfrentou desafios, desde a concepção até a crucificação de Jesus, mas permaneceu fiel, demonstrando que a maternidade é um chamado que exige perseverança.

Ser fiel à missão de ser mãe significa alinhar nossas perspectivas com as de Deus. Isso envolve reconhecer que nossos filhos são presentes d'Ele e que temos a responsabilidade de criá-los no temor do Senhor. A maternidade não é apenas uma tarefa diária, mas uma oportunidade de moldar vidas e influenciar gerações.

Por isso, busque intimidade com Deus por meio da oração e do estudo bíblico. Essas práticas fornecem a sabedoria e a coragem necessárias para enfrentar os desafios cotidianos. Além disso, é importante construir uma comunidade de apoio, cercando-se de outras mães que compartilham a mesma fé e comprometimento, de modo que todas possam se apoiar mutuamente, fortalecendo-se para a missão que Deus lhes confiou.

A DEDICAÇÃO DE UMA MÃE

| 11 DE MAIO

Assim, o Senhor abençoou Ana e ela engravidava. Teve mais três filhos e duas filhas. E o menino Samuel crescia diante do Senhor. (1 Samuel 2.21)

A história de Ana, mãe de Samuel, é um poderoso testemunho de dedicação e fé. Ana desejava profundamente um filho e, em sua aflição, fez um voto ao Senhor, prometendo consagrar seu primogênito ao serviço do templo. Quando Samuel nasceu, Ana cumpriu sua promessa, mostrando um nível de devoção e confiança em Deus que serve de exemplo para todos nós. Ela não só reconheceu o valor de seu filho, mas também o entregou aos cuidados divinos, confiando em Seu propósito.

O cuidado de uma mãe, como visto na consagração de Samuel, nos ensina a importância de dedicar nossos filhos a Deus. Colocar nossa família diante do Seu altar, orando por cada membro e investindo tempo em seu cuidado, é fundamental para criar um ambiente onde possam crescer em fé.

A história de Ana também nos lembra de orar e ser gratos pelos planos do Senhor para nossos filhos, deixando de lado nossas expectativas. Ana poderia ter mantido Samuel ao seu lado, mas escolheu confiar que Deus tinha um destino melhor. Da mesma forma, aprenda a abandonar seus vislumbres do futuro e a crer que o Senhor tem algo excelente para a sua vida e para a vida de seus filhos.

A maternidade é um chamado que requer paciência, amor e uma contínua entrega ao Senhor. Honrar o valor da dedicação das mulheres responsáveis por nossa criação é essencial, pois elas cumprem um papel indispensável na formação de nossa identidade. Seja por meio de palavras de gratidão, atos de serviço ou oração, reconheça o empenho delas, pois essa é uma maneira prática de agradecer por esse chamado tão lindo!

■ DIA 131

NA PRÁTICA

Tire um tempo hoje para expressar sua gratidão à sua mãe ou à mulher que foi responsável por sua criação. Escreva uma carta ou mensagem agradecendo-lhe pelo amor, pelo cuidado e pela dedicação que recebeu. Além disso, ore especificamente por ela, pedindo ao Senhor que continue abençoando e fortalecendo sua vida e seu papel na família. Se você é mãe, consagre seus filhos ao Senhor em oração, pedindo a Ele que os guie e proteja todos os dias de suas vidas.

BÍBLIA EM UM ANO

- [ ] Juízes 13
- [ ] Jó 41
- [ ] Atos 20.1-16

ANOTAÇÕES

....

....

....

....

....

....

12 DE MAIO |

OLHANDO PARA JESUS

Olhando firmemente para o Autor e Consumador da fé, Jesus, o qual, em troca da alegria que lhe estava proposta, suportou a cruz, sem se importar com a vergonha, e agora está sentado à direita do trono de Deus. (Hebreus 12.2)

DIA 132

NA PRÁTICA

Reflita sobre as sementes que tem plantado em sua vida e ministério. Ore a Deus para que lhe dê forças para continuar firme em seu chamado, mesmo quando os frutos parecerem distantes. Peça-Lhe que o ajude a viver com um senso de legado, preparado para transferir a missão àqueles que virão. Fixe os olhos em Jesus e confie que, assim como Ele, você está construindo algo que será colhido por gerações futuras.

BÍBLIA EM UM ANO

Juízes 14-15 ☐
Jó 42 ☐
Atos 20.17-38 ☐

ANOTAÇÕES

A vida cristã é uma jornada de fé e perseverança. Em muitos momentos, somos chamados a plantar sementes cujos frutos talvez não vejamos nesta vida. A tamareira, por exemplo, árvore tão comum em Israel, pode demorar até oitenta anos para frutificar, ou seja, aquele que come tâmara provavelmente não a plantou e deveria ter a responsabilidade de plantar para a próxima geração. O exemplo de Cristo nos ensina a seguirmos firmemente em nosso chamado, confiando que as gerações futuras colherão os resultados de nosso trabalho.

Deus é um Deus de gerações. Ele Se revela como o Deus de Abraão, Isaque e Jacó, mostrando que Ele é fiel para continuar aquilo que inicia em uma geração. Essa compreensão nos chama a viver com um senso de legado. Nesse sentido, ao percebermos que não colheremos os frutos do que plantamos, devemos nos lembrar do sacrifício de Jesus. Ele suportou a cruz, mantendo os olhos fixos na alegria que Lhe estava proposta: a salvação de muitos. Cristo sabia que não veria todos os resultados de Seu calvário imediatamente, mas isso não O impediu de cumprir Seu chamado.

Manter os olhos fixos em Jesus é essencial para não desanimarmos. Ele nos ensina que as sementes que plantamos em fé, muitas vezes, germinarão na vida daqueles que virão depois de nós. Nossa tarefa é cumprir nosso chamado com fidelidade, deixando um legado de fé e de obediência às gerações futuras. Assim, nossos filhos — sejam eles biológicos, sejam espirituais — poderão colher os frutos de uma vida dedicada ao Senhor, continuando o que foi iniciado por nós.

DO DESESPERO À ADORAÇÃO

| 13 DE MAIO

Mesmo assim eu me alegro no Senhor, e exulto no Deus da minha salvação. O Senhor Deus é a minha fortaleza [...]. (Habacuque 3.18-19)

Quando você está desesperado, é fácil se sentir oprimido. Foi isso que o profeta Habacuque sentiu. Ele vivia em uma época de caos em Judá, cercado de injustiça e maldade. Apesar de seus gritos de socorro, parecia que Deus estava em silêncio. Habacuque, mesmo perplexo com a prosperidade dos ímpios enquanto os justos sofriam, em vez de desistir, como um pássaro ferido, levou as suas queixas ao Senhor, mostrando-nos que, em momentos de crise, voltar-se para Deus é o primeiro passo para o alívio.

A verdade é que a resposta do Senhor ao profeta não foi o que ele esperava, mas, mesmo sem receber conforto imediato, Habacuque adorou a Deus e clamou por avivamento: "Senhor, tenho ouvido a tua fama, e me sinto alarmado. Aviva a tua obra, ó Senhor. [...] A sua glória cobre os céus, e a terra se enche do seu louvor" (Habacuque 3.2-3).

O profeta saiu, então, de um lugar de desespero e se posicionou em um lugar de esperança e adoração. Em outras palavras, Habacuque enxergou a crise como uma oportunidade para o povo de Deus ser avivado. É exatamente dessa forma que precisamos encarar os desafios em nossa vida. Mesmo em meio ao desespero, existe uma oportunidade para sermos cheios do Espírito Santo e resplandecermos a glória do Senhor.

Assim como Habacuque, entenda que, diante da turbulência, a força e a salvação de Deus são suas fontes de alegria e esperança. Independentemente do que esteja acontecendo, coloque-se diante do Senhor, alegre-se n'Ele, exulte no Deus da sua salvação, pois isso transformará o seu desespero em adoração.

DIA 133

NA PRÁTICA

Dedique algum tempo para orar sobre as situações que mais o desesperam. Peça a Deus que fale com você e o guie, sabendo que Suas palavras e correção proporcionarão o alívio e o encorajamento de que você precisa. Depois, adore ao Senhor em profundidade, mesmo que, aos olhos humanos, nada pareça ter mudado.

BÍBLIA EM UM ANO

- [ ] Juízes 16
- [ ] Salmos 42
- [ ] Atos 21.1-36

ANOTAÇÕES

14 DE MAIO | VIVA O NOVO

Depois de batizado, Jesus logo saiu da água. E eis que os céus se abriram e ele viu o Espírito de Deus descendo como pomba, vindo sobre ele. E eis que uma voz dos céus dizia: — Este é o meu Filho amado, em quem me agrado. (Mateus 3.16-17)

DIA 134

NA PRÁTICA

Pergunte a Deus como você pode se posicionar para trazer mudanças em sua família, comunidade ou local de trabalho. Lembre-se, Ele nos chama para seguir o exemplo de uma obediência como a de Jesus. Posicione-se e observe Deus Se mover.

BÍBLIA EM UM ANO

Juízes 17-18
Salmos 43
Atos 21.37 - 22.29

ANOTAÇÕES

Em Mateus 3.13-17, vemos Jesus, o Cordeiro de Deus, entrando nas águas para o batismo. Embora não precisasse de arrependimento, Sua escolha foi um exemplo do caminho a ser seguido. Com humildade e obediência, Ele nos mostrou que a transformação começa com prontidão para receber o Espírito Santo. Esse momento marcou o início de Seu ministério; quando os céus se abriram, o Espírito desceu como pomba, e a voz do Pai declarou Seu amor, como também confirmou a identidade de Jesus como Filho.

Após Seu batismo, Jesus não iniciou imediatamente Seu ministério. Em vez disso, Ele foi para o deserto por quarenta dias, para jejuar e preparar-se espiritualmente. Precisamos do Espírito Santo para nos guiar, fortalecer e direcionar. Em algumas ocasiões, buscamos avivamento sem arrependimento ou preparo, mas o batismo de Jesus nos mostra que, antes de qualquer grande mover do Espírito, é necessário se submeter ao Seu tempo.

A mensagem para a Igreja hoje é clara: esteja atento ao *kairós*[1] (em grego, "tempo oportuno") de Deus, Seu tempo perfeito. Assim como os surfistas esperam a onda ideal, devemos estar prontos para a onda do avivamento. A prontidão nasce do arrependimento, da busca pelo Espírito Santo e da fidelidade, mesmo nos desertos. Portanto, não desista — Deus está em movimento, e, se você estiver no lugar certo e na hora certa, fará parte da transformação que Ele trará.

---

[1] KAIROS [2540]. *In*: DICIONÁRIO bíblico Strong. Barueri: Sociedade Bíblica do Brasil, 2002.

AOS PÉS DE JESUS

| 15 DE MAIO

Então Maria, pegando um frasco de perfume de nardo puro, muito precioso, ungiu os pés de Jesus e os enxugou com os seus cabelos. E toda a casa se encheu com o cheiro do perfume. (João 12.3)

Em João 12.3, vemos Maria derramar um jarro de nardo puro aos pés de Jesus, ato de adoração extravagante que atraiu as críticas daqueles que estavam presentes (cf. vs. 45). A verdade, no entanto, é que ela não estava preocupada com o julgamento alheio — seu foco estava inteiramente em honrar a Cristo. Isso nos ensina a importância de cultivar um estilo de vida de adoração, em que nos derramamos aos pés de Jesus, sem medo do que os outros pensarão. Adoração é sobre viver uma vida que reflete consistentemente nossa devoção a Jesus.

O ato de Maria nos lembra de que a intimidade com Deus é a base de tudo o que fazemos. Antes de cumprirmos nosso chamado, devemos buscar Sua presença e abraçar o caráter de Cristo. Isso significa passar tempo com Ele por meio da oração e da leitura da Palavra, permitindo que nossas vidas sejam moldadas por Seu amor. Assim como Jesus chamou Seus discípulos antes de enviá-los para pregar (cf. Marcos 3.13-15), devemos priorizar nosso relacionamento com Ele antes de servirmos efetivamente. Antes do "ide", há um "vinde".

A verdadeira adoração envolve derramar nossos corações aos pés de Jesus, em todos os aspectos de nossas vidas. Trata-se de viver com humildade, devoção e rendição, sabendo que nossa intimidade com Cristo nos capacita a cumprir nosso chamado. Ao cultivar esse relacionamento, agimos com confiança, sabendo que nossas ações estão enraizadas no amor genuíno, e não em obrigação. Aprendamos com o exemplo de Maria, coloquemos Jesus no centro de nossa adoração.

DIA 135

NA PRÁTICA

Como Maria, derrame seu coração aos pés de Jesus. Abrace uma vida de adoração, deixando de lado seus medos e os julgamentos dos outros para honrá-lO com sua devoção de forma extravagante. Desenvolva uma vida de intimidade que faça de Cristo o centro de todas as suas decisões e ações.

BÍBLIA EM UM ANO

- ☐ Juízes 19
- ☐ Salmos 44
- ☐ Atos 22.30 - 23.22

ANOTAÇÕES

16 DE MAIO |

UMA VIDA EM CHAMAS

Aconteceu que, enquanto Apolo estava em Corinto, Paulo, tendo passado pelas regiões mais altas, chegou a Éfeso. Encontrando ali alguns discípulos, perguntou-lhes: – Vocês receberam o Espírito Santo quando creram? Ao que eles responderam: – Pelo contrário, nem mesmo ouvimos que existe o Espírito Santo. (Atos 19.1-2)

DIA 136

NA PRÁTICA

Pense em como você pode, hoje, aprofundar a sua relação com o Espírito Santo e quais passos práticos você pode dar para alcançar isso. Seja ousado! Depois, pegue um caderno e anote como esse princípio pode desencadear um avivamento genuíno na sua vida, igreja local, cidade e país.

BÍBLIA EM UM ANO

Juízes 20 ☐
Salmos 45 ☐
Atos 23.23 - 24.9 ☐

ANOTAÇÕES

Quando Paulo chegou a Éfeso, as pessoas não sabiam a totalidade daquilo que estava disponível para elas. A unção do Espírito Santo ainda não era uma realidade na vida daquela comunidade de fé, mas, a partir do momento em que o apóstolo impôs as mãos sobre eles, o Espírito veio. Paulo continuou visitando a sinagoga da cidade por três meses para ensinar-lhes sobre o Reino de Deus e depois permaneceu ensinando na escola de um certo Tirano até que **todos os habitantes da província da Ásia ouvissem a palavra do Senhor** (cf. Atos 19.10).

O Apóstolo Paulo estava cheio do poder do Espírito Santo e tinha um relacionamento profundo com o Senhor. Bastou um homem obediente e apaixonado por Deus, como ele, para impactar e incendiar a cidade de Éfeso. O avivamento espiritual naquele lugar foi acompanhado de milagres, maravilhas e, principalmente, de quebrantamento e arrependimento. Para acessarmos isso hoje, precisamos ter em mente que custará tudo o que temos, pois, antes de queimarmos de amor pelo Senhor, Ele fará com que toda idolatria existente em nós se torne cinzas: o Seu fogo queima tudo o que é impuro.

Andar com Jesus lhe custará muito, e, provavelmente, o seu ego será ferido, mas é dessa forma que encontrará a verdadeira vida! Tudo começa com você queimando no seu quarto, sozinho, até que o seu interior seja transformado. Depois, essa paixão se estenderá para os que estão ao seu redor, porque o nome de Deus começará a ser conhecido por meio da sua mudança — afinal, se um prédio estiver em chamas, toda a comunidade saberá!

ALGO NOVO

17 DE MAIO

Ora, àquele que é poderoso para fazer infinitamente mais do que tudo o que pedimos ou pensamos, conforme o seu poder que opera em nós. (Efésios 3.20)

Atravessar processos difíceis pode ser uma experiência de grande tensão. Quando nos encontramos no meio de um desses momentos, é natural sentir a pressão do que está por vir e, às vezes, até duvidar do resultado. No entanto, é precisamente nesse ponto que o crescimento ocorre e algo novo começa a surgir em nosso interior.

Deus, em Sua infinita bondade, usa esses períodos para criar algo maior e melhor do que podemos imaginar. A dor do processo não é o fim, mas o começo de algo extraordinário que Ele está preparando. Essa realidade deve gerar em nós alegria e esperança, mesmo quando os desafios atuais parecem insuperáveis.

Nossa resposta diante dessa compreensão tem de ser ousada, assim como o Senhor encorajou a Josué: "Não fui eu que lhe ordenei? Seja forte e corajoso! Não se apavore nem desanime, pois o Senhor, o seu Deus, estará com você por onde você andar" (Josué 1.9). Em vez de apenas sobreviver ao processo, somos chamados a permitir que ele nos estique e fortaleça, desenvolvendo em nós músculos espirituais que nos prepararão para o novo.

Quando entendemos que Deus está preparando algo incrível, mudamos nossa mentalidade e passamos a enfrentar os obstáculos com uma nova perspectiva. Sabemos que, no final, a tensão dará lugar ao cumprimento das promessas divinas. E, enquanto esperamos, podemos encontrar paz por sabermos que algo extraordinário vem por aí.

■ DIA 137

NA PRÁTICA

Permita que a tensão e a dor do momento fortaleçam sua fé e confiança em Deus, sabendo que Ele está gerando algo novo e incalculável em sua vida. Medite em Efésios 3.20 e Josué 1.9 e deixe essas verdades moldarem seu ponto de vista sobre as circunstâncias, levando-o a atravessar esses momentos com coragem, esperança e alegria.

BÍBLIA EM UM ANO

- [ ] Juízes 21
- [ ] Salmos 46
- [ ] Atos 24.10-27

ANOTAÇÕES

18 DE MAIO | # O ÓRFÃO E O FILHO

Vejam que grande amor o Pai nos tem concedido, a ponto de sermos chamados filhos de Deus; e, de fato, somos filhos de Deus. Por essa razão, o mundo não nos conhece, porque não o conheceu. (1 João 3.1)

DIA 138

NA PRÁTICA

Em qual perfil você se enquadra? Você sabe que é filho e age como tal ou ainda está preso à mentalidade de orfandade? Examine seu coração e peça ao Espírito que também o sonde, identificando as áreas em que ainda age como órfão.

BÍBLIA EM UM ANO

Rute 1-2 ☐
Salmos 47 ☐
Atos 25 ☐

ANOTAÇÕES

Aquilo que nos denuncia como filhos de Deus é o amor que transbordamos e pelo qual vivemos. O que transforma nossa visão de vida e relação com Ele é a compreensão de nossa identidade. Antes éramos órfãos e sem lar; agora somos filhos de um Pai amoroso e temos uma família e um abrigo. No entanto, muitas pessoas continuam presas à antiga mentalidade de orfandade e demonstram isso em suas ações.

Por exemplo, o órfão se sente condenado e vive debaixo de culpa e acusação. Vê-se obrigado a fazer boas obras para ter um relacionamento com Deus. Não acha que é digno de amor e busca santidade para ser aceito, porque é movido pelo medo. Já o filho sabe que seus atos não vão santificá-lo mais que o sacrifício de Cristo. Procura santidade não para impressionar Deus, mas como uma resposta de sua nova natureza e como manutenção daquilo que Cristo já conquistou para ele.

O órfão se sente julgado e atribui sua aceitação a quanto consegue acertar. Sempre pensa no pior. Coloca em xeque o amor e o poder de Deus, duvidando de que Ele vai acompanhá-lo na hora da dificuldade. Geralmente isso acontece porque transferimos para o Senhor as inseguranças que temos com nossos pais terrenos. O filho, apesar da tribulação, tem fé e entende que o choro pode durar uma noite, mas que a alegria vem pela manhã (cf. Salmos 30.5). Consegue enxergar o amor e a bondade de Deus além das dificuldades, pois sabe que Ele é poderoso para mudar todas as situações. É capaz de se alegrar no Criador, por confiar em Seu caráter!

A PAIXÃO PELA PALAVRA

| 19 DE MAIO

O meu povo está sendo destruído, pois lhe falta o conhecimento. Pelo fato de vocês, sacerdotes, rejeitarem o conhecimento, também eu os rejeitarei, para que não sejam mais sacerdotes diante de mim; visto que se esqueceram da lei do seu Deus, também eu me esquecerei dos seus filhos.
(Oseias 4.6)

Vivemos em uma época em que as pessoas buscam constantemente experiências que validem sua fé e espiritualidade. Conferências, eventos e momentos emocionantes são valorizados, e, embora não sejam ruins, não podem ser a base da nossa caminhada com Deus. Somente a Palavra é o alicerce que sustenta nossa fé!

A Bíblia não é apenas um livro cheio de histórias e mandamentos. Ela é viva, eficaz e transforma nossa mente e coração quando nos dedicamos a ela. No entanto, muitas vezes negligenciamos essa fonte de sabedoria, buscando confirmações em experiências passageiras. Podemos ser tentados a depender de algo fora da Palavra para nos "sentirmos" espiritualmente vivos, mas a verdade é que qualquer mover fora do conhecimento bíblico pode nos levar ao engano.

Deus quer que Sua Palavra seja o prumo das nossas decisões. Por meio dela, conhecemos Sua vontade, entendemos Seus caminhos e desenvolvemos um relacionamento profundo com Ele. Por isso, precisamos reacender a paixão pelas Escrituras, colocando-as como nossa prioridade máxima e a fonte de toda sabedoria e direção.

Uma vida pautada na Palavra é uma vida de firmeza espiritual. Jesus, ao enfrentar tentações no deserto, não se baseou em emoções ou experiências, mas na Palavra: "[...] Está escrito [...]" (Mateus 4.4). Apenas quando transformamos a leitura da Bíblia em um hábito diário, nossas atitudes e pensamentos são moldados segundo seus princípios. Essa é a única validação de que precisamos para permanecer constantes.

DIA 139

NA PRÁTICA

Reserve um tempo especial para ler e meditar em um trecho da Palavra de Deus. Reflita sobre a importância de construir uma vida baseada nas Escrituras, e não apenas em experiências. Peça ao Senhor que reacenda em você uma paixão pela leitura da Bíblia e faça um compromisso de buscar Sua verdade diariamente.

BÍBLIA EM UM ANO

- [ ] Rute 3-4
- [ ] Salmos 48
- [ ] Atos 26.1-18

ANOTAÇÕES

20 DE MAIO |

AUTORIDADE CONSTRUÍDA

Geazi foi adiante deles e pôs o bordão sobre o rosto do menino. Porém não houve nele voz nem sinal de vida. Então voltou para encontrar-se com Eliseu e lhe disse: — O menino não acordou. (2 Reis 4.31)

DIA 140

NA PRÁTICA

Reflita sobre seu relacionamento com Deus. Você está dependendo da autoridade de outra pessoa? Comprometa-se a buscar a presença do Senhor diariamente, entendendo que a verdadeira autoridade é construída em particular, não por meio das experiências dos outros.

BÍBLIA EM UM ANO

1 Samuel 1 ☐
Salmos 49 ☐
Atos 26.19-32 ☐

ANOTAÇÕES

Compreender a diferença entre autoridade delegada e autoridade construída é crucial para qualquer um que visa crescer espiritualmente. Autoridade delegada é quando você age com base na posição ou instruções de outra pessoa, como Geazi fez quando colocou o cajado de Eliseu no rosto do menino morto. Mesmo seguindo as ordens que recebera, o servo do profeta não foi capaz de ressuscitar o menino. Geazi tinha as ferramentas, mas lhe faltava a conexão pessoal com Deus por meio da oração que traz vida e poder. A autoridade delegada por si só não foi suficiente para realizar o milagre.

A autoridade construída, por outro lado, é gerada por meio da intimidade com Deus. Ela não depende das instruções dos outros ou de seu nível de experiência, mas de uma vida de oração secreta consistente, na qual o relacionamento com o Pai é cultivado. A autoridade que Eliseu tinha não lhe foi apenas delegada por outro; ele a construiu por anos, buscando o Senhor em particular. Assim, quando o profeta chegou e orou pessoalmente pelo menino, a vida lhe foi restaurada. Foi a unção que veio do relacionamento íntimo entre ele e Deus que fez a diferença.

Isso nos ensina uma lição vital: embora seja importante honrar pessoas experientes na fé e aprender com elas, não podemos depender somente de sua autoridade. Precisamos construir a nossa própria por meio de uma vida consistente de oração. Ao fazer isso, passamos a operar em autoridade construída, e nossas ações passam a carregar o poder e a unção que vêm diretamente de nosso relacionamento com Deus.

CONSERVANDO O AMOR

| 21 DE MAIO

— Porque Deus amou o mundo de tal maneira que deu o seu Filho unigênito, para que todo o que nele crê não pereça, mas tenha a vida eterna. (João 3.16)

Talvez esse tenha sido o primeiro versículo que muitas crianças aprenderam a decorar na Escola Bíblica Dominical de sua igreja. Se você é uma dessas pessoas, pode confirmar esse fato! Mas, independentemente disso, essa é uma passagem muito conhecida, pois resume a missão de Cristo na Terra e o plano perfeito de Deus.

O amor foi o que principiou as ações do Senhor para com a humanidade, e é ele que também deve motivar o nosso agir. O Pai age em amor, o Filho morreu por amor e o Espírito habita em nós para nos corrigir em amor; Deus é o próprio amor (cf. 1 João 4.16). Nós, como Sua criação, devemos partir dessa mesma origem em tudo o que fizermos. Essa é a única forma de estabelecer o Reino de Deus de maneira genuína e duradoura!

Um mover ou avivamento sem amor não é sustentável, porque este é o que rege o anseio pela Eternidade e pelo serviço ao próximo. Assim que Jesus subiu aos Céus, os discípulos fizeram Seu legado perdurar, agindo com compaixão e amor uns com os outros e com aqueles que ainda não conheciam o Mestre. Se eles não fossem a extensão do amor e da misericórdia de Deus, vidas não seriam resgatadas pelo Senhor, e a Verdade não chegaria a outros povos do mundo.

Os apóstolos tinham consciência de que o estabelecimento do Reino tinha de ser motivado por um amor sincero pelo Pai e pelas pessoas. A realidade é que a Igreja nunca será movida por ativismo, muito menos por necessidade. A verdadeira Noiva de Cristo é revestida de compaixão pelos perdidos — da mesma forma que é Seu Noivo.

DIA 141

NA PRÁTICA

Após seu tempo devocional, ore a Deus pedindo que sonde seu coração e que aponte em você as partes que ainda não são compassivas. Como você pode amar melhor as pessoas a seu redor? Peça ao Senhor que denuncie isso em seu interior!

BÍBLIA EM UM ANO

- [ ] 1 Samuel 2
- [ ] Salmos 50
- [ ] Atos 27.1-12

ANOTAÇÕES

22 DE MAIO | ESTEJA PRONTO

*E perguntou a Jessé: — Esses são todos os seus filhos? Jessé respondeu: — Ainda falta um, o mais moço; ele está apascentando as ovelhas. Então Samuel disse a Jessé: — Mande chamá-lo, pois não nos sentaremos à mesa sem que ele venha. [...] E o Senhor disse a Samuel: — **Levante-se e unja-o, pois este é ele.** (1 Samuel 16.11-12 – grifos nossos)*

DIA 142

NA PRÁTICA

Identifique áreas da sua vida nas quais a ociosidade se infiltrou e estabeleça três passos práticos para começar a se mover e mudar essa realidade. Peça a Deus que aja diligentemente nesses espaços, sabendo que, quando você faz o natural, Ele está pronto para Se mover sobrenaturalmente.

BÍBLIA EM UM ANO

1 Samuel 3 ☐
Salmos 51 ☐
Atos 27.13-44 ☐

ANOTAÇÕES

Às vezes, esquecemos que as tarefas cotidianas podem ser oportunidades para servir a Deus e nos posicionarmos em nosso destino profético. Em Colossenses 3.23-24, somos lembrados de que devemos fazer todas as coisas de todo o coração, como se fosse para o Senhor. Assim, quando somos fiéis com o que está em nossas mãos, criamos um ambiente em que Deus pode Se mover poderosamente.

A Bíblia nos dá inúmeros exemplos de pessoas que foram fiéis no natural, o que levou a avanços divinos. Davi não estava esperando por um grande momento, ele estava simplesmente cuidando de ovelhas quando Deus o chamou para ser rei. Gideão estava malhando trigo quando foi comissionado pelo anjo do Senhor para libertar os israelitas das mãos dos midianitas (cf. Juízes 6.3). Moisés estava apascentando o rebanho de Jetro quando teve um encontro com a sarça ardente e seu destino foi alterado (cf. Êxodo 3.1). Pedro estava lavando suas redes após uma pesca malsucedida quando foi encontrado pelo Mestre e recebeu o encargo de ser pescador de almas (cf. Lucas 5.2).

Precisamos acreditar que Deus tem um propósito para nossas vidas e que, enquanto fazemos tarefas corriqueiras com todo o nosso coração, Ele pode estar nos preparando para ocupar lugares de impacto no mundo espiritual. Enquanto Davi levava suprimento para seus irmãos, Deus o posicionou para enfrentar um gigante que assolava uma nação. Portanto, continue caminhando em fidelidade, mesmo quando não vê os resultados, e creia que o Senhor o estabelecerá em Seus propósitos.

MENTALIDADE

23 DE MAIO

Não fiquem lembrando das coisas passadas, nem pensem nas coisas antigas. Eis que faço uma coisa nova. Agora mesmo ela está saindo à luz. Será que vocês não o percebem? Eis que porei um caminho no deserto e rios nos lugares áridos. (Isaías 43.18-19)

Deus tem uma vontade para você, e ela é boa, perfeita e agradável (cf. Romanos 12.2). O Pai é o detentor de todo poder e majestade e é, também, o provedor da sua vida. Por que duvidar de Suas promessas? Uma coisa, no entanto, precisa ser clara: antes de lhe dar o milagre, seja uma cura, viagem missionária ou restauração, Jesus mudará a sua mentalidade.

Uma nova temporada com a mentalidade antiga se torna uma temporada passada, e Deus não trabalha dessa forma. Assim como não existia espaço para os velhos hábitos ou crenças do povo do Egito na Terra Prometida; para levá-lo para o próximo nível, o Senhor o conduzirá a um estado de total dependência, mudança de mentalidade e quebrantamento, porque é nesse lugar que grandes coisas acontecerão.

Obedecer e confiar quando as circunstâncias nos apontam desesperança é difícil, por isso, passarmos por um processo de renovação de mente é essencial. Permita que o Espírito Santo elimine toda e qualquer mentalidade de escassez, rejeição, medo, orfandade ou fracasso. Você é filho de um Deus soberano que preza pelo seu bem, honrando o próprio nome!

Quando um desafio aparecer, não se esconda! Enfrente-o como um filho de Deus que tem a mente renovada. O Senhor é a fonte de todas as soluções e milagres! Abrace uma mentalidade de abundância, sucesso, aceitação e coragem, não de maneira soberba, mas pautada em profunda dependência d'Ele. Os planos do Alto nunca caberão na sua lógica! Confie em Quem os projetou e olhe para as promessas a partir da ótica divina, com a mente renovada.

☐ DIA 143

NA PRÁTICA

Como você pode mudar sua mentalidade em relação aos problemas e desafios que tem enfrentado, reconhecendo que Deus tem a solução e sempre dá provisão? Quais passos práticos – como dedicar mais tempo à leitura da Palavra, ao discipulado e à oração – você pode realizar para renovar a sua mente?

BÍBLIA EM UM ANO

☐ 1 Samuel 4-5
☐ Salmos 52
☐ Atos 28.1-16

ANOTAÇÕES

24 DE MAIO | PENSAMENTOS DE FUTURO

Eu é que sei que pensamentos tenho a respeito de vocês, diz o Senhor. São pensamentos de paz e não de mal, para dar-lhes um futuro e uma esperança. (Jeremias 29.11)

DIA 144

NA PRÁTICA

Deus surpreende Seus filhos ao levá-los a um lugar de dependência plena. Quando nosso Pai o manda abrir mão daquilo que é seguro, confortável e conhecido para você e o direciona a se lançar a algo novo e desconhecido, você confia e entrega ou se sente amedrontado e inseguro? Onde está sua confiança?

BÍBLIA EM UM ANO

1 Samuel 6-7 ☐
Salmos 53 ☐
Atos 28.17-31 ☐

ANOTAÇÕES

Pensamentos ansiosos e de incerteza podem bater à nossa porta; para algumas pessoas, é mais difícil controlá-los. Trabalho, estudo, família, desenvolvimento pessoal, ministério, filhos, casamento, finanças e amizades. Problemas e anseios brotam o tempo inteiro e, com o aumento das responsabilidades, acabam crescendo. O ponto é: todos pensamos sobre o futuro e suas possibilidades.

O que não pode domar nossos comportamentos é a mentalidade de escassez e o medo de não conseguir viver aquilo que Deus tem preparado para nós. O desespero e os "planos B" precisam dar lugar ao descanso e à dependência. João escreve o seguinte em sua primeira carta: "No amor não existe medo; pelo contrário, o perfeito amor lança fora o medo. Porque o medo envolve castigo, e quem teme não é aperfeiçoado no amor" (1 João 4.18). A resposta para a aflição de nossa alma com o futuro está aqui.

Um verdadeiro filho consegue descansar em Deus, entregar o controle e confiar que o Pai já antecipou tudo de que ele necessitará no futuro. Sabe que sempre haverá mais que suficiente. Quando não consegue enxergar, apega-se à confiança de que Deus irá surpreendê-lo. O Pai tem pensamentos de paz para os Seus, então por que gastarmos nossa energia nos preocupando com o futuro? É evidente que devemos nos preparar e desenvolver para o amanhã, mas apenas quem sabe o que vai acontecer e pode intervir é o Senhor, com Sua onisciência e onipotência. Nosso Deus é eterno! Descanse!

SEJA GUIADO PELO ESPÍRITO

| 25 DE MAIO

Enquanto eles estavam adorando o Senhor e jejuando, o Espírito Santo disse: – Separem-me, agora, Barnabé e Saulo para a obra a que os tenho chamado. (Atos 13.2)

Você já ouviu a voz do Espírito Santo? Talvez, já tenha tido a experiência de escutá-lO de forma audível, por meio de alguém, ao contemplar a natureza ou lendo a Palavra. Na passagem de Atos 13, o Espírito de Deus fala claramente com a igreja de Antioquia em um ambiente de ensino, adoração e profecias: havia uma obra para ser realizada por meio de Saulo e Barnabé, e era o momento de enviá-los. Aquela igreja estava se preparando para ouvir a voz de Deus com jejum, oração e louvor, enchendo-se do Espírito para estarem sensíveis.

Quando Jesus me encontrou, comecei a servir meu pai na fé, o Pastor Teófilo Hayashi, mas eu ainda tinha dúvidas sobre o que deveria fazer como propósito de vida. Já havia abandonado as tentativas de me tornar um jogador de futebol e havia entrado na faculdade de Direito. Então, voltando da minha primeira viagem missionária, ainda dentro do avião, o Espírito me disse claramente: "Eu o fiz, e você vai viajar pelo resto da sua vida pregando o Evangelho". Foi o Senhor! Nunca me esqueço daquelas palavras em meu coração. Em dez segundos, Deus trouxe mais clareza sobre o meu futuro e propósito do que qualquer teste vocacional!

É importante buscarmos a orientação do Espírito para cada detalhe das nossas vidas, e isso não terceiriza a nossa responsabilidade em tomar decisões, mas nos faz entender que é Ele quem conduz os nossos passos. Essa é, na verdade, uma maneira de demonstrar nossa total dependência de Deus e preocupação em fazer a Sua vontade, porque o nosso sucesso está em obedecer-Lhe.

■ DIA 145

NA PRÁTICA

Após conhecer a história do envio de Saulo e Barnabé para a pregação do Evangelho, você consegue discernir qual o direcionamento do Espírito Santo para a sua vida hoje? Não precisa ser apenas para as coisas "grandes", como o seu propósito pessoal, mas no seu dia a dia também. O que Ele está lhe dizendo para este tempo?

BÍBLIA EM UM ANO

- ☐ 1 Samuel 8
- ☐ Salmos 54
- ☐ Romanos 1.1-15

ANOTAÇÕES

26 DE MAIO | NÃO SE ESCONDA DE DEUS

Ao ouvirem a voz do Senhor Deus, que andava no jardim quando soprava o vento suave da tarde, o homem e a sua mulher se esconderam da presença do Senhor Deus, entre as árvores do jardim. (Gênesis 3.8)

DIA 146

NA PRÁTICA

Reserve alguns minutos para apresentar a Deus qualquer área de sua vida na qual você se sente envergonhado ou distante d'Ele. Abra seu coração a Ele em oração, buscando Seu perdão e a garantia de que Seu amor o convida a se aproximar, e não a fugir.

BÍBLIA EM UM ANO

1 Samuel 9 ☐
Salmos 55 ☐
Romanos 1.16-32 ☐

ANOTAÇÕES

Assim como Adão e Eva, em algum momento, você já sentiu vontade de se esconder de Deus? Geralmente, esse desejo vem quando erramos e, consequentemente, sentimos vergonha a ponto de querer nos distanciar, e tudo isso apenas reflete como a desobediência nos separa da presença do Pai, além de nos tornar vulneráveis ao engano do Inimigo. Contudo, é necessário lembrar que a vontade do Senhor é que nos aproximemos d'Ele, e não nos escondamos.

As mentiras de Satanás são ardilosas e podem facilmente nos desviar se não tomarmos cuidado. Quando a serpente indagou de Eva sobre o decreto de Deus, ela plantou sementes de dúvida e confusão. Gênesis 3.1 destaca como o Maligno deturpa as palavras de Deus para nos levar à desobediência. A partir do momento em que essas mentiras ganham espaço em nosso coração, nós nos autocondenamos e sentimos a necessidade de nos escondermos, assim como Adão e Eva fizeram. É importante blindar as nossas mentes contra pensamentos que contradizem a verdade de Deus, mantendo a nossa confiança na Sua palavra.

Uma vida de intimidade com o Senhor é o melhor escudo contra as mentiras do Inimigo. Quando estamos enxertados n'Ele, fortalecemos nossa fé e construímos um alicerce sólido que nos protege de influências malignas. Essa proximidade com o Pai nos assegura que não daremos espaço para Satanás plantar dúvidas em nossas mentes. Ao nutrir esse relacionamento, poderemos permanecer confiantes na presença de Deus, sem sentir necessidade de nos escondermos.

UM CONVITE DO REI

| 27 DE MAIO

Então Davi lhe disse: – Não tenha medo, porque serei bondoso com você por causa de Jônatas, seu pai. Vou restituir a você todas as terras de Saul, seu pai, e você sentará sempre à minha mesa para comer. (2 Samuel 9.7)

A história de Mefibosete é uma poderosa ilustração da Graça que Deus oferece a cada um de nós. Filho de Jônatas e neto de Saul, ele foi levado à presença de Davi em um momento no qual não tinha mais nada — sem poder, sem herança e vivendo em uma condição humilhante. Seu nome, que significa "algo vergonhoso", reflete a dor que ele carregava desde a infância, quando, aos cinco anos, uma queda mudou o curso de sua vida (cf. 2 Samuel 4.4).

Mesmo com todas essas circunstâncias desfavoráveis, Davi, por amor e fidelidade ao seu amigo Jônatas, o convida para restaurar sua dignidade e lhe concede um lugar de honra em sua mesa. Ele não apenas protegeu Mefibosete, mas também o tratou como um filho (cf. 2 Samuel 9.11), concedendo-lhe o direito de comer com ele todos os dias — um gesto de aceitação plena.

Esse convite de Davi a Mefibosete é um reflexo do convite que Jesus nos faz. Assim como Mefibosete foi resgatado, nós, que estávamos quebrados pelo pecado, somos convidados por Cristo a nos sentarmos à Sua mesa. Mesmo que, como o filho de Jônatas, tenhamos sido feridos por aqueles que deveriam ter cuidado de nós, o Mestre nos chama para uma nova vida, oferecendo uma identidade renovada.

O convite de Jesus não é baseado em nosso mérito, e sim na Graça abundante e imerecida. Ele nos chama não para viver na vergonha e no medo, mas para desfrutar de uma vida restaurada, em que somos tratados como filhos e filhas do Rei. O Pai nos convida a cear com Ele, para encontrarmos o sustento e, principalmente, a alegria de uma comunhão íntima.

DIA 147

NA PRÁTICA

Renove sua percepção sobre o convite de Jesus feito a cada um de nós todos os dias. Ele nos chama para uma vida restaurada, em que a vergonha e o medo se tornam passado. Aceite se assentar à Sua mesa, onde há restauração, nova identidade e um propósito renovado. Assim como Mefibosete foi tratado como filho por Davi, você também é chamado para ser filho do Rei dos reis.

BÍBLIA EM UM ANO

- [ ] 1 Samuel 10-11
- [ ] Salmos 56
- [ ] Romanos 2

ANOTAÇÕES

28 DE MAIO | # PROTEJA SUA MEMÓRIA

[...] Mas o povo se tornou impaciente no caminho e falou contra Deus e contra Moisés, dizendo: — Por que vocês nos tiraram do Egito, para que morramos neste deserto, onde não há pão nem água? Já estamos enjoados dessa comida ruim. (Números 21.4-5)

DIA 148

NA PRÁTICA

Hoje mesmo, ao conversar com amigos ou familiares, conte, em detalhes, algo que Deus tem feito na sua vida.

BÍBLIA EM UM ANO

1 Samuel 12 ☐
Salmos 57 ☐
Romanos 3 ☐

ANOTAÇÕES

Mesmo depois de verem todos os feitos do Senhor até ali, os israelitas ainda não estavam satisfeitos. O próprio Deus os havia tirado de um estado de escravidão a fim de conduzi-los à Terra Prometida. Ele os acompanhava de perto; fez cair maná do céu e jorrar água da pedra para matar a fome e a sede do povo. Apesar de tudo isso, eles foram incapazes de reconhecer o que o Senhor havia feito e ainda desprezaram o que receberam.

Se você realmente deseja crescer em intimidade com Cristo, precisa proteger sua memória. Não permita que a sua impaciência ao longo do processo minimize o valor daquilo que já aconteceu. Faça o exercício de se lembrar das pequenas coisas e agradecer por elas. Seja detalhista ao recordar até mesmo testemunhos que parecem insignificantes. A melhor forma de adorar a Deus é por meio de um coração grato, por isso encha-se de alegria pelo que você vive hoje. Em Salmos, Davi declara: "Bendiga, minha alma, o Senhor, e não se esqueça de nem um só de seus benefícios" (Salmos 103.2).

Muitas vezes, você será tentado a olhar para o que falta. Quando a realidade não condiz com suas expectativas, pode ser difícil valorizar o que você já tem. Em momentos como esse, evite conversas em que há apenas reclamação e não se deixe contaminar pelo pessimismo; dê testemunho da graça e da misericórdia de Deus, lembrando-se do que está escrito em Salmos 145.4: "Uma geração contará à outra a grandiosidade dos teus feitos" (NVI). Seja responsável por perpetuar uma cultura de gratidão, honrando e glorificando ao Senhor a todo momento!

TEMOR DO SENHOR

| 29 DE MAIO

E Deus foi bom para as parteiras; e o povo aumentou e se tornou muito forte. E, porque as parteiras temeram a Deus, ele lhes constituiu família. (Êxodo 1.20-21)

Viver no temor do Senhor é mais do que apenas um sentimento — é um modo de vida que exige fé e obediência, mesmo quando é desconfortável. As parteiras em Êxodo 1 entenderam isso profundamente. Quando confrontadas com a ordem de Faraó de matar os meninos hebreus recém-nascidos, elas escolheram seguir a lei de Deus. O temor ao Senhor superou o medo da autoridade terrena, levando-as a proteger vidas inocentes apesar dos riscos. Essa decisão não foi apenas um ato de coragem; foi um ato de fé, confiando que Deus honraria a obediência de cada uma.

A história das parteiras nos revela que viver no temor do Senhor significa priorizar Sua vontade acima de tudo. Isso envolve reconhecer o que é justo aos olhos de Deus e agir de acordo com essa justiça, independentemente do preço a ser pago. Ao obedecerem, as parteiras não só salvaram vidas, mas também abriram o caminho para o nascimento de Moisés, que mais tarde libertaria os israelitas da escravidão. Em troca, Deus as abençoou com suas próprias famílias, mostrando que Ele honra aqueles que O temem e andam em Seus caminhos.

Podemos aprender muito com o exemplo das parteiras. Quantas vezes você já se esquivou de fazer o que é certo por medo? O temor do Senhor nos chama a permanecer firmes em nossa fé, sabendo que Deus está conosco e abençoará nossa obediência, ainda que estejamos diante de momentos desafiadores!

DIA 149

NA PRÁTICA

Identifique uma situação em que defender o que é certo parece desafiador. Peça a Deus forças para andar em obediência e temor a Ele, mesmo quando isso for contra a corrente.

BÍBLIA EM UM ANO

- [ ] 1 Samuel 13
- [ ] Salmos 58
- [ ] Romanos 4

ANOTAÇÕES

30 DE MAIO | UM REINO DE FILHOS

— Ou qual é a mulher que, tendo dez dracmas, se perder uma delas, não acende a lamparina, varre a casa e a procura com muito empenho até encontrá-la? E, quando a encontra, reúne as amigas e vizinhas, dizendo: "Alegrem-se comigo, porque achei a dracma que eu tinha perdido". (Lucas 15.8-9)

DIA 150

NA PRÁTICA

Como você pode contribuir para encontrar os filhos amados de Deus? Na história de Jesus, ao perder a dracma, a mulher iluminou o cômodo e varreu a casa. Quais ações práticas você pode tomar para cooperar na busca pelo perdido?

BÍBLIA EM UM ANO

1 Samuel 14 ☐
Salmos 59 ☐
Romanos 5 ☐

ANOTAÇÕES

Essa é uma das histórias mais conhecidas que Jesus contou a Seus discípulos. As parábolas da ovelha perdida, da dracma perdida e do filho pródigo são registradas com uma mensagem parecida, mas partindo de perspectivas diferentes. O ensinamento delas é profundo: Deus sempre ama e busca Seus filhos.

A dracma, naquela época, era equivalente a um dia de salário do trabalhador comum, ou seja, uma espécie de moeda valiosa. Perder qualquer quantidade que fosse era o mesmo que perder o tempo gasto e um bem precioso. É dessa forma que Deus olha para um filho! Ele nos amou e nos chamou para sermos Seus, acaso não nos buscaria se nos perdêssemos? Mesmo perdida ou abandonada, a moeda ainda possui valor!

Essa preocupação permeia o coração do Pai e precisa gerar urgência no nosso interior. O Reino de Deus tem como primícia ser um reino de filhos! Como não teríamos amor por nossos irmãos? Jesus nos olhou com compaixão quando ainda estávamos perdidos, por isso, quando zelamos por nosso irmão na fé, estamos mais perto de sermos como o Pai. Somos ensinados a orientar e cuidar uns dos outros (cf. Lucas 14.13-14; 1 Tessalonicenses 5.11-14) — esse é o Reino de filhos de Deus.

Assim como acontece com o Senhor, a alegria que existe quando alguém se arrepende e encontra a Verdade deve tomar nosso coração, pois o Evangelho não é egoísta ou individualista. Somos uma família sedenta por mais do Espírito e amada pelo mesmo Pai! Nem sempre estaremos dispostos, mas a nossa oração precisa ser: "Pai, ensina-me a amar mais os meus irmãos como o Senhor ama".

CORAÇÕES QUEBRANTADOS

| 31 DE MAIO

Jesus respondeu: – Não é correto pegar o pão dos filhos e jogá-lo aos cachorrinhos. A mulher disse: – É verdade, Senhor, pois os cachorrinhos comem das migalhas que caem da mesa de seus donos. Então Jesus exclamou: – Mulher, que grande fé você tem! [...] E, desde aquele momento, a filha dela ficou curada. (Mateus 15.26-28)

Mais que sermos humildes, precisamos ter um coração quebrantado perante o Senhor. Isso significa que não apenas reconhecemos nossa pequenez diante d'Ele, mas entregamos tudo o que temos e somos em adoração, ainda que seja pouco; renunciamos àquilo que julgávamos ser direito nosso, pois entendemos que de fato não somos merecedores.

Foi isso que a mulher cananeia fez ao responder Jesus. Ela não teve orgulho e, por isso, não ficou ressentida com as palavras do Mestre e com a forma como fora tratada por Seus discípulos anteriormente, mas permaneceu com um coração quebrantado e cheio de fé. Ela reconheceu sua fraqueza e foi humilde diante do Senhor até que algo fosse rompido no mundo espiritual e o favor de Jesus a alcançasse.

A verdade é que uma pessoa orgulhosa não enxerga a necessidade de ser abençoada. Pessoas orgulhosas são facilmente ofendidas. Imagine o que aquela mulher cananeia deixaria de receber caso ficasse ofendida com a resposta de Cristo? Por isso, devemos ter a consciência de que nossa fome pela bênção deve ser maior do que a dor da ofensa ou da rejeição; precisamos ser determinados e humildes. Lemos em Salmos que o Senhor jamais despreza, mas sara e trata as feridas daqueles que possuem um coração contrito e quebrantado (cf. Salmos 51.17; 147.3). É dessa forma que devemos nos colocar diante d'Ele em oração, sabendo que servimos e amamos um Deus que estende Graça quando reconhece em nós sinceridade.

DIA 151

NA PRÁTICA

De que forma um coração quebrantado abre espaço para a Graça divina e supera barreiras espirituais? Como você pode aplicar isso na sua vida?

BÍBLIA EM UM ANO

- [ ] 1 Samuel 15
- [ ] Salmos 60
- [ ] Romanos 6

ANOTAÇÕES

SOLO FÉRTIL

| 01 DE JUNHO

Deus fazia milagres extraordinários por meio de Paulo, de modo que até lenços e aventais que Paulo usava eram levados e colocados sobre enfermos. Estes eram curados de suas doenças, e os espíritos malignos saíam deles. (Atos 19.11-12 – NVI)

O poder de operar maravilhas vem somente do Senhor. Ainda assim, Ele deseja nos usar para levar cura e restauração às pessoas, assim como aconteceu no relato de Atos 19. Quando o Apóstolo Paulo chegou a Éfeso, na sua terceira viagem missionária, ele propagou o Evangelho. Então um grande avivamento foi liberado, e Deus começou a fazer algo maravilhoso naquela cidade.

Por si só, milagres não indicam avivamento, mas são sinais que apontam para a presença de Jesus e o fluir do Espírito Santo. O apreço e a fome por Sua presença sempre foram marcos nos avivamentos passados, e, por essa razão, precisamos nos inspirar em Atos 19, cultivando sede por mais do Espírito.

Se você está faminto e posicionado, esteja pronto para receber mais do Espírito do Senhor. Ainda em Atos 19, Deus usou Paulo para libertar os cativos e liderar uma grande onda de salvação; mas tudo começou com alguns discípulos famintos sendo tocados pelo Espírito Santo. Então, para viver o sobrenatural, crie um ambiente imerso em fé, propício para o agir de Deus. Por isso, prepare um solo fértil para o que Deus planeja fazer.

Um ambiente que transborda fé genuína atrai os milagres. Assuma a responsabilidade de gerar esse lugar onde o Senhor Se agrada de manifestar Seu poder. Permita que Ele use a sua vida, aumente a sua fé e continue a enchê-lo (cf. Efésios 5.18), a fim de que você seja instrumento nas Suas mãos. Os milagres que o Espírito Santo realiza não param em você, mas alcançam gerações!

DIA 152

NA PRÁTICA

Como você pode, na comunidade em que está inserido, criar um ambiente de fome por mais de Deus, fé e expectativa, a fim de que o poder do Espírito Santo se manifeste de maneira poderosa?

BÍBLIA EM UM ANO

- [ ] 1 Samuel 16
- [ ] Salmos 61
- [ ] Romanos 7

ANOTAÇÕES

....
....
....
....
....

02 DE JUNHO | # À DISTÂNCIA

Ao entrar numa aldeia, saíram-lhe ao encontro dez leprosos, que ficaram de longe e gritaram: – Jesus, Mestre, tenha compaixão de nós! (Lucas 17.12-13)

DIA 153

NA PRÁTICA

Reserve um momento para avaliar se você está apenas gritando à distância, sem se achegar ao Senhor. Se está nesse lugar, priorize, esta semana, passar um tempo a Seus pés, cultivando uma fome profunda e um desespero por mais d'Ele.

BÍBLIA EM UM ANO

1 Samuel 17 ☐
Salmos 62 ☐
Romanos 8 ☐

ANOTAÇÕES

Em Lucas 17.12-13, observamos dez leprosos parados à distância, desesperados por cura, clamando a Jesus por misericórdia. Estavam separados do resto da sociedade por causa da Lei, que os mantinha em isolamento devido à sua condição. O pecado tem efeito semelhante sobre nós, criando uma barreira que nos distancia da presença de Deus. Assim como esses leprosos clamaram a Jesus em seu desespero, nós devemos reconhecer nossas necessidades e nos aproximar d'Ele. Mesmo diante de nossas falhas, sempre haverá perdão e purificação ao pecador arrependido (cf. 1 João 1.9).

Com frequência, não é apenas o pecado que nos mantém distantes do Senhor, mas também o temor dos homens e a passividade. Hesitamos em nos aproximarmos d'Ele, com medo do que os outros podem pensar ou por estarmos confortáveis demais em nossa rotina para buscá-lO de todo o coração. Os dez leprosos não se preocuparam com a possível rejeição alheia e gritaram para chamar a atenção de Cristo. Uma verdadeira fome pela presença do Senhor deve produzir um clamor que nos empurra além dessas barreiras.

Nosso relacionamento com Cristo precisa ser marcado por uma busca incansável por Sua presença. Mesmo mantendo a distância imposta pela Lei, os leprosos não se contentaram em ficar passivos. Da mesma forma, nossa fome por Ele deve nos compelir a deixar tudo para trás e a nos apaixonarmos por Sua voz suave no lugar secreto. Não permita que nada o mantenha à distância — deixe seu desespero por Jesus levá-lo a Seus pés, até que você experimente a plenitude de Sua cura e amor.

COMO UMA PRENSA DE AZEITE

| 03 DE JUNHO

[...] Jesus, nos dias da sua carne, tendo oferecido, com forte clamor e lágrimas, orações e súplicas a quem o podia livrar da morte, foi ouvido por causa da sua reverência. Embora fosse Filho, aprendeu a obediência pelas coisas que sofreu e, tendo sido aperfeiçoado, tornou-se o Autor da salvação eterna para todos os que lhe obedecem. (Hebreus 5.7-9)

Enquanto orava no Getsêmani, momentos antes de ser preso, Jesus buscou o Pai tão intensamente e sentiu tanta dor e agonia em Seu coração que o suor de seu rosto se tornou como sangue (cf. Lucas 22.44). O Getsêmani foi o esconderijo de Cristo em meio ao sofrimento que batia à porta, mas a Sua obediência e dependência permaneceram e foram o que nos livraram da morte eterna.

É no lugar de sofrimento, dor e agonia que o azeite e a unção são produzidos em nossas vidas. Nunca entenderemos tudo o que o Filho suportou na crucificação, em obediência ao Pai, mas podemos ter a certeza de que o alto preço pago gerou reconciliação e salvação. Hoje, podemos nos esconder nas asas do Altíssimo, porque Jesus foi o Mediador!

Não desperdice o que foi dado a você por meio da dor do nosso Senhor! O plano de Deus foi projetado de maneira perfeita, para que o Seu nome seja glorificado. Até que o azeite de oliva seja feito e chegue à nossa mesa, uma alta pressão precisa ser exercida sobre as azeitonas. Do mesmo modo, Jesus precisou ser moído em nosso lugar e pagar pelos nossos pecados para que, hoje, possamos nos assentar à mesa do Rei e cear com Ele.

Então, se estiver em um momento de angústia e pressão, por que fugir ou desprezar o processo? O azeite virá! Permaneça, e a recompensa será maior do que a dor do processo! A morte nos trouxe vida, e a dor nos deu alívio. Refugie-se no Senhor e encontre força, abrigo e paz!

DIA 154

NA PRÁTICA

Como você pode aproveitar melhor os momentos de sofrimento para crescer e ser forjado de acordo com a imagem de Cristo? Ore ao Senhor pedindo que lhe revele a postura que Ele espera de você frente às dificuldades que se apresentam no dia a dia.

BÍBLIA EM UM ANO

- ☐ 1 Samuel 18
- ☐ Salmos 63
- ☐ Romanos 9

ANOTAÇÕES

....
....
....
....
....
....

04 DE JUNHO | ORAÇÃO

E Ana disse: — Ah! Meu senhor, tão certo como você vive, eu sou aquela mulher que esteve aqui ao seu lado, orando ao Senhor. Era por este menino que eu orava, e o Senhor Deus me concedeu o pedido que eu fiz. Por isso também o entrego ao Senhor. Por todos os dias que viver, será dedicado ao Senhor [...]. (1 Samuel 1.26-28)

DIA 155 ▢

NA PRÁTICA

Quais passos práticos você pode dar para aprimorar a sua vida de oração e crescer em intimidade com Deus?

BÍBLIA EM UM ANO

1 Samuel 19 ▢
Salmos 64 ▢
Romanos 10 ▢

ANOTAÇÕES

Ana tinha o profundo anseio de gerar um filho, mas era estéril, por isso foi até o Senhor e clamou desesperadamente para que Ele interviesse. Em meio à dor, ela orou. Assim que Deus agiu e operou o milagre, ela se lembrou d'Aquele que havia lhe dado Samuel e, então, em meio à alegria, ela também orou.

Essa mulher de Deus tinha a consciência de que a oração precisava ser constante nos seus dias, e não um artifício para milagres ou um meio de barganha. Era uma ação pautada em um relacionamento com o Pai, por isso, em todo tempo, até mesmo quando consagrou o seu filho ao Senhor, ela entendia que tinha de se colocar diante de Deus em súplica, gratidão e completa dependência.

Quando sustentamos o hábito da oração apenas em momentos difíceis e trágicos, reduzimos o poder que ela tem para nos transformar. Orar nos muda profundamente, pois entramos em contato com um Deus santo. Sempre que falamos com Ele e O contemplamos, reconhecemos o quão pequenos, falhos e necessitados nós somos d'Ele. Precisamos do Senhor tanto na dor quanto na alegria, em dias escuros ou claros, pois dependemos da Sua misericórdia e graça **sempre**. Sem Ele, não temos direção nem propósito! Para o cristão, a oração é como o respirar: não existe vida sem ela!

Cultivar uma vida de oração é entender para onde a Palavra do Senhor nos direciona. Como não orar ao Deus que tudo pode fazer, e que, além disso, conhece o meu coração melhor do que qualquer um e quer Se fazer conhecido por mim? Oremos em todo tempo!

APEGUE-SE À VOZ DE DEUS

| 05 DE JUNHO

O Senhor disse a Moisés: – Por que você está clamando a mim? Diga aos filhos de Israel que marchem. E você, levante o seu bordão e estenda a mão sobre o mar. As águas se dividirão, para que os filhos de Israel passem pelo meio do mar em seco. (Êxodo 14.15-16)

DIA 156

NA PRÁTICA

Identifique uma situação difícil em que você é tentado a olhar para trás. Clame por coragem para confiar na direção de Deus e seguir em frente, acreditando em Sua promessa, ainda que pareça impossível.

Ao ouvir a voz de Deus, é fundamental depositarmos fé em Suas palavras a fim de mantermos uma convicção inabalável. Em tempos difíceis, quando as dúvidas surgem, a voz do Senhor é o que nos mantém firmes e avançando. Quando os israelitas estavam diante do Mar Vermelho e tudo parecia impossível, Deus deu uma ordem que desafiou a lógica humana. Moisés não questionou nem olhou para trás; ele simplesmente obedeceu, e o mar se abriu. Isso nos mostra que fé não é apenas acreditar no que o Pai diz, mas agir de acordo com isso, mesmo quando não parece fazer sentido.

Frequentemente, ficamos tão presos em nossos próprios pensamentos e preocupações que nos esquecemos de ouvir a voz de Deus ou deixamos de valorizá-la. Falamos, planejamos e tentamos descobrir as coisas por conta própria, mas perdemos a parte mais importante: dar ouvidos ao que o Pai diz. Reservar um tempo para ficar quieto e perguntar: "Deus, o que o Senhor quer?" pode mudar tudo. Sua orientação nem sempre será alinhada com nosso entendimento, porém, se Ele está falando, é porque já preparou o caminho.

Avançar na fé exige que resistamos ao impulso de olhar para trás, mesmo quando a jornada se torna complicada. Os israelitas ansiavam pelo Egito quando as coisas ficavam difíceis, mas aquele era um lugar de escravidão, não de liberdade. As promessas de Deus estão à nossa frente, não atrás. Quando se apegar à voz d'Ele e obedecer-Lhe, não importa quão impossível o caminho pareça, você descobrirá que Ele é fiel para cumprir Sua palavra.

BÍBLIA EM UM ANO

☐ 1 Samuel 20
☐ Salmos 65
☐ Romanos 11.1-24

ANOTAÇÕES

06 DE JUNHO | RECEBENDO AS REVELAÇÕES

Certamente o Senhor Deus não fará coisa alguma, sem primeiro revelar o seu segredo aos seus servos, os profetas. (Amós 3.7)

DIA 157

NA PRÁTICA

Separe um tempo de meditação para compreender um pouco melhor qual a agenda de Deus para sua vida e para o seu contexto nesta temporada. Peça ao Espírito Santo que o ajude a discernir os tempos e estações, a fim de que você esteja preparado para compreender o que Ele está prestes a revelar. Comprometa-se a buscar mais ao Senhor em oração, alinhando seus desejos e ações com os planos d'Ele.

BÍBLIA EM UM ANO

1 Samuel 21-22 ☐
Salmos 66 ☐
Romanos 11.25-36 ☐

ANOTAÇÕES

Deus é fiel e comprometido com Sua Palavra. Ele nunca age sem antes revelar Seus planos a Seus servos. Por outro lado, o compromisso do Senhor com Seus decretos exige de nós uma postura de responsabilidade. Não podemos nos contentar em viver superficialmente, esperando que o Pai nos revele Seus planos sem que haja uma busca ativa de nossa parte.

Para estarmos preparados para receber Suas revelações, precisamos cultivar uma vida de oração, meditação na Palavra e sensibilidade ao Espírito Santo. Como servos de Deus, somos chamados a viver em um nível de discernimento que vai além do natural. Nossa vida não pode ser conduzida pelo que vemos com os olhos físicos, mas pelo que o Senhor manifesta em nosso espírito.

Além de nos prepararmos para ouvir a voz de Deus, também temos o desafio de nos alinharmos com a agenda divina. Quando buscamos a Sua vontade, nossas prioridades se ajustam às d'Ele, e passamos a desejar o que Ele deseja e a esperar o que Ele espera. O alinhamento com a agenda divina nos permite não apenas antecipar o que o Senhor está para fazer, mas também agir com sabedoria e discernimento, guiando nossas decisões com base no que Ele está revelando.

Os profetas do passado foram chamados a estar à frente de seu tempo, recebendo revelações sobre o futuro e advertências para o presente. Da mesma forma, hoje, nossa responsabilidade é responder a esse chamado com seriedade, investindo tempo em oração e buscando entender o que Ele está direcionando para nossa vida pessoal, para a Igreja e para o mundo.

SEMPRE EM AÇÃO

07 DE JUNHO

Quando Jesus voltou, a multidão o recebeu com alegria, porque todos o estavam esperando. (Lucas 8.40)

Jesus impactou cada vida que encontrou em Seu tempo aqui na Terra. Anos depois, até mesmo as que não O viram com os próprios olhos continuam sendo transformadas — nós somos exemplo disso. Jamais existiu uma pessoa como Cristo! Mesmo sendo cem por cento Deus, Ele veio como homem, mas isso não O impediu de permanecer sempre em ação, libertando, curando e salvando.

Podemos ler sobre isso em Lucas 8. Depois de acalmar uma tempestade e libertar o endemoniado geraseno, Jesus voltou à cidade onde estava anteriormente, e, assim que chegou, Jairo foi correndo em Sua direção, suplicando-Lhe que curasse sua filha. Mesmo após viver dias intensos e exaustivos, Cristo não negou o pedido de Jairo, mas o seguiu até sua casa.

Enquanto caminhava, uma multidão cercava Jesus, e uma mulher que sofria de hemorragia há doze anos tocou Suas vestes. Tamanha foi a fé dela que o Mestre sentiu poder saindo de Si e parou tudo para encontrar aquela mulher no meio de tantas pessoas. Depois disso, seguiu para a casa de Jairo, mesmo tendo sido avisado que a menina havia morrido (cf. Lucas 8.49). Naquele momento, Sua fala para o chefe da sinagoga foi: "[...] — Não tenha medo; apenas creia, e ela será salva" (v. 50). Chegando lá, Jesus tomou a menina pela mão e a ressuscitou!

Como Igreja, nós também precisamos sentir essa urgência. Cristo sabia que precisava avançar o Reino de Seu Pai e, por isso, estava sempre em ação. Hoje, temos o privilégio e a honra de participar disso com Jesus e expandir o Reino, em amor às almas. Não fique parado, mas se mova como o Mestre!

DIA 158

NA PRÁTICA

Pare por alguns minutos e pense em todas as ações que você tem feito para propagar o Evangelho. Você diminui o ritmo para prestar atenção nas pessoas? Ou está com tanta pressa que nem repara que alguns estão pedindo pelo Pão da Vida que você tem a oferecer? O Evangelho é ativo! Veja como Jesus fazia: esse é o padrão.

BÍBLIA EM UM ANO

- [ ] 1 Samuel 23-24
- [ ] Salmos 67
- [ ] Romanos 12

ANOTAÇÕES

....

....

....

....

....

....

....

08 DE JUNHO |

O ENVIO PRECISA DE PREPARAÇÃO

Assim, depois de jejuar e orar, impuseram-lhes as mãos e os enviaram. Enviados pelo Espírito Santo, desceram a Selêucia e dali navegaram para Chipre. (Atos 13.3-4 – NVI)

DIA 159 ■

NA PRÁTICA

Peça a Deus que lhe mostre alguém que precisa de encorajamento ou cura. Ofereça--se para impor as mãos e orar por essa pessoa, lembrando que esse é um princípio poderoso demonstrado pelo próprio Cristo.

BÍBLIA EM UM ANO

1 Samuel 25 ☐
Salmos 68 ☐
Romanos 13 ☐

ANOTAÇÕES

O ato de impor as mãos é uma parte essencial da doutrina cristã e profundamente enraizado nas práticas do próprio Cristo. O autor de Hebreus inclui a imposição de mãos em sua lista de ensinos elementares (cf. Hebreus 6.1-3). Em Marcos 10.16, Jesus poderia ter abençoado crianças de qualquer maneira que escolhesse, mas impôs as mãos sobre elas para transmitir essa bênção. Esse ato simples carrega o peso da intenção divina, enfatizando a importância da conexão pessoal em momentos de significado espiritual.

A imposição de mãos serve a quatro propósitos principais: abençoar, enviar, curar e transferir dons espirituais. Em Atos 13.3-4, após jejuar e orar, os apóstolos impuseram as mãos sobre Paulo e Barnabé, enviando-os para sua jornada missionária. Esse ato não foi apenas simbólico, mas uma maneira tangível de liberá-los em seu chamado com a bênção e autoridade do Espírito Santo. A passagem destaca o quão crucial é prepararmos nossos irmãos para o trabalho do Reino, não apenas por meio da oração, mas também por meio do ato físico de compartilhar o poder de Deus.

No contexto atual, a imposição de mãos continua sendo uma ferramenta poderosa para enviar líderes, missionários ou até mesmo voluntários. É um lembrete de que ninguém é enviado sozinho: todos carregam as orações, as bênçãos e o apoio da Igreja. Seja para cura, transferência de dons espirituais ou comissionamento, essa prática nos vincula aos mesmos princípios que Jesus seguiu, capacitando-nos a continuar Sua obra na Terra.

SUA FÉ ACELERA O ROMPER

| 09 DE JUNHO

Então ele [Jesus] lhe disse: "— Por causa desta resposta, você pode ir; o demônio já saiu da sua filha". Ela foi para casa e encontrou sua filha deitada na cama, e o demônio já a tinha deixado. (Marcos 7.29-30 – NVI – acréscimo e grifo nossos)

O episódio narrado no evangelho de Marcos mostra o desespero de uma mãe ao pedir pela libertação da filha que se encontrava endemoninhada. Mesmo depois de ser aparentemente desprezada mais de uma vez, ela insistiu. A verdade é que pouco lhe importava a suposta humilhação ou desprezo; aquela mulher estava disposta a aceitar o que Jesus tinha para ela. Ainda que fossem apenas migalhas, seriam mais que suficientes para suprir as suas necessidades.

Observando essa passagem, vemos que um coração cheio de fé e desesperado por Cristo não se permite sentir ofendido. As promessas de Deus podem ser aceleradas em nossas vidas quando ansiamos por mais d'Ele e nos submetemos à Sua vontade. Por esse motivo, precisamos entender que devemos ser como aquela mulher que, diante de circunstâncias contrárias, manteve sua fé inabalável. Ela entendeu, na prática, que era fundamental se sujeitar Àquele que poderia libertar a sua filha.

Por isso, mantenha seu coração ardente por Cristo. Não se deixe ofender pelos momentos de espera ou por receber respostas que quebrem suas expectativas. Seja tão desesperado pelo agir de Deus a ponto de entender que até mesmo as migalhas que caem de Sua mesa são capazes de sustentá-lo. Lembre-se também de que, ainda mais do que isso, hoje você tem o direito de estar à mesa com Cristo e se alimentar do pão da Sua presença como filho. Esse é um grande exercício para desenvolver a sua fé, que o impulsiona a sair de um lugar de passividade para acelerar o mover do Senhor em sua vida.

DIA 160

NA PRÁTICA

Qual deve ser a sua resposta de fé hoje, diante das circunstâncias que você está enfrentando?

BÍBLIA EM UM ANO

☐ 1 Samuel 26
☐ Salmos 69
☐ Romanos 14

ANOTAÇÕES

18 DE JUNHO | A ESCOLHA É SUA

Eliseu se levantou e andou no quarto de um lado para outro. Tornou a subir à cama, e se estendeu sobre o menino; este espirrou sete vezes e abriu os olhos. (2 Reis 4.35)

DIA 161

NA PRÁTICA

Crie uma atmosfera de adoração e fé, confiando em Deus, mesmo que tudo pareça sem esperança. Como Eliseu, não desista diante de situações desafiadoras.

BÍBLIA EM UM ANO

1 Samuel 27-28 ☐
Salmos 70 ☐
Romanos 15.1-13 ☐

ANOTAÇÕES

Quando confrontado com uma situação que parece impossível, como uma promessa morta ou um sonho que parece ter desaparecido, a escolha é sua: você desiste, ou persevera? A história da mulher sunamita e Eliseu nos mostra duas abordagens diferentes. Enquanto Geazi desistiu rapidamente, incapaz de ver além do que estava fisicamente à sua frente, Eliseu não parou após a primeira tentativa de trazer o menino de volta à vida: ele persistiu, sensível ao Espírito, até ver o reavivamento do que antes parecia perdido (cf. 2 Reis 4.31-35).

A sunamita também não se contentou com uma promessa morta. Quando seu filho faleceu, ela não chorou nem desistiu. Em vez disso, preparou o ambiente para a presença de Deus, levando seu problema diretamente a Ele por meio de Eliseu. Isso nos ensina a importância da nossa atitude diante dos desafios. Em algumas situações, quando sentimos que chegamos a um beco sem saída, precisamos criar espaço para Deus agir — confiando n'Ele e avançando com sensibilidade espiritual e perseverança.

E o que acontece quando perseveramos nas promessas divinas? Vemos o despertar. Seja em nossas vidas pessoais, em nossas comunidades ou até mesmo em nações inteiras, o reavivamento acontece quando escolhemos não desistir dos sonhos que Deus colocou em nós. Como Eliseu, precisamos continuar confiando que o que parece impossível hoje pode ser trazido de volta à vida amanhã. A escolha é sua: você continuará avançando? Cada passo de fé que damos nos leva para mais perto daquilo que Deus já preparou para nós.

SOLITUDE

| 11 DE JUNHO

Porém o que se dizia a respeito de Jesus se espalhava cada vez mais, e grandes multidões afluíam para o ouvir e para serem curadas de suas enfermidades. **Jesus, porém, se retirava para lugares solitários e orava.** (Lucas 5.15-16 – grifo nosso)

Mais importante do que adorar a Deus em público é nutrir um relacionamento com Ele no secreto. Mais importante do que participar de cultos de avivamento e curas é levar uma vida de integridade diante do Senhor. Mais importante do que ser tocado em uma conferência é a expectativa de ser guiado pelo Espírito Santo no dia a dia. Não podemos perder o anseio por mais de Deus!

Em Lucas 5, Jesus nos deixa um princípio essencial para a caminhada cristã — tempo de solitude. Aliás, essa é uma atitude que Ele tinha com frequência: em meio a um grande mover de Deus, Cristo sempre Se retirava para ter um momento de intimidade com Seu Pai. Diante disso, nós vemos três características em Seu ministério, expostas no versículo que lemos hoje: ensinamento sobre o Reino, manifestação sobrenatural (curas, libertações...) e oração.

Infelizmente, em nosso tempo, queremos grandes moveres sem entender o poder da solitude. Ela é diferente da solidão. É se afastar da agitação, intencionalmente, para estar com Deus! Ao se retirar, em meio àquele poderoso avivamento, Jesus nos ensina que não podemos estar tão embriagados com o mover a ponto de perder de vista o relacionamento com o Senhor.

Se buscamos o Senhor apenas quando temos necessidade, ainda não graduamos para um relacionamento de maturidade. Muitos estão apaixonados pela obra de Deus e não pelo Deus da obra. Sejamos uma geração que, em meio ao mover sobrenatural, cultos cheios, sinais e maravilhas, continua fascinada pela presença de Deus e O tem como prioridade!

DIA 162

NA PRÁTICA

Após entender como o Filho Se relacionava com o Pai, cultivando momentos a sós com Ele, analise e responda: você tem dificuldade de estabelecer um momento de solitude na sua rotina? Se sim, o que o impede? Estar só é potencializar a consciência de que Deus está conosco, gerando mais sensibilidade em nosso espírito.

BÍBLIA EM UM ANO

- [ ] 1 Samuel 29-31
- [ ] Salmos 71
- [ ] Romanos 15.14-33

ANOTAÇÕES

....
....
....
....
....
....

12 DE JUNHO

NÃO PERCA A CONFIANÇA

Portanto, não percam a confiança de vocês, porque ela tem grande recompensa. Vocês precisam perseverar, para que, havendo feito a vontade de Deus, alcancem a promessa.
(Hebreus 10.35-36)

DIA 163

NA PRÁTICA

Qual é a área na qual você está perseverando hoje? Ore e peça ao Espírito Santo que o ajude a enxergar os pequenos progressos que já teve nesse tempo, mesmo que eles não sejam visíveis – pode ser um novo modo de enxergar a situação, uma nova área curada no seu interior, o fortalecimento do seu caráter. Depois, agradeça a Deus pela oportunidade de crescer em meio a tudo isso e pela convicção de que você está cada vez mais perto da promessa.

BÍBLIA EM UM ANO

2 Samuel 1 ☐
Salmos 72 ☐
Romanos 16 ☐

ANOTAÇÕES

....

....

....

....

....

....

É fácil perder a confiança quando a direção que Deus nos dá parece impossível. Contudo, é justamente nesses momentos que nossa fé mais é testada. Somos chamados a ser fiéis e constantes, mesmo quando tudo ao nosso redor sugere o contrário. Por isso, Hebreus 10.35-36 reforça que não devemos abandonar nossa confiança, porque ela traz grande recompensa. Precisamos perseverar, acreditando que, ao seguir a vontade de Deus, receberemos Suas promessas. Afinal, ter fé é agir de acordo com a vontade do Pai, mesmo quando nada parece fazer sentido.

Nossa visão natural e sentimentos não podem guiar nossa fé, somente a Palavra do Senhor pode fazer isso. É fácil ser influenciado por nossas emoções ou pela necessidade de sinais visíveis, mas a verdadeira fé cava fundo mesmo quando não há evidência imediata de mudança. Quando escolhemos agir em obediência, mostramos que nossa confiança não está nas circunstâncias, e sim na soberania de Deus. Não somos chamados para buscar reconhecimento, mas para servir fielmente, cavando poços que outras pessoas talvez nunca vejam.

A perseverança na obediência é a marca registrada da verdadeira fé. Ao "cavar poços", muitas vezes trabalhamos na obscuridade, escondidos dos olhos dos outros, mas é assim que a fé cresce mais forte. Não se preocupe em ser notado ou aceito; concentre-se em servir a Deus. Lembre-se: a falta de progresso visível não significa que o Senhor não esteja trabalhando. Permaneça fiel, continue cavando e confie que Ele o recompensará de maneiras que ainda não consegue imaginar.

FIXE SEUS OLHOS EM CRISTO

| 13 DE JUNHO

— E assim como Moisés levantou a serpente no deserto, assim também é necessário que o Filho do Homem seja levantado, para que todo o que nele crê tenha a vida eterna.
(João 3.14-15)

No Antigo Testamento, em Números 21.5-9, a serpente era uma figura da maldição que assolava Israel. Na época, diante de tantas murmurações, o Senhor havia enviado serpentes venenosas que mordiam o povo, levando muitos à morte — essa era uma consequência do pecado. Após o povo reconhecer o próprio erro, Deus ordenou a Moisés que fizesse uma serpente de bronze e a colocasse em um poste alto. Assim, no meio dos hebreus, aqueles que olhassem para ela seriam curados.

Do mesmo modo, devemos fixar nossos olhos em Cristo, que carregou o pecado de toda a humanidade para redimi-la e reconectá-la ao Pai. A serpente era um símbolo da perdição espiritual. Jesus Se fez maldição por nós para que desta fôssemos livres (cf. Gálatas 3.13). A serpente foi levantada acima de uma haste. Jesus foi levantado em uma cruz. O livramento, naquele contexto, só era recebido quando o doente olhava para a serpente. Agora, o enfermo o recebe olhando para Jesus.

Outro aspecto importante é que o ato de olhar para a serpente era uma espécie de confissão de pecados e reconhecimento da necessidade de cura. Precisamos confessar nossas falhas ao Senhor para receber cura e redenção. A serpente era a única saída e remédio para o povo, assim como Jesus é o único caminho para o Pai (cf. João 14.6)!

Enquanto tudo o que merecemos é castigo, recebemos livramento por meio da Cruz. Olhar para Jesus e manter nossos olhos n'Ele trazem salvação para nossas almas, libertação do pecado e alívio para nosso interior!

DIA 164

NA PRÁTICA

Agora que você entendeu o que está escrito em João 3.14-15, quais similaridades vemos entre a história da serpente de Números e o sacrifício vivo de Jesus Cristo, ao ser crucificado?

BÍBLIA EM UM ANO

- ☐ 2 Samuel 2
- ☐ Daniel 1
- ☐ Marcos 1.1-20

ANOTAÇÕES

14 DE JUNHO | **A ATMOSFERA CERTA**

Porque desejo muito vê-los, a fim de repartir com vocês algum dom espiritual, para que vocês sejam fortalecidos. (Romanos 1.11)

DIA 165

NA PRÁTICA

Passe tempo com amigos em Cristo que o inspiram. Participe ativamente de lugares onde Deus está Se movendo, permitindo que a presença d'Ele trabalhe por meio da sua vida enquanto você serve ao lado de outros na fé.

BÍBLIA EM UM ANO

2 Samuel 3 ☐
Daniel 2.1-23 ☐
Marcos 1.21-45 ☐

ANOTAÇÕES

Estar na atmosfera certa pode mudar tudo. Assim como Saul, que, mesmo enquanto estava afastado dos caminhos do Senhor, começou a profetizar quando entrou em um ambiente profético (cf. 1 Samuel 19.20-23), nós também somos influenciados pelas atmosferas espirituais em que nos colocamos. Esse exemplo mostra o poder de estar cercado pela presença de Deus, ainda que, às vezes, nós mesmos estejamos distantes.

Paulo foi enfático ao dizer aos romanos que dons espirituais seriam repartidos quando estivessem reunidos. Há algo único em estar em um ambiente cheio do Espírito Santo, pois isso traz ativação e renovação. Por isso, quando nos juntamos a outros cristãos, estamos entrando em atmosferas que carregam a presença e o poder de Deus. Em Atos 2, quando o Espírito desceu sobre os discípulos, eles estavam todos juntos em um só lugar. É justamente nessas reuniões que os dons são liberados, pessoas são despertadas, e podemos experimentar um derramar do Espírito. Ele trabalha poderosamente quando estamos em comunidade!

Após experimentar um mover do Espírito Santo, o que vem a seguir? Em alguns casos, é comum perseguir o pico emocional, mas somos chamados a ir mais fundo. Em 1 Coríntios 15.6-8, o Apóstolo Paulo lembra que Jesus apareceu a muitos após a ressurreição, mas apenas cento e vinte permaneceram no cenáculo aguardando o Espírito Santo. Não permita que suas experiências com Deus desapareçam. Continue se colocando em ambientes que cultivam a Presença e deixe que esses espaços o moldem e transformem.

CRESCIMENTO EXPONENCIAL

| 15 DE JUNHO

A palavra de Deus crescia e, em Jerusalém, o número dos discípulos aumentava. Também um grande grupo de sacerdotes obedecia à fé. (Atos 6.7)

O crescimento da Igreja primitiva não foi resultado de estratégias elaboradas ou de um ativismo desenfreado. Pelo contrário, foi impulsionado pelo poder do Espírito e um amor genuíno pelas almas. Os primeiros discípulos compreenderam que o sucesso da Grande Comissão não estava apenas em números, mas em estabelecer o Reino de Deus, transformando vidas com base na compaixão.

Aliás, os discípulos foram bem-sucedidos em atrair avivamento porque simplesmente seguiram o exemplo de Cristo. Jesus nunca foi motivado pela popularidade, mas pela obediência ao Pai e Seu amor ao perdido; e essa mesma motivação deve continuar guiando a Igreja hoje! Nossa missão não deve ser caracterizada pela necessidade de bater metas. Devemos ser impulsionados pelo anseio de ver pessoas tocadas em seu íntimo.

A Igreja é chamada a ser uma ferramenta de impacto. Quando agimos com compaixão e amor, o avivamento se torna uma consequência natural. No entanto, isso só é possível se nos posicionarmos como trabalhadores dedicados. Jesus nos ensina, em Mateus 9.37-38, que a colheita é grande, mas os trabalhadores são poucos. Ou seja, Ele nos chama a agir com urgência, respondendo ao Seu chamado com fervor.

Ao entender que o crescimento do Reino é uma obra do Espírito Santo, e não fruto dos seus esforços, você se tornará colaborador efetivo na obra divina. Como Atos 6.7 descreve, vidas são completamente mudadas quando as Boas Novas são proclamadas com paixão. E é essa pregação, baseada apenas no amor verdadeiro, que gera um avivamento duradouro.

DIA 166

NA PRÁTICA

Coloque em xeque suas motivações ao cumprir a Grande Comissão: você é movido por amor e compaixão ou por ativismo e cumprimento de metas? Ore para que Deus renove seu coração, dando-lhe um amor profundo pelas almas perdidas e um desejo sincero de ver o Reino de Deus estabelecido. Comprometa-se a responder ao chamado de Cristo com urgência e paixão, tornando-se um trabalhador na Sua seara, pronto a participar da colheita que Ele deseja realizar.

BÍBLIA EM UM ANO

- [ ] 2 Samuel 4-5
- [ ] Daniel 2.24-49
- [ ] Marcos 2

ANOTAÇÕES

16 DE JUNHO | # GERE MILAGRES EM ORAÇÃO

E tudo o que pedirem em oração, crendo, vocês receberão. (Mateus 21.22)

DIA 167

NA PRÁTICA

Ore a Deus, declarando sua fé n'Ele. Entregue ao Senhor em oração situações impossíveis e proclame a soberania divina sobre elas.

BÍBLIA EM UM ANO

2 Samuel 6 ☐
Daniel 3 ☐
Marcos 3.1-19 ☐

ANOTAÇÕES

Pode parecer óbvio, mas é importante se lembrar de que Deus conhece o mais íntimo do seu coração e sabe do que você precisa. Ele sabe tudo o que você pensa e sente (cf. Salmos 139.2-4). Ainda assim, não deixe de Lhe dizer suas petições.

Jabez, em 1 Crônicas 4.10, invocou o Deus de Israel e recebeu o que pediu, revelando a importância de orarmos conforme o coração do Senhor. Quando nossas petições estão alinhadas à vontade de Deus, Ele tem prazer em nos atender (cf. 1 João 5.14) — inúmeras histórias na Bíblia nos confirmam isso. Na prática, contudo, muitos ainda têm dificuldade de acreditar que de fato o Senhor pode realizar milagres em sua vida.

Ter fé vai além de crer que algo sobrenatural pode acontecer. Afinal, é fácil contemplar as maravilhas na vida de outras pessoas; o desafio é notar a mão de Deus nas situações dolorosas que vivenciamos. Em meio ao caos, enxergar uma solução pode ser difícil. No entanto, esses são os momentos mais propícios para o agir do Senhor.

A necessidade de um milagre é um convite para que você se aproxime mais de Jesus. Sozinho, você é incapaz de solucionar as impossibilidades da sua vida, então seja vulnerável! Coloque suas dificuldades diante de Deus em oração, declarando que a Ele pertence o poder sobre a situação que você vive. Diante da impossibilidade, verbalize a sua fé no Senhor e entregue a Ele o que está fora do seu alcance.

ESPÍRITO DE ADOÇÃO

| 17 DE JUNHO

Pois todos os que são guiados pelo Espírito de Deus são filhos de Deus. Porque vocês não receberam um espírito de escravidão, para viverem outra vez atemorizados, mas receberam o Espírito de adoção, por meio do qual clamamos: "Aba, Pai". (Romanos 8.14-15)

Em João 14.15-31, Jesus dá aos discípulos a promessa de que não ficariam sós depois que Ele voltasse para a morada celestial. Ele deixa o Espírito Santo, o Consolador, e diz: "— Não deixarei que fiquem órfãos; voltarei para junto de vocês" (v. 18). A paternidade é alcançada por meio do Filho e fundamentada em nossos corações pelo Espírito, pois Ele testifica que estamos em Cristo e, então, no Pai.

Já fomos libertos do espírito de orfandade, que produz medo, desamparo e escravidão em nosso interior. Hoje, com Cristo, podemos dizer que somos livres, porque "Ora, este Senhor é o Espírito; e onde está o Espírito do Senhor, aí há liberdade" (2 Coríntios 3.17). Por meio do Espírito Santo somos reconhecidos como filhos de Deus, a partir do sacrifício de Jesus. Você reconhece que tem acesso ao Pai e que é habitação de Cristo por meio do Espírito Santo? Antes, quando observamos a narrativa bíblica, o acesso à presença de Deus acontecia por meio de sacrifícios e era destinado aos sacerdotes. Agora, recebemos a paternidade pela Graça, e Deus habita em nosso interior! Encher-se do Espírito Santo, portanto, não só nos dá autoridade e poder para glorificar o Senhor como também nos gera um coração pleno e que reconhece que tem um Pai amoroso, como o Apóstolo Paulo disse:

> *O próprio Espírito confirma ao nosso espírito que somos filhos de Deus.* E, se somos filhos, somos também herdeiros; herdeiros de Deus e coerdeiros com Cristo, se com ele sofremos, para que também com ele sejamos glorificados.
> (Romanos 8.16-17 – grifo nosso)

DIA 168

NA PRÁTICA

Agora, escreva em um papel as características e situações que revelam que você é filho de Deus. De acordo com a Palavra, o que confirma essa verdade em seu interior?

BÍBLIA EM UM ANO

- [ ] 2 Samuel 7-8
- [ ] Daniel 4
- [ ] Marcos 3.20-35

ANOTAÇÕES

....
....
....
....
....
....

18 DE JUNHO

SEJA SANTO COMO ELE É SANTO

*E o próprio Deus de paz vos **santifique completamente**, e o vosso espírito, e alma e corpo sejam mantidos plenamente irrepreensíveis para a vinda de nosso Senhor Jesus Cristo.*
(1 Tessalonicenses 5.23 – A21 – grifo nosso)

DIA 169

NA PRÁTICA

O que o impede de levar uma vida de santidade? Ore e procure discernir quais áreas da sua vida ainda carecem de santificação. Seja intencional em apresentar isso a Deus e pedir a Ele que trabalhe nessa área específica.

BÍBLIA EM UM ANO

2 Samuel 9-10 ☐
Daniel 5 ☐
Marcos 4.1-20 ☐

ANOTAÇÕES

Não existe cristianismo verdadeiro sem vida de santidade e temor a Deus. Isso vai além de crer na existência d'Ele e frequentar os cultos em sua igreja local. Provavelmente você já percebeu que, após ter o novo nascimento, continuou a enfrentar batalhas que acabavam pondo em risco a sua pureza. Talvez, ao ver que as lutas contra o pecado não se tornaram mais fáceis, você tenha se frustrado.

Isso ocorre porque a salvação acontece em nós em diferentes estágios. Quando decidimos seguir a Cristo, o nosso espírito é posicionado com Ele nas regiões celestiais (cf. Efésios 2.6) — a salvação instantaneamente atinge nosso espírito, somos regenerados e justificados pelo sangue de Jesus (cf. Romanos 5.9), que nos lavou, redimiu, perdoou e conectou novamente à natureza de um Deus que é santo. Nada disso é resultado do nosso merecimento ou esforço, mas conquistado por meio do sacrifício de Jesus.

O processo de santificação, porém, acontece em nossa alma, e aqui travamos grandes batalhas! A nossa alma foi corrompida por vivermos em um mundo caído e precisa ser santificada e transformada a cada dia. Esse processo chamado de santificação perdurará até a glorificação. Mas não desanime! Continue caminhando com o Senhor, sendo transformado pela Sua Palavra e permita que o Espírito Santo o guie nessa jornada, sabendo que Ele está empenhado em completar a obra que começou em você (cf. Filipenses 1.6) — que não o torna apenas salvo em seu espírito, mas visa transformá-lo e santificá-lo até chegar à medida de Cristo (cf. Efésios 4.13).

ABRAÇANDO O PROCESSO

19 DE JUNHO

Josafá perguntou: — Não há, aqui, algum profeta do Senhor, para que consultemos o Senhor por meio dele? Um dos servos do rei de Israel respondeu: — Aqui está Eliseu, filho de Safate, que era servo de Elias. (2 Reis 3.11)

A jornada de Eliseu é um testemunho poderoso sobre a importância de abraçar o processo de preparação e serviço, mesmo quando isso não vem com reconhecimento imediato. Eliseu aceitou o chamado do profeta Elias cerca de quatro anos antes da morte do Rei Acabe. Durante os próximos sete ou oito anos, ele se tornou um servo do profeta — até que este fosse levado ao Céu.

Antes de ser reconhecido como sucessor de Elias, Eliseu passou por várias etapas em sua jornada. Cada um dos lugares em que esteve ao lado do profeta representava um aspecto do processo de preparação: Gilgal para separação e renovação (cf. 2 Reis 2.1); Betel para crescimento em maturidade (cf. vs. 2-3); Jericó para enfrentar batalhas e desafios (cf. vs. 4-5); e o Jordão como um marco de transição e realização do chamado (cf. vs. 6-8).

Abraçar o processo significa entender que, mesmo quando não há destaque ou reconhecimento, o tempo investido em fidelidade e compromisso é crucial para o desenvolvimento pessoal e espiritual. Por muitos anos, Eliseu serviu a Elias fielmente, e esse tempo foi essencial para seu amadurecimento. A verdadeira preparação ocorre nos períodos de serviço fiel, em que somos moldados para os grandes momentos que ainda virão.

Assim como Eliseu, somos desafiados a abraçar o processo em nossas vidas. O tempo de aprendizado pode parecer longo e escondido, mas é durante esses períodos que Deus nos fortalece para cumprir nosso chamado com eficácia e graça. Portanto, encontrar e valorizar o propósito da preparação é fundamental.

DIA 170

NA PRÁTICA

Analise o processo de preparação que Deus está realizando em sua vida. Seja fiel ao abraçar, com paciência e comprometimento, esses períodos de serviço. Peça ao Espírito Santo por visão do Alto para valorizar cada etapa do processo e se preparar adequadamente para o chamado que Ele tem para você.

BÍBLIA EM UM ANO

- ☐ 2 Samuel 11-12
- ☐ Daniel 6
- ☐ Marcos 4.21-41

ANOTAÇÕES

28 DE JUNHO | **MISERICÓRDIA PARA TODOS**

Se confessarmos os nossos pecados, ele é fiel e justo para perdoar os nossos pecados e nos purificar de toda injustiça. (1 João 1.9)

DIA 171

NA PRÁTICA

Ao longo da próxima semana, estabeleça três ações práticas para demonstrar o amor do Senhor a pessoas que se sentem indignas de amor e perdão.

BÍBLIA EM UM ANO

2 Samuel 13 ☐
Daniel 7 ☐
Marcos 5.1-20 ☐

ANOTAÇÕES

As palavras de 1 João 1.9 são uma poderosa promessa! Não uma promessa qualquer, mas uma que nos garante o perdão e a purificação por meio do sangue de Cristo. O mesmo Deus que enviou Seu próprio Filho para que morresse e tivéssemos vida nos oferece o perdão. Tudo começa quando nos damos conta de que necessitamos d'Ele e, então, confessamos os nossos pecados — é nesse momento que somos redimidos e sarados.

Em Mateus 28.19-20, Jesus comissiona Seus discípulos a irem pelas nações pregando o Evangelho. Assim, quando as Boas Novas são pregadas e há arrependimento, há redenção — para toda e qualquer pessoa! Foi dessa forma que o Senhor estabeleceu, para que escapasse completamente da nossa lógica humana. Afinal, Seu amor é muito maior do que podemos compreender!

A partir do momento que somos encontrados por essa misericórdia, temos a ordem e a incumbência de estendê-la para nosso próximo. Esse amor precisa nos atravessar e alcançar a vida daqueles que ainda estão perdidos ao nosso redor, especialmente os que parecem indignos de perdão. Quando compreendemos e aceitamos o amor escandaloso de Deus, nós nos posicionamos como instrumento para alcançar todas as pessoas. Não se trata do nosso grupo ou "tribo". O amor de Deus é para todos!

Apresentar esse amor ao próximo é pregar a Mensagem, servir, viver de acordo com a Palavra, agir por meio do poder sobrenatural do Espírito e, além de tudo, amar como o Senhor ama. A misericórdia que alcançou sua vida não pode parar em você!

O PERIGO DO ORGULHO

| 21 DE JUNHO

O orgulho do seu coração o enganou. Você vive nas fendas das rochas, num lugar elevado, e diz em seu íntimo: "Quem poderá me jogar lá para baixo?". (Obadias 1.3)

Edom, a nação citada no livro de Obadias, confiava em sua posição elevada nas montanhas, acreditando que ninguém poderia derrubá-la. No entanto, o orgulho de seu coração os enganou, levando-os a uma falsa sensação de segurança e distanciamento de Deus.

Assim também o orgulho em nossas vidas pode nos afastar do Senhor, criando uma barreira que impede a atuação de Sua Graça. Quando esse sentimento toma conta, começamos a acreditar que somos autossuficientes, que não precisamos de Deus ou de Sua orientação. É como se estivéssemos em uma "queda de braço" com o Senhor, lutando para afirmar nossa própria independência, enquanto Ele nos chama à rendição e humildade.

Reconhecer o orgulho em nossas vidas exige um exame sincero do coração. Precisamos identificar as áreas em que confiamos em nossas próprias forças e habilidades. Isso pode ser visto em atitudes de autoexaltação, em pensamentos de superioridade em relação aos outros, ou até mesmo na falta de disposição para pedir ajuda e reconhecer nossas limitações.

A humildade nos chama a abandonar essa falsa independência e a nos submetermos à sabedoria divina, confiando que o Pai sabe o que é melhor para nós. A Graça divina é concedida àqueles que reconhecem sua necessidade de Deus, que se rendem a Ele e aceitam Sua ajuda. Ao nos humilharmos diante do Senhor, Ele nos exalta no tempo certo (cf. 1 Pedro 5.6), conduzindo-nos a uma posição de verdadeira segurança e paz, fundamentada em Sua força, e não na nossa.

DIA 172

NA PRÁTICA

Não deixe que o orgulho tome conta! Neste momento, identifique as áreas em sua vida em que você percebe alguma raiz de orgulho. Tome a decisão de caminhar em submissão ao Senhor a partir de agora, substituindo o orgulho pela humildade.

BÍBLIA EM UM ANO

- [ ] 2 Samuel 14
- [ ] Daniel 8
- [ ] Marcos 5.21-43

ANOTAÇÕES

22 DE JUNHO |

REAVIVE O DOM QUE HÁ EM VOCÊ

Por esta razão, venho lembrar-lhe que reavive o dom de Deus que está em você pela imposição das minhas mãos. (2 Timóteo 1.6)

DIA 173

NA PRÁTICA

Agora pense: você acredita que o Espírito Santo já reavivou os dons d'Ele em você? Se não, o que pode fazer para que isso aconteça?

BÍBLIA EM UM ANO

2 Samuel 15 ☐
Daniel 9 ☐
Marcos 6.1-29 ☐

ANOTAÇÕES

Quando lemos essa passagem, somos levados a refletir sobre o que significa sermos ativados pelo Espírito Santo. Seria uma visitação mística, ou um toque diferente? Um evento ou uma sensação? Na verdade, é mais simples. É quando permitimos que Ele trabalhe em nós e por meio de nós.

Sim, o Espírito Santo passou a habitar nosso interior no momento em que tivemos o novo nascimento. Obedecer a Seus direcionamentos e estar atento à Sua voz fazem parte de Sua obra em nossas vidas! No entanto, orar por cura, entregar uma palavra de conhecimento ou dar um passo de risco e fé significam deixar que Ele aja por meio de nós — é assim que exercitamos nossos dons espirituais.

Muitas vezes, nossos olhos podem procurar a grama do vizinho para checar o que Deus está fazendo na vida dele. Procuramos o agir do Senhor no outro e nos esquecemos de que Ele está realizando algo em nós também! Podemos pensar coisas como: "Veja o que Deus está fazendo na vida dele" ou "Nossa! Olhe como o Senhor usa aquela pessoa".

É como se fôssemos de bicicleta a uma direção, mas parássemos para ver outras pessoas irem a seus destinos. Isso não vai mudar nossa posição nem nos fazer chegar mais rápido! Na verdade, se pararmos para observar o caminho dos outros e não cuidarmos de nossa trajetória, vamos nos atrasar. Valorize aquilo que Deus realiza por meio de sua vida; deixe que o Espírito o conduza e faça o que quiser em você!

RAMOS SAUDÁVEIS

| 23 DE JUNHO

— Eu sou a videira verdadeira, e o meu Pai é o lavrador. Todo ramo que, estando em mim, não der fruto, ele o corta; e todo o que dá fruto ele limpa, para que produza mais fruto ainda. (João 15.1-2)

O profeta Isaías, certa vez, declarou que o Senhor o tornou uma flecha polida (cf. Isaías 49.2) — o polimento acontece antes de a flecha ser lançada ao alvo. Da mesma forma, o ramo que não frutifica deve ser tirado da árvore ao qual está ligado, ou acabará prejudicando os demais; porém, se continua dando frutos, precisa ser cuidado e limpo, para que permaneça saudável. Igualmente, Deus deseja tratar o nosso caráter a fim de nos usar para o propósito que Ele planejou.

É normal nos sentirmos angustiados e impacientes quando somos provados em alguma área. A verdade, porém, é que o Senhor usa essas ocasiões para nos ensinar — o próprio Deus pode nos conduzir a desertos para que sejamos fortalecidos em meio à dificuldade. Se até Jesus, que nunca pecou, foi levado pelo Espírito ao deserto (cf. Lucas 4.12), por que ficaríamos isentos?

Podemos enxergar esses desafios como um sinal do amor de Deus, pois Ele pode usá-los para nos aperfeiçoar (cf. Tiago 1.23). Por isso, se o Senhor está tratando o seu caráter, é porque você ainda tem potencial para dar mais frutos. Procure discernir o que Ele deseja fazer na estação em que se encontra e não desanime! Abra mão de um cristianismo confortável. A poda é dolorosa, mas é necessária para continuar crescendo e frutificando. Somente obedeça!

Ao longo do polimento, você é purificado e transformado para que os seus pensamentos sejam alinhados com a mentalidade de Cristo (cf. 1 Coríntios 2.16). Afinal, o Senhor não quer apenas usá-lo; Ele quer, constantemente, transformá-lo para Sua glória.

■ DIA 174

NA PRÁTICA

Qual é o papel do Espírito Santo na transformação do seu caráter? Pergunte-lhe como você pode cooperar com Ele nesse processo; escreva em um papel tudo o que o Senhor lhe falar e comprometa-se a agir conforme as instruções d'Ele.

BÍBLIA EM UM ANO

☐ 2 Samuel 16
☐ Daniel 10
☐ Marcos 6.30-56

ANOTAÇÕES

24 DE JUNHO |

DEPENDA DO ESPÍRITO SANTO

Como Deus ungiu a Jesus de Nazaré com o Espírito Santo e com poder. Jesus andou por toda parte, fazendo o bem e curando todos os oprimidos do diabo, porque Deus estava com ele. (Atos 10.38)

DIA 175 ☐

NA PRÁTICA

Passe um tempo intencional buscando o Espírito Santo hoje. Peça a Deus que o encha com Sua presença e o guie em cada decisão. Se até mesmo Jesus foi ungido pelo Espírito, que dizer de nós? Continue buscando e mantenha-se fortalecido.

BÍBLIA EM UM ANO

2 Samuel 17 ☐
Daniel 11.1-20 ☐
Marcos 7.1-13 ☐

ANOTAÇÕES

O Espírito Santo não é uma força abstrata, Ele é Deus vivendo em você — e esse é um privilégio incomensurável. No Antigo Testamento, o Espírito Santo repousava sobre reis, profetas e sacerdotes, mas, agora, por meio de Cristo, Ele escolheu fazer Sua morada naqueles que creem em Jesus e se entregaram a Ele. Joel 2.28 fala de um tempo em que Deus derramaria Seu Espírito sobre toda carne. Essa profecia começou a ser cumprida em Atos 2, e nós a vivemos ainda hoje.

Nossa missão como cristãos não pode ser cumprida sem o Espírito Santo. O próprio Jesus disse a Seus discípulos para não deixarem Jerusalém até que fossem revestidos de poder do Alto (cf. Lucas 24.49). Muitos têm promessas, chamados e sonhos de Deus, mas, sem o poder do Espírito, é como ter uma Ferrari zero quilômetro, completamente nova, sem gasolina — construída para a grandeza, mas incapaz de seguir em frente. Não adianta ser uma nova criatura e não ser cheio do poder de Deus. A unção é o que transforma potencial em propósito, e, sem ela, não podemos andar plenamente no que Ele tem para nós.

Então, qual deve ser nossa postura? Precisamos diariamente buscar a presença do Espírito Santo. Ore por Seus dons, porque eles nos permitem viver uma vida sobrenatural. Devemos nos apresentar diante de Deus com um coração sedento por Sua presença, pedindo a Ele que nos encha de água viva. Não se contente com uma vida sem o poder — peça ao Espírito Santo que inunde seus dias com a presença d'Ele e observe como você será transformado.

A MANIFESTAÇÃO DO ESPÍRITO

| 25 DE JUNHO

E, se o ministério da morte, gravado com letras em pedras, se revestiu de glória, a ponto de os filhos de Israel não poderem fixar os olhos na face de Moisés, por causa da glória do seu rosto, ainda que fosse uma glória que estava desaparecendo, como não será de maior glória o ministério do Espírito? (2 Coríntios 3.7-8)

No Antigo Testamento, Moisés se retirava da multidão com frequência para ter um tempo a sós com o Senhor, e, ao descer do Monte Sinai, o seu rosto resplandecia, pois ele havia contemplado tamanha glória (cf. Êxodo 34.28-35). Quando Deus falava com ele, seu corpo era impactado pelo contato com a Eternidade. Foi por esse motivo que Moisés colocou um véu em sua face, a fim de que os filhos de Israel não o olhassem diretamente.

Se o ministério da morte foi impactante, quão poderoso é o ministério do Espírito? O Espírito Santo, hoje, nos proporciona níveis profundos de encontros com a glória de Deus. Podemos estar tão perto a ponto de sentirmos fisicamente a presença do Senhor (cf. Lucas 24.32), porém isso deve ser resultado de um toque anterior ainda mais profundo. Aquilo que é expresso no exterior, a partir de um contato com o Espírito, só é genuíno se fluir de uma transformação íntima e pessoal no nosso interior. O ministério do Espírito Santo atribui a nós glória ainda maior do que dos tempos de Moisés! Você consegue dimensionar isso?

Contemplar a Presença diariamente produzirá em você amor, alegria, paz, longanimidade, benignidade, bondade, fidelidade, mansidão e domínio próprio (cf. Gálatas 5.22-23), que resultam do fruto do Espírito. O desejo do Pai é que essas características sejam formadas em você para que se torne mais parecido com Jesus, e isso só é possível a partir do poder do Espírito com o derramar de Seus dons e, acima de tudo, com o Seu sondar nos corações.

■ DIA 176

NA PRÁTICA

Agora, vá até Êxodo 34, em sua Bíblia, e leia o relato de como o rosto de Moisés brilhava ao se encontrar com o Senhor no Monte Sinai. Depois, separe alguns minutos para apenas contemplar a beleza do Espírito Santo, pode ser em oração ou em silêncio, e busque a revelação de Seu poder.

BÍBLIA EM UM ANO

- ☐ 2 Samuel 18
- ☐ Daniel 11.21-45
- ☐ Marcos 7.14-37

ANOTAÇÕES

26 DE JUNHO | NEGUE A SI MESMO

Então, convocando a multidão e juntamente os seus discípulos, Jesus lhes disse: — Se alguém quer vir após mim, negue a si mesmo, tome a sua cruz e siga-me. (Marcos 8.34)

DIA 177

NA PRÁTICA

Tome um tempo para refletir sobre o que pode estar retendo o controle em sua vida. Ore sinceramente, pedindo ao Espírito Santo que revele tudo o que você precisa negar para tomar sua cruz verdadeiramente e seguir a Cristo. Comprometa-se a viver de acordo com os ensinamentos de Jesus, buscando Sua vontade acima de tudo, e permita que Ele transforme seu coração e suas ações para Sua glória.

BÍBLIA EM UM ANO

2 Samuel 19 ☐
Daniel 12 ☐
Marcos 8.1-21 ☐

ANOTAÇÕES

Jesus convocou aqueles que desejam permanecer ao Seu lado a uma decisão radical: negar a si mesmos, tomar a própria cruz e segui-lO. Mas o que isso significa?

Negar a si mesmo vai além de abandonar as coisas materiais ou prazeres mundanos. É uma renúncia profunda aos desejos, às vontades e às ambições que estão em conflito com a vontade divina. É um compromisso de colocar Jesus e Seu Reino acima de tudo, mesmo que isso requeira o sacrifício de nossos planos ou reputação.

Tomar a própria cruz representa aceitar os sofrimentos que podem surgir ao longo da caminhada. É mortificar a carne para viver no Espírito. Assim como Jesus carregou Sua cruz até o Calvário, enfrentando dor e humilhação, somos chamados a suportar toda perseguição que contraponha nossa fé. Isso não é uma carga imposta, mas uma escolha voluntária de identificar-se com o Evangelho.

Jesus enfatiza essa atitude como essencial porque revela nossa disposição de submeter nossa vontade a Ele e de confiar em Seu plano eterno. É uma expressão de amor e devoção que supera qualquer declaração emocionada, transformando-se em ações concretas de obediência e entrega.

Conforme Jesus ensina em João 12.24-25, é por meio da morte para o "eu" que você produzirá frutos e encontrará vida eterna n'Ele. Não se pode esperar frutos de uma semente que nunca morreu. Ao renunciar às suas próprias agendas, você permite que o Espírito Santo opere em sua vida, produzindo frutos de justiça, amor e santidade que glorificam a Deus. Portanto, negue a si mesmo, tome a sua cruz e siga o Senhor.

POUCO É MAIS QUE SUFICIENTE | 27 DE JUNHO

Um dos discípulos, chamado André, irmão de Simão Pedro, disse a Jesus: – Aqui está um menino que tem cinco pães de cevada e dois peixinhos. Mas o que é isto para tanta gente?
(João 6.8-9)

Quando Jesus pediu a Seus discípulos que alimentassem a multidão, André, irmão de Simão Pedro, apresentou o que tinha à disposição: cinco pães e dois peixinhos de um menino. Ainda assim, sua postura foi de incredulidade. André, como muitos de nós em situações semelhantes, olhou para a escassez e murmurou: "Mas o que é isto para tanta gente?". Sua visão estava restrita ao que era tangível, ao que seus olhos podiam ver e suas mãos podiam tocar.

Como André, muitas vezes, podemos não enxergar além do que está à nossa frente. Contudo, o chamado de Deus para nós é que comecemos a sonhar mais alto, a pensar maior e a permitir que Ele nos traga ideias celestiais para aumentar nossa fé. O que parece pouco em nossas mãos se torna mais que suficiente nas mãos do Senhor. O segredo está em colocar diante d'Ele o que temos, mesmo que pareça insignificante, e confiar que o Criador é capaz de agir sobrenaturalmente.

Jesus também nos ensina que é preciso um posicionamento de fé e gratidão para que o poder de Deus atue em nossas vidas. Em vez de focarmos o que nos falta, devemos confiar no que Ele pode fazer com o pouco que temos. Este é o segredo da multiplicação: depositar aos pés do Senhor tudo o que temos e simplesmente confiar que Seu poder dará forma ao que ainda não existe. Com Ele, os fatores numéricos são irrelevantes, pois nosso Pai transforma desertos em mananciais de abundância.

DIA 178

NA PRÁTICA

Pense nos recursos que você tem, por menores que pareçam, e entregue-os a Deus. Confie que Ele pode transformar o pouco em muito, a escassez em abundância. Tenha um ato de fé: coloque nas mãos do Senhor o que você possui e observe-O multiplicar de maneira sobrenatural. Permita que o Pai use o que está em suas mãos para realizar coisas maiores que sua expectativa.

BÍBLIA EM UM ANO

- 2 Samuel 20-21
- Oseias 1
- Marcos 8.22-38

ANOTAÇÕES

28 DE JUNHO | # O PROPÓSITO DA UNÇÃO

O Espírito do Senhor Deus está sobre mim, porque o Senhor me ungiu para pregar boas-novas aos pobres, enviou-me a curar os quebrantados de coração, a proclamar libertação aos cativos e a pôr em liberdade os algemados. (Isaías 61.1)

DIA 179

NA PRÁTICA

Você tem usado seu revestimento de poder para impactar o mundo ao seu redor e promover transformação? Se a resposta for negativa, decida hoje dar liberdade ao Espírito para que Ele flua através de você, realizando obras maiores e trazendo o Reino de Deus para a Terra. Seja intencional em manifestar a cultura dos Céus e entenda como o Senhor pode usá-lo para realizar coisas extraordinárias.

BÍBLIA EM UM ANO

2 Samuel 22 ☐
Oseias 2 ☐
Marcos 9 ☐

ANOTAÇÕES

Quando somos revestidos pelo poder do Espírito Santo, recebemos mais do que uma experiência espiritual extraordinária; somos capacitados para cumprir um propósito divino. Deus nos unge para que possamos impactar o mundo ao nosso redor, pregando as Boas Novas aos pobres de espírito, curando os quebrantados de coração e proclamando libertação aos cativos.

Eliseu é um exemplo claro de alguém que, revestido pela autoridade do Senhor, manifestou o poder de Deus em seu tempo. Em 2 Reis 4.6, vemos como ele realizou um milagre que não apenas supriu as necessidades de uma viúva, mas também demonstrou a provisão divina. Assim como o profeta, somos chamados a agir com fé e a permitir que o Espírito Santo flua por meio de nós. Quanto mais nos rendemos ao Seu agir, mais Ele pode operar por nosso intermédio, realizando obras que vão além do que poderíamos imaginar.

Nosso chamado como cristãos não é apenas viver uma vida de devoção pessoal, afinal nós somos embaixadores do Reino de Deus na Terra. Isso significa que nossa unção tem uma função social! A transformação que experimentamos deve se refletir na sociedade, mostrando que a cultura dos Céus está presente.

Aliás, Jesus nos prometeu que faríamos obras ainda maiores do que as d'Ele (cf. João 14.12). Contudo, isso é possível apenas quando entendemos que o propósito da unção é maior que ganhos pessoais. A unção que você recebe o capacita a ser a luz do mundo (cf. Mateus 5.14), trazendo a verdade e a liberdade que só podem ser encontradas em Cristo.

PREPARE-SE PARA A GUERRA

| 29 DE JUNHO

Da mesma maneira, também o Espírito nos ajuda em nossa fraqueza. Porque não sabemos orar como convém, mas o próprio Espírito intercede por nós com gemidos inexprimíveis.
(Romanos 8.26)

Toda guerra exige dos combatentes preparo intenso; eles precisam estar fortes tanto no corpo quanto na mente a fim de enfrentarem os inimigos no campo de batalha. Além disso, devem carregar armas eficientes e elaborar estratégias certeiras para obter vitória. Na sua vida com Deus não é diferente. Muitas vezes, o cansaço é fruto de fraqueza espiritual — consequência da falta de preparo e de constância nas disciplinas espirituais. O primeiro passo para se preparar, então, é entender que toda ferramenta que você possui e deve utilizar provém do Senhor.

Quando Ele está adiante, basta apenas obedecer aos Seus direcionamentos. Somente n'Ele você é mais que vencedor, ainda que as provações sejam difíceis (cf. Romanos 8.37). Por si só, essa compreensão deveria ser suficiente para encorajá-lo a cultivar uma vida com Deus todos os dias. No entanto, a oração também é uma estratégia extremamente poderosa. Assim, ao se colocar de joelhos, busque a presença do Espírito Santo, que intercederá por você.

No livro de Judas, a Palavra instrui: "Edifiquem-se, porém, amados, na santíssima fé que vocês têm, orando no Espírito Santo" (vs. 20-21 – NVI). Nem sempre você terá as soluções mais óbvias diante dos seus olhos, mas, se permanecer conectado ao Senhor, cultivando uma vida de oração, Ele o capacitará. Coloque sua esperança em Deus e você estará preparado para enfrentar qualquer batalha.

DIA 180

NA PRÁTICA

Como você pode garantir que está buscando continuamente a presença do Espírito Santo para se fortalecer espiritualmente? Quais práticas espirituais precisa adotar hoje para cultivar uma vida cheia do Espírito, a fim de estar preparado para as batalhas que tem enfrentado?

BÍBLIA EM UM ANO

☐ 2 Samuel 23
☐ Oseias 3
☐ Marcos 10.1-31

ANOTAÇÕES

30 DE JUNHO | RELACIONAMENTO E SERVIÇO

Mas o Senhor respondeu: — Marta! Marta! Você anda inquieta e se preocupa com muitas coisas, mas apenas uma é necessária. Maria escolheu a boa parte, e esta não lhe será tirada. (Lucas 10.41-42)

DIA 181

NA PRÁTICA

Faça uma lista de atitudes práticas que você pode tomar hoje para garantir que o seu serviço seja sustentado por um relacionamento íntimo com Deus. Leia o que escreveu e pratique!

BÍBLIA EM UM ANO

2 Samuel 24 ☐
Oseias 4.1-10 ☐
Marcos 10.32-52 ☐

ANOTAÇÕES

....
....
....
....
....

A história dessas irmãs é muito conhecida e pregada nas igrejas, mas eu gostaria de trazer uma perspectiva que nem sempre é abordada: a ação de Marta não era errada, era lícita. Jesus provavelmente havia ido à sua casa para repousar, logo ela pensou em organizar tudo para servi-lO da melhor maneira, e isso demonstra cuidado. O grande problema está na sua falta de discernimento, porque, por outro lado, Maria, "[...] que, assentada aos pés do Senhor, ouvia o seu ensino" (v. 39), percebeu o que era prioridade naquele momento.

Servir é zelar pelo Corpo e amar Jesus, porém essa atitude deve fluir de um relacionamento genuíno com Ele. De nada valerá fazer mil e uma coisas para o Senhor sem que Ele esteja com você. Essa passagem não antagoniza "serviço x devoção", mas nos ensina que um não pode existir sem o outro. Quando não nos encontramos em um lugar de intimidade com o Senhor, servir se torna um simples realizar de tarefas e perde o seu valor diante do Eterno. Para Jesus, a ordem é: primeiro, sentar-se aos Seus pés e ouvir a Sua Palavra; depois, "preparar o jantar". Naquele momento, Ele não queria ser servido, mas ouvido, e essa foi a boa parte que Maria valorizou.

A presença d'Ele é agradável, e, em alguns momentos, para a apreciarmos, teremos de parar as nossas tarefas para escutá-lO com atenção. Devemos nos aquietar e largar a vassoura que está em nossas mãos ou deixar de lado a bagunça que estamos organizando. Jesus é a melhor parte! É Ele quem verdadeiramente reordena a casa e gera o amor perfeito em nossos corações!

01 DE JULHO | # IMPONHA AS MÃOS PARA CURAR

*Falava ele ainda quando um dos dirigentes da sinagoga chegou, ajoelhou-se diante dele e disse: "Minha filha acaba de morrer. Vem e **impõe a tua mão sobre ela, e ela viverá**".*
(Mateus 9.18 – NVI – grifo nosso)

DIA 182

NA PRÁTICA

Ainda hoje, desafie-se a orar corajosamente pela cura de alguém, com imposição de mãos. Lembre-se de que Jesus nos ordenou a curar os doentes como parte de nosso chamado.

BÍBLIA EM UM ANO

1 Reis 1 ☐
Oseias 4.11 - 4.19 ☐
Marcos 11.1-14 ☐

ANOTAÇÕES

A imposição de mãos para a cura não é reservada apenas para os tempos bíblicos, é um chamado que continua para os crentes hoje. Em Mateus 9.18, vemos um dos líderes da sinagoga aproximar-se de Jesus com total confiança de que, simplesmente impondo a mão sobre sua filha, ela seria trazida de volta à vida. Esse ato de fé revela o poder que Deus confiou a nós — Seus seguidores — para trazer cura e restauração aos necessitados. Jesus frequentemente usava Suas mãos para curar, e Ele nos comissionou a fazer o mesmo.

Marcos 16.18 afirma claramente que os crentes "[...] imporão as mãos sobre os doentes, e estes ficarão curados". Vemos isso se cumprindo em Atos 28.8 por meio da vida de Paulo. O apóstolo havia sido hospedado por Públio e, ao notar que o pai do anfitrião estava acamado, orou por ele, impôs as mãos e o curou. Essa passagem não é apenas uma história; ela é um testemunho do que acontece quando assumimos nosso chamado e permitimos que Deus nos use para Seu poder. O mesmo Espírito que trabalhou por meio dos apóstolos está vivo em nós hoje.

Sabendo que temos essa autoridade, nossa postura deve ser de ousadia e obediência. Quando enfrentamos doenças, seja em nossas próprias vidas, seja nas dos outros, não devemos hesitar. Somos chamados a impor as mãos sobre os doentes e confiar que Deus agirá por meio de nossas ações. A cura pode nem sempre acontecer da maneira que esperamos, mas o simples ato de obediência pode desbloquear momentos milagrosos. O poder de curar não está em nós, mas no Espírito trabalhando por meio de nós.

ESPERANÇA

| 02 DE JULHO

Quero trazer à memória o que pode me dar esperança. (Lamentações 3.21)

Em meio às dificuldades e incertezas da vida, a esperança se torna um farol que nos guia ao descanso em Deus. O profeta Jeremias, em um momento de profunda angústia por conta do estado espiritual do povo de Deus, escolheu intencionalmente trazer à memória aquilo que poderia renovar sua esperança. Apesar de parecer algo simples, essa escolha é um ato de fé, que nos ajuda a manter a perspectiva correta, não importando o cenário.

A ressurreição de Lázaro é outro exemplo poderoso de como os milagres de Deus podem renovar nossa esperança. Maria e Marta estavam diante de uma perda irreparável, mas, quando Jesus chegou, reverteu a situação, trazendo seu irmão de volta à vida. Tal manifestação sobrenatural impactou profundamente todos aqueles que testemunharam o poder de Deus (cf. João 11.1-46). Assim também, quando nos lembramos daquilo que o Senhor realizou em nossas vidas, somos reconduzidos a nosso foco, deixando o desespero de lado.

Ao trazermos à memória os feitos do Senhor, desfrutamos de uma paz inexplicável, pois relembramos que o mesmo Deus que operou milagres no passado continua agindo em nosso favor hoje. Compartilhar nossos testemunhos também possui um efeito transformador. Eles são como sementes que, quando plantadas no coração das pessoas a nosso redor, podem gerar fé e esperança.

Portanto, que possamos ser intencionais em relembrar e compartilhar tudo o que vivemos com o Pai. Que nossas palavras sejam cheias de confiança, apontando para o Deus que faz o impossível (cf. Mateus 19.26)!

■ DIA 183

NA PRÁTICA

Tenha como hábito reservar uns minutos de seu dia para refletir sobre os milagres e feitos de Deus em sua vida. Escreva-os em um papel para que possa revisitá-los. Compartilhe um desses testemunhos com alguém que esteja passando por um momento difícil. Seja intencional em espalhar esperança e fé, lembrando que sua experiência com o Senhor pode ser o canal para que outra pessoa viva um encontro transformador com Sua presença.

BÍBLIA EM UM ANO

- ☐ 1 Reis 2
- ☐ Oseias 5
- ☐ Marcos 11.15-33

ANOTAÇÕES

03 DE JULHO | CAMINHE EM FÉ

Quando as plantas dos pés dos sacerdotes que levam a arca do Senhor Deus, o Senhor de toda a terra, tocarem nas águas do Jordão, elas serão cortadas, a saber, as águas que vêm de cima, e se amontoarão. (Josué 3.13)

DIA 184

NA PRÁTICA

Coloque sua fé em ação alinhando-se à direção de Deus. Mesmo em períodos de espera, prepare-se para as promessas. Confie que Ele está trabalhando, e sua obediência abrirá portas para o plano d'Ele.

BÍBLIA EM UM ANO

1 Reis 3 ☐
Oseias 6 ☐
Marcos 12.1-27 ☐

ANOTAÇÕES

Andar na fé não é apenas acreditar nas promessas de Deus; é agir com base em Sua direção, mesmo quando ainda não podemos ver o resultado. Em Josué 3.13, Deus instruiu os sacerdotes que carregavam a Arca da Aliança a entrarem no Rio Jordão antes que suas águas se separassem. Isso exigiu um profundo nível de confiança e obediência, pois tiveram de seguir em frente sem nenhum sinal visível de que a promessa seria cumprida. A fé em ação preparou o cenário para o milagre, permitindo que Israel cruzasse em solo seco.

A resposta dos sacerdotes e do povo ao comando de Deus é um exemplo poderoso do que significa andar na fé. Eles não esperaram o milagre acontecer antes de agirem, pelo contrário: deram o primeiro passo, confiando que o Senhor cumpriria Sua palavra. Assim, quando Ele nos dá uma direção, nosso papel é nos prepararmos e seguirmos, mesmo que nada pareça estar acontecendo. Fé não é sobre ver primeiro e depois crer — é sobre crer primeiro e depois ver os resultados dessa crença.

Nossa postura quando ouvimos a voz de Deus deve ser de obediência e preparação imediatas. Embora nem sempre entendamos como ou quando as promessas do Criador se cumprirão, podemos estar confiantes de que Ele é fiel. Ao dar passos de fé, mesmo quando o caminho não está claro, demonstramos nossa confiança no tempo e no poder d'Ele. Portanto, vamos escolher andar na fé, colocando Suas palavras em ação, e observar como o Senhor concretiza Suas promessas de maneiras que excedem nossas expectativas.

PREGUE AS BOAS NOVAS

| 04 DE JULHO

– Volte para a sua casa e conte tudo o que Deus fez por você. Então ele foi, proclamando por toda a cidade o que Jesus lhe tinha feito. (Lucas 8.39)

Quando Jesus libertou o gadareno dos espíritos imundos, Ele o instruiu a voltar para sua casa e testemunhar sobre o que Deus havia feito. Sem hesitar, o homem proclamou, em toda a cidade, o milagre que havia experimentado (cf. Lucas 8.26-39). Esse relato destaca a importância de compartilhar o Evangelho, independentemente de como seremos percebidos pelos outros.

Anunciar as Boas Novas sem nos preocuparmos em agradar as pessoas é crucial, porque todos necessitam de um encontro genuíno com o único e verdadeiro Deus. Não podemos diluir o Evangelho para ser mais bem aceito. Precisamos pregá-lo em sua plenitude, crendo que o Senhor é poderoso para abrir corações a fim de que a semente seja plantada em solo fértil (cf. Atos 16.14). Hoje em dia, existe uma pressão para sermos politicamente corretos, mas o mundo não precisa de frases agradáveis: precisa da verdade que liberta (cf. João 8.32)! Nossa base para pregar o Evangelho não está em nossa força ou posição, e sim em nossa identidade em Cristo e em Sua preciosa Palavra.

Onde quer que estejamos, somos chamados a ser a voz que declara a salvação, pois o mundo aguarda ansiosamente pela manifestação dos filhos de Deus (cf. Romanos 8.19). Para isso, não devemos esperar que um pastor ou líder dê o primeiro passo. Nossa missão é clara: pregar as Boas Novas com coragem e fidelidade, confiando que Deus nos usará poderosamente para impactar os que estão a nosso redor.

■ DIA 185

NA PRÁTICA

Reflita sobre sua vida e o testemunho que você tem compartilhado com os que estão à sua volta. Existe algo que você tem hesitado em dizer por medo de como será visto? Neste fim de semana, comprometa-se a testemunhar o que Deus tem feito em sua vida. Seja uma luz onde você está hoje e permita que o Espírito Santo use seu testemunho para transformar vidas.

BÍBLIA EM UM ANO

- ☐ 1 Reis 4-5
- ☐ Oseias 7
- ☐ Marcos 12.28-44

ANOTAÇÕES

....

....

....

....

....

....

05 DE JULHO | COMUNHÃO DOS SANTOS

Não deixemos de nos congregar, como é costume de alguns. Pelo contrário, façamos admoestações, ainda mais agora que vocês veem que o Dia se aproxima. (Hebreus 10.25)

DIA 186

NA PRÁTICA

Junte-se a um pequeno grupo ou reunião da igreja nos próximos dias. Abrace a força e as bênçãos que fluem quando os irmãos em Cristo se reúnem em unidade e testemunhe como Deus Se move no meio de Seu povo.

BÍBLIA EM UM ANO

1 Reis 6 ☐
Oseias 8 ☐
Marcos 13.1-13 ☐

ANOTAÇÕES

Permanecer conectado com seus irmãos em Cristo é mais do que apenas um bom hábito — é essencial para seu crescimento espiritual e proteção. O Inimigo sabe disso, e é por essa razão que há tanta luta para nos manter isolados ou desconectados do Corpo de Cristo. Na passagem de Hebreus 10.25, o autor recomenda que não desistamos de congregar. Nessas reuniões, algo poderoso é liberado. Quando nos juntamos em comunhão genuína, com a Palavra de Deus e o fogo do Espírito Santo, criamos um ambiente em que somos encorajados, capacitados e fortalecidos.

A união dos santos não significa apenas estar fisicamente presente: é se envolver com os outros de forma a permitir que Deus Se mova entre nós. Nessa atmosfera, encontramos orientação espiritual e proteção, às quais não podemos acessar sozinhos. O lugar mais seguro para qualquer ovelha é o rebanho, perto do Pastor, onde a fé e o amor da comunidade criam um ambiente em que a presença de Deus é palpável.

Quando o cansaço e as decepções vêm, como inevitavelmente virão, nosso primeiro instinto deve ser nos inclinarmos para essa comunhão em vez de nos retirarmos dela. Sim, é tentador nos isolarmos quando estamos sofrendo, mas é exatamente o momento em que mais precisamos de nossa família espiritual. Ao permanecermos conectados, permitimos que Deus trabalhe por meio de outros para nos elevar e nos mantemos no lugar mais seguro possível — bem no meio de Seu povo, onde Sua presença é mais forte.

ESCOLHIDO

06 DE JULHO

Antes de formá-lo no ventre materno, eu já o conhecia; e, antes de você nascer, eu o consagrei e constituí profeta às nações. (Jeremias 1.5)

A ideia de ser escolhido por Deus é profunda. Em outras palavras, desde antes do nosso nascimento, o Senhor já tinha um plano específico para cada um. Você não é um acidente do destino ou um fruto do acaso, mas foi cuidadosamente planejado pelo Criador do Universo e é Seu filho amado.

Em Salmos 139.16, o salmista declara que todos os nossos dias foram escritos no livro de Deus. Ou seja, somos obra das Suas mãos, criados com intencionalidade pelo Pai, que nos conhece profundamente.

Já em Efésios 2.10, lemos que "[...] somos feitura dele, criados em Cristo Jesus para boas obras, as quais Deus preparou de antemão para que andássemos nelas". O Senhor nos criou com talentos específicos, e nossa identidade está firmada n'Ele. Saber que somos escolhidos nos dá confiança para enfrentar desafios e nos lembra de que nossa vida tem um significado eterno.

Viver a partir dessa revelação requer uma mudança de perspectiva: devemos crer que Deus está ao nosso lado a todo momento, mesmo nas tempestades! Romanos 8.28 nos assegura de que "[...] todas as coisas cooperam para o bem daqueles que amam a Deus [...]", e essa confiança nos permite caminhar com coragem, sabendo que o Senhor está no controle de tudo.

Quando você entende que é escolhido, sua identidade se solidifica em Cristo. Por isso, rejeite totalmente as mentiras do Inimigo que questionam o seu valor e abrace a verdade de que é conhecido por Deus. Isso o impulsionará a viver de acordo com a vontade do Senhor, sendo luz em um mundo que precisa desesperadamente do amor de Cristo.

DIA 187

NA PRÁTICA

Reserve um tempo para meditar em Jeremias 1.5 e em Salmos 139.16. Depois, escreva em um papel como você contempla o propósito de Deus se desenrolando em sua vida. Ore pedindo ao Senhor que fortaleça sua identidade n'Ele e revele mais profundamente o plano que Ele tem para você. Comprometa-se a viver de acordo com essa compreensão, confiando no amor e na orientação do Pai.

BÍBLIA EM UM ANO

- [ ] 1 Reis 7
- [ ] Oseias 9
- [ ] Marcos 13.14-37

ANOTAÇÕES

07 DE JULHO | MANTENHA O TESTEMUNHO VIVO

*Uma numerosa multidão dos judeus ficou sabendo que Jesus estava em Betânia. Eles foram até lá não só por causa dele, mas também para ver Lázaro [...] Mas os principais sacerdotes resolveram matar também Lázaro, **porque muitos dos judeus, por causa dele, voltavam crendo em Jesus.*** (João 12.9-11 – grifo nosso)

DIA 188

NA PRÁTICA

Exercite a gratidão! Escreva ou grave testemunhos daquilo que Deus tem feito na sua vida até hoje. Sempre que duvidar da sua fé, leia ou ouça esses testemunhos e também os compartilhe com outras pessoas, mostrando que cada detalhe aponta para o Senhor.

BÍBLIA EM UM ANO

1 Reis 8 ☐
Oseias 10 ☐
Marcos 14.1-31 ☐

ANOTAÇÕES

Depois que Jesus trouxe Lázaro de volta à vida, muitos passaram a crer n'Ele. Por esse motivo, os religiosos quiseram eliminar as evidências da ressurreição, traçando um plano para matar Lázaro. Da mesma forma, quando Deus opera um milagre em sua vida, o Inimigo deseja matar o seu testemunho, mas você precisa mantê-lo vivo, e uma das maneiras mais eficazes de fazer isso é por meio da gratidão.

Depois que Deus faz algo grandioso, alguns tendem a entrar no automático com o passar do tempo. Com isso, correm o risco de desanimar, deixando de lado os testemunhos do que já aconteceu. Em Salmos, por exemplo, o poeta declara que se recordará das maravilhas feitas pelo Senhor (cf. Salmos 77.11). É claro, não é recomendável se alimentar do passado, afinal também está escrito: "Esqueçam o que se foi; não vivam no passado. Vejam, eu farei uma coisa nova! [...]" (Isaías 43.18-19 – NVI). Por isso, devemos buscar um equilíbrio, sendo gratos pelo que o Senhor já fez, mas também crendo que Ele pode fazer muito mais. Isso não somente fortalece a nossa fé, mas também serve de testemunho para as pessoas ao nosso redor.

É evidente que nem sempre Deus age de modo aparentemente sublime. Muitas vezes, Seu toque é revelado nos detalhes sutis, em acontecimentos rotineiros que passam despercebidos. Nesses momentos, procure aguçar sua percepção e não se permita esquecer da bondade e misericórdia do Senhor. Seja grato, mantenha sua fé firme e lembre-se de que outras pessoas podem ir a Cristo por causa do seu testemunho.

A REAL AUTORIDADE

| 08 DE JULHO

Ao ver as multidões, Jesus se compadeceu delas, porque estavam aflitas e exaustas como ovelhas que não têm pastor. Então Jesus disse aos seus discípulos: — A seara é grande, mas os trabalhadores são poucos. Por isso, peçam ao Senhor da seara que mande trabalhadores para a sua seara. (Mateus 9.36-38)

A verdadeira autoridade em manifestar o amor de Deus vem de ter um coração que espelha o de Jesus — sensível e compassivo. Quando viu as multidões, o Mestre não foi movido apenas pelas necessidades físicas delas: Ele estava profundamente preocupado com seu bem-estar espiritual, vendo-as como ovelhas sem pastor. Sua autoridade não estava somente em palavras ou milagres, mas em uma real empatia por aqueles a quem servia.

A compaixão de Jesus em resposta às necessidades das multidões nos ensina que a autoridade espiritual está enraizada no amor de Deus e em Sua misericórdia. Portanto, não se trata de exercer poder, mas de responder às carências com cuidado genuíno, movido pelo amor de Deus. Consequentemente, quando abordamos as pessoas, tornamo-nos cheios da benevolência e da Graça do Senhor. Isso nos lembra de que, para sermos eficazes em nossa missão, devemos cultivar um coração que realmente se importa com os outros. É por meio dessa lente compassiva que podemos ver o mundo como Jesus vê. Essa sensibilidade nos capacita a fazer uma diferença real.

Para nos prepararmos como trabalhadores no campo do Senhor, precisamos desenvolver essa perspicácia e compaixão. Em outras palavras, é essencial estar em sintonia com as necessidades a nosso redor, não em um nível superficial, mas com um coração movido pelas lutas dos outros. Isso é crucial para manifestar o amor de Deus, garantindo que nossas ações sejam motivadas por um desejo sincero de refletir Seu amor e de atender às necessidades daqueles a quem servimos.

DIA 189

NA PRÁTICA

Passe um tempo em oração, pedindo a Deus que lhe dê um coração como o de Jesus, sensível e compassivo. Então, busque uma oportunidade de servir a alguém necessitado, concentrando-se em atender às suas necessidades espirituais e emocionais.

BÍBLIA EM UM ANO

- ☐ 1 Reis 9
- ☐ Oseias 11
- ☐ Marcos 14.32-72

ANOTAÇÕES

09 DE JULHO | PERMANEÇA FORTE

Estou tão forte hoje como no dia em que Moisés me enviou. A força que eu tinha naquele dia eu ainda tenho agora, tanto para combater na guerra como para fazer o que for necessário. (Josué 14.11)

DIA 190

NA PRÁTICA

Reserve alguns minutos hoje para refletir sobre sua trajetória. Talvez você ainda seja jovem e já se veja fadigado com as demandas da vida; é possível também que seus anos tenham passado, e, hoje, você acredite que não tem mais forças para cumprir o que Deus lhe entregou. Ore a Deus e peça-Lhe que aumente suas forças, a fim de que você termine seus dias ainda mais forte e apaixonado pela missão.

BÍBLIA EM UM ANO

1 Reis 10 ☐
Oseias 12 ☐
Marcos 15.1-20 ☐

ANOTAÇÕES

Quando lemos a história de Calebe, somos expostos a uma realidade: o tempo tinha passado, mas a promessa ainda não havia se materializado. No entanto, a vida de Calebe nos lembra da persistência e da fé. Aos 85 anos, ele ainda desfrutava de resistência física, mas também de uma força espiritual que provinha de uma vida de intimidade com Deus — o que o manteve avançando, pronto para reivindicar o que havia sido prometido.

Esse tipo de persistência reflete também a vida de Loren Cunningham, o fundador da JOCUM (Jovens com uma missão). Ainda em seus últimos dias, Loren permaneceu apaixonado por seu chamado de espalhar o Evangelho, incentivando os novos líderes a traduzirem as Escrituras para as línguas que ainda não têm acesso a elas. Quando meu pastor, Teófilo Hayashi, lhe pediu um conselho, Loren não hesitou: "Você tem uma palavra de Deus? Então vá e faça o que Ele o chamou para fazer!". Assim como Calebe, a força de Loren estava enraizada na obediência à Palavra de Deus e em permanecer fiel à sua missão.

Entenda que você só permanecerá forte ao aprender a esperar no Senhor — o que é diferente de apenas esperar por Ele. Esperar no Senhor é um ato ativo, de adoração e confiança, capaz de renovar suas forças (cf. Isaías 40.31). Mesmo que não veja as promessas, é no tempo de espera que sua fé e "músculos" espirituais terão a chance de crescer. Portanto, continue buscando a presença de Deus e, assim como Calebe e Loren, você descobrirá que é possível terminar sua corrida tão forte como quando começou.

LUGAR DE DESCONFORTO

| 10 DE JULHO

Ora, a fé é a certeza de coisas que se esperam, a convicção de fatos que não se veem.
(Hebreus 11.1)

A fé não é sobre você se sentar e esperar pelo melhor. É sobre crer naquilo que Deus falou e confiar em Seu agir, mesmo passando por tempos difíceis. Isso significa que a fé o chama a confiar no poder de Deus, sabendo que Ele é mais do que capaz de cumprir Suas promessas. Por exemplo, em Hebreus 11.1, somos lembrados de que a fé é a evidência das coisas não vistas, e isso nos encoraja a crer e descansar no Senhor, gerando em nós maior confiança em Seu plano.

Mas a fé também exige ação. Não podemos simplesmente ouvir a voz de Deus e duvidar do Seu caráter. Pelo contrário, precisamos estar convencidos de quem o Senhor é e do que diz, para, então, andarmos com a certeza de que Ele agirá. Isso pode significar entrar em um lugar desconfortável, em que nossa dependência de Deus é absoluta. Se o Pai não aparece, não podemos nos mover um centímetro — esse é o nível de fé para o qual o Ele nos chama.

Sair da nossa zona de conforto nunca é fácil, mas é frequentemente onde a fé real começa. Nesses momentos desconfortáveis, percebemos que não podemos confiar em nossa própria força. É aqui, em nossa vulnerabilidade, que levantamos nossas mãos e dizemos: "Deus, não consigo fazer isso sozinho. Preciso do Teu Espírito Santo e preciso da Tua ajuda". É assim que compreendemos que a fé realmente ganha vida em nós quando dependemos totalmente do Senhor.

 DIA 191

NA PRÁTICA

Dê um passo de fé entregando uma preocupação específica a Deus. Confie que Ele está trabalhando nos bastidores. Ore por paz e pela capacidade de descansar em Suas promessas. Lembre-se: o Senhor olha além, e o tempo está em Suas mãos.

BÍBLIA EM UM ANO

☐ 1 Reis 11
☐ Oseias 13
☐ Marcos 15.21-47

ANOTAÇÕES

11 DE JULHO | UM DESCANSO COMPLETO

Nenhum mal lhe sucederá, praga nenhuma chegará à sua tenda. Porque aos seus anjos ele dará ordens a seu respeito, para que guardem você em todos os seus caminhos.
(Salmos 91.10-11)

DIA 192

NA PRÁTICA

Depois da leitura do devocional de hoje, aquiete sua mente por alguns minutos. Pare e conecte-se com Deus! Deixe que a certeza de que Ele está com você tome conta do ambiente. Descanse e se esqueça, por alguns minutos, de todos os compromissos da sua agenda. Apenas tenha tempo de contemplar o Senhor.

BÍBLIA EM UM ANO

1 Reis 12 ☐
Oseias 14 ☐
Marcos 16 ☐

ANOTAÇÕES

Um indício de que estamos caminhando a partir de nossa identidade de filhos é o fato de nos sentirmos completamente seguros em Deus. Não precisamos de garantias terrenas e não buscamos seguranças em outras coisas ou pessoas, porque o Senhor nos traz paz e vida abundante. Quando permanecemos n'Ele, permanecemos seguros!

Lembre-se de que temos um bom Pai — Ele está sempre presente e protege Seus filhos —, por isso não existem motivos que nos façam temer. Aliás, o maior indício de que desfrutamos de segurança em Deus é nossa **habilidade de descansar completamente**. Ao enfrentarmos desafios e dificuldades, temos de elevar nosso pensamento ao que a Palavra diz sobre o cuidado e a provisão do Senhor. Certamente, não precisamos temer o dia mau, pois Ele está conosco.

Cultivamos essa certeza em nossos corações todos os dias ao passarmos tempo com o Pai, por esse motivo não podemos abrir mão do nosso momento devocional e de meditação bíblica, lendo a Palavra, que é viva e eficaz (cf. Hebreus 4.12), e orando constantemente (cf. 1 Tessalonicenses 5.17). O Espírito Santo que habita em nós confirma a promessa de que nunca estaremos sozinhos. Além disso, Ele nos dá a convicção de que estamos seguros no Criador do Céu e da Terra.

Ao fortificarmos nosso espírito por meio das disciplinas espirituais e da comunhão com nossos irmãos, entendemos de onde viemos e para onde vamos. Por que temeremos a morte? Onde ela está? Como ela se comparará ao nosso Deus? Ele já a venceu! Não temamos!

DORES DO PASSADO

12 DE JULHO

Saindo dali, Jesus foi para a região de Tiro e Sidom. E eis que uma mulher cananeia, que tinha vindo daqueles lados, clamava: — Senhor, Filho de Davi, tenha compaixão de mim! Minha filha está horrivelmente endemoniada. (Mateus 15.21-22)

Ao lermos essa história, conseguimos perceber que a mulher cananeia estava desesperada e tinha uma única esperança. Ela foi até o Messias gritando, completamente vulnerável, pois compreendia que somente Jesus poderia libertar a sua filha. Nada mais conseguiria livrá-la, apenas a misericórdia do enviado de Deus para Israel.

Ir até o Senhor expondo as nossas dores e feridas exige de nós coragem, humildade e dependência. É uma constante que precisamos exercitar de maneira ativa, pois podemos estar dentro da igreja, servindo em algum ministério ou realizando nossos devocionais regularmente, mas ainda assim não assumirmos que precisamos de cura.

Por isso, aproxime-se de Deus com sinceridade e deixe que Ele o liberte em tempos de dificuldade ou influência do mal. O Senhor honra a nossa vulnerabilidade! A mulher cananeia não buscou Jesus no cantinho nem agendou uma conversa, ela chegou clamando e expondo a condição de sua filha. Ela gritou e pediu o que precisava ao Senhor, e Ele o fez porque é bondoso! Então não tema expor ao Pai as partes que doem em você, pois Ele as vê e deseja tocá-las, mas, antes disso, é necessário que você abra o seu coração.

Manter-se ofendido ou cheio de amargura por questões passadas irá impedi-lo de ver a bondade de Deus ou de ser persistente na caminhada com Cristo. Quando permanecemos com um coração ferido, não existe espaço para o amadurecimento e a autoridade, mas brechas podem ser abertas para a ação do Diabo em nossa mente. Portanto, renda-se ao Deus que cura toda dor e deseja restaurá-lo!

DIA 193

NA PRÁTICA

Você consegue ser completamente vulnerável diante de Deus? Se não, o que você acha que o impede? Pegue uma folha e tente expor, por escrito, alguma situação que ainda dói na sua alma. Depois, leia em voz alta para o Senhor e ore sobre isso, pedindo revelação e auxílio ao Espírito Santo.

BÍBLIA EM UM ANO

- [ ] 1 Reis 13
- [ ] Joel 1
- [ ] 1 Coríntios 1.1-17

ANOTAÇÕES

13 DE JULHO | O QUE VOCÊ ESPERA DE DEUS?

Cheguem perto de Deus, e ele se chegará a vocês. [...]. (Tiago 4.8)

DIA 194

NA PRÁTICA

Agora dedique alguns minutos a Deus e, em secreto, faça uma oração de adoração. Diga apenas palavras que exaltam o nome d'Ele e que engrandecem Sua presença. Não peça nada! Apenas contemple-O!

BÍBLIA EM UM ANO

1 Reis 14 ☐
Joel 2.1-11 ☐
1 Coríntios 1.18-31 ☐

ANOTAÇÕES

Somos seres relacionais e o tempo todo estamos interagindo uns com os outros, direta ou indiretamente. O que nos leva a investir em um relacionamento é a identificação com a outra pessoa, ou seja, termos gostos e vivências em comum — é, também, o que esperamos receber em troca com aquela relação, seja a simples companhia da pessoa, seja algo mais. Isso porque a natureza caída do ser humano é motivada por seu anseio constante de ser beneficiado. Existe em nós essa expectativa, e ela se reflete em nossos relacionamentos interpessoais e na forma como nos conectamos com Deus.

Infelizmente, quando não sondamos nosso coração, a busca pela Presença também pode ser consequência de nossos interesses egoístas! Imagine, no entanto, que, no seu círculo de amizades, as pessoas queiram sua companhia somente pelos benefícios que você pode oferecer. Do mesmo modo como desejamos ser amados pelo que somos — e não pelo que temos —, precisamos da face do Pai, não apenas de Suas bênçãos.

Amar a Deus pelo que Ele é e não pelo que pode fazer é o verdadeiro lugar de intimidade e devoção que temos de buscar em nossas vidas. Vez após vez, procuramos Sua presença em momentos de conflito e desespero, mas o Senhor quer Se relacionar conosco porque nos ama profundamente e, por isso, convida-nos a nos achegarmos! Ele é misericordioso e deseja nos socorrer, mas também espera um relacionamento íntimo conosco. Por isso, pergunto-lhe: o que você espera de Deus quando busca Sua presença?

SEM AMOR, DE NADA VALE

| 14 DE JULHO

Ainda que eu fale as línguas dos homens e dos anjos, se não tiver amor, serei como o bronze que soa ou como o címbalo que retine. (1 Coríntios 13.1)

Em 1 Coríntios 13, Paulo nos ensina que, embora os dons espirituais sejam valiosos, eles perdem completamente o sentido se não forem acompanhados pelo amor. Independentemente de quão talentosos sejamos — seja ao falar em línguas, profetizar ou realizar milagres —, sem esse fundamento, todas as ações se tornam vazias. O apóstolo nos mostra, ainda, que até os maiores feitos espirituais são como palavras ao vento: impressionantes, mas rapidamente esquecidas. Afinal, é o amor que dá profundidade e propósito a tudo o que fazemos.

Na maioria das vezes, é fácil focar atos espirituais ou demonstrações de poder, porém, o verdadeiro sentido de tudo está em como lidamos com o nosso próximo. O que você faz quando é magoado, decepcionado ou frustrado? É justamente quando perdoamos que refletimos o amor de Deus de forma prática, mostrando que entendemos a Graça que Ele nos estendeu. O amor não é apenas um sentimento, mas é a decisão de agir com misericórdia, entrega, compaixão, gentileza, verdade e humildade, mesmo quando é difícil.

Para isso, precisamos ser intencionais em priorizar o verdadeiro amor — aquele que aprendemos com o próprio Deus. Certamente, desafios surgirão, mas essa base deve permanecer firme em nossa vida. Quando fazemos do amor nossa motivação, em vez de apenas buscar dons ou reconhecimento sobrenaturais, alinhamos nossos corações com a vontade divina. Dessa forma, o verdadeiro poder de nossas ações é percebido, causando um impacto eterno. Senhor Deus, clamamos: levanta-nos como uma Igreja que ama!

NA PRÁTICA

Peça a Deus que cultive o amor como a base de tudo o que você faz. Analise seu coração e reflita se você tem se movido pelo seu talento e pela sua própria capacidade ou se tem, de fato, agido em amor.

☐ 1 Reis 15
☐ Joel 2.12-32
☐ 1 Coríntios 2

16 DE JULHO | **UM FILHO PERDOA!**

Um irmão ofendido resiste mais que uma fortaleza, e as rixas são como as trancas das portas de um castelo. (Provérbios 18.19)

DIA 196

NA PRÁTICA

Como você lida com seu coração ofendido? Existe alguém que você precisa perdoar? Se sim, coloque diante de Deus as feridas que foram causadas; depois, procure essa pessoa ainda esta semana e libere perdão.

BÍBLIA EM UM ANO

1 Reis 16 ☐
Joel 3 ☐
1 Coríntios 3 ☐

ANOTAÇÕES

Neste mundo, seremos feridos e machucados por pessoas que amamos ou por quem nem é tão próximo assim. A verdade é que, enquanto nos relacionarmos, iremos nos ferir, mas a forma como reagirmos testemunhará se somos filhos, ou se ainda nos enquadramos na orfandade.

Quando somos machucados ou passamos por decepções, talvez a primeira coisa que venha à nossa mente seja um senso de justiça e impiedade. Pensamos: "Essa pessoa não merece perdão" ou "aquilo que ela fez ou disse me ofendeu profundamente". Agimos com rancor e evitamos o outro que nos feriu, seja um amigo, pai ou líder. Temos a tendência a tornar nosso coração desconfiado e enrijecido conforme as frustrações e dores nos alcançam.

Porém, não é esse o caminho que Jesus nos sugere! Quando formos feridos, devemos buscar perdoar e nos render ao Espírito Santo para sermos tratados, até o ponto em que consigamos seguir e amar novamente. Sua segurança está em Deus; não só a física, mas a emocional também! Você não precisa defender seu coração com suas próprias forças: entregue-o ao Pai!

Em Efésios 4.32, o Apóstolo Paulo escreveu: "Pelo contrário, sejam bondosos e compassivos uns para com os outros, perdoando uns aos outros, como também Deus, em Cristo, perdoou vocês". Nós fomos perdoados, e não merecíamos nem uma gota da Graça, mas, ainda assim, o Senhor lançou nossas transgressões no mar do esquecimento. Ele não só nos perdoou, como nos redimiu! De mesmo modo, devemos agir com nossos irmãos; com compaixão, estendendo o perdão que nos foi dado.

APESAR DO SILÊNCIO, PROSSIGA

16 DE JULHO

*Jesus, porém, não lhe respondeu palavra. Então os seus discípulos, aproximando-se, disseram: — Mande-a embora, **pois vem gritando atrás de nós**.* (Mateus 15.23 – grifo nosso)

Quando Deus não responde às nossas orações de imediato, somos tentados a desistir, talvez por pensar que Ele não Se importa conosco ou que não nos ouve. Seja pelo motivo que for, temos de **persistir**. O silêncio do Senhor é uma oportunidade para que intensifiquemos nosso clamor e adoração, assim como a mulher descrita na passagem de Mateus 15.21-28.

Depois de ser ignorada, ela aparentemente havia sido desprezada por Jesus em um momento de angústia. Isso já seria motivo suficiente para que desanimasse. Contudo, sua fé era tão intensa que ela foi capaz de superar o silêncio sem se importar com a reprovação dos discípulos e das pessoas ao redor. Cristo, então, honrou a perseverança daquela mulher e respondeu ao seu clamor.

O Senhor é poderoso para fazer infinitamente mais do que pedimos ou pensamos (cf. Efésios 3.20), mas isso não significa que Ele seja obrigado a nos responder no momento exato em que clamamos. Por isso, aprenda com o exemplo da mulher cananeia, que se manteve humilde e permaneceu firme, sem diminuir a intensidade de seu clamor face às circunstâncias.

Quando Deus parecer demorar para atendê-lo, vá mais fundo em sua adoração. Ore mais, clame mais! Ao fazer isso, a sua fé será fortalecida. Acima de tudo, porém, jamais se esqueça de que a vontade do Pai é perfeita. Mesmo que as coisas não aconteçam como você espera, isso não significa que Ele não o ouça ou não aja em seu favor. Então não se mova pelas circunstâncias; nunca permita que sua fé esmoreça quando nada acontecer. Persista, apesar do silêncio!

DIA 197

NA PRÁTICA

Há alguma área específica da sua vida em que você precisa de fé? Coloque essa situação diante de Deus e peça a Ele que lhe dê a perspectiva celestial sobre o que você está passando. Abra mão da sua necessidade de compreender todas as coisas, declarando que a vontade de Deus seja feita acima de tudo.

BÍBLIA EM UM ANO

- [ ] 1 Reis 17
- [ ] Amós 1
- [ ] 1 Coríntios 4

ANOTAÇÕES

17 DE JULHO | BOA MORDOMIA

Cada um exerça o dom que recebeu para servir aos outros, administrando fielmente a graça de Deus em suas múltiplas formas. [...] Se alguém serve, faça-o com a força que Deus provê, de forma que em todas as coisas Deus seja glorificado mediante Jesus Cristo, a quem sejam a glória e o poder para todo o sempre. Amém. (1 Pedro 4.10-11 – NVI)

DIA 198

NA PRÁTICA

Quais dons e talentos Deus confiou a você? De que forma você pode usá-los para servir ao Senhor?

BÍBLIA EM UM ANO

1 Reis 18
Amós 2
1 Coríntios 5

ANOTAÇÕES

Você não está pronto para construir algo relevante se não estiver disposto a servir. Atualmente, muitos desejam exercer influência, mas não cumprem seu papel onde estão. Almejar grandes sonhos é válido — você deve fazer isso. A questão é que, no Reino de Deus, a lógica vai na contramão da ideia que o mundo oferece.

Jesus disse a Seus discípulos que o maior entre eles deveria ser servo (cf. Mateus 23.11) e que quem é fiel no pouco será fiel no muito (cf. Lucas 16.10). Esse princípio demonstra o quanto alguém está realmente comprometido com o que o Senhor deseja fazer. Quando seu coração arde por ver o Reino de Deus na Terra, você se permite ser usado por Ele em qualquer situação. Sendo fiel e obediente, seus dons e talentos serão mais bem aproveitados.

Reconheça a importância do que o Senhor confiou a você agora, mesmo que pareça insignificante. Quando somos guiados por medo e procuramos desculpas para não fazer o que Deus nos ordenou, corremos o risco de enterrar nossos dons — assim como o servo mau retratado na parábola dos talentos (cf. Mateus 25).

Os talentos que você tem foram dados pelo Senhor, e Ele espera que você seja um bom mordomo do que lhe confiou. Muitas pessoas estão obcecadas com a promoção e se esquecem de que a fidelidade é a chave para tal. Não se preocupe tanto com o seu nível de influência; atente primeiro para servir da melhor forma possível com o que você tem em mãos. Então Deus falará: "[...] 'Muito bem, servo bom e fiel; você foi fiel no pouco, sobre o muito o colocarei [...]'" (Mateus 25.21).

ORE EM MEIO AOS SINAIS

| 18 DE JULHO

Tendo-se levantado de madrugada, quando ainda estava escuro, Jesus saiu e foi para um lugar deserto, e ali orava. (Marcos 1.35)

Jesus Cristo, quando iniciou Seu ministério nesta Terra, agiu com ousadia e poder. Ele ensinava, curava e realizava grandes milagres. Seus feitos eram tão inacreditáveis, que pessoas dos mais diversos lugares vinham a Seu encontro para ver com os próprios olhos. O Mestre avivou as cidades de Israel ao caminhar por elas, expandindo o Reino de Deus e manifestando Sua glória. No entanto, Ele tinha zelo e amor por algo além disso: a presença de Seu Pai. Jesus a considerava mais importante do que qualquer tipo de mover que poderia presenciar.

Permanecer constante em meio aos sinais é a chave para viver uma vida cristã segundo os preceitos de Deus. É o que você conhece do Seu Pai em secreto que o manterá firme nas fases de lutas, silêncios ou vitórias. A oração é um hábito basilar para qualquer seguidor de Jesus, afinal Ele tinha esse ato como fundamento em seus dias na Terra. Como nós não teremos?

Não à toa, Ele Se retirava constantemente para orar ao Pai em secreto e para ficar em Sua presença — este era o fundamento do Messias. Esse texto de Marcos 1.35 nos faz entender que não são as conferências, os cultos ou os louvores que nos mostrarão, de fato, quem o Senhor é. O ensinamento de Jesus é que nosso Pai tem um lugar de intimidade preparado para nós, longe das luzes, eventos e multidões, onde podemos conhecê-lO face a face com o coração limpo e puro. A prova disso é podermos sentir e experimentar Sua Graça em nossas vidas, todos os dias, por meio do sacrifício de Jesus.

NA PRÁTICA

Agora que já leu o devocional, responda: de que forma a cultura do Reino se manifesta por meio de nossa vida de oração e intimidade com o Pai no dia a dia, sem focar o deslumbramento dos grandes sinais e maravilhas?

BÍBLIA EM UM ANO

- [ ] 1 Reis 19
- [ ] Amós 3
- [ ] 1 Coríntios 6

....

....

....

....

....

19 DE JULHO | # CONVENCIDO PELO ESPÍRITO SANTO

> Quando ele [o Espírito Santo] vier, convencerá o mundo do pecado, da justiça e do juízo.
> (João 16.8 – acréscimo nosso)

DIA 200

NA PRÁTICA

Pensando no seu processo e jornada com o Senhor, como você pode, diariamente, abrir espaço para que Ele atue em sua alma e, de fato, o transforme segundo a imagem de Jesus?

BÍBLIA EM UM ANO

1 Reis 20
Amós 4
1 Coríntios 7.1-24

ANOTAÇÕES

Quando o Espírito Santo é derramado, somos levados a um profundo arrependimento; Ele exorta nossos corações, além de nos convencer do pecado e sondar nossa alma para que sejamos transformados. Aliás, a expressão de que existe um coração verdadeiramente arrependido é a mudança de mente e de hábitos: uma metanoia.

Nossa alma só é moldada de fato quando existe contrição e convencimento de pecados. É depois disso que o arrependimento pavimenta a estrada para a restauração e mudança de vida! Em Lucas 15, lemos que existe festa no Céu quando um pecador se arrepende, ou seja, a sua constância em se arrepender é motivo de alegria para o Pai.

A postura de alguém que quer ser transformado é assumir que necessita de mudança. Somente aquele que é pecador reconhece a necessidade de um Salvador! Sim, Jesus pagou o alto preço por nós na cruz e sofreu em nosso lugar, mas precisamos nos render à verdade de que éramos devedores. Tudo foi pago! Deus derrama a Sua graça para aqueles que estão arrependidos. São eles que reconhecem sua necessidade de salvação (cf. Mateus 9.12). Se você acha que já é bom demais para se arrepender, por que precisaria de um Salvador? Só carece de salvação quem não consegue se salvar sozinho.

Arrepender-se pode ser desconfortável, pois nos coloca em um lugar de confronto ao nosso ego, mas também é uma alegria. Por isso, precisamos viver com um coração quebrantado, deixando que o Espírito não apenas nos sonde, mas nos convença do pecado, da justiça e do juízo, a fim de nos conduzir pelo caminho eterno.

QUEM AMA CORRIGE

| 20 DE JULHO

Porque o Senhor corrige a quem ama e castiga todo filho a quem aceita. (Hebreus 12.6)

A verdadeira liderança cristã é fundamentada no amor, e parte deste é demonstrada por meio da correção. Deus, em Sua infinita sabedoria e generosidade, ensina-nos que corrigir é uma preocupação genuína com o crescimento espiritual de quem lideramos. Assim como um pai amoroso corrige seus filhos para orientá-los no caminho certo, um bom líder deve estar disposto a fazê-lo àqueles que estão sob sua liderança.

Não corrigir o que está errado por medo de ofender ou desagradar é, na verdade, indiferença e falta de cuidado. Contudo, é essencial entendermos que a correção, quando feita em amor, não é um ato de rejeição, mas uma demonstração de zelo pelo legado que estamos construindo.

Para que seja efetiva e compreendida como um ato de amor, devemos seguir o exemplo de liderança de Jesus. Ele amava profundamente Seus discípulos. Por isso, também não hesitava em corrigi-los quando necessário. Esse ato, no entanto, era sempre acompanhado de proximidade e empatia. Jesus compartilhava Seu coração com aqueles que liderava, e isso fazia com que Suas correções fossem recebidas como demonstrações de amor e cuidado.

O que garante que a correção em amor seja efetiva na transmissão de legado é nosso exemplo. Não há método de liderança mais poderoso do que o reflexo de nossas próprias ações. Se corrigimos em amor e vivemos de acordo com os princípios que ensinamos, aqueles que nos seguem estarão mais propensos a aceitar nossas correções e a replicar esse padrão em suas próprias vidas e lideranças.

DIA 201

NA PRÁTICA

Existe algo que você tem evitado corrigir em pessoas a seu redor por medo de ofender? Peça a Deus sabedoria para corrigir em amor e busque estar próximo daqueles que lidera, para que sua correção seja recebida como um ato de cuidado, e não de julgamento. Lembre-se de que corrigir é uma iniciativa de responsabilidade crucial para a transmissão de um legado sólido e duradouro.

BÍBLIA EM UM ANO

- ☐ 1 Reis 21
- ☐ Amós 5
- ☐ 1 Coríntios 7.25-40

ANOTAÇÕES

....
....
....
....
....

21 DE JULHO |

SANTIFICADOS PELO ESPÍRITO

Alguns de vocês eram assim. Mas vocês foram lavados, foram santificados, foram justificados no nome do Senhor Jesus Cristo e no Espírito do nosso Deus. (1 Coríntios 6.11)

DIA 202 ☐

NA PRÁTICA

Após ler o devocional, separe quinze minutos, leia Salmos 139 e peça ao Espírito que aponte dentro de você o que foge da Palavra. Deixe que Ele o sonde e observe! Ore os versículos desse salmo, se quiser.

BÍBLIA EM UM ANO

1 Reis 22 ☐
Amós 6 ☐
1 Coríntios 8 ☐

ANOTAÇÕES

Corações puros e mãos limpas — são essas as características dos que permanecerão no lugar santo do Senhor (cf. Salmos 24.3-4). Hebreus 12.14 também orienta o seguinte: "Procurem viver em paz com todos e busquem a santificação, sem a qual ninguém verá o Senhor". O fato é que a santificação faz parte da vida de todo cristão e é um processo contínuo que depende da ação do Espírito Santo em nós.

É Ele quem nos exorta, transforma, sonda, e é por meio d'Ele que mantemos uma consciência limpa diante de Deus (cf. Romanos 9.1; Atos 24.16; Hebreus 13.18). Ele nos consola, mas também nos repreende quando erramos ou temos a intenção de fazer algo que vai contra a Palavra, então esteja atento para discernir quando o Espírito Santo o confrontar!

Talvez você esteja enfrentando pecados que não consegue vencer e, quando pensa que finalmente os eliminou, cai novamente. Mesmo sabendo que não deve praticá-los, talvez acredite que não tem forças para resistir à tentação. No entanto, entenda que, por seus próprios meios, você nunca poderá vencer batalhas ou abandonar pecados. Lembre-se de que o Senhor é aquele que providencia um escape para suportarmos as tentações (cf. 1 Coríntios 10.13). É necessário o auxílio do Espírito Santo para santificar o seu interior e lhe dar força para permanecer firme, porque é Ele quem faz com que guardemos os mandamentos de Deus contidos em Sua Palavra (cf. João 14.15-17). A Bíblia é a nossa fonte, então se encha da verdade e peça ao Espírito de Deus que esquadrinhe o seu interior para santificá-lo dia após dia.

O REINO DE DEUS

| 22 DE JULHO

— *Portanto, orem assim: "Pai nosso, que estás nos céus, santificado seja o teu nome; venha o teu Reino; seja feita a tua vontade, assim na terra como no céu".* (Mateus 6.9-10)

O avivamento não é apenas sobre experiências emocionais ou momentos de adoração intensa: é sobre trazer a realidade do Céu para a Terra de uma forma tangível. Quando Jesus ensinou Seus discípulos a orarem, enfatizou a importância da vinda do Reino de Deus e de Sua vontade ser feita na Terra e no Céu (cf. Mateus 6.9-10). Esta é a essência do avivamento: alinhar nossas vidas à realidade celestial. Como Igreja, nossa missão é proclamar e viver a vontade de Deus, permitindo que Sua justiça, paz e alegria permeiem todos os aspectos da sociedade (cf. Romanos 14.17).

O verdadeiro avivamento tem consequências profundas para o mundo ao nosso redor. Viver a realidade do Reino de Deus significa se posicionar contra a corrupção, curar os doentes e promover a justiça em todas as áreas da vida. O impacto do real avivamento vai além da transformação individual: ele influencia culturas, governos, nações e comunidades inteiras. Em um mundo cheio de conflitos, o Reino de Deus oferece uma alternativa — um lugar onde a justiça, a alegria e a paz reinam.

Como participantes desse plano divino, devemos reconhecer a autoridade que o Senhor nos deu. Apesar da iniquidade e dos desafios presentes no mundo, carregamos o poder do Reino de Deus. Nosso papel é viver essa autoridade diariamente, enchendo nossas comunidades com a cultura do Céu. O significado de trazer avivamento é: participar ativamente da obra de Deus de transformar a Terra com a realidade celestial.

■ DIA 203

NA PRÁTICA

Comprometa-se a viver o Reino de Deus. Busque, em oração e em adoração, trazer a realidade do Céu para a Terra em sua vida diária. Depois estabeleça passos práticos para começar a vivenciar isso com intencionalidade.

BÍBLIA EM UM ANO

- [ ] 2 Reis 1-2
- [ ] Amós 7
- [ ] 1 Coríntios 9

ANOTAÇÕES

23 DE JULHO | # UM ALTAR PARA O SENHOR

Então os homens de Quiriate-Jearim vieram e levaram a arca do Senhor à casa de Abinadabe, que ficava na colina. E consagraram Eleazar, filho de Abinadabe, para que guardasse a arca do Senhor. (1 Samuel 7.1)

DIA 204

NA PRÁTICA

Busque formas práticas de construir altares que o ajudem a manter viva a reverência pela presença de Deus não apenas em seu momento devocional, mas em cada instante do seu dia. Incentive sua família a fazer o mesmo, mantendo seu lar inundado pela Presença.

BÍBLIA EM UM ANO

2 Reis 3 ☐
Amós 8 ☐
1 Coríntios 10 ☐

ANOTAÇÕES

A Arca da Aliança representava a presença do Deus de Israel. Tratava-se de um objeto sagrado por meio do qual Ele manifestava Seu desejo em fazer-Se presente no meio do povo. Hoje, sabemos que a Arca aponta para Cristo e que, por meio d'Ele, desde que o véu foi rasgado, a presença de Deus está disponível a nós. Assim, precisamos construir um altar ao Senhor, buscando-O diariamente de todo coração. A mesma atmosfera de avivamento, ativação e bênção que experimentamos na igreja precisa permear todos os ambientes da nossa casa.

As Escrituras narram, em 1 Samuel 7, que a Arca da Aliança foi parar na casa de um homem chamado Abinadabe. Imagine ter a presença de Deus disponível em seu lar, para sua família e seus filhos? Nós temos esse privilégio por meio de Jesus e do Espírito Santo. No entanto, muitas vezes, aquilo que antes era tão precioso se torna familiar demais, a ponto de deixarmos de valorizar. É triste saber que Uzá, aquele que tocou na Arca e foi ferido pelo Senhor, era filho de Abinadabe (cf. 2 Samuel 6.3-7), o mesmo que a recebera em sua casa por tanto tempo.

Precisamos tratar a presença de Deus com gratidão, temor e reverência, e não nos acostumar a ela. Aos setenta ou oitenta anos, temos de estar tão famintos quanto no início de nossa caminhada, quando aceitamos Jesus e recebemos o batismo no Espírito Santo. Se você deseja erguer um altar ao Senhor, não perca o senso de maravilha; desfrute da Sua presença indescritível e busque passar cada minuto da sua vida diante dela.

DEDIQUE SEU TEMPO

24 DE JULHO

Depois Moisés e Arão foram e disseram ao Faraó: – Assim diz o Senhor, Deus de Israel: "Deixe o meu povo ir, para que me celebre uma festa no deserto". (Êxodo 5.1)

Quando Moisés vai falar com Faraó, vemos a ação do governante para impedir que o povo judeu fosse liberto da escravidão e entrasse na Terra Prometida. É exatamente isto que o Diabo deseja fazer: reter a Igreja, para que não entremos naquilo que Deus reserva para nós.

Lendo um pouco mais do texto, percebemos que a primeira estratégia do Diabo para impedir sua adoração e seu "êxodo" é mantê-lo muito ocupado (cf. Êxodo 5.4). Cuidado! Há cristãos que não cultivam uma vida profunda com Deus porque não têm sabedoria para estruturar uma agenda em que Ele é a prioridade. Podem ter anos de caminhada com Cristo, mas deixam que afazeres tomem o lugar do Senhor. Isso é muito perigoso! Análise por um instante: quanto tempo você dedica a outras tarefas e à leitura da Bíblia?

Será falta de tempo, ou o Inimigo mantendo-o ocupado com tolice, a ponto de cegá-lo para aquilo que é espiritual? Não negligencie as batalhas do espírito! Coloque o Senhor sempre em primeiro lugar na sua agenda e priorize sua vida devocional. O fato de seu dia estar muito cheio é o principal motivo pelo qual você precisa dedicar a Deus um momento exclusivo. Ele lhe dá sabedoria e sustento! Ele é a base e fonte de vida! Sem Ele, nada existe ou tem valor, então mude sua rotina.

Se for necessário, acorde mais cedo ou durma mais tarde, mas não negocie seu tempo com o Pai. Assim você conseguirá exaltar Deus em cada área da vida, seja nos estudos, na família, na igreja ou no trabalho.

■ DIA 205

NA PRÁTICA

Após ler o devocional, fique por trinta minutos na presença de Deus e converse com Ele. Seja intencional ao expor aquilo que tem sido uma distração para você. Liste cinco estratégias para mudar e passe a aplicá-las ainda hoje.

BÍBLIA EM UM ANO

- ☐ 2 Reis 4
- ☐ Amós 9
- ☐ 1 Coríntios 11.1-16

ANOTAÇÕES

25 DE JULHO | A IGREJA NÃO TEM LUZ PRÓPRIA

Levante-se, resplandeça, porque já vem a sua luz, e a glória do Senhor está raiando sobre você. Porque eis que as trevas cobrem a terra, e a escuridão envolve os povos; mas sobre você aparece resplandecente o Senhor, e a sua glória já está brilhando sobre você.
(Isaías 60.1-2)

DIA 206

NA PRÁTICA

Faça de cada instante em sua vida uma oportunidade para estar exposto à glória do Senhor. Como uma planta que precisa da luz do Sol para gerar energia e sobreviver, nós, como filhos de Deus, dependemos completamente da Sua luz para resistirmos neste mundo de trevas. Por isso, diante de situações desafiadoras em sua casa ou no trabalho, retire-se por alguns minutos e, profeticamente, "absorva" a luz disponível no Pai. A partir dessa revelação, brilhe mesmo em meio ao caos.

BÍBLIA EM UM ANO

2 Reis 5 ☐
Obadias 1 ☐
1 Coríntios 11.17-34 ☐

ANOTAÇÕES

Como Igreja de Cristo, somos chamados a refletir a glória de Deus, reconhecendo que nossa luz não é própria, mas vem do Senhor. Isaías 60.1-2 ressalta como a glória do Pai resplandece sobre o Seu povo, mesmo em meio às trevas que cobrem a Terra. Essa consciência deve elevar ainda mais nosso compromisso em demonstrar um comportamento exemplar e em conformidade com a Palavra, para que a luz de Cristo brilhe ainda mais em nossas vidas.

Foi Jesus quem declarou: "Vocês são a luz do mundo [...]" (Mateus 5.14), porém Ele mesmo é o Sol da Justiça (cf. Malaquias 4.2). Assim como a Lua não tem luz própria, mas reflete a luz de um astro, nós, como Igreja, também só podemos ser luz quando estamos posicionados corretamente para refletir Cristo. Logo, nossa obrigação é permanecer em comunhão com Ele, para que Sua glória seja manifestada por meio de nós.

Em meio ao caos social, às tribulações e às crises que enfrentamos, a luz de Jesus brilha com mais intensidade por meio da Sua Igreja. Como um diamante que se destaca sobre um fundo preto, o justo vive pela fé em meio às mais densas trevas (cf. Habacuque 2.4). O caos ao nosso redor é uma oportunidade para um avivamento e deve nos despertar para um posicionamento!

Somente assim poderemos ser como lamparinas em quartos apagados, iluminando os lugares escuros e levando esperança àqueles que vivem em perdição. A sua vida deve ser uma fonte de clareza e um atestado que comprova a transformação pelo sangue de Jesus, demonstrando ao mundo que o seu brilho vem do Pai das luzes (cf. Tiago 1.17).

PÃO DA VIDA

| 26 DE JULHO

Jesus, porém, respondeu: — Está escrito: "O ser humano não viverá só de pão, mas de toda palavra que procede da boca de Deus." (Mateus 4.4)

Jesus é descrito como o "Pão da Vida" em João 6.31-35, passagem na qual Ele se compara ao maná que desceu do céu para alimentar o povo de Israel no deserto (cf. Êxodo 16). Assim como o maná sustentou fisicamente os israelitas, Cristo é o sustento espiritual que satisfaz nossa alma eternamente. Ele é a encarnação da Palavra de Deus, a verdade viva que alimenta nossa fé e nos fortalece.

Quando Jesus foi tentado no deserto, Ele enfrentou diretamente as mentiras e distorções do Diabo citando a Palavra de Deus. Em cada tentação, Cristo não apenas resistiu, como demonstrou o poder das Escrituras ao confrontar o Inimigo com a verdade absoluta. Ele não cedeu às propostas enganosas porque Sua vida estava firmemente ancorada nas declarações inabaláveis de Seu Pai.

Para nós, seguir o exemplo de Jesus significa não apenas conhecer a Sua Palavra, porém aplicá-la em nossa vida diária, fazendo dela o nosso principal alimento. Assim, em meio às tentações e armadilhas do Maligno, traga à tona as verdades celestiais. Isso envolve não apenas memorizar versículos, mas compreender o significado profundo dessas verdades e aplicá-las em suas decisões, pensamentos e ações.

Quando você enfrentar situações desafiadoras, como Jesus no deserto, a Palavra de Deus o capacitará a discernir entre a verdade e a mentira. Ela o guiará, fortalecerá sua fé e o protegerá contra os ataques espirituais do Inimigo. Assim como Cristo, você pode resistir às tentações e permanecer firme nos fundamentos divinos ao alimentar sua alma com a Palavra.

DIA 207

NA PRÁTICA

Comprometa-se a dedicar um tempo diário para ler e meditar na Palavra de Deus. Escolha um versículo ou passagem que ressoe em seu coração e o memorize. Quando enfrentar desafios ou tentações, traga à mente essas verdades bíblicas e permita que elas guiem suas decisões e fortaleçam sua fé. Ore pedindo ao Espírito Santo que o capacite a viver segundo as Escrituras, resistindo às mentiras do Diabo e experimentando a plenitude de vida que Jesus prometeu como o verdadeiro Pão da Vida.

BÍBLIA EM UM ANO

☐ 2 Reis 6
☐ Jonas 1
☐ 1 Coríntios 12

ANOTAÇÕES

....
....
....
....
....
....

27 DE JULHO | PALAVRA E PODER

Então caiu fogo do Senhor e consumiu o holocausto, a lenha, as pedras e a terra, e ainda lambeu a água que estava na vala. Quando o povo viu isso, todos se prostraram com o rosto em terra e disseram: — O Senhor é Deus! Só o Senhor é Deus! (1 Reis 18.38-39)

DIA 208

NA PRÁTICA

Busque não apenas falar palavras inspiradoras, mas clame para que o fogo do Espírito Santo queime em você e por meio de você, trazendo verdadeira transformação e confirmação do chamado de Deus em sua vida. Desafie-se a depender mais do poder divino e menos de suas próprias habilidades, para que a glória do Senhor se manifeste de maneira poderosa e visível em tudo o que fizer.

BÍBLIA EM UM ANO

2 Reis 7 ☐
Jonas 2 ☐
1 Coríntios 13 ☐

ANOTAÇÕES

O ministério de Elias não foi caracterizado apenas por suas palavras proféticas e corajosas; foi igualmente marcado por demonstrações gloriosas de poder do Alto. O evento no Monte Carmelo, em que o fogo de Deus consumiu o holocausto e os sacrifícios, é um exemplo claro de como a autoridade espiritual verdadeira é respaldada pela manifestação divina.

Quando o poder de Deus se manifesta de forma tão evidente, como o fogo que caiu do céu, ele pode validar e autenticar a Palavra proclamada. O que era uma declaração de Elias — "O Senhor é Deus" — se transforma na confissão de toda a nação. Tais evidências são provas da verdadeira autoridade espiritual. Aliás, sem o respaldo do Espírito Santo, nossa atuação e pregação ficam incompletas.

Em outras palavras, a verdadeira autoridade espiritual não vem de estratégias bem elaboradas ou de habilidades comunicativas, mas da unção divina, que transforma e confirma a Palavra anunciada. Não importa quão bem estruturados sejam nossos métodos ou quão claro seja nosso ensino; é a presença do Senhor que traz a plenitude.

Em nossos ministérios e vidas, precisamos reconhecer que nenhum parâmetro humano, por mais eficaz que seja, é capaz de substituir o poder de Deus. A pregação pode ser teologicamente sólida, e nossa comunicação clara, mas é a confirmação do Consolador que traz transformação verdadeira e impactante.

NÃO SE DISTRAIA

| 28 DE JULHO

Então o profeta disse a Geazi: — Cinja os lombos, pegue o meu bordão e vá. Se encontrar alguém, não o cumprimente; e, se alguém cumprimentar você, não responda. Ponha o meu bordão sobre o rosto do menino. (2 Reis 4.29)

Distrações estão por toda parte e podem facilmente nos afastar da missão que Deus nos confiou. A história de Geazi em 2 Reis 4.29 nos oferece um lembrete claro da importância de permanecermos focados. O que Eliseu quis dizer ao instruir seu servo era que aquele não era o momento para interações triviais. A urgência era evidente — Geazi precisava chegar à casa da sunamita rapidamente e realizar a tarefa sem demora, qualquer distração poderia custar um tempo precioso.

Da mesma forma, em nossas vidas, as distrações podem não parecer tão óbvias, mas o efeito é semelhante. Ficamos presos à correria do dia a dia, às opiniões alheias ou até aos nossos próprios medos. Essas distrações nos fazem perder o foco no propósito e na urgência que Deus colocou em nossos corações, por isso precisamos de um claro senso de propósito. Trata-se de manter os olhos no que está à frente, sem permitir que as distrações ao nosso redor nos afastem do que o Senhor nos chamou a fazer.

Quando vivemos uma vida centrada na voz de Deus, o resultado é transformador. Além disso, Ele nos concede a unção e o senso de urgência necessários para cumprirmos nosso chamado; também nos dá clareza, para entendermos o que precisamos fazer, e força, para seguirmos adiante — mesmo em meio aos desafios. Em diferentes aspectos de nossa vida, o Senhor pode nos direcionar a agir conforme Sua vontade. Portanto, não se deixe distrair. Mantenha o foco na missão que recebeu e confie que Ele guiará cada um dos seus passos.

■ DIA 209

NA PRÁTICA

Identifique quaisquer distrações que o estejam afastando do propósito de Deus para sua vida. Ore por sabedoria para reconhecer e evitar distrações que podem levá-lo para longe dos planos divinos.

BÍBLIA EM UM ANO

- ☐ 2 Reis 8
- ☐ Jonas 3
- ☐ 1 Coríntios 14.1-25

ANOTAÇÕES

29 DE JULHO | **TERRA PROMETIDA**

Vocês comerão e ficarão satisfeitos, e louvarão o Senhor, seu Deus, pela boa terra que lhes deu. (Deuteronômio 8.10)

DIA 210

NA PRÁTICA

Liste as maneiras como o Criador tem provido para você. Concentre-se em cultivar gratidão e uma mentalidade de conquista, permitindo que essas atitudes o guiem para as promessas de Deus.

BÍBLIA EM UM ANO

2 Reis 9 ☐
Jonas 4 ☐
I Coríntios 14.26-40 ☐

ANOTAÇÕES

A jornada para Canaã não era apenas sobre chegar a um destino: era sobre cultivar o coração e a mentalidade de Deus ao longo do caminho. Afinal, uma coisa é sair do Egito, outra coisa é permitir que o Senhor retire o Egito de dentro de você. O povo hebreu tinha a provisão de Deus a cada passo, mas muitos falharam em entrar na Terra Prometida porque permitiram que a murmuração e a falta de gratidão criassem raízes em seus corações. Essa atitude não apenas os impediu de apreciar a presença do próprio Deus, mas também de desenvolver a mentalidade de conquista necessária para abraçar completamente as promessas.

Para lutar contra esse pensamento de sobrevivência, devemos cultivar intencionalmente a gratidão e um coração de adoração. O maná cessou na Terra Prometida porque Deus queria que Seu povo atingisse um novo nível de maturidade — os hebreus produziriam seu próprio alimento e prosperariam na terra que Ele lhes havia dado. Ao ignorarmos a provisão do Criador e não cultivarmos um coração grato, corremos o risco de perder a plenitude de Suas promessas. Adoração e gratidão nos mantêm focados e prontos para vencer os desafios que virão.

A chave para entrar em nossa própria "Terra Prometida" é mantermos uma mentalidade de fé, uma vida de adoração e um coração grato, sabendo que a provisão de Deus não é algo a ser tomado como garantido, mas a ser estimado e respondido com um coração de louvor. Ao fazermos isso, alinhamo-nos à Sua vontade e nos preparamos para entrar totalmente nas promessas que Ele fez para nós.

CRUCIFICADOS COM CRISTO

30 DE JULHO

Logo, já não sou eu quem vive, mas Cristo vive em mim. E esse viver que agora tenho na carne, vivo pela fé no Filho de Deus, que me amou e se entregou por mim. (Gálatas 2.20)

Já pensou no significado profundo de ser cristão? Ao aceitar Jesus como Salvador, entramos em uma nova realidade: somos crucificados com Cristo. Gálatas 2.20 nos oferece uma chave para entender esse mistério: "Logo, já não sou eu quem vive, mas Cristo vive em mim".

Quando Jesus carregou nossos pecados na cruz do Calvário, levou consigo toda a nossa culpa e morte espiritual. Ao aceitarmos Seu sacrifício, somos unidos a Ele em Sua morte e ressurreição. Nosso velho "eu", marcado pelo pecado, é crucificado, e Cristo surge em nós. Nas águas batismais, somos sepultados e ressuscitamos para uma nova vida no Espírito.

A fé em Jesus é o que nos transforma em filhos de Deus. Ao crermos em Seu nome, recebemos o Consolador, que nos tomou como Sua propriedade. Essa nova identidade nos dá acesso a todas as bênçãos do Alto! Somos herdeiros do Senhor e coerdeiros com Cristo.

Entre outros benefícios, nossa fé nos confere uma autoridade espiritual extraordinária. Assim como Jacó se vestiu do primogênito Esaú para receber a bênção de seu pai, nós, revestidos de Cristo, temos o direito de nos aproximar do Senhor com confiança (cf. Hebreus 4.16). Em nome de Jesus, podemos orar e receber respostas, pois Ele nos garante que seremos ouvidos! No entanto, isso deve ser exercido com humildade e submissão à vontade de Deus.

É importante lembrar que todo poder emana do Espírito Santo que habita em nós. Ao vivermos em obediência à Sua voz, podemos experimentar a plenitude e ver Seus propósitos se cumprirem em nossas vidas.

DIA 211

NA PRÁTICA

Reserve um tempo para agradecer a Deus pela obra transformadora em sua vida. Reconheça que você é uma nova criatura em Cristo e que tem autoridade para viver em vitória sobre o pecado e as circunstâncias. Exercite sua fé, entre na presença do Senhor com confiança e permita que o Espírito Santo guie seus passos.

BÍBLIA EM UM ANO

- [ ] 2 Reis 10
- [ ] Miquéias 1
- [ ] I Coríntios 15.1-34

ANOTAÇÕES

31 DE JULHO | EMBAIXADORES DO REINO

Jesus percorria toda a Galileia, ensinando nas sinagogas, pregando o evangelho do Reino e curando todo tipo de doenças e enfermidades entre o povo. (Mateus 4.23)

DIA 212

NA PRÁTICA

Agora separe uma folha de papel e pesquise, em sua Bíblia ou em materiais de estudos, três milagres que Jesus realizou ou que Seus discípulos fizeram em Seu nome. Anote o que mais chamou sua atenção. Você vai perceber que todos os episódios bíblicos têm um traço em comum: a autoridade de Jesus, seja por Sua própria ordenança, seja pela ação em Seu nome.

BÍBLIA EM UM ANO

2 Reis 11 ☐
Miqueias 2 ☐
1 Coríntios 15.35-58 ☐

ANOTAÇÕES

Jesus veio ao mundo, como o Deus encarnado, para exercer Seu ministério por meio do ensino, pregação do Evangelho e cura. Ao lermos as Escrituras Sagradas, temos a comprovação de que o Mestre não só anunciava o Reino dos Céus, mas, também, de que o fazia demonstrando poder e autoridade. O Filho de Deus não trouxe uma mera filosofia ou um simples *lifestyle*: trouxe a manifestação sobrenatural de poder, e não de qualquer poder! Aquilo que Jesus manifestava por meio das maravilhas que realizava não era fundamentado em "palavras mágicas" ou misticismo. Era o poder do Espírito.

Quando escreve em 1 Coríntios 2.4, Paulo é bem enfático: "A minha palavra e a minha pregação não consistiram em linguagem persuasiva de sabedoria, **mas em demonstração do Espírito e de poder**" (grifo nosso). O apóstolo deixa claro que seu ministério era acompanhado não só de ensino, mas de poder.

Isso comprova o fato de Jesus ter empoderado Sua Igreja para caminhar com a consciência dessa autoridade, mas é apenas por meio de Seu nome que podemos manifestar Seu Reino de maneira sobrenatural. Quando Cristo é mencionado e exaltado, existe transformação! O mar e os ventos obedecem à Sua voz, espíritos imundos batem em retirada, e corações são restaurados. Precisamos assumir a posição que Ele nos entregou: sermos embaixadores ousados do Seu Reino aqui na Terra. A autoridade para expulsar demônios, curar enfermos e permanecer na missão de anunciar Sua Palavra está disponível para nós através de Seu nome (cf. Marcos 16.17). Tenha ousadia e coragem!

AGOSTO

01 DE AGOSTO | DEIXE JESUS TOCAR NA SUA DOR

Quando Jesus viu que ela [Maria] chorava, e que os judeus que a acompanhavam também choravam, agitou-se no espírito e se comoveu. [...] Jesus, agitando-se novamente em si mesmo, foi até o túmulo, que era uma gruta em cuja entrada tinham colocado uma pedra. Então Jesus ordenou: – Tirem a pedra [...]. (João 11.33,38-39 – acréscimo nosso)

DIA 213

NA PRÁTICA

Separe um momento para colocar diante do Senhor problemas que causaram ou têm gerado feridas no seu coração e ore pedindo que Ele Se revele a você em momentos turbulentos.

BÍBLIA EM UM ANO

2 Reis 12-13 ☐
Miqueias 3 ☐
1 Coríntios 16 ☐

ANOTAÇÕES

Deus não Se alegra com a nossa dor. Pelo contrário, Ele sofre conosco. A passagem de João 11 relata o episódio em que Cristo chorou com os amigos que estavam de luto pela morte de Lázaro. Sabemos que, sendo onipotente, Ele poderia ter evitado aquilo, mas também entendemos que talvez fosse necessário que Lázaro morresse para que Jesus manifestasse Seu poder e fosse glorificado por meio da ressurreição de Seu amigo (cf. v. 4), levando as pessoas que ali estavam a crerem n'Ele.

É comum, em meio às nossas aflições, querermos lidar com nossos sofrimentos sozinhos e não os levar ao Pai. Entretanto, agindo dessa forma, impedimos que Jesus entre completamente em nossas vidas e sare nossas feridas, tornando-nos livres e curados. Por isso, remova a pedra e permita que Ele acesse lugares de dor, mesmo que tenham sido gerados tempos atrás — assim como Lázaro já estava morto há quatro dias quando Jesus chegou a Betânia. Às vezes, não vivemos restauração porque não conseguimos ser vulneráveis com o Espírito Santo.

Dessa forma, é importante sabermos que podemos encontrar propósito na dor, por pior que ela seja, usando-a como um catalisador da nossa confiança em Deus. Mais do que perguntar ao Senhor por que Ele permite que enfrentemos algum problema, temos de desenvolver a consciência de que, por meio da dor que sentimos, Ele pode continuar transformando a nossa vida, e essa transformação não para em nós, mas impacta todos ao nosso redor.

UM LUGAR DE PROVISÃO

| 02 DE AGOSTO

Elias era homem semelhante a nós, sujeito aos mesmos sentimentos, e orou com fervor para que não chovesse sobre a terra, e, por três anos e seis meses, não choveu. Depois, orou de novo, e então o céu deu chuva, e a terra produziu os seus frutos. (Tiago 5.17-18)

No capítulo 17 de 1 Reis, Elias profetiza um tempo de seca na terra como juízo pela idolatria a falsos deuses. Em meio àquele período de polarização, ele se levantou com ousadia para mostrar quem era o verdadeiro Deus, Aquele que de fato poderia trazer sustento e bênção.

O Senhor é quem deve governar a sua vida a todo tempo. Ele é quem provê aquilo de que você necessita e nunca deixa faltar nada (cf. Salmos 23.1). Durante os anos de seca, Deus sustentou Elias de forma sobrenatural. Semelhantemente, Deus Se faz presente na nossa vida, sustentando-a diariamente; muitas vezes, do modo mais inesperado. O profeta, por exemplo, não se dirigiu ao ribeiro de Querite por vontade própria, mas obedeceu à palavra de Deus. Ele caminhava debaixo de um propósito divino. O mesmo aconteceu quando foi alimentado pela viúva (cf. 1 Reis 17.15). Elias não foi guiado por oportunidade, mas por uma direção do Senhor — até porque a viúva seria a pessoa mais improvável de prover alimento em meio à fome e crise. O mais impressionante, entretanto, é que, quando Elias foi honrado e alimentado, o Senhor trouxe romper para a mulher e sua família.

Muitas vezes, estamos clamando por provisão divina, e Deus nos dá oportunidades de sermos generosos antes de multiplicar nossa quantia. O milagre não foi apenas para o profeta, assim como seu romper não deve parar em você. Por isso, siga o exemplo de Elias e se posicione em obediência. Seja qual for o momento em que você se encontra, Deus pode usar dificuldades para trazer algo do Céu à sua mesa. Onde há propósito, há provisão!

DIA 214

NA PRÁTICA

Como você pode permanecer confiando no Senhor e em Seus planos quando enfrentar dificuldades e desafios?

BÍBLIA EM UM ANO

- [ ] 2 Reis 14
- [ ] Miqueias 4
- [ ] 2 Coríntios 1

ANOTAÇÕES

03 DE AGOSTO | O TEMPO DEVIDO

Quando chegou o tempo de Isabel dar à luz, ela teve um filho. Os vizinhos e parentes ouviram que o Senhor tinha usado de grande misericórdia para com Isabel e se alegraram com ela. (Lucas 1.57-58 – grifo nosso)

DIA 215

NA PRÁTICA

Como você pode, hoje, demonstrar a sua gratidão a Deus pelo tempo de espera e preparação, discernindo cada etapa do processo d'Ele para a sua vida?

BÍBLIA EM UM ANO

2 Reis 15-16 ☐
Miqueias 5 ☐
1 Coríntios 2-3 ☐

ANOTAÇÕES

Para que as promessas aconteçam, há um processo de maturação e formação, assim como ocorre com o bebê na gravidez. Existem fases, durante as quarenta semanas de gestação, em que o feto se desenvolve de forma saudável. Quando ele nasce antes ou depois desse período, existe a possibilidade de haver algo incomum no processo de seu crescimento. Igualmente, em nossa vida espiritual, é necessário ter paciência para que Deus nos prepare para o milagre.

Antes de o tempo da promessa chegar, nós nos vemos impotentes, pois apenas o Senhor pode concretizar as Suas palavras. Preparamo-nos, sim, mas apenas Ele tem a palavra final e a forma adequada de chegarmos aonde determinou. Muitas vezes parece um caminho longo, cansativo, e tendemos a desanimar, mas Deus, que é soberano e amoroso, cuida de nós durante a jornada! Além disso, Ele é maior do que a promessa que esperamos, por isso não troque o Dono do Universo por pequenas migalhas de sucesso terreno.

Confie no tempo de Deus! Antes de João Batista nascer, Isabel provavelmente se preparou para a promessa que carregava em seu ventre; é possível que tenha organizado a casa para receber o bebê. Assim como ocorre em um nascimento, temos de estar preparados, sabendo que "Deus fez tudo formoso no seu **devido tempo** [...]" (Eclesiastes 3.11 – grifo nosso). Grave isto em seu coração: o Senhor tem um tempo certo para todas as coisas! Ele é o Dono do tempo e existe para além de marcações humanas. Como não confiar no Pai? Preste atenção no processo; Deus está preparando você para o devido tempo.

HOMEM DE DEUS

| 04 DE AGOSTO

Então a mulher disse a Elias: — Agora eu sei que você é um homem de Deus e que a palavra do Senhor na sua boca é verdade. (1 Reis 17.24)

Em nossa caminhada, é comum enfrentarmos dificuldades e, muitas vezes, procurarmos culpados para nossos problemas. Essa tendência reflete nossa antiga natureza, que busca justificar as adversidades em vez de enfrentá-las com confiança. Contudo, como homens e mulheres de Deus, somos chamados a um posicionamento diferente, resolvendo nossos dilemas em oração e ação.

A história de Elias com a viúva de Sarepta demonstra essa realidade. Quando o filho dela morreu, a mulher inicialmente procurou culpar Elias pelo ocorrido. Mas o profeta, em vez de procurar justificativas, levou a situação a Deus em oração. Ele foi perseverante, insistente e clamou por um milagre. Então o Senhor atendeu seu pedido e ressuscitou o menino. Diante desse acontecimento, a mulher reconheceu que a palavra do Senhor na boca de Elias era verdadeira — ele era um homem de Deus.

Esse episódio também nos ensina que nosso posicionamento diante das impossibilidades deve ser de total confiança em Deus. Por isso, não perca tempo com justificativas e não se deixe abater pelas circunstâncias, mas busque a solução final no Senhor; Ele é fiel para cumprir Sua Palavra. E, ao se manter com fé, você se torna testemunha do sobrenatural!

Além disso, quando caminhamos debaixo da autoridade de filhos de Deus e nos alinhamos à Sua Palavra, nós nos posicionamos para que Ele nos use para cumprir Sua vontade. Logo, permita que a verdade seja evidente em sua vida, e, assim, a bondade do Senhor o perseguirá (cf. Salmos 23.6).

DIA 216

NA PRÁTICA

Ao enfrentar desafios ou impossibilidades, em vez de procurar culpados ou se deixar abater, decida levar todas as situações ao Senhor em oração. Seja perseverante, confie nas Escrituras Sagradas e permita que sua narrativa seja moldada por Ele. Busque uma transformação na maneira como você lida com as adversidades. Que você possa ser reconhecido como um homem ou mulher de Deus, que profere palavras de vida e verdade.

BÍBLIA EM UM ANO

- [ ] 2 Reis 17
- [ ] Miqueias 6
- [ ] 2 Coríntios 4

ANOTAÇÕES

05 DE AGOSTO | CONSERVE AS LEMBRANÇAS

Também considero justo, enquanto estou neste tabernáculo, despertar essas lembranças em vocês, certo de que estou prestes a deixar o meu tabernáculo, como efetivamente nosso Senhor Jesus Cristo me revelou. Mas, de minha parte, me esforçarei ao máximo para que sempre, mesmo depois da minha partida, vocês se lembrem dessas coisas. (2 Pedro 1.13-15)

DIA 217

NA PRÁTICA

Anote os conselhos mais importantes que você recebeu de seus líderes na fé. Compartilhe um desses ensinamentos com alguém que precisa de orientação espiritual e comprometa-se a transmitir essa sabedoria para as próximas gerações. Que suas palavras sejam um legado vivo que ajude a fortalecer a fé daqueles que virão depois de você.

BÍBLIA EM UM ANO

2 Reis 18 ☐
Miqueias 7 ☐
1 Coríntios 5-6 ☐

ANOTAÇÕES

Na caminhada cristã, somos constantemente lembrados de que não estamos sozinhos. Deus, em Sua sabedoria, coloca pessoas em nossas vidas para nos aconselhar e nos guiar de acordo com os princípios da Palavra. Esses líderes e antepassados na fé têm um papel crucial em nossa jornada, pois, por meio de suas experiências e sabedoria, orientam-nos a permanecermos firmes em Cristo.

Mesmo aqueles que não nasceram em lar cristão podem encontrar, em seus líderes na fé, uma fonte vital de apoio e direção. Ter alguém mais maduro espiritualmente a nosso lado é essencial para crescermos em nosso relacionamento com o Senhor. Suas palavras, baseadas nas Escrituras, são faróis que nos guiam em momentos de incerteza, ajudando-nos a mantermos o foco no caminho estreito que conduz à vida eterna.

Guardar os conselhos que recebemos é uma maneira de honrar nossos líderes e, ao mesmo tempo, fortalecer nossa fé. Podemos conservar essas lembranças transmitindo-as a outros, especialmente àqueles que estão começando na jornada espiritual. Ao fazermos isso, não apenas mantemos viva a memória do ministério de Cristo, mas também perpetuamos o legado dos que vieram antes de nós.

Assim como fomos ensinados, devemos ensinar outros, passando adiante a herança espiritual que recebemos. Dessa forma, o legado de fé é mantido vivo, e o impacto de nossas palavras e ações pode continuar a influenciar vidas, mesmo depois que partirmos.

A OUSADIA DO ESPÍRITO

06 DE AGOSTO

Então os que aceitaram a palavra de Pedro foram batizados, havendo um acréscimo naquele dia de quase três mil pessoas. (Atos 2.41)

Quando Pedro foi cheio com o Espírito Santo, ele experimentou uma transformação profunda e sobrenatural. Antes, ele era o discípulo que, por medo, negou Jesus três vezes. Mas, após receber o Espírito no dia de Pentecostes, ele se colocou diante de uma multidão e pregou o Evangelho com ousadia, levando quase três mil pessoas a Cristo. Isso nos mostra que, quando estamos cheios do Espírito, podemos ficar livres do medo e agir com coragem, mesmo em situações nas quais antes nos sentíamos intimidados.

O Espírito Santo nos dá *parrhesia*[1] — a liberdade para falar, a coragem aberta e destemida para defender a verdade do Evangelho em qualquer posição na sociedade. Isso porque Deus trabalha em nós e por meio de nós, dando-nos força e ousadia para proclamar a mensagem de Cristo em nossa vida cotidiana. Esse tipo de ousadia vem da intimidade com o Senhor e da busca pelos dons do Espírito, como Paulo encoraja em 1 Coríntios 12.31.

A vida de Pedro nos lembra de que Deus pode transformar qualquer um em uma testemunha destemida de Seu Reino. É o tipo de coragem que permanece conosco, capacitando-nos a viver nossa fé publicamente. Se Deus pôde transformar Pedro de um homem medroso em um líder ousado, Ele pode fazer o mesmo em você. Deus é com você! Ele age por meio de Seus filhos e os capacita a viver corajosamente.

---

[1] *PARRHESIA* [3954]. *In:* DICIONÁRIO bíblico Strong. Barueri: Sociedade Bíblica do Brasil, 2002.

DIA 218

NA PRÁTICA

Se você ainda não foi batizado com o Espírito Santo, ore pedindo a Deus que o conduza a essa experiência transformadora. Caso já tenha sido batizado, reserve um tempo para refletir sobre as mudanças que ocorreram em sua vida desde então. Como o Espírito Santo tem moldado sua caminhada? Peça a Ele que continue a fortalecê-lo e a capacitá-lo a viver de maneira ousada e cheia de fé.

BÍBLIA EM UM ANO

- [ ] 2 Reis 19
- [ ] Naum 1
- [ ] 2 Coríntios 7

ANOTAÇÕES

07 DE AGOSTO | AMAR JESUS É OBEDECER-LHE

— Se vocês me amam, guardarão os meus mandamentos. […] Aquele que tem os meus mandamentos e os guarda, esse é o que me ama; e aquele que me ama será amado por meu Pai, e eu também o amarei e me manifestarei a ele. (João 14.15,21)

DIA 219

NA PRÁTICA

Compartilhe a mensagem deste devocional com algum amigo ou familiar. Espalhe a importância de manter a chama do amor por Jesus acesa para as pessoas à sua volta. A obediência radical está ligada à intimidade e à dedicação ao relacionamento com Cristo, então não hesite em compartilhar essa verdade!

BÍBLIA EM UM ANO

2 Reis 20-21 ☐
Naum 2 ☐
2 Coríntios 8 ☐

ANOTAÇÕES

O nosso amor tem de nos levar a um lugar de completa entrega e obediência! Quanto mais você ama alguém, mais está disposto a se doar ou fazer grandes sacrifícios. Por exemplo, os meus filhos podem confiar em mim porque sabem que eu os amo e que penso no bem deles. Fico pensando... Por que não nos comportamos dessa forma diante de Deus? Nós O questionamos demais e achamos que sabemos o que é melhor para nós, enquanto Ele é Soberano e Criador de todo o Universo! Como poderíamos saber mais do que Ele? Se eu, que sou um ser humano falho e erro, quero o bem dos meus filhos, que dirá Ele, que é perfeito e inteiramente bom (cf. Mateus 7.11).

Às vezes, a obediência não é fácil e simples! Pode ser dolorosa e penosa, mas, quando você confia e ama, ela se torna a sua única opção, mesmo que não compreenda a situação inteiramente. Quando entramos em um *next level* de intimidade com Deus, são exigidos de nós mais passos de obediência e confiança, e, para isso, o nosso coração precisa estar ardente de amor por Jesus — porque apenas o amor produz ação!

Quando se está apaixonado, as ações são mais rápidas e menos temerosas, não é mesmo? Não pensamos muito, apenas fazemos porque o sentimento nos encoraja e move! Para andarmos nesse tipo de obediência radical, precisamos nos relacionar profundamente com Cristo em amor. Se não O conhecermos, como confiaremos n'Ele? Mergulhe em Sua Palavra e se deixe ser preenchido pelo conhecimento de Deus! Assim, a confiança e a obediência se tornarão as únicas alternativas a seguir.

PROTEGENDO O ALTAR DO SENHOR

| 08 DE AGOSTO

— Portanto, guardem todos os mandamentos que hoje lhes ordeno, para que vocês sejam fortes, entrem e tomem posse da terra para onde estão indo. (Deuteronômio 11.8)

Nós protegemos o altar do Senhor quando guardamos Sua Palavra, como o salmista declara (cf. Salmos 119.11). Isso significa que não basta apenas ouvir e pregar as Escrituras; devemos garantir que a estamos colocando em prática todos os dias. Um estilo de vida que é pautado na vontade de Deus é o que nos confere autoridade para propagarmos o Evangelho, cumprindo as ordenanças que Cristo deixou aos Seus discípulos.

Deus nos convida a viver a Palavra para depois ensinar (cf. Esdras 7.10). Antes de passarmos adiante os ensinamentos do Senhor aos nossos filhos, por exemplo, temos de amarrá-los em nossa mente e coração (cf. Deuteronômio 11.18). Se não honramos o que Deus nos ordena, somos uma geração que ensina o que nunca viveu nem praticou. A única maneira de vivermos isso verdadeiramente é por meio da exposição diária à Bíblia e de uma vida de obediência radical pela Graça salvadora de Cristo.

Precisamos cultivar a cultura de leitura da Palavra a ponto de tornar-se natural submetermos cada uma das nossas decisões e atitudes à luz das Escrituras, pois o contexto de um altar consagrado ao Senhor passa pela nossa conduta e, consequentemente, por relacionamentos que glorificam a Deus. Por esse motivo, devemos andar na contramão daquilo que não está de acordo com a Palavra, a fim de proteger o altar do Senhor e preservar nossa família. Quando fazemos isso, construímos, então, um ambiente livre de qualquer idolatria e influência externa e erguemos um altar de oração e adoração somente a Deus, glorificando-O com nossa vida.

DIA 220

NA PRÁTICA

Cultive hábitos que promovam união, bem como ambientes de relacionamentos saudáveis, alicerçados nas Escrituras. Reúna-se com sua família para ter um momento de oração, leitura bíblica e busca pela presença de Deus. E, principalmente, comprometa-se a guardar a Palavra em seu coração, pautando nela todas as suas ações.

BÍBLIA EM UM ANO

- [ ] 2 Reis 22-23
- [ ] Naum 3
- [ ] 2 Coríntios 9

ANOTAÇÕES

09 DE AGOSTO | FARDO LEVE

> *Quebrarei o jugo deles que pesa sobre você e romperei os laços que o prendem.*
> (Naum 1.13)

DIA 221

NA PRÁTICA

Pergunte a si mesmo: "Em quais áreas da minha estou carregando pesos desnecessários?". Talvez seja nas responsabilidades do dia a dia, pressões que você impôs a si mesmo ou expectativas que os outros colocaram sobre você. Em oração, entregue esses fardos ao Senhor, pedindo a Ele que o ajude a trocar o peso da opressão pelo Seu fardo leve. Confie na bondade de Deus e lembre-se de que Ele é sua fortaleza, pronto para libertá-lo e guiá-lo com amor.

BÍBLIA EM UM ANO

2 Reis 24 ☐
Habacuque 1 ☐
2 Coríntios 10 ☐

ANOTAÇÕES

A bondade de Deus é uma verdade imutável, mesmo em meio às tribulações da vida. Ele é a nossa fortaleza, Aquele em quem podemos nos abrigar quando o peso do mundo parece esmagador. Quando as dificuldades parecem insuportáveis, podemos lembrar que Deus é nosso refúgio (cf. Salmos 46.1), sempre disposto a nos libertar de qualquer jugo que não foi colocado por Ele.

Muitas vezes, carregamos pesos emocionais, espirituais e físicos que não fomos feitos para suportar. Esses jugos podem ser fruto de preocupações, expectativas excessivas ou até mesmo da opressão espiritual. No entanto, Jesus nos convida a trocar nossos fardos pelo Seu, que é leve e suave (cf. Mateus 11.28-30).

Na verdade, apenas a unção de Deus é poderosa o suficiente para quebrar qualquer jugo (cf. Isaías 10.27). Assim como o Senhor rompeu os laços do povo de Israel, Ele pode romper os laços que nos prendem. Essa liberdade não é apenas física, mas também emocional e espiritual, e nos capacita a viver plenamente a vida que Deus nos chamou para viver. Mas, para que possamos experimentá-la, precisamos primeiro identificar as áreas em que estamos carregando pesos que não nos pertencem.

Ao buscarmos a presença de Deus e andarmos no Espírito, como nos ensina Romanos 8.1-2, as escamas de nossos olhos caem, e todas as bagagens desnecessárias em nosso interior podem ser identificadas e abandonadas, para que experimentemos a verdadeira liberdade que Cristo nos oferece.

GERE IDENTIDADE E DESTINO

| 18 DE AGOSTO

Fizeram sinais, perguntando ao pai do menino que nome queria que lhe dessem. Então, pedindo uma tabuinha, ele escreveu: – O nome dele é João. E todos se admiraram. Imediatamente a boca de Zacarias se abriu e a língua se soltou. Então começou a falar, louvando a Deus. (Lucas 1.62-64)

Os pais têm um papel crucial na formação da identidade dos filhos. Zacarias, ao confirmar o nome de seu filho, João, conforme a instrução divina, não só obedeceu à direção celestial, como profetizou sobre o destino daquele que se tornaria o precursor de Jesus.

Pais podem forjar um caráter saudável em seus filhos ao afirmarem constantemente seu valor em Deus e promoverem alinhamento e correção. Em vez de críticos, devem ser encorajadores, sempre declarando a realidade celestial sobre eles. A Bíblia oferece exemplos claros de pais que impactaram positivamente a vida de seus herdeiros, como Abraão, que foi obediente a ponto de quase sacrificar Isaque, demonstrando uma fé sem precedentes, que, certamente, impactou, ensinou e direcionou seu filho.

Para quebrar padrões distorcidos, especialmente aqueles formados pela ausência paterna, homens devem buscar a cura no Pai perfeito. É necessário permitir que o Espírito Santo trabalhe internamente, restaurando a verdadeira identidade de filhos amados. Além disso, é fundamental cercar-se de uma comunidade que incentive sua jornada de redenção.

Dentro do círculo familiar, a resolução de problemas relacionados à paternidade pode ser buscada por meio da oração, leitura bíblica conjunta e conversas abertas sobre os desafios e as expectativas de cada um. Pais devem se esforçar para estar presentes na vida de seus filhos, mostrando amor e disciplina de maneira equilibrada. Ao fazerem isso, não estão só gerando uma identidade saudável, mas profetizando um destino alinhado com a vontade divina.

DIA 222

NA PRÁTICA

Separe um tempo para orar e ouvir a mensagem de Deus sobre a identidade e o destino de seus filhos. Depois, declare diariamente as promessas do Senhor sobre a vida deles, incentivando-os a viverem de acordo com a realidade celestial. Caso você não seja pai, peça ao Espírito Santo que lhe traga a perspectiva correta da paternidade, de modo a eliminar qualquer ferida ou trauma gerado nessa área; ore para que o próprio Deus gere em você identidade e destino.

BÍBLIA EM UM ANO

- [ ] 2 Reis 25
- [ ] Habacuque 2
- [ ] 2 Coríntios 11

ANOTAÇÕES

11 DE AGOSTO | RESPONDA COM FÉ

Não pôde fazer ali nenhum milagre, a não ser curar uns poucos doentes, impondo-lhes as mãos. E admirava-se da incredulidade deles [...]. (Marcos 6.5-6)

DIA 223

NA PRÁTICA

Procure discernir em oração qual atitude de fé Deus requer de você hoje. Quais são os passos práticos que você pode dar para entrar em parceria com os planos divinos para a sua vida?

BÍBLIA EM UM ANO

1 Crônicas 1-2
Habacuque 3
2 Coríntios 12

ANOTAÇÕES

Você tem uma responsabilidade no plano de Deus para que haja um romper em sua vida e família. É o Senhor que realiza os milagres, mas muitas vezes Ele nos convida a entrar em parceria com Sua obra. Portanto, não seja um mero espectador: coopere com o que Deus quer fazer. Ele Se agrada quando você se enche de fé e assume um posicionamento de ousadia diante de qualquer situação.

Quando Cristo chegava a um lugar onde não encontrava fé, a incredulidade acabava construindo uma barreira para Seu agir. Certamente Ele não deixava de ser todo-poderoso, no entanto optava por não manifestar a plenitude do Seu poder. Foi o que aconteceu quando Ele Se dirigiu a Nazaré, terra em que cresceu. Seus parentes e conhecidos, que O viram desde criança como filho de um carpinteiro, escandalizaram-se com Suas maravilhas, de modo que Ele afirmou: "[...] Nenhum profeta é desprezado, a não ser na sua terra, entre os seus parentes e na sua casa" (Marcos 6.4).

Entretanto, a história muda totalmente quando ouvimos com atenção Suas palavras e obedecemos às Suas orientações, ainda que não pareçam fazer sentido. Deus é todo-poderoso e não depende de nós para colocar Seus planos em prática, mas Se agrada quando percebe que estamos cheios de fé, e nos convida a sermos agentes do Seu Reino. Muitas vezes, precisaremos dar passos no escuro, confiando que Deus dará todo o direcionamento de que necessitamos. Por isso, se Ele lhe der uma ordem, apenas responda com fé e ousadia. Certamente, seu posicionamento abrirá espaço para um romper onde estiver.

BUSCA PELA SANTIDADE

| 12 DE AGOSTO

Mas Deus prova o seu próprio amor para conosco pelo fato de Cristo ter morrido por nós quando ainda éramos pecadores. Logo, muito mais agora, sendo justificados pelo seu sangue, seremos por ele salvos da ira. (Romanos 5.8-9)

Nós, como filhos de Deus, não podemos achar que fomos condenados e viver debaixo de culpa e acusação, muito menos nos sentir indignos de Seu amor e buscar a santidade para sermos aceitos. Não há nada que nos faça merecer o que ganhamos em Cristo! Pense na pessoa mais íntegra e honesta que você conhece. Sem Jesus, ela não é justificada diante de Deus.

Somos filhos! Aquele que sabe que é perdoado e ungido pelo sangue de Jesus entende que seus atos não vão santificá-lo mais que o sacrifício de Cristo. A santidade não é para impressionar Deus ou provar para Ele que você pode ganhar a Salvação, mas uma resposta natural de amor para se tornar como Jesus. Viver como um condenado enquanto sua dívida já foi perdoada é ilógico.

Basta compreender que é livre para voluntariamente querer ser purificado e ficar preso a Cristo. Seu coração será transformado por meio do poder do Espírito Santo; a jornada tornará suas mãos limpas, e seu coração puro. A busca pela santidade não é um processo que ocorre de um dia para o outro. Leva tempo e exige intencionalidade em se aproximar mais e mais do Senhor. É uma jornada de uma vida inteira, até que Ele volte e possamos vê-lO com nossos próprios olhos! A recompensa é o próprio Cristo! Vale a pena! Pare de tentar merecer a aceitação de Deus e ame-O como Sua Palavra ensina. Isso, sim, vai mudar sua vida e expressar sua identidade em Cristo!

DIA 224

NA PRÁTICA

O processo de santificação é contínuo e deve ser motivado pelo agir do Espírito Santo no seu interior. Analise seu comportamento nos próximos dias e identifique se você tem buscado a santidade para ser aceito por Deus ou para se tornar mais parecido com Cristo.

BÍBLIA EM UM ANO

- [ ] 1 Crônicas 3-4
- [ ] Sofonias 1
- [ ] 2 Coríntios 13

ANOTAÇÕES

13 DE AGOSTO | LIVRE-SE DO ORGULHO

— Portanto, não pensem: "A minha força e o poder do meu braço me conseguiram estas riquezas". Pelo contrário, lembrem-se do Senhor, seu Deus, porque é ele quem lhes dá força para conseguir riquezas [...]. (Deuteronômio 8.17-18)

DIA 225

NA PRÁTICA

Anote três maneiras específicas pelas quais você pode expressar sua gratidão a Deus e se manter humilde. Pergunte a si mesmo: "Como tenho reconhecido e agradecido a Ele pelas minhas conquistas?". Exerça essa prática não somente com as bênçãos em sua vida, mas também com sua casa, trabalho e igreja, agradecendo ao Senhor por tê-lo cercado de dádivas preciosas.

BÍBLIA EM UM ANO

1 Crônicas 5-6 ☐
Sofonias 2 ☐
João 1.1-14 ☐

ANOTAÇÕES

Em momentos de conquista e prosperidade, é fácil se esquecer de onde vieram as bênçãos. Deuteronômio 8.17-18 nos lembra da importância de reconhecer que todas as riquezas e conquistas vêm do Senhor, e não de nossas habilidades. É comum que, ao atingirmos novos patamares de sucesso, a tentação de atribuir a nós mesmos a glória das nossas realizações surja. No entanto, essa atitude pode nos afastar da verdadeira fonte de todas as dádivas: Deus.

A abundância é capaz de facilmente fazer com que nossos corações se tornem arrogantes e esquecidos da graça que nos sustentou. O orgulho surge quando começamos a acreditar que nossos esforços são os únicos responsáveis pelo que temos. Em vez disso, devemos manter uma postura de humildade, lembrando sempre que é Deus quem nos capacita e nos abençoa.

Nossa atitude diante das bênçãos deve ser marcada por temor, reverência e dependência. Quando somos abençoados, devemos evitar a complacência e não associar o tamanho da bendição à nossa própria capacidade. Ao contrário, a verdadeira sabedoria está em reconhecer que tudo é um presente de Deus. Manter-se em gratidão é essencial para que não nos deixemos dominar pela soberba.

Louvor e gratidão são os nossos principais guardiões contra a tentação do orgulho. Ao louvarmos a Deus por tudo o que temos e ao expressarmos nosso reconhecimento e dependência continuamente, nosso coração é blindado contra qualquer vaidade.

NÃO DEPENDA DE SI MESMO

| 14 DE AGOSTO

Porque não ousarei falar sobre coisa alguma, a não ser sobre aquelas que Cristo fez por meio de mim, para conduzir os gentios à obediência, por palavra e por obras, por força de sinais e prodígios, pelo poder do Espírito de Deus. Assim, desde Jerusalém e arredores até o Ilírico, tenho divulgado o evangelho de Cristo. (Romanos 15.18-19)

randes moveres, mudanças ou avivamentos não são gerados a partir de boas estratégias ou de ideias técnicas inovadoras. A preparação natural tem seu valor e não deve ser esquecida de forma alguma, mas somente a intervenção do poder sobrenatural é capaz de iniciar uma transformação legítima na sociedade.

No livro de Atos e nas cartas de Paulo, podemos acompanhar um pouco do ministério do apóstolo e de suas viagens. Ele fez com que o Reino de Deus se expandisse por várias regiões além de Israel, chegando a gregos e romanos, por meio de suas pregações sobre as Escrituras e pela manifestação de poder e milagres.

É nítido que Paulo compreendeu o que era um mover do Espírito que gera transformação, unindo o conhecimento profundo da Palavra e a ação ousada por intermédio do Espírito. Ele dependia inteiramente do agir de Deus para fazer qualquer coisa, até mesmo quando era preso ou tinha de fugir. Havia cravado em seu coração o entendimento de que o Senhor que o salvara era soberano e suficiente para protegê-lo. A vida de Paulo não era dele: pertencia a Deus!

Nossa geração não vai experimentar um avivamento genuíno enquanto não entender que é o Espírito Santo quem faz as coisas acontecerem. Não depende de mim ou de você. Deus age em parceria conosco e busca corações disponíveis, mas apenas Seu poder e querer são capazes de transformar realidades. Dependemos da unção e da presença do Espírito Santo de Deus para a manifestação do Seu Reino em nossas realidades!

☐ DIA 226

NA PRÁTICA

Separe alguns minutos para ler Romanos 15 e entender mais sobre a vida de Paulo. Se quiser, junte um grupo de amigos para estudar as cartas escritas pelo apóstolo. Ele foi uma grande referência de um servo fiel a Deus.

BÍBLIA EM UM ANO

☐ 1 Crônicas 7-8
☐ Sofonias 3
☐ João 1.15-34

ANOTAÇÕES

....

....

....

....

....

15 DE AGOSTO | EXPONHA-SE À LUZ

Portanto, confessem os seus pecados uns aos outros e orem uns pelos outros, para que vocês sejam curados. Muito pode, por sua eficácia, a súplica do justo. (Tiago 5.16)

DIA 227

NA PRÁTICA

Existem áreas da sua vida que precisam de transformação? Você já as expôs ou tem resistido a prestar contas e colocar alguém nesse processo ao seu lado? Ore a Deus e peça-Lhe clareza sobre uma liderança ou alguém mais maduro na fé para quem possa confessar e buscar conselho sobre essa área. Faça isso ainda neste fim de semana!

BÍBLIA EM UM ANO

1 Crônicas 9 ☐
Ageu 1-2 ☐
João 1.35-51 ☐

ANOTAÇÕES

A vida cristã deve ser vivida no contexto de comunidade — isso é imprescindível para se manter firme. Não pense que, por ter recebido a salvação, você estará isento de provações; antes, procure andar com pessoas que também tomaram a decisão de seguir a Cristo, para que um possa sustentar o outro.

Ao passo que somos santificados, tomamos consciência das áreas nas quais necessitamos de ajuda. Quando nos arrependemos e confessamos os nossos pecados a Deus, somos perdoados. Quando confessamos, porém, aos nossos irmãos, somos curados. Existe uma parcela de cura e de transformação que o Senhor reservou para que atingíssemos pelo Corpo de Cristo.

Em Lucas 6.10, vemos Jesus diante de um homem que tinha uma de suas mãos com uma enfermidade. Sua identidade estava atrelada à sua condição de fracasso, uma vez que ele é apresentado como "homem da mão mirrada". Cristo não o interrogou ou expôs sua doença, mas lhe deu a oportunidade de ser vulnerável e apresentar o problema que possuía. O homem poderia ter escolhido mostrar a mão que estava sã, mas expôs a área em que necessitava de cura: ele trouxe à luz suas fraquezas a fim de ser curado e restaurado.

Não fique constrangido em aproximar-se do Senhor quando identificar áreas em que necessita de transformação; também exponha a situação a alguém de confiança. Traga à luz aquilo que está na escuridão. Não há vergonha em reconhecer seus erros em humildade, diante de Deus e dos irmãos. Ao trazermos nossas falhas à luz, nós nos expomos a um nível mais profundo de cura e transformação.

COMPLETA DEDICAÇÃO

| 16 DE AGOSTO

[...] Elias passou por ele e lançou o seu manto sobre ele. Então Eliseu deixou os bois, e correu atrás de Elias [...]. (1 Reis 19.19-20)

O manto de Elias lançado sobre Eliseu não foi apenas um gesto simbólico, mas um convite para uma transformação radical. O manto representava a autoridade, a unção e o legado espiritual de Elias, convocando aquele jovem para um novo propósito e uma nova missão. Ao receber o manto, Eliseu estava sendo chamado não apenas para uma experiência momentânea, e sim para um compromisso total com o serviço de Deus.

Queimar o plano B, como Eliseu fez, significa deixar para trás qualquer alternativa que possa servir como válvula de escape. Ao sacrificar seu arado e bois (cf. 1 Reis 19.21), ele estava removendo qualquer possibilidade de retorno ao que era antes e afirmando que seu compromisso era irrevogável. A verdadeira dedicação exige essa mesma prontidão e disposição para se afastar de qualquer plano alternativo e abraçar o chamado com todas as suas forças. Mais que isso: ao respondê-lo, Eliseu fez dele o motivo de sua existência.

Em nosso próprio caminho, devemos avaliar se estamos dispostos a "queimar" nossos planos de contingência. Preparar nosso coração para essa total dedicação começa com um entendimento claro do que significam o manto e o chamado de Deus em nossas vidas. Precisamos estar dispostos a deixar de lado o que nos prende ao passado e a seguir adiante, confiantes na promessa e na direção divinas. O manto sempre cai sobre aqueles que estão servindo e se preparando, aqueles que estão dispostos a responder à convocação com todo o seu ser e sem reservas.

■ DIA 228

NA PRÁTICA

Em sua vida, existe algum "plano B" ou alternativa que você ainda mantém como opção? Se sim, esteja disposto a deixar tudo para trás e a seguir a direção divina com a mesma prontidão e comprometimento de Eliseu. Prepare seu coração para receber o manto da unção e da responsabilidade e responda com uma dedicação total ao serviço e ao propósito que Ele tem para você.

BÍBLIA EM UM ANO

- ☐ 1 Crônicas 10-11
- ☐ Zacarias 1
- ☐ João 2

ANOTAÇÕES

17 DE AGOSTO | **CARREGUE UNÇÃO E AUTORIDADE**

Mas o espírito maligno lhes respondeu: – Conheço Jesus e sei quem é Paulo; mas vocês, quem são? (Atos 19.15)

DIA 229

NA PRÁTICA

Você tem sido movido por pressa ou por urgência? A pressa nos faz pular etapas e, muitas vezes, nos coloca em situações para as quais ainda não estamos preparados. Por isso, peça ao Senhor discernimento sobre o seu momento atual e coloque-se disponível para o agir do Espírito Santo, construindo profundidade em seu tempo com Deus.

BÍBLIA EM UM ANO

1 Crônicas 12 ☐
Zacarias 2 ☐
João 3.1-21 ☐

ANOTAÇÕES

Ao mesmo tempo que precisamos sentir urgência em agir com poder para gerar transformação, precisamos entender os tempos do Senhor. Então, não confunda urgência com pressa! Não tente acelerar as coisas com sua própria mão ou com sua própria força. Seja movido pela Palavra de Deus!

Quando lemos o texto de Atos 19, percebemos que aqueles homens não tinham autoridade e unção para agir em nome de Deus. Não podemos ser movidos por empolgação e oportunidades sem antes estarmos vivendo em um lugar de obediência completa e radical a Cristo. Será que, na pressa e no anseio de nos movermos espiritualmente, estamos agindo como aqueles homens e pulando etapas, sem discernir o tempo divino? Será que desejamos agir sem antes construirmos um lugar de intimidade com o Pai e recebermos a unção do Espírito Santo?

Às vezes, veremos um espaço para agir, mas isso não significa que estaremos prontos para isso. Por esse motivo, precisamos discernir o tempo do Senhor. Afinal, a urgência de agir em nome do Evangelho precisa vir acompanhada de preparo e da sensibilidade em ouvir o que está no coração de Jesus.

É verdade que o poder do Espírito está dentro de nós e que temos de nos levantar como vozes proféticas para uma geração. Mas não podemos fazer isso antes de estarmos submissos à Palavra e à vontade de Deus e de sermos revestidos da autoridade divina. Seja fiel onde você estiver hoje! Saiba aquilo que você carrega e gaste mais tempo na presença de Deus, a fim de construir, no secreto, unção e autoridade.

BUSCANDO LIBERTAÇÃO

| 18 DE AGOSTO

Pois todos pecaram e carecem da glória de Deus. (Romanos 3.23)

Temos plena consciência de que não merecemos o amor do Senhor, mas, quando nos achegamos com um coração sincero e arrependido, Ele nos acolhe, como um pai que recebe de volta um filho rebelde. Afinal, ser filho não é uma questão de merecimento, mas de genética. Por conta do novo nascimento que recebemos pela fé em Cristo, agora temos uma nova genética espiritual e um Pai Celestial.

Existe uma outra passagem, encontrada em Mateus 15.22-28, que também ilustra a bondade e a misericórdia de Deus. Ao ouvirem os gritos de uma mulher cananeia, os discípulos sugerem que Jesus mande-a embora. No entanto, de forma inusitada, Ele a atende com um confronto, por ela ser uma estrangeira: "[...] — Não fui enviado senão às ovelhas perdidas da casa de Israel" (v. 24). Em vez de desistir, a mulher persiste, e, reconhecendo sua fé, Cristo atende ao seu pedido, curando e libertando sua filha de demônios que a perturbavam.

Conosco não é diferente! Jesus nos confronta, mas também é poderoso para nos libertar de tudo o que nos mantém presos ao pecado, e deseja curar quaisquer feridas e traumas gerados em nós. Entretanto, ao reconhecer que estamos em um campo de batalha espiritual, precisamos persistir em fé e buscar a presença constante de Cristo em nossas vidas, a fim de permitir que Ele quebre qualquer padrão disfuncional originado em nosso velho homem.

■ DIA 230

NA PRÁTICA

Identifique áreas da sua vida em que você ainda precisa de libertação e ore a Deus por cada uma delas.

BÍBLIA EM UM ANO

☐ 1 Crônicas 13-14
☐ Zacarias 3
☐ João 3.22-36

ANOTAÇÕES

19 DE AGOSTO

FAÇA AS PERGUNTAS CERTAS

*Então Maria disse ao anjo: – **Como será isto, se eu nunca tive relações com homem algum?** O anjo respondeu: – O Espírito Santo virá sobre você, e o poder do Altíssimo a envolverá com a sua sombra; por isso, também o ente santo que há de nascer será chamado Filho de Deus.* (Lucas 1.34-35 – grifo nosso)

DIA 231

NA PRÁTICA

Pense em quais são os obstáculos mais comuns que o impedem de confiar plenamente na Palavra de Deus. Depois, reflita sobre como você pode questionar o Senhor de maneira saudável, a fim de fortalecer sua fé quando enfrentar incertezas. Anote em uma folha perguntas que fortificam a sua fé e não o levam para a incredulidade.

BÍBLIA EM UM ANO

1 Crônicas 15.1 - 16.6 ☐
Zacarias 4 ☐
João 4.1-30 ☐

ANOTAÇÕES

Ao contrário de Zacarias, Maria teve fé de que o milagre aconteceria; ela só não sabia como. Enquanto Zacarias perguntou "Como posso ter certeza disso?", duvidando do que o anjo estava falando, Maria questionou **"Como acontecerá isso?"**. Ela cria que Deus era fiel e cumpriria as Suas promessas, só queria saber o *modus operandi* do milagre!

Isso nos mostra que o Senhor que dá a palavra é o mesmo que indica o caminho para realizá-la, seja dando os meios para que aconteça, seja agindo sobrenaturalmente por intermédio de um milagre. Independentemente, Ele sempre nos traz clareza e paz quando temos fé em Sua Palavra, assim como foi com Maria. O que nos resta é saber o que pedir e que pergunta fazer para Deus! Em vez de duvidar e olhar para as dificuldades, precisamos buscar direcionamento do Alto, de modo que consigamos enxergar as promessas se cumprindo.

Gaste energia fazendo o que está ao seu alcance no mundo natural, mas deixe espaço para o agir sobrenatural de Deus. Afinal, você não pode fazer **nada** sem Ele! Justamente quando pensamos "E agora? Como?", Ele mostra a saída e a direção. É aí que nos vemos completamente impotentes e entregues aos meios celestiais. Claro que podemos questionar a Deus de maneira saudável e sem duvidar d'Ele, mas, para isso, temos de nos colocar aos Seus pés em quebrantamento e dependência. Essa fé contínua é mantida quando nos alimentamos de quem o Senhor é e da Sua verdade. Não duvide do que Deus colocou sobre a sua vida e do que está escrito em Sua Palavra! Tenha fé e faça as perguntas certas!

NÃO NEGOCIE SUA ADORAÇÃO

| 20 DE AGOSTO

Assim vocês tratarão essas nações: Derrubem os seus altares, quebrem as suas colunas sagradas, cortem os seus postes sagrados e queimem os seus ídolos. Pois vocês são um povo santo para o Senhor, o seu Deus [...]. (Deuteronômio 7.5-6 – NVI)

Nosso Deus é um Deus zeloso e não divide Sua glória com ninguém. Os hebreus, no Antigo Testamento, tiveram de se desvencilhar dos altares de falsos deuses para adorar ao Senhor, e nós, hoje, não podemos negociar nosso louvor a Ele, colocando-O em segundo plano. A adoração a Deus é inegociável!

Nos versos 3 e 4 de Deuteronômio 7, o povo recebe uma clara orientação sobre o jugo desigual: relacionamentos não alinhados à Palavra podem contaminar nosso altar com falsos deuses. Nossa adoração deve ser sempre completa e integral, reconhecendo Deus como o único Senhor. Essa escolha exclui qualquer tipo de liberalismo teológico ou relativização da fé.

"Derrubem os seus altares", no verso 5, é uma ordenança para Israel e cabe hoje para nós também. É possível que adorar outros deuses seja algo muito extremo e distante para você, mas a pergunta é: existe algo em seu coração que rouba o lugar do Senhor?

Talvez você alimente o sonho de ter uma família bem-sucedida, e não há nada de errado nisso. O problema é quando sua principal busca se torna a família, e não Jesus. Sem Ele, esta não se sustentará. Pode ser também que você ame sua carreira e construa uma trajetória profissional de acordo com seu propósito, mas, assim, trocará Aquele que o chamou pelo chamado. Isso rouba nossa feição, devoção, tempo e paixão, tornando-se um ídolo. No entanto, Deus não divide trono com nada nem ninguém! Derrube seus altares e deixe que o Senhor seja o único Rei em seu coração!

■ DIA 232

NA PRÁTICA

Você provavelmente já compreendeu que a adoração é um ato inegociável, mas consegue perceber, hoje, se tem levantado ídolos em sua vida? Existem coisas quem tem tomado mais seu tempo do que estar com o Senhor? Você tem negociado seus altares em vez de derrubá-los? Comprometa-se a examinar seu coração e a destruir todos os altares que não têm o Senhor como centro.

BÍBLIA EM UM ANO

- [ ] 1 Crônicas 16.7-43
- [ ] Zacarias 5
- [ ] João 4.31-42

ANOTAÇÕES

....

....

....

....

....

21 DE AGOSTO | NUVEM SEM CHUVA

Como nuvens e ventos que não trazem chuva, assim é aquele que se gaba de presentes que não deu. (Provérbios 25.14)

DIA 233

NA PRÁTICA

Liste quais lições podemos aprender com a vida e o exemplo de Esdras sobre a importância da integridade em nossa própria jornada espiritual e liderança.

BÍBLIA EM UM ANO

1 Crônicas 17 ☐
Zacarias 6 ☐
João 4.43-54 ☐

ANOTAÇÕES

Uma nuvem sem chuva em determinados aspectos é o mesmo que uma enganação, pois sua aparência nos faz crer que vai chover, mas nada acontece. Na época de Salomão, a prosperidade de uma nação era condicionada à chuva, ou seja, se não chovia, não havia colheita no tempo certo. Do mesmo modo, muitas vezes vemos ambientes que parecem um avivamento ou mover de Deus, mas não derramam água!

Esdras, por exemplo, só conseguiu transbordar as verdades de Deus para Israel porque O buscava verdadeiramente. Ele não **parecia** ser próximo do Senhor e ter conhecimento do Céu, ele de fato era cheio das Escrituras, pois se debruçava em aprender mais sobre Deus e sobre o caminho que Ele apontaria para o Seu povo após o exílio babilônico (cf. Esdras 7.6-10; 8.21-23). Primeiro, Esdras estudou; depois, praticou; somente após essas duas ações ele ensinou para outras pessoas. O problema de nossa geração é querer ensinar o que não sabemos e tampouco praticamos.

Às vezes, queremos acelerar os processos e acabamos sendo rasos. É necessário amadurecer, esperar os aprendizados de Deus, criar raízes em seu interior, para depois ensinar o outro. Deixe que a Palavra atinja seu coração e, em seguida, dê prosseguimento ao que leu! Seja um cristão sem aparência, mas consistente no que diz, pois dessa forma os Céus serão seu respaldo. É importante sermos como uma nuvem que **anuncia e derrama** chuva sobre a Terra! A Bíblia pode trazer desenvolvimento intelectual, mas a nossa alma, caráter e espírito precisam acompanhar essa transformação e reforma.

COMO ENCARAR CONTRATEMPOS

| 22 DE AGOSTO

[...] Enquanto um deles derrubava um tronco, o machado caiu na água. Ele gritou: – Ai! Meu senhor! O machado era emprestado. O homem de Deus perguntou: – Onde caiu? Ele mostrou-lhe o lugar. Então Eliseu cortou um galho, jogou-o na água naquele lugar, e fez o ferro flutuar. Então disse: – Pegue-o. O homem estendeu a mão e o pegou. (2 Reis 6.5-7)

Em 2 Reis 6, os discípulos dos profetas tinham a missão de cortar vigas para construir sua nova moradia. No meio do trabalho, no entanto, um daqueles homens perdeu o machado que lhe haviam emprestado e, por isso, logo se desesperou e precisou expor ao profeta Eliseu o que estava acontecendo. É assim que devemos encarar contratempos! Mesmo com o crescimento e o avanço, existem momentos em que enfrentamos decepções no decorrer da jornada. **Ninguém** está imune a dias ruins ou dificuldades!

Para vencer o problema, é importante, primeiro, apontar onde ele está, porque não existe restauração sem quebrantamento e reconhecimento diante do Senhor. Temos de ir até Ele e dizer o que necessitamos ou onde dói. Ele sabe o que precisa ser feito, mas quer que nosso coração seja tão vulnerável a ponto de depender completamente de Suas mãos. Também temos de assumir a responsabilidade, pois ela criará demanda para nos colocarmos em um lugar de milagres, entendendo que o que está em nossas mãos não é nosso, mas vem de Deus, e, por isso, precisamos ser responsáveis.

A água do Rio Jordão, local onde o machado foi perdido, era barrenta, não dava para ver com clareza o fundo, mas o homem sabia indicar onde a ferramenta havia caído. O que aconteceria se ele não chamasse Eliseu e ignorasse o problema, como fazemos às vezes? Quantos machados estão no fundo do Jordão porque temos medo de encarar e resolver nossas questões? Deus está aqui para levantá-lo nos momentos difíceis, porque Ele é misericordioso! Portanto, clame aos Seus pés e confie!

DIA 234

NA PRÁTICA

De que maneira podemos reconhecer a presença e o poder de Deus em meio às lutas? Não tenha medo de apontar os seus problemas para o Senhor! Ore e fale para Ele aquilo que atormenta o seu interior. Deixe que o Pai venha com a intervenção e, se não vier, entenda que Ele continua cuidando de você mesmo em meio às dificuldades.

BÍBLIA EM UM ANO

- [ ] 1 Crônicas 18-19
- [ ] Zacarias 7
- [ ] João 5.1-15

ANOTAÇÕES

23 DE AGOSTO | LEVANTE-SE E ANDE

O enfermo respondeu: — Senhor, não tenho ninguém que me ponha no tanque quando a água é agitada. Quando tento entrar, outro enfermo chega antes de mim. Então Jesus lhe disse: — Levante-se, pegue o seu leito e ande. (João 5.7-8)

DIA 235

NA PRÁTICA

Tome a decisão de se levantar e de agir intencionalmente em sua busca por Deus. Comece a cultivar hábitos espirituais que o aproximem d'Ele, como a leitura da Bíblia, a oração e o jejum. Escolha um aspecto específico em que tem sido passivo e faça algo concreto para mudar. O Senhor nos deu capacidade de nos levantarmos e andarmos. Por isso, seja intencional e permita que Ele faça grandes coisas por meio de você.

BÍBLIA EM UM ANO

1 Crônicas 20-21 ☐
Zacarias 8 ☐
João 5.16-47 ☐

ANOTAÇÕES

As histórias do paralítico próximo ao tanque de Betesda (cf. João 5.1-18) e da multiplicação dos pães e peixes (cf. João 6.1-15) têm uma coisa em comum: tanto o paralítico quanto a multidão tinham a necessidade de que alguém fizesse algo por eles. Aquele homem há trinta e oito anos aguardava que alguém o levasse ao tanque; enquanto o povo, ao perceber que o dia estava acabando, simplesmente esperava que Jesus suprisse sua fome.

Assim como eles, muitas vezes nos encontramos à espera de que algo externo nos impulsione a agir. Ficamos paralisados, aguardando que outras pessoas façam por nós o que o Senhor já nos deu capacidade de fazer. Somos levados pela correnteza das circunstâncias, em vez de sermos guiados pela Palavra de Deus e nossa intencionalidade em buscá-lO.

O Senhor deseja que sejamos participantes ativos da história que Ele está escrevendo em nossas vidas. Ele nos chama a ter uma postura de protagonismo, a nos levantarmos e andarmos, a buscar um relacionamento com Cristo não apenas pelo que Ele pode fazer, mas por quem Ele é. Jesus não simplesmente curou o paralítico; deu a ele uma ordem: "Levante-se, pegue o seu leito e ande". Da mesma forma, o Pai nos chama a nos levantarmos, agirmos e a fazermos do lugar de dor um lugar de testemunho.

Não podemos nos contentar em esperar por circunstâncias perfeitas ou pelo movimento de outros. Precisamos ser intencionais em nossa busca por Deus, começando a ler a Palavra, a jejuar e a orar, permitindo que o Espírito Santo nos guie em cada passo. Então, levante-se e faça alguma coisa!

ORAÇÃO E JEJUM

24 DE AGOSTO

Depois de Jesus ter entrado em casa, seus discípulos lhe perguntaram em particular: "Por que não conseguimos expulsá-lo?" Ele respondeu: "Essa espécie só sai pela oração e pelo jejum". (Marcos 9.28-29 – NVI)

Oração e jejum são ferramentas espirituais poderosas que temos como cristãos. Jesus destacou isso em Marcos 9.28-29 quando Seus discípulos não conseguiram expulsar um demônio. Ao perguntarem o motivo, Jesus ressaltou que aquela batalha só poderia ser vencida por meio de oração e jejum. Isso nos mostra que alguns avanços exigem um nível mais profundo de consagração e intimidade com Deus.

Quando nos comprometemos com uma vida ativa de oração, fortalecemos nossa conexão com Deus. Não é uma troca, porém, por meio de oração e jejum, começamos a entender aquilo que o Senhor já nos deu como herança. Quanto mais O buscamos, mais entendemos a autoridade que Ele nos entregou. Não se trata de dizer as palavras certas, mas de permanecer continuamente em Sua presença. A oração constrói intimidade, e o jejum aguça nosso espírito, tornando-nos mais sensíveis à voz de Deus e mais conscientes da atmosfera espiritual. Quando combinamos os dois, nós nos posicionamos para a vitória nas batalhas espirituais, que não podem ser vencidas por meios comuns.

Além disso, a atmosfera em que vivemos e nosso estilo de vida desempenham um papel importante em nosso relacionamento com Deus. Quando nosso ambiente é de oração, adoração e serviço, ele se torna um solo fértil para o crescimento. Oração e jejum se tornam parte dessa fundação, permitindo-nos dar frutos em todas as áreas da vida. Ao dedicar tempo para jejuar e orar, abrimos o caminho para que Deus Se mova mais poderosamente em nós e por meio de nós.

DIA 236

NA PRÁTICA

Comprometa-se com um tempo de jejum e oração. Caso você não tenha o costume de jejuar, não se preocupe; vá devagar e tire uma refeição por dia, até que seu corpo esteja pronto para passar períodos mais longos sem o alimento físico. Deixe essas disciplinas espirituais fortalecerem seu relacionamento com Deus.

BÍBLIA EM UM ANO

- [ ] 1 Crônicas 22-23
- [ ] Zacarias 9
- [ ] João 6.1-21

ANOTAÇÕES

25 DE AGOSTO | TOTAL RENDIÇÃO

Depois, Elias se aproximou de todo o povo e disse: — Até quando vocês ficarão pulando de um lado para outro? Se o Senhor é Deus, sigam-no; se é Baal, sigam-no. Porém o povo não disse uma só palavra. (1 Reis 18.21)

DIA 237

NA PRÁTICA

Faça uma autoavaliação sincera de sua vida espiritual. Identifique as áreas nas quais está vivendo uma rendição parcial. O que você ainda tenta manter sob controle? Em oração, entregue tudo ao Senhor e peça a Ele que o ajude a viver em total rendição e compromisso. Lembre-se de que seguir Cristo significa carregar a cruz e estar disposto a morrer para si mesmo para viver plenamente para Ele.

BÍBLIA EM UM ANO

1 Crônicas 24 ☐
Zacarias 10 ☐
João 6.22-59 ☐

ANOTAÇÕES

A história de Elias desafiando o povo de Israel no Monte Carmelo nos ensina uma lição vital sobre a rendição completa a Deus. Elias não permitiu neutralidade ou indecisão; ele forçou o povo a fazer uma escolha clara: seguir Deus, ou Baal. Essa mesma escolha nos é apresentada hoje. Não podemos viver uma dupla lealdade, divididos entre o mundo e o Reino. O Senhor não merece uma vida dividida, por isso nos chama para uma entrega total e exclusiva.

A verdadeira rendição a Deus não pode ser parcial. Não se trata de se comprometer noventa por cento e reter dez por cento de nossas jornadas a nós mesmos. A entrega total é exigida. Em toda a nossa vida, nossos pensamentos, ações, desejos e planos são colocados nas mãos de Deus. Isso significa sair de cima do muro, abandonar qualquer forma de vida dupla e viver de forma íntegra e santificada. Elias nos desafia a sermos pessoas de convicção, que não oscilam entre duas opiniões, mas que são completamente comprometidas com o Senhor.

Em um mundo onde muitos se contentam em ser simpatizantes do Evangelho, apreciando os ensinamentos de Cristo sem um compromisso genuíno, o chamado de Jesus é um convite à Cruz. Segui-lO exige que tomemos Seu fardo diariamente, que morramos para nós mesmos e que vivamos para Ele. A semente deve morrer para produzir fruto (cf. João 12.24)! Este é o tipo de rendição que Deus procura: uma que não retém nada, que coloca tudo no altar e que vive em total fidelidade e dedicação a Seu chamado.

CONEXÕES

| 26 DE AGOSTO

Melhor é serem dois do que um, porque maior é o pagamento pelo seu trabalho. Porque se caírem, um levanta o companheiro. Mas ai do que estiver só, pois, caindo, não haverá quem o levante. (Eclesiastes 4.9-10)

O Senhor, desde o início, Se importou com a comunhão e conexão entre os Seus servos. Basta olhar para a comunhão que existe entre Pai, Filho e Espírito Santo, antes mesmo da formação do mundo; para a criação da mulher, que foi feita por Deus, pois não era bom que o homem estivesse só; para os profetas de Israel, que até caminhavam sozinhos em alguns momentos, mas sempre orientavam o povo e iam até pessoas que o Senhor apontava; para os discípulos de Jesus, que partilhavam das maravilhas do Salvador juntos; e para Paulo, que tinha discípulos nas igrejas que plantava. É evidente que Deus ama a comunhão, amizade e conexão entre as pessoas!

Em Lucas 1.39-41, fica nítido que o Senhor foi intencional em gerar esse ambiente entre Isabel e Maria, pois ambas estavam caminhando para o mesmo propósito: a preparação do caminho por João Batista e a chegada do Messias. Talvez, ali, elas não soubessem a dimensão extraordinária do que estava sobre suas vidas, mas, hoje, podemos compreender o grande poder que há em caminhar com pessoas que carregam o mesmo propósito que nós — afinal, elas exercem influência em nossos comportamentos e pensamentos.

Isso quer dizer que estabelecer conexões, principalmente as mais profundas, com pessoas que compartilham a mesma fé e visão que você vai mudar tudo. Quando um desanimar, o outro dará força. Quando um errar, o outro exortará em amor e continuará por perto. Amizades saudáveis são fundamentadas em princípios do Reino de Deus, pois são elas que nos impulsionam a gerar frutos eternos!

DIA 238

NA PRÁTICA

Analise se as suas conexões contribuem positivamente com a sua vida e com aquilo que Deus lhe entregou para este tempo. Pode ser que elas já não façam mais sentido, então peça a orientação do Senhor! Se fizerem, mande uma mensagem para uma ou duas pessoas e as agradeça por acrescentarem na sua vida espiritual e o impulsionarem a viver os planos divinos. Caso se veja sozinho, ore pedindo a Ele que o conecte com as pessoas certas e o torne atento para percebê-las.

BÍBLIA EM UM ANO

☐ 1 Crônicas 25-26
☐ Zacarias 11
☐ João 6.60-71

ANOTAÇÕES

....
....
....
....
....
....
....

27 DE AGOSTO | DISPOSTO A ENTREGAR

Depois dessas coisas, Deus pôs Abraão à prova e lhe disse: – Abraão! Este lhe respondeu: – Eis-me aqui! Deus continuou: – Pegue o seu filho, seu único filho, Isaque, a quem você ama, e vá à terra de Moriá. Ali, ofereça-o em holocausto, sobre um dos montes que eu lhe mostrar. (Gênesis 22.1-2)

DIA 239

NA PRÁTICA

Pegue uma folha de papel e liste quais suas prioridades hoje. Seja sincero! Note o que tem tomado mais seu tempo, energia e recursos. Reordene o que for necessário e sempre preze por colocar o Senhor em primeiro lugar em sua vida.

BÍBLIA EM UM ANO

1 Crônicas 27-28 ☐
Zacarias 12 ☐
João 7.1-24 ☐

ANOTAÇÕES

A história de Abraão e Isaque nos ensina diversos fundamentos de fé vitais para nossa jornada cristã. Entre os mais importantes, está a necessidade de entrega e confiança em Deus. Nosso coração tem uma predisposição a idolatrar e amar as coisas da Terra, seja um emprego, uma pessoa ou ministério. Podem até ser coisas que o próprio Deus nos concedeu como bênçãos, mas que, quando tomam o lugar de reinado em nosso coração, nos levam a cair em uma vida idólatra, tirando o Senhor de Seu lugar.

É por isso que a Palavra é tão insistente em nos ensinar a amar a Deus sobre **todas** as coisas. Ele precisa ser o primeiro em nossos corações, porque, senão, algo tomará o Seu lugar. Abraão, por exemplo, em Gênesis 22, precisou entregar ao Criador seu filho prometido. Ele o amava muito e esperou sua chegada por anos. No entanto, quando o Senhor lhe pediu que oferecesse Isaque como holocausto, o patriarca foi rápido em obedecer-Lhe, sem contestar. Não era só a entrega ali no monte que o Senhor estava observando, mas a entrega do coração de Abraão, Seu servo e amigo!

O Pai preza por nos ter por inteiro e nos moldará para que estejamos de acordo com Sua vontade. É importante que estejamos dispostos a entregar o que Deus pedir, mesmo que seja doloroso e difícil, porque isso fortalece nossa relação com Ele. É um ato de dependência e adoração! A confiança gera intimidade; é assim em qualquer relacionamento, e, com o Criador, não é diferente. Obedecer sempre será a melhor opção para os que desejam agradar ao coração do Pai!

POUCO A POUCO

| 28 DE AGOSTO

A mulher foi embora dali e fechou a porta atrás de si e dos seus filhos. Estes lhe passavam as vasilhas, e ela as enchia. Quando todas estavam cheias, ela disse a um dos filhos: – Traga-me mais uma vasilha. Mas ele respondeu: – Não há mais vasilha nenhuma. E o azeite parou. (2 Reis 4.5-6)

A passagem de 2 Reis 4 narra o episódio em que uma viúva se encontrava com uma dívida muito grande, deixada pelo falecido marido. Quando o credor ameaçou levar seus filhos, ela foi até Eliseu. O profeta, então, deu a ela a orientação de pegar emprestadas vasilhas e enchê-las com azeite — o único recurso que ela possuía. Ao obedecer-lhe, o que ela tinha se multiplicou, pouco a pouco, até encher todos os recipientes disponíveis, de modo que ela não apenas pagou o que devia como teve sustento de sobra para a sua família.

As dificuldades que enfrentamos durante a nossa rotina muitas vezes nos impedem de enxergar propósito no que fazemos, e nos esquecemos frequentemente de que são as pequenas atitudes que nos auxiliam a seguir. Queremos tanto descobrir os grandes sonhos que Deus tem para nós que acabamos não valorizando o processo, quando este é, na verdade, tão importante quanto.

Quantas vezes já começamos algo e não terminamos? A verdade é que esperamos ver os grandes milagres, mas não percebemos que precisamos focar, também, nos pequenos progressos diários. No processo do milagre, cada vasilha é importante. É fundamental sabermos que em alguns momentos Deus escolherá o milagre do processo, e nós precisaremos continuar caminhando, mesmo que, no momento, não vejamos resultado imediato. O pouco a pouco é conquistado por meio da bênção do Senhor sobre as nossas atividades cotidianas e se manifesta nos pequenos milagres diários. Assim, abrace os processos — afinal, milagre também é vivenciar a vontade do Senhor pouco a pouco!

DIA 240

NA PRÁTICA

Quais são as maiores dificuldades que você tem enfrentado hoje e que não têm permitido que você viva ou enxergue os pequenos milagres do Senhor no seu dia a dia? Coloque-as, uma a uma, diante de Deus em oração.

BÍBLIA EM UM ANO

☐ 1 Crônicas 29
☐ Zacarias 13
☐ João 7.25-53

ANOTAÇÕES

....
....
....
....
....

29 DE AGOSTO | AMOR A DEUS

[...] – "Ame o Senhor, seu Deus, de todo o seu coração, de toda a sua alma e de todo o seu entendimento". Esse é o grande e primeiro mandamento. (Mateus 22.37-38)

DIA 241

NA PRÁTICA

Nosso amor a Deus sempre pode ser aperfeiçoado. Por isso, faça com que suas escolhas reflitam aquilo que está arraigado em seu interior. Transforme o louvor a Deus em um hábito, algo que você pratica todos os dias e que se torna natural à medida que o coloca em ação. Busque ser um exemplo desse amor àqueles a seu redor, preparando o terreno para as próximas gerações.

BÍBLIA EM UM ANO

2 Crônicas 1 ☐
Zacarias 14 ☐
João 8.1-11 ☐

ANOTAÇÕES

Amar a Deus não é apenas uma emoção passageira ou um sentimento que surge em momentos de adoração: é um chamado para viver de forma intencional, dedicando a Ele cada aspecto de nossa existência. Amá-lO com todo o nosso coração, alma, força e entendimento significa entregar a Ele nossa vida por inteiro: cada pensamento, decisão e atitude. Contudo, somente quando ouvimos a Sua Palavra e obedecemos a ela, demonstramos que nosso sentimento é verdadeiro.

A Shemá, oração central do judaísmo (cf. Deuteronômio 6.3-7), reforça esse ensinamento. Ela nos lembra de que amar a Deus deve ser uma prática diária, algo que cultivamos e reforçamos cotidianamente. Não se trata apenas do que sabemos ou aprendemos, mas do que fazemos com esse conhecimento. Aos poucos, esse amor transpõe o terreno do mero discurso e se torna uma parte indissociável de quem somos, e não algo forçado.

Para transmitir esse amor às próximas gerações, precisamos ser exemplos vivos do que significa amar a Deus com tudo o que temos. É nossa responsabilidade lhes ensinar os mandamentos do Senhor, não apenas com palavras, mas com uma vida piedosa.

Esse amor deve ser regado e cuidado, como um broto. Afinal, se, de fato, amamos a Deus de forma consistente, estamos plantando sementes que florescerão nas vidas daqueles que virão depois de nós. E, assim, o amor a Deus se torna não apenas uma prática individual, mas uma herança coletiva que perdura.

FAÇA DISCÍPULOS

30 DE AGOSTO

E, quando o encontrou, levou-o para Antioquia. E, durante um ano inteiro, se reuniram naquela igreja e ensinaram numerosa multidão. Em Antioquia, os discípulos foram, pela primeira vez, chamados de cristãos. (Atos 11.26)

Antioquia era a terceira maior cidade do Império Romano e tinha cerca de trezentos mil habitantes, pois era uma importante rota comercial da época.[1] Foi lá que houve o surgimento de uma igreja de gentios que acabou virando uma potência missionária. Lemos em Atos, quando acompanhamos os primeiros anos da formação da Igreja, que a comunidade de Antioquia foi um trampolim da Mensagem para os confins da Terra.

A igreja de Antioquia não experimentou um inchaço impulsionado por uma agenda de entretenimento e promessas de prosperidade; pelo contrário, permaneceu fiel ao ensinamento das Escrituras. Foi nesse período que os discípulos começaram a ser chamados de cristãos, por sua maturidade e seriedade. A questão é que todo esse contexto nos diz algo: discípulos têm a ambição de fazerem mais discípulos. Aqueles que andam com Jesus anseiam que outros entendam a beleza que o Evangelho carrega. Não queira simplesmente que pessoas se convertam para encher igrejas em número, deseje que todos conheçam Jesus e caminhem com Ele, tornando-se discípulos verdadeiros. Nunca podemos perder esse foco!

O exemplo de Barnabé e Paulo em Antioquia nos inspira a olhar para a formação de discípulos, e não apenas para a conversão, pois eles, com muito zelo e paciência, apascentavam as ovelhas novas que chegavam, assim como Paulo afirmou aos Gálatas que sofria dores de parto até ver Cristo ser formado neles (cf. Gálatas 4.19). Que possamos ter essa mesma responsabilidade e zelo, a fim de ver o discipulado e transformação daqueles que se achegam ao Senhor.

---

[1] **Antioch**. Publicado por *Encyclopaedia Britannica* e atualizado em agosto de 2024. Disponível em *https://www.britannica.com/place/Antioch-modern-and-ancient-city-south-central-Turkey*. Acesso em setembro de 2024.

■ DIA 242

NA PRÁTICA

Após a leitura deste devocional, compartilhe a mensagem do Evangelho com algum amigo e ore para que ele se torne um discípulo de Cristo. Traga pessoas para perto e ensine o caminho a elas! Jesus nos chama para cuidarmos uns dos outros.

BÍBLIA EM UM ANO

- [ ] 2 Crônicas 2-4
- [ ] Malaquias 1
- [ ] João 8.12-47

ANOTAÇÕES

31 DE AGOSTO | CREIA NAS PROMESSAS

Nenhum deles verá a terra que, com juramento, prometi a seus pais; sim, nenhum daqueles que me desprezaram a verá. (Números 14.23)

DIA 243

NA PRÁTICA

Reafirme seu compromisso com as promessas de Deus. Ore por uma fé renovada e um coração proativo como o de Calebe, não permita que o tempo o faça duvidar. Confie no tempo do Senhor e esteja pronto para possuir a terra que Ele colocou diante de você.

BÍBLIA EM UM ANO

2 Crônicas 5 ☐
Malaquias 2 ☐
João 8.48-59 ☐

ANOTAÇÕES

Às vezes, esquecemos que as promessas de Deus exigem mais do que apenas a espera — elas exigem ação. Calebe é um grande exemplo dessa fé proativa. Embora tenha esperado anos para entrar na Terra Prometida, ele nunca deixou de acreditar no que o Senhor havia dito. Em vez de deixar a dúvida se infiltrar, ele escolheu manter o coração alinhado à promessa divina, confiando que não importava quão grandes os gigantes parecessem, o poder de Deus era maior. Esta é a atitude que precisamos cultivar: acreditar além do que vemos.

Muitos de nós caímos na armadilha de pensar que, se algo é realmente de Deus, acontecerá sem esforço de nossa parte. Mas a realidade é que precisamos lutar por nossas promessas. A geração de Calebe pode ter duvidado, mas ele e Josué sabiam que a terra não seria simplesmente entregue ao povo. Eles tiveram que se levantar em fé e integridade para reivindicá-la. Precisamos do mesmo tipo de mentalidade proativa — permanecer fiéis, mesmo quando a promessa parece distante.

Dessa forma, como respondemos quando os gigantes à nossa frente parecem grandes demais? Devemos lembrar que não acreditar na promessa é uma forma de desprezo para com Deus. Confiar n'Ele, dar passos de fé e se apegar firmemente à sua Palavra é a chave. Assim como Calebe, nossa postura fiel pode mudar não apenas nossas vidas, mas também as gerações que nos seguem. Portanto, não deixe que o tempo ou a dificuldade roubem sua confiança nas promessas de Deus. Permaneça fiel, permaneça proativo e tome posse do que Ele falou sobre você.

SETEMBRO

01 DE SETEMBRO | TESTEMUNHO VIVO

Então ele foi e começou a proclamar em Decápolis tudo o que Jesus lhe tinha feito; e todos se admiravam. (Marcos 5.20)

DIA 244

NA PRÁTICA

Qual a mensagem que sua vida transmite? Ao olhar para seu testemunho, as pessoas podem louvar a Deus por sua transformação? Nesta semana, compartilhe aquilo que Cristo fez em sua vida com duas pessoas que ainda não O conhecem. Comprometa-se a ter um estilo de vida que, de fato, comprove que você é um testemunho vivo.

BÍBLIA EM UM ANO

2 Crônicas 6 ☐
Malaquias 3 ☐
João 9.1-23 ☐

ANOTAÇÕES

As pessoas não precisam de uma frase politicamente correta, tampouco precisam apenas sentir-se bem. Elas precisam do poder de Deus e da verdade absoluta da Sua Palavra! Como cristãos que amam Jesus verdadeiramente, não podemos ficar com medo do que os outros vão pensar a nosso respeito ou, ainda, se eles se sentirão ofendidos. O Evangelho ofende e é loucura para os que perecem (cf. 1 Coríntios 1.18)! Nós precisamos carregar a verdade da Palavra de Deus em nós, que é poder para os que são salvos.

Ser testemunha do Senhor é saber que o Espírito d'Ele está dentro de você — que, agora, é a resposta para este mundo. Aquele homem endemoniado, que nem correntes conseguiam segurar, foi completamente restaurado após um encontro com Jesus, a ponto de implorar: "Jesus, deixe-me ir contigo" (cf. Lucas 8.38; Marcos 5.18). Cristo, no entanto, o orientou a ficar onde estava, e ele foi impulsionado a testemunhar. A verdade é que, somente por chegar à cidade são, vestido, ele já era um testemunho do poder de Deus — afinal, todos conheciam sua antiga condição.

O mundo inteiro precisa ver aquilo que o Senhor fez em nossas vidas! Assim como o homem geraseno demonstrou coragem e obediência depois de ser liberto, nós precisamos testemunhar as maravilhas que experimentamos quando Jesus nos encontrou, tocou e curou. O Senhor quer nos tornar uma voz onde estamos! Nosso posicionamento diante da compreensão de que também somos testemunhos vivos é carregar o poder da Palavra de Deus, levantando-nos como aqueles que proclamarão a Verdade.

NÃO ABRA ESPAÇO PARA A DÚVIDA

| 02 DE SETEMBRO

Todavia, você ficará mudo e não poderá falar até o dia em que estas coisas vierem a acontecer, porque você não acreditou nas minhas palavras, as quais, no devido tempo, se cumprirão. (Lucas 1.20)

O Senhor liberava promessas sobre a vida do Seu povo, e isso é perceptível em toda a História. Homens e mulheres receberam revelações de que venceriam batalhas contra um grande exército, teriam um filho, seriam salvos, se tornariam líderes de nações e até mesmo de que gerariam o Messias. Hoje, essa realidade ainda nos alcança! Deus libera palavras e as cumpre em Seu devido tempo.

Em Lucas 1, Zacarias e Isabel receberam a promessa de que gerariam um filho que prepararia o caminho para o Messias. Contudo, eles eram bastante idosos, e Isabel era infértil, ou seja, a concretização da promessa só poderia acontecer por um milagre. Foi justamente por causa disso que Zacarias duvidou, e, por isso, ficou mudo. Ele orava a fim de que o Senhor lhes desse um filho (cf. Lucas 1.13), mas, quando foi respondido, não creu. Isso porque a obra de Deus realmente não caberia em nenhum tipo de lógica humana.

Assim como esse casal, você pode ter recebido alguma promessa pela qual orou muito e suplicou aos Céus, mas, ao ver que Deus o escutou e lhe respondeu, sentiu o instinto de recuar e cair em incredulidade. É necessário manter o seu coração cheio de fé por meio da leitura bíblica, oração com entendimento e em línguas, para fortificar o seu interior. Acreditar no impossível antes de ver com os olhos humanos? Isso é manter a fé! Se o Senhor lhe deu uma promessa, agarre-a e regue-a com fé! Zacarias orou por um filho, e Deus o presenteou com um profeta que preparou o caminho do Senhor. Ele sempre cumpre o que diz e faz infinitamente mais!

DIA 245

NA PRÁTICA

Reflita: qual a sua maior dificuldade para manter a fé quando uma promessa demora para acontecer ou quando ela parece inalcançável? Você murmura, desacredita ou duvida das palavras de Deus? Qual deve ser a sua postura e como você pode exercitar e fortalecer a sua fé?

BÍBLIA EM UM ANO

☐ 2 Crônicas 7
☐ Malaquias 4
☐ João 9.24-41

ANOTAÇÕES

03 DE SETEMBRO | # FÉ ALÉM DAS CIRCUNSTÂNCIAS

Porém Ana respondeu: [...] Eu estava orando assim até agora porque é grande a minha ansiedade e a minha aflição. Então Eli disse: – Vá em paz, e que o Deus de Israel lhe conceda o que você pediu. Ana respondeu: – Que eu possa encontrar favor aos seus olhos. Então ela seguiu o seu caminho, [...] e o seu semblante já não era triste. (1 Samuel 1.15-18)

DIA 246

NA PRÁTICA

Feche os olhos e aperte-os até ficar bem escuro. Seria difícil caminhar assim, certo? Mas é exatamente isso que significa ter fé! Mesmo sem enxergar nada, devemos confiar em Deus e dar os primeiros passos sem medo, pois Ele nos guiará.

BÍBLIA EM UM ANO

2 Crônicas 8 ☐
Salmos 73 ☐
João 10.1-21 ☐

ANOTAÇÕES

Ana era uma mulher estéril e sabia o que era ser desprezada, frustrada e humilhada, porém as palavras de Deus a consolavam. A partir do momento que essa mulher colocou diante do Senhor sua tristeza e angústia, Ele a respondeu com uma certeza em seu coração. Sem explicação, Ana se alegrou, pois Deus havia revelado Seus propósitos a ela. Ainda sem ver o milagre materializado, o semblante de Ana já não era mais o mesmo. Que maravilha é viver pela fé!

Quando o Senhor nos direciona, não podemos ser movidos por aquilo que vemos ou sentimos, pois a fé na Palavra pode mudar a realidade antes mesmo de as circunstâncias serem alteradas. Com o coração cheio de fé, Ana sabia que algo aconteceria, porque confiava no Senhor e tinha certeza de que Ele a havia escutado. Antes mesmo de ter o filho nos braços, já podia se agarrar à palavra que recebera. Por isso, não retenha sua alegria e gratidão para a linha de chegada; não espere pelo cumprimento da promessa: agradeça a palavra que o Senhor já liberou sobre a sua vida, tenha convicção em seu coração e dê passos de fé! Deus é fiel para cumprir o que determinou.

Apenas uma mentalidade transformada pelo Espírito Santo pode sustentar a bênção que o Senhor derrama sobre sua vida — nem sempre fará sentido ou será fácil obedecer. Só então você entenderá que tudo de que precisa é de uma palavra de Deus, pois "[...] a fé é a certeza de coisas que se esperam, a convicção de fatos que não se veem" (Hebreus 11.1). Se você está caminhando debaixo daquilo que Deus lhe falou, Ele o guiará e sustentará!

UM SINAL DE AMOR

04 DE SETEMBRO

Na verdade, toda disciplina, ao ser aplicada, não parece ser motivo de alegria, mas de tristeza. Porém, mais tarde, produz fruto pacífico aos que têm sido por ela exercitados, fruto de justiça. (Hebreus 12.11)

O confronto pode ser enxergado, muitas vezes, como uma punição ou castigo, quando, na verdade, é uma prova de amor e zelo. A má reação de alguém quando é confrontado diz muito sobre o nível de maturidade e entendimento da paternidade de Deus que essa pessoa tem, porque ser orgulhoso, justificar-se e querer ser compreendido — em vez de assumir a responsabilidade e ter humildade para ser corrigido quando necessário — demonstram um coração que ainda se enxerga como órfão.

O filho sabe que a correção é amor e, ainda que seja confrontado, independentemente de seu erro, está pronto para assumir as consequências, sem medo de ser rejeitado. **Seu erro não retira seu valor de filho!** Correção é um sinal de amor, pois indica que quem o corrige não está indiferente aos seus desvios, e sim que o ama demais para deixá-lo preso a essa situação. Para ouvir correções, é preciso manter um caráter humilde e ensinável.

Ao orar, deixe que o Espírito de Deus sonde seu coração e aponte aquilo que diverge da Palavra; isso não é punição! É amor! Por exemplo, se eu disser para meu filho que ele deve ser mais paciente, quando fizer alguma birra, não chamarei a atenção dele por mera punição, mas porque essa habilidade será útil em sua conduta no futuro. A paciência é algo de que ele precisará durante seu crescimento. Eu o amo e quero que cresça em sabedoria, então irei corrigi-lo sempre que se desviar do caminho. Deus também é assim e deseja o melhor para Seus filhos, muito mais do que eu mesmo poderia.

DIA 247

NA PRÁTICA

Agora analise seu coração: como você pode responder ao confronto, com um coração aberto e receptivo, reconhecendo que ele faz parte do processo de amadurecimento espiritual?

BÍBLIA EM UM ANO

- [ ] 2 Crônicas 9
- [ ] Salmos 74
- [ ] João 10.22-42

ANOTAÇÕES

05 DE SETEMBRO | O PAI É A REFERÊNCIA

Mas Jesus lhes disse: — Meu Pai trabalha até agora, e eu trabalho também. [...] Em verdade, em verdade lhes digo que o Filho nada pode fazer por si mesmo, senão somente aquilo que vê o Pai fazer; porque tudo o que este fizer, o Filho também faz. Porque o Pai ama o Filho e lhe mostra tudo o que faz [...]. (João 5.17,19-20)

DIA 248

NA PRÁTICA

Ore a Deus declarando palavras de entendimento de que você é filho! Depois, pense no que significa realmente "fazer o que vemos o Pai fazer". Como essa prática pode transformar a sua maneira de viver e interagir com o mundo ao seu redor? Mude o que for necessário e comece a agir dessa forma ainda hoje!

BÍBLIA EM UM ANO

2 Crônicas 10-11 ☐
Salmos 75 ☐
João 11.1-27 ☐

ANOTAÇÕES

Deus é Pai, e, por causa da fé no sacrifício do Filho Unigênito, hoje também somos Seus filhos. Não se trata de uma questão de merecimento, mas de natureza. Isso porque, quando somos convertidos, nós nos tornamos nova criatura e recebemos uma nova natureza: a de filhos amados — e nada deixa a religiosidade mais furiosa do que essa verdade. Afinal, se Deus é Pai, e somos filhos, temos acesso à Sua presença e à herança do Reino.

Quando Jesus diz que "[...] **o Filho nada pode fazer por si mesmo, senão somente aquilo que vê o Pai fazer**; porque tudo o que este fizer, o Filho também faz" (João 5.19 – grifo nosso), Ele nos ensina que, como Deus é nosso Pai, devemos tê-lO como a nossa maior referência de conduta e caráter. Muitas vezes, podemos ser inseguros e sem referência, mesmo dentro da igreja, porque não vemos o Senhor como Pai. Mas a paternidade que encontramos apenas n'Ele está sobre nossa vida e é gratuita!

Deixe, hoje, que Ele encontre o seu coração com a verdade de que você é filho de Deus! Chegue a Ele sem medo, porque a filiação faz parte da sua "nova genética espiritual". A partir dessa revelação, você começará a ser compassivo, paciente, amoroso, pacificador, justo e perdoador, porque o Pai é. Quando Davi venceu a batalha contra Golias, Saul lhe questionou de quem ele era filho (cf. 1 Samuel 17.58). O nosso desejo precisa ser que olhem para nós e digam: "Nossa, como se parece com o Pai". E que grande honra seria se isso acontecesse!

VOCÊ É ACEITO

| 06 DE SETEMBRO

Acima de tudo, porém, tenham muito amor uns para com os outros, porque o amor cobre a multidão de pecados. (1 Pedro 4.8)

Não sei se isso já aconteceu com você, mas, em diversos momentos da minha caminhada, peguei-me tentando merecer a Graça de Deus, o que é extremamente contraditório, já que a Graça é um favor imerecido! Contudo, é comum acharmos que podemos fazer algo que nos torne dignos do amor de Deus e caímos em uma busca infindável por aceitação. Não existe o que possamos fazer com nossas próprias mãos para nos tornarmos merecedores e aceitos diante de Deus. Jesus é o único que faz esse caminho para nós e nos torna limpos!

Ao percebermos isso e nos lançarmos a essa verdade, nossa vida é impactada e regada de pureza. Somos totalmente acolhidos, porque Ele nos recebe assim como estamos, mas nos ama demais para nos deixar permanecer como chegamos. A verdade é que Deus nos aceita, mas não aceita nosso pecado. Na parábola do filho pródigo, quando este retorna à casa, o pai o recebe de braços abertos e vai correndo a seu encontro, acolhendo-o de volta independentemente do cheiro que ele exalava ou de suas vestes sujas. Logo lhe entrega novas roupas, coloca um anel em seu dedo, sandálias em seus pés e o alimenta (cf. Lucas 5.20-24). Da mesma forma, ao sermos aceitos, temos de nos revestir de Cristo (cf. Romanos 13.14).

Nada do que você fizer pode levar o Senhor a tirá-lo da posição de filho, porque não são suas ações que o fazem ser aceito ou não. Somos muito inconstantes para que isso determine o acolhimento do Pai, então Ele mesmo é quem o faz. Foi a obra de Jesus que nos tornou totalmente aceitos.

DIA 249

NA PRÁTICA

Você já se sentiu culpado diante de Deus? Como se tivesse que fazer algo para merecer Seu perdão? Agora que já sabe que isso não depende de você, ore ao Pai e agradeça-Lhe por ter pagado todas as suas dívidas e fazê-lo livre.

BÍBLIA EM UM ANO

☐ 2 Crônicas 12-13
☐ Salmos 76
☐ João 11.28-57

ANOTAÇÕES

....
....
....
....
....
....

07 DE SETEMBRO | # INFINITAMENTE MAIS

Jesus respondeu: – Por causa da pequenez da fé que vocês têm. Pois em verdade lhes digo que, se tiverem fé como um grão de mostarda, dirão a este monte: "Mude-se daqui para lá", e ele se mudará. Nada lhes será impossível. (Mateus 17.20)

DIA 250

NA PRÁTICA

O que você tem guardado por medo de não ser suficiente? Entregue isso ao Senhor em oração, mesmo que pareça pouco, e confie que Deus é capaz de multiplicar e de realizar o impossível. Exercite sua fé, por menor que ela pareça, e abra espaço para que o milagre transborde em sua vida.

BÍBLIA EM UM ANO

2 Crônicas 14-15 ☐
Salmos 77 ☐
João 12.1-26 ☐

ANOTAÇÕES

No relato da multiplicação dos pães e peixes, encontramos um menino que, diante de uma multidão faminta e de discípulos incrédulos, destaca-se por sua fé (cf. João 6.113). Ele levou até Jesus o alimento que tinha, sem hesitar, confiando que, mesmo sendo pouco, nas mãos do Mestre, seria mais que suficiente. Ele não tentou resolver a situação por si próprio, mas entregou tudo o que tinha, crendo no poder de Deus para fazer infinitamente mais do que ele podia imaginar.

Ter fé do tamanho de um grão de mostarda significa confiar em Deus mesmo quando não conseguimos ver o caminho completo. Talvez você não saiba exatamente como o Senhor vai agir ou multiplicar o pouco que tem, mas, se cultiva um pouquinho de fé, isso basta para que os Céus se movam.

Na equação do milagre, Deus geralmente usa o pouco que está em nossas mãos, misturado com fé e obediência. Ele fez do cajado de Moisés um instrumento de prodígios (cf. Êxodo 4.2); usou o pouco de azeite de viúva para promover uma grande multiplicação (cf. 2 Reis 4.2) e fez da funda de Davi uma poderosa arma militar (cf. 1 Samuel 17.40). O que você tem em mãos hoje para apresentar em fé a Jesus?

O Criador quer trazer abundância e transbordar em sua vida, mas, para isso, você precisa abrir espaço para Seu agir sobrenatural. Assim como aquele jovem com seus pães e peixes, você é chamado a entregar tudo o que tem, sem medo do que as pessoas vão pensar, confiando que o Senhor é poderoso para fazer infinitamente mais do que você pede ou pensa (cf. Efésios 3.20).

PRESENÇA CONSTANTE

08 DE SETEMBRO

Para onde me ausentarei do teu Espírito? Para onde fugirei da tua face? Se subo aos céus, lá estás; se faço a minha cama no mais profundo abismo, lá estás também. (Salmos 139.7-8)

Não podemos fugir de Deus! Ele é onipresente, ou seja, como lemos no livro de Salmos, Sua presença está em todos os lugares, o tempo inteiro. Então fugir dela é algo impossível, mesmo que tentemos! Com a rotina e tarefas diárias, perdemos a sensibilidade de entender que o Espírito Santo está presente em nossa vida a todo momento, mas temos de voltar os nossos olhos, como o salmista, para a presença constante desse Pai amoroso. Ele nos vê e sonda constantemente; ao trabalhar, dormir, acordar, comer ou conversar. A todo tempo o Senhor está conosco!

Valorizar Sua presença é se dedicar à leitura da Palavra, orar sem cessar, obedecer aos Seus mandamentos, prestando atenção e sendo transformado. Quando temos a consciência de que Deus é onipresente, entendemos que nossa vida precisa ser integralmente d'Ele. Não são partes e áreas específicas de quem somos que pertencem ao Senhor, mas tudo em nós e tudo o que fazemos deve ser um ato de adoração a Ele! Por isso a Palavra diz: "Portanto, se vocês comem, ou bebem ou fazem qualquer outra coisa, façam tudo para a glória de Deus" (1 Coríntios 10.31).

Por meio do Seu Espírito, somos capazes de anunciar a Mensagem, amar as pessoas e ser luz para o mundo. Mesmo que as dificuldades apareçam ou as circunstâncias indiquem o contrário, a Bíblia nos assegura de que estamos cercados por um Deus amoroso e onipresente. Ele flui em nosso interior graças ao Espírito Santo e reafirma essas verdades ao nosso coração, então desfrute do privilégio que é ter a presença constante do Pai!

DIA 251

NA PRÁTICA

Após ler este devocional, analise como você tem se relacionado com o Espírito e se reconhece a presença constante d'Ele em sua vida. Depois, anote em um caderno os momentos marcantes em que sentiu a Sua presença durante o último mês para sempre se lembrar, quando os dias difíceis chegarem, de que Ele está constantemente com você.

BÍBLIA EM UM ANO

- [ ] 2 Crônicas 16-17
- [ ] Salmos 78.1-20
- [ ] João 12.27-50

ANOTAÇÕES

09 DE SETEMBRO | CELEBRANDO UM LEGADO

Irmãos, pedimos que vocês tenham em grande apreço os que trabalham entre vocês, que os presidem no Senhor e os admoestam. (1 Tessalonicenses 5.12)

DIA 252

NA PRÁTICA

Não se concentre nos problemas. Foque as contribuições e os legados que seus líderes têm deixado. Ore por eles, agradeça a Deus por suas vidas e envie-lhes uma mensagem de encorajamento. Celebre o legado que estão construindo e permita que o exemplo deles o inspire a deixar uma obra que glorifica a Jesus. Lembre-se de que, em meio aos desafios, Deus está erguendo líderes fiéis que merecem reconhecimento e honra.

BÍBLIA EM UM ANO

2 Crônicas 18 ☐
Salmos 78.21-39 ☐
João 13.1-20 ☐

ANOTAÇÕES

....

....

....

....

....

....

Em um mundo onde as dificuldades e os desafios são constantes, é fácil nos concentrarmos apenas nos problemas e nos aspectos negativos que permeiam o ambiente eclesiástico. Contudo, a Palavra de Deus nos chama a valorizar e a celebrar os bons líderes que, em meio às lutas, deixam um legado positivo. Líderes como a Pra. Sarah Hayashi são exemplos memoráveis de perseverança e fidelidade. Mesmo diante de um combate espiritual intenso, eles permanecem firmes, guiando o rebanho de Deus com amor e dedicação.

Equilibrar a necessidade de eliminar o que é negativo no meio evangélico com a celebração dos bons líderes exige discernimento. Precisamos, sim, reconhecer os problemas e trabalhar para corrigi-los, mas não podemos perder de vista as coisas boas que Deus tem feito por meio de servos fiéis. Quando olhamos para a vida de pessoas como a nossa saudosa pastora e tantas outras, aprendemos a importância de manter o foco na missão, independentemente das circunstâncias. Seu exemplo nos ensina que, apesar das dificuldades, é possível perseverar, mantendo-se firme na fé e no compromisso com o Reino de Deus.

Ao focarmos as coisas boas e celebrarmos os legados positivos, somos inspirados a seguir em frente, lutar o bom combate e deixar um legado que glorifica a Deus.

A BÊNÇÃO IRREVOGÁVEL

10 DE SETEMBRO

Como posso amaldiçoar a quem Deus não amaldiçoou? Como posso denunciar a quem o Senhor não denunciou? (Números 23.8)

O Inimigo sempre fará de tudo para minar nossa aliança com Deus. O episódio narrado em Números conta que Israel estava em processo de peregrinação rumo à Terra Prometida quando chegou a Moabe. O Rei Balaque, ao se desesperar com o avanço dos israelitas, chamou Balaão para profetizar contra eles. Contudo, o profeta sabia que estaria contrariando o Senhor se atendesse ao pedido do rei. Isso porque o povo caminhava debaixo de uma aliança abraâmica; o Deus de Abraão, Isaque e Jacó estava com eles. E a verdade é que não há ninguém que consiga amaldiçoar quem Deus abençoou e não há quem possa fechar a porta que Ele abriu (cf. Apocalipse 3.7).

Israel era a nação consagrada e separada ao Senhor, e essa bênção era irrevogável, pois Deus nunca volta atrás em Sua palavra. Nada pode mudar o que Ele já estabeleceu (cf. Números 23.19). Após muitas tentativas, Balaão não conseguiu amaldiçoar o povo de Israel: o Todo-Poderoso continuava a reverter a maldição em bênção.

Assim como Israel, somos um povo que vive separado e não se considera qualquer nação (cf. v. 9). Por meio da morte de Cristo, fomos abençoados pelo Senhor com toda sorte de bênçãos nas regiões celestiais (cf. Efésios 1.3), de modo que essa aliança também se estende a nós! Que privilégio! Antes não éramos povo, mas por meio de Cristo somos nação santa, geração eleita, propriedade exclusiva e povo de Deus (cf. 1 Pedro 2.9-10), portanto podemos desfrutar de descanso e proteção sobre nossas vidas.

DIA 253

NA PRÁTICA

Após compreender que o Inimigo nada pode contra a sua vida, comprometa-se a permanecer fiel à aliança divina. Como não pode amaldiçoá-lo, Satanás tentará tirá-lo do foco, distraindo-o com aquilo que o afasta do Senhor. Por isso, identifique as possíveis armadilhas em sua vida e ore pedindo ao Senhor discernimento e estratégia para combatê-las.

BÍBLIA EM UM ANO

☐ 2 Crônicas 19
☐ Salmos 78.40-55
☐ João 13.21-38

ANOTAÇÕES

11 DE SETEMBRO

CORAÇÃO NÃO OFENDIDO

— Porque, se perdoarem aos outros as ofensas deles, também o Pai de vocês, que está no céu, perdoará vocês; se, porém, não perdoarem aos outros as ofensas deles, também o Pai de vocês não perdoará as ofensas de vocês. (Mateus 6.14-15)

DIA 254

NA PRÁTICA

Identifique os ressentimentos que podem afetar sua capacidade de perdoar e de estender graça aos outros. Ore a Deus para que Ele o ajude a liberar qualquer mágoa e a cultivar um coração cheio de amor e perdão. Se necessário, peça desculpa a alguém ou conceda perdão por algum trauma antigo, firmando o compromisso de buscar um coração não ofendido dia após dia, seguindo o exemplo de Cristo.

BÍBLIA EM UM ANO

2 Crônicas 20 ☐
Salmos 78.56-72 ☐
João 14.1-15 ☐

ANOTAÇÕES

Quando escolho voluntariamente não perdoar aquele que me ofendeu, também escolho privar-me do perdão e do amor do Senhor sobre minha própria vida. A falta de perdão é tóxica e tem o poder de envenenar a alma, já um coração perdoador é uma rodovia livre para o fluir do amor e da Graça de Jesus.

Ter um coração que não se ofende com facilidade significa compreender todos, assim como a mulher que perdera sua dracma se importou com a quantia perdida (cf. Lucas 5.8-10). A moeda, apesar de ter caído e de ter sido pisada, ainda manteve seu valor. De forma semelhante, mesmo quando somos injustamente tratados, devemos manter a capacidade de estender graça, reconhecendo que todos somos preciosos para Deus, pois nosso valor nunca diminui a Seus olhos.

Por outro lado, o ressentimento pode nos privar dessa dádiva. Uma raiz de amargura é capaz de contaminar muitos, fazendo-nos esquecer da Graça que primeiro nos foi oferecida (cf. Hebreus 12.15). Para evitar isso, é crucial identificar e remover todo empecilho de nossas vidas, escolhendo avançar em vez de nos fixarmos às dores do passado.

É por isso que a Bíblia é tão enfática quando nos instrui a exercer o perdão, não como uma reação ocasional, mas como uma prática comum (cf. Colossenses 3.13)! Lembre-se de que ter um coração não ofendido é uma escolha. Sendo assim, cultive a capacidade de perdoar e de ver os outros com olhos de graça e amor, permitindo que a paz de Cristo reine em seu coração.

APROXIME-SE DA SARÇA

12 DE SETEMBRO

Ali o Anjo do Senhor lhe apareceu numa chama de fogo, no meio de uma sarça. Moisés olhou, e eis que a sarça estava em chamas, mas não se consumia. Então disse consigo mesmo: – Vou até lá para ver essa grande maravilha. Por que a sarça não se queima?
(Êxodo 3.2-3)

Na passagem de hoje, somos apresentados a uma experiência corajosa da parte de Moisés. Em um dia comum, ele vivenciou algo que mudou todo o rumo da sua história. Ao olhar para a sarça ardente e perceber que ela queimava, e não se consumia, ele, movido pela curiosidade, tomou a decisão de ver de perto o que estava acontecendo. Essa atitude deve ser um exemplo para nós, pois mostra a importância de permanecermos atentos e dispostos a dar um passo em direção ao que o Pai nos está comunicando. Quando somos intencionais em responder aos movimentos de Deus, nós nos colocamos à disposição de novas experiências com Ele.

Talvez você conheça alguém que está há muito tempo na igreja, mas que se mantém à margem do que Deus faz. Precisamos entender que, para nos aproximarmos da sarça, são necessárias humildade e disponibilidade para ouvir. Isso envolve deixar de lado seus próprios planos para se concentrar no Senhor; significa estar aberto à Sua orientação e pronto para ser transformado pela Sua presença.

A experiência de Moisés com a sarça ardente fez com que ele fosse comissionado por Deus para tirar os israelitas do Egito. Um encontro com o Senhor pode iniciar uma profunda transformação em nossas vidas; entregar-nos um novo propósito, uma nova direção e renovar nossas forças para cumprir a Sua vontade. Nós fazemos parte de um plano maior e, quando nos aproximamos da sarça, recebemos orientação para as tarefas específicas que temos de cumprir.

DIA 255

NA PRÁTICA

Identifique algo em sua vida que você está tentando controlar e entregue isso a Deus em oração. Peça-lhe coragem para se mover em direção ao que Ele está fazendo e, humildemente, diga que precisa de ajuda para se alinhar aos Seus planos e ser transformado por Sua presença. Anote quaisquer sentimentos ou pensamentos que surgirem durante esse tempo.

BÍBLIA EM UM ANO

- [ ] 2 Crônicas 21-22
- [ ] Salmos 79
- [ ] João 14.16-31

ANOTAÇÕES

13 DE SETEMBRO |

CONFIE NA ABUNDÂNCIA DE DEUS

Minha é a prata, meu é o ouro, diz o Senhor dos Exércitos. (Ageu 2.8)

DIA 256 ▪

NA PRÁTICA

Reflita sobre os dilemas específicos nos quais você tem lutado para confiar na provisão de Deus. Ore ao Senhor pedindo que aumente sua fé para depender totalmente d'Ele – incluindo em sua vida financeira. Descanse na certeza de que, como coerdeiro com Cristo, você faz parte da abundância do Pai, e Ele tem prazer em suprir suas necessidades.

BÍBLIA EM UM ANO

2 Crônicas 23 ☐
Salmos 80 ☐
João 15 ☐

ANOTAÇÕES

Em tempos de incerteza financeira, somos sempre tentados a confiar apenas em nossos recursos e habilidades para garantir nossa segurança. No entanto, a Bíblia nos lembra de que Deus é o verdadeiro dono de toda riqueza. Essa verdade deve transformar a maneira como lidamos com o dinheiro, ajudando-nos a viver com uma confiança profunda na abundância divina.

Nossa perspectiva é transformada ao reconhecermos que o Senhor, sendo o governante de tudo, está comprometido em suprir todas as nossas necessidades (cf. Filipenses 4.19). Ele não nos dá apenas o suficiente para sobreviver; Sua provisão é abundante, refletindo Seu caráter generoso e amoroso. Nossa dificuldade em desfrutar dessa realidade, muitas vezes, está relacionada à nossa tendência de olhar mais para os desafios à nossa volta do que para a Palavra.

Porém, o salmista já testemunhava: "Fui jovem e agora sou velho, mas nunca vi o justo desamparado, nem seus filhos mendigando o pão" (Salmos 37.25-26). Esse nível de convicção pode parecer difícil de alcançar, mas é exatamente o tipo de fé que Deus deseja que tenhamos. Quando cremos de todo coração que o Senhor é nosso pastor (cf. Salmos 23.1), não temos falta de nada.

A confiança na abundância de Deus também nos leva a entender nosso papel como coerdeiros com Cristo. Como Seus filhos, somos chamados a viver em dependência d'Ele, sabendo que Sua riqueza não tem limites. À medida que caminhamos em obediência, Ele sempre providenciará o que precisamos, independentemente de nossas condições econômicas.

ACOSTUME-SE COM AS TRANSIÇÕES

| 14 DE SETEMBRO

O Senhor disse a Abrão: — Saia da sua terra, da sua parentela e da casa do seu pai e vá para a terra que lhe mostrarei. (Gênesis 12.1)

Abraão não se tornou o herói da fé, ou o "pai de multidões", da noite para o dia. Antes de o filho da promessa nascer, o patriarca teve de passar por muitos processos que exigiram amadurecimento. Em Gênesis 12, Abraão, já avançado em idade, recebeu uma ordem do Senhor para sair da casa do seu pai. Deus havia declarado que faria dele uma grande nação (v. 3). Contudo, muito tempo se passou até que essa palavra de fato se cumprisse.

Esse homem de Deus não sabia para onde ir, só sabia onde não poderia mais ficar. As transições que ele e sua família enfrentaram, desde o momento em que saíram de Harã até o nascimento de Isaque, foram cruciais para que estivesse preparado para viver tudo o que Deus havia planejado. Da mesma forma, você só estará pronto para contemplar as promessas do Senhor quando for maduro o suficiente e caminhar em fé.

Abandonar velhos hábitos e deixar de lado ambientes familiares é extremamente desafiador, pois nos coloca em situações e lugares desconhecidos, fugindo do nosso controle. No entanto, preciso dizer: muitas vezes, o seu romper estará fora da sua zona de conforto. Ou seja, para viver o melhor de Deus, você terá de se acostumar com transições.

Talvez você não tenha visto as promessas se concretizando em sua vida porque ainda não está pronto. Por isso, abrace as mudanças que o Senhor quer realizar no seu interior. Elas podem ser a porta de entrada para o desenvolvimento de que você necessita para chegar ao cumprimento da promessa.

DIA 257

NA PRÁTICA

De que maneira as transições podem levá-lo a experimentar o melhor de Deus? Como você pode se preparar espiritualmente para lidar com as incertezas e os desafios que surgem durante esses períodos de mudança?

BÍBLIA EM UM ANO

- [ ] 2 Crônicas 24
- [ ] Salmos 81
- [ ] João 16

ANOTAÇÕES

15 DE SETEMBRO

COMO VOCÊ VÊ A FÉ?

Alguns homens trouxeram-lhe um paralítico, deitado numa cama. Vendo a fé que eles tinham, Jesus disse ao paralítico: "Tenha bom ânimo, filho; os seus pecados estão perdoados". (Mateus 9.2 – NVI – grifo nosso)

DIA 258

NA PRÁTICA

Após seu momento de devocional, traga à memória um milagre que o Senhor realizou na sua vida ou na de algum familiar ou amigo. Agradeça a Deus pelo cuidado e por gerar fé em seu coração! Depois compartilhe o testemunho com alguém para fortalecer a fé do seu próximo e se comprometa a ter atitudes que mostrem a sua fé.

BÍBLIA EM UM ANO

2 Crônicas 25 ☐
Salmos 82 ☐
João 17 ☐

ANOTAÇÕES

Pode parecer estranho, mas Jesus **viu** a fé por meio de um telhado quebrado. Pare um pouco e pense: como é possível "ver a fé"? Uma fé ativa e genuína é demonstrada em ações! Ela nos leva a fazer algo na prática. Não é passiva.

Ao analisarmos a Palavra, conseguimos reunir muitos feitos realizados graças à fé de homens e mulheres de Deus. Por exemplo, Noé construiu a arca por fé no que o Senhor havia lhe dito, ou seja, que enviaria um grande dilúvio. Mesmo sendo desacreditado por todos, permaneceu por fé e agiu em obediência (cf. Gênesis 6.16). Davi também teve uma vida pautada em fé e confiança no Senhor, como quando foi à batalha contra os filisteus, em 1 Samuel 17.37: ele declarou sua confiança de que o próprio Deus o livraria.

A fé verdadeira sempre gera ação, e a ação em fé provoca o sobrenatural! O paralítico foi até Jesus precisando de cura e teve os pecados perdoados, recebendo muito mais do que esperava. Quando ele e seus amigos não puderam entrar na casa pelos meios convencionais, em vez de desistirem, decidiram subir no telhado e quebrá-lo. A porta fechada, através da fé, foi um convite para Céus abertos.

O Mestre o viu e percebeu a fé dele, que, agora, era um testemunho vivo. O paralítico se tornou um milagre exposto ao mundo; e a maca, que antes o carregava, foi levada em seus braços. Sua dor virou seu testemunho! O impacto de uma vida transformada por Jesus é maior do que qualquer discurso longo. Seu poder e grandeza estremecem orações e trazem rendição.

NÃO TENTE SE ENCAIXAR

| 16 DE SETEMBRO

*Os judeus, porém, movidos de inveja, trazendo consigo alguns homens maus dentre a malandragem, reuniram uma multidão e provocaram um tumulto na cidade. [...] Arrastaram Jasom e alguns irmãos diante das autoridades, gritando: – **Estes que promovem tumulto em todo o mundo chegaram também aqui.** (Atos 17.5-6 – grifo nosso)*

Não tente se encaixar! A partir do momento em que aceita a Jesus, você não é mais deste mundo! Essa é uma decisão radical. Assim, o que a sociedade espera de você não importa mais, pois seus comportamentos, hábitos e tudo o que fizer de agora em diante têm como foco honrar e glorificar o Senhor. Porém, é inevitável que, a partir de então, a pressão aumente. Ao escolher remar contra a maré, você será como "os homens que viraram o mundo de cabeça para baixo" (cf. Atos 17.6).

O capítulo 4 de Atos narra uma ocasião em que Pedro e João foram parar diante do sinédrio por anunciar a ressurreição de Cristo. Eles se mantiveram inabaláveis, e, como resultado, em vez de gerar desânimo, a pressão da sociedade levou o povo à adoração genuína ao Senhor. Esse também deve ser o nosso posicionamento. Todos os dias teremos de deixar a aprovação de homens, pois ela é irrelevante quando fazemos tudo para a honra e a glória de Deus. Ele é o único a quem devemos procurar agradar, sabendo que nem sempre será possível escapar das consequências de pregar o Evangelho. Todos os heróis da fé tiveram um preço a pagar, e muitos foram até mortos por anunciar a salvação. Por que seria diferente conosco?

Talvez você não precise encarar a prisão ou a morte, mas o Inimigo procurará outras maneiras de distanciá-lo do Senhor. Portanto, seja constante em sua busca por Cristo, mantenha sua paixão por Ele sempre acesa e lembre-se: **não negocie os princípios do Reino para ser aceito.**

DIA 259

NA PRÁTICA

Ore pedindo a Deus discernimento para que, ao sofrer pressão da sociedade, você jamais seja tentado a negociar os princípios do Reino.

BÍBLIA EM UM ANO

- [ ] 2 Crônicas 26
- [ ] Salmos 83
- [ ] João 18.1-18

ANOTAÇÕES

17 DE SETEMBRO | # O FOGO DA SANTIFICAÇÃO

Mas quem poderá suportar o dia da sua vinda? E quem poderá subsistir quando ele aparecer? Porque ele é como o fogo do ourives e como o sabão dos lavandeiros.
(Malaquias 3.2)

DIA 260

Você tem permitido que o Espírito Santo purifique e transforme seu interior? Assim como o purificador de prata precisa remover todas as impurezas para que o reflexo do ourives apareça, o Espírito Santo deseja nos limpar até que o caráter de Jesus seja claramente visto em nós. Por isso, coopere com Ele, submetendo-se ao Seu processo de refinamento com humildade e perseverança.

BÍBLIA EM UM ANO
2 Crônicas 27-28 ☐
Salmos 84 ☐
João 18.19-38 ☐

O processo de santificação pelo qual passamos como cristãos pode ser comparado ao trabalho do purificador de prata. Em Malaquias 3.2, Deus é descrito como o fogo do ourives, que tem o propósito de refinar e purificar. Quando um ourives purifica a prata, ele a aquece até que suas impurezas subam à superfície e sejam removidas. Somente quando o metal está completamente puro, sem mancha, o ourives pode ver-se refletido com exatidão.

Da mesma forma, o Espírito Santo trabalha em nossas vidas, colocando-nos sob o fogo refinador para remover as impurezas do pecado e moldar-nos à imagem de Cristo. Muitas vezes, o Consolador nos convence do pecado, guiando-nos ao arrependimento e à mudança. Outras vezes, Ele nos dá uma consciência mais profunda daquilo que precisa ser completamente modificado e nos capacita a viver em obediência.

No entanto, esse processo não é fácil. O fogo do Espírito Santo age em nossas vidas para remover tudo o que não reflete o caráter de Jesus — atitudes, pensamentos e comportamentos que nos afastam de Deus. Assim como o fogo que purifica a prata é essencial para revelar sua verdadeira beleza, o trabalho do Espírito é vital para nossa transformação.

Quando Ele nos purifica, começamos a refletir mais o caráter de Cristo, revelando a obra divina em nós. Às vezes, isso pode ser doloroso, pois envolve renúncia e entrega, mas é essencial para nos preparar para nossa verdadeira vocação como reis e sacerdotes no Reino de Deus (cf. Apocalipse 1.6).

POR ENQUANTO...

| 18 DE SETEMBRO

E disse-lhes: – Vão por todo o mundo e preguem o evangelho a toda criatura. (Marcos 16.15)

Temos a tendência a achar que nosso chamado é um destino ou uma "palavra profética" sobre algo grande. A verdade é que é sobre o caminho que fazemos e o percurso que trilhamos com Cristo em obediência. Quando Deus nos ordena algo — como a Grande Comissão —, isso precisa ser a régua de nossas ações. Produzir uma grande onda de salvação não é um conselho divino, mas sim um mandamento!

Jesus não estava sugerindo uma ideia em Marcos 16.15: estava nos convocando a uma missão. Alguns que recebem uma direção específica — como ir para o Chile ou Coreia do Norte, por exemplo — podem fazer algo com esse tempo de espera, como aprender a língua do local, tirar um passaporte, estudar sobre a região e a cultura, fazer parte de causas missionárias e de igrejas locais e orar para que os planos de Deus se concretizem.

Existem coisas a serem feitas no "por enquanto". O Senhor age na espera e nos prepara para onde irá nos levar! Não devemos esperar "chegar lá" para agirmos em amor; já podemos começar a partir de nossa família e igreja local. **O "ide" não é um objetivo a ser alcançado em um futuro distante: é uma missão na qual já fomos alistados e estamos em constante ação.**

O ponto é: Deus pode ter lhe entregado palavras e promessas específicas, mas o que você deve fazer com isso agora? A missão d'Ele e Seu plano para o homem são para o hoje, e não só para o futuro, porque, quando nos tornamos servos apaixonados por Jesus e por Sua obra de redenção, a salvação de pessoas vira um objetivo e desejo de nosso coração.

■ DIA 261

NA PRÁTICA

Agora pare e reflita: o que você tem feito durante o caminho? O Senhor já lhe deu um direcionamento fundamental e palavras específicas, mas e agora? Como você pode aproveitar o caminho para a glória de Deus?

BÍBLIA EM UM ANO

- ☐ 2 Crônicas 29
- ☐ Salmos 85
- ☐ João 18.38 - 19.16

ANOTAÇÕES

19 DE SETEMBRO |

A SUBIDA AO MONTE

Por isso não desanimamos. Pelo contrário, mesmo que o nosso ser exterior se desgaste, o nosso ser interior se renova dia a dia. (2 Coríntios 4.16)

DIA 262

NA PRÁTICA

Para todo cristão, a renovação diária não é uma escolha disponível, mas uma necessidade. Sem ela, é impossível caminhar ou continuar a subida no monte da intimidade com o Pai. Logo, busque força e perseverança no Espírito e pense em maneiras práticas de manter ativa sua relação com o Senhor. Compartilhe com algum amigo sua intenção, e façam disso um compromisso mútuo de encorajamento e perseverança por mais de Deus.

BÍBLIA EM UM ANO

2 Crônicas 30 ☐
Salmos 86 ☐
João 19.16-42 ☐

ANOTAÇÕES

Subir o monte é sinônimo de busca por intimidade com Deus. O que era um monte físico na narrativa Bíblia hoje pode ser o tempo e o espaço em que buscamos o Senhor distantes de nossas ocupações terrenas. Subir o monte também é um convite para perseverarmos em meio às dificuldades, transformando nosso caráter à semelhança de Cristo.

Em 2 Coríntios 4.16, Paulo nos lembra de que, apesar do desgaste exterior, nosso interior é renovado diariamente. Aliás, é essencial que passemos por esse "renascimento" diário, pois é o que nos possibilita viver pela perspectiva divina. Além disso, Paulo também destaca que todo sofrimento é temporário, mas que a renovação de nosso íntimo é eterna (cf. vs. 17-18).

Para subir o monte e alcançar maior intimidade com Deus, precisamos adotar uma postura de compromisso. Em Êxodo 19, Moisés é chamado a subir o monte e encontrar-se com o Senhor — um reconhecimento de sua fidelidade! Embora todo o povo estivesse debaixo da proteção divina no deserto, Moisés teve a chance de experimentar algo mais profundo e poderoso. Não se contente com o mesmo nível de espiritualidade e fome das pessoas à sua volta, pois certos níveis são alcançados somente por meio de uma aliança contínua e profunda com o Pai.

Cada passo em direção ao monte é uma oportunidade de crescer em intimidade com o Senhor, renovar nossa fé e refletir o caráter de Jesus em nossas vidas. Não desanime frente aos obstáculos; continue subindo e testemunhe a transformação prometida a todos que permanecem — seu interior está sendo renovado.

O MEDO DAS TRANSIÇÕES

| 28 DE SETEMBRO

Porém Rute respondeu: – Não insista para que eu a deixe nem me obrigue a não segui-la! Porque aonde quer que você for, irei eu; e onde quer que pousar, ali pousarei eu. O seu povo é o meu povo, e o seu Deus é o meu Deus. (Rute 1.16)

Transições podem ser momentos de grande incerteza e medo. Quando estamos diante de mudanças significativas — uma nova etapa na carreira, um relacionamento ou até uma mudança espiritual —, é natural sentir receio. Contudo, a história de Rute nos ensina uma lição poderosa sobre como enfrentar as transições com discernimento e coragem.

Ela deixou para trás sua terra, sua cultura e seu povo para seguir a sogra, Noemi, e abraçar o chamado de Deus para sua vida. Ainda que houvesse motivos para temer o desconhecido, Rute demonstrou uma coragem admirável ao confiar no plano divino, mesmo sem entender todos os detalhes. Nesse sentido, o discernimento espiritual é fundamental para nos ajudar a navegar por esses períodos de transição. Quando buscamos a direção de Deus em oração e por meio de Sua Palavra, Ele nos revela o caminho a seguir.

Rute também reconheceu a importância de seguir o Deus de Israel, abandonando suas antigas práticas em Moabe. Aliás, uma das maiores lições que podemos aprender com ela é o poder da renúncia. Transições exigem que deixemos de lado as zonas de conforto, relacionamentos antigos ou até oportunidades que parecem boas aos olhos humanos, mas que não estão alinhadas com o propósito de Deus. Somente a renúncia, embora difícil, nos posiciona para experimentar a provisão divina.

Essa mulher se tornou parte da linhagem de Jesus (cf. Mateus 1.5) por causa de sua disposição de seguir a Deus em um momento de transição, mostrando que o Senhor honra aqueles que Lhe obedecem, mesmo em meio à incerteza.

■ DIA 263

NA PRÁTICA

Encare as transições de frente com sabedoria e discernimento espiritual. Escolha uma questão específica em sua vida em que você tem resistido às mudanças por medo e peça a Deus coragem para renunciar ao que não faz mais parte do plano d'Ele. Lembre-se de que, assim como aconteceu com Rute, quando honramos a Deus com nossas decisões, Ele nos guia e nos abençoa abundantemente.

BÍBLIA EM UM ANO

- ☐ 2 Crônicas 31
- ☐ Salmos 87
- ☐ João 20.1-18

ANOTAÇÕES

21 DE SETEMBRO | GENEROSIDADE E SERVIÇO

Então Jesus pegou os pães e, tendo dado graças, distribuiu-os entre eles; e também igualmente os peixes, tanto quanto queriam. E, quando já estavam satisfeitos, Jesus disse aos seus discípulos: – Recolham os pedaços que sobraram, para que nada se perca. Assim, pois, o fizeram [...]. (João 6.11-13)

DIA 264

NA PRÁTICA

Peça a Deus que Ele revele a você formas específicas de servir as pessoas com quem você convive. Comprometa-se também a orar por elas todos os dias.

BÍBLIA EM UM ANO

2 Crônicas 32 ☐
Salmos 88 ☐
João 20.19-31 ☐

ANOTAÇÕES

A generosidade é um princípio bíblico fundamental e parte do amor que desenvolvemos uns pelos outros, que vem do próprio Deus. Mas de nada adianta dispormos de bens materiais para ajudar a quem precisa se não tivermos um coração que deseja servir. Ao lermos João 6, observamos que Jesus teve compaixão das milhares de pessoas que O escutavam e impulsionou Seus discípulos a alimentá-las.

Ainda na mesma passagem, Cristo dá graças pelos pães e peixes que já tinha em mãos, antes que a multiplicação acontecesse. Ele confiou que o Pai, em Sua infinita bondade e generosidade, os multiplicaria para que todos conseguissem se alimentar. Ou seja, o Mestre nos mostrou que precisamos mudar nossa perspectiva quanto ao que possuímos e ser gratos pelo pouco, para que o que temos seja multiplicado e compartilhado com aqueles que precisam. Não está pronto para a multiplicação aquele que não aprendeu a agradecer. Por isso é tão importante desenvolvermos um coração grato, pois assim é preparado o ambiente para o romper que o Pai deseja.

Por fim, Cristo realizou a multiplicação, e a multidão foi alimentada. Portanto, ainda que achemos pouco, o que temos a oferecer pode impactar a vida daqueles a quem servimos. A verdade é que não é sobre o quanto nós temos ou podemos receber, mas sobre o quanto queremos entregar. Essa é a melhor forma de sermos úteis ao Reino de Deus e de refletirmos o caráter de Jesus. Nossa maior honra está em seguir o exemplo da generosidade de Cristo, que veio à Terra para Se entregar totalmente pela humanidade.

A ORAÇÃO PELOS PERSEGUIDORES

22 DE SETEMBRO

O Senhor restaurou a sorte de Jó, quando este orou pelos seus amigos, e o Senhor lhe deu o dobro de tudo o que tinha tido antes. (Jó 42.10)

A história de Jó é conhecida pelo sofrimento e pela forma extraordinária como Deus o restituiu, mas um aspecto essencial dela quase sempre passa despercebido: a restauração começou quando ele orou pelos seus amigos, que o haviam julgado e ferido com suas palavras. Esse ato de perdão e demonstração de um coração livre de amargura foi um ponto de virada crucial em sua vida, e o Senhor usou dessa atitude para trazer cura e abundância.

A intercessão tem um poder transformador. Quando oramos por aqueles que nos magoaram, permitimos que Deus trabalhe não apenas na vida deles, mas também na nossa. Foi o próprio Jesus quem nos ensinou a orar por aqueles que nos perseguem (cf. Mateus 5.44)! Apesar disso, a postura de Jó é algo que pode ser difícil de se reproduzir, especialmente quando estamos feridos. Mas é justamente por meio da submissão à vontade divina que a restauração tem início.

Outro aspecto importante é o princípio de restituição de Deus. No caso de Jó, o Senhor não só devolveu o que ele havia perdido, mas deu em dobro tudo o que possuía antes. Isso mostra que Ele abençoa aqueles que escolhem perdoar e interceder.

Na nossa própria jornada de cura e restauração, o exemplo de Jó nos ensina a importância de abençoar aqueles que nos perseguem. Isso pode parecer contrário à lógica humana, pois nossa tendência natural é retribuir o mal com mal. No entanto, o caminho de Deus é diferente. Quando escolhemos adotar esse comportamento, damos espaço para que a Graça do Senhor opere de maneira extraordinária.

DIA 265

NA PRÁTICA

Faça uma lista das pessoas que de alguma forma o feriram ou perseguiram. Dedique um tempo em oração, intercedendo por suas vidas e liberando perdão, assim como Jó fez por seus amigos. Permita que essa intercessão seja o ponto de partida para sua própria cura e restauração, sabendo que Deus pode usar esse ato de fé para transformar sua situação e trazer restituição em todas as áreas da sua vida.

BÍBLIA EM UM ANO

- [ ] 2 Crônicas 33
- [ ] Salmos 89.1-18
- [ ] João 21

ANOTAÇÕES

23 DE SETEMBRO | RELACIONAMENTO É O SEGREDO

Ora, se vocês, que são maus, sabem dar coisas boas aos seus filhos, quanto mais o Pai de vocês, que está nos céus, dará coisas boas aos que lhe pedirem? (Mateus 7.11)

DIA 266

NA PRÁTICA

Reserve um momento hoje para refletir sobre seu relacionamento com Deus como Pai. Coloque diante d'Ele suas ansiedades e preocupações e confie na Sua provisão. Desafie-se a viver não apenas como um servo, mas como um verdadeiro filho que confia no Senhor, obedece-Lhe e se deleita no relacionamento com Ele.

BÍBLIA EM UM ANO

2 Crônicas 34 ☐
Salmos 89.19-37 ☐
1 João 1 ☐

ANOTAÇÕES

Relacionamento é o segredo de tudo quando se trata de nossa caminhada com Deus. Cristo, durante Seu tempo na Terra, vivia em constante comunhão com o Pai. Ele fazia tudo o que via Seu Pai fazer e seguia em obediência a Ele (cf. João 5.19). Como Seus, somos chamados a trilhar esse mesmo caminho de relacionamento, confiança e obediência.

Jesus nos ensina muito sobre a paternidade amorosa de Deus. Se nós, sendo imperfeitos, sabemos cuidar de nossos filhos e prover para eles, como nosso Pai celestial não cuidará de nós? Podemos confiar plenamente em Sua provisão! Quando colocamos nosso relacionamento com o Senhor em primeiro lugar, Ele cuida de todas as nossas necessidades (cf. Mateus 6.31-33). Aliás, foi Ele quem nos prometeu que jamais nos abandonaria (cf. João 6.37; João 14.18).

A paternidade de Deus também confronta a religiosidade. Em João 5.16-19, Jesus estava realizando a obra do Pai e, por isso, foi criticado pelos líderes religiosos da época. Eles viam as leis e as regras, mas Cristo via o relacionamento com o Pai. Essa diferença revela que o verdadeiro temor ao Senhor não está em cumprir normas vazias, mas em viver em comunhão com Ele e seguir Sua vontade.

Apesar de merecermos castigo, o Senhor não nos trata conforme nossos pecados, mas com a compaixão de um pai (cf. Salmos 103.10-13). Ele conhece nossas fraquezas e, em Seu amor, nos oferece Graça. Nada pode nos separar do Seu amor (cf. Romanos 8.38-39)! Como filhos, temos o privilégio de estar sempre na presença do Pai, sabendo que Seu amor é imutável e inquebrável.

PROVISÃO NÃO É APROVAÇÃO

| 24 DE SETEMBRO

Não comerão um dia, nem dois dias, nem cinco, nem dez, nem ainda vinte, mas um mês inteiro, até que saia pelo nariz, até que fiquem com nojo dela, porque vocês rejeitaram o Senhor, que está no meio de vocês, e choraram diante dele, dizendo: "Por que saímos do Egito?". (Números 11.19-20)

Muitas vezes, confundimos a provisão de Deus com Sua aprovação. Quando recebemos um milagre, uma bênção ou uma resposta às nossas orações, tendemos a acreditar que o Senhor está completamente satisfeito conosco e com nossas escolhas. No entanto, a história bíblica nos mostra que nem sempre é assim.

Esse episódio dos israelitas no deserto é um exemplo claro. Apesar de ter testemunhado milagres impressionantes, como a abertura do Mar Vermelho (cf. Êxodo 14) e a provisão de maná (cf. Êxodo 16), o povo constantemente murmurava e desobedecia a Deus. Ou seja, a simples manifestação divina não é sinônimo de aprovação. Nosso Pai é amoroso e deseja o melhor para Seus filhos, mas também é santo e exige nossa obediência.

Sendo assim, devemos receber a provisão de Deus com gratidão e reconhecimento de Sua bondade. Ao mesmo tempo que nutrimos reverência e zelo pela Sua presença, lembramos que as dádivas do Alto não são um cheque em branco para continuarmos em pecado. Ao contrário, são um convite à intimidade e ao arrependimento.

Por isso, cresça em maturidade e nunca abandone o primeiro amor, pois, toda vez que reclamamos das bênçãos, estamos, na verdade, desprezando o Senhor. A provisão de Deus é um presente inestimável e, ao recebê-la, devemos lembrar que é um reflexo de Seu amor e Graça, e não um sinal de que estamos livres para viver como queremos.

DIA 267

NA PRÁTICA

Agradeça a Deus por todas as Suas bênçãos. Em seguida, examine sua vida e veja se há alguma área em que você tem confundido provisão com aprovação. Confesse seus pecados a Deus e peça-Lhe Graça para viver em obediência à Sua vontade.

BÍBLIA EM UM ANO

- [ ] 2 Crônicas 35
- [ ] Salmos 89.38-52
- [ ] 1 João 2

ANOTAÇÕES

25 DE SETEMBRO |

DE TODO O CORAÇÃO

Tudo o que fizerem, façam de todo o coração, como para o Senhor e não para as pessoas. (Colossenses 3.23)

DIA 268

NA PRÁTICA

Faça uma lista das atividades que precisa realizar hoje e entregue-as uma a uma ao Senhor em oração. Reflita sobre formas práticas pelas quais você pode agradar e glorificar a Deus e anote-as.

BÍBLIA EM UM ANO

2 Crônicas 36 ☐
Salmos 90 ☐
1 João 3 ☐

ANOTAÇÕES

Certa vez, ao brincar com meus filhos, percebi que me havia atrasado em minha leitura bíblica. Estava prestes a interromper aquele tempo com eles quando tive uma nítida impressão do Espírito Santo, que me disse: "A coisa mais espiritual que você pode fazer, neste momento, é brincar com seus filhos, porque você está fazendo isso diante de Deus". Obviamente não quero diminuir a importância da leitura da Palavra, uma vez que esse hábito é imprescindível para o crescimento espiritual de todo cristão, mas quero fomentar a mentalidade de que tudo aquilo que fazemos é espiritual e deve ser feito para agradar ao Senhor.

O tempo investido em nossa família — e em cada atividade cotidiana — é tão santo quanto aquele que reservamos para a igreja. Precisamos quebrar a falsa divisão entre sagrado e secular, na qual ficamos suscetíveis a sustentar uma vida dupla, adorando ao Senhor de mãos levantadas aos domingos, mas não Lhe dedicando nosso trabalho, faculdade e família nos demais dias. A partir do momento em que você compreende que todas as tarefas servem para glorificar a Deus, sua visão acerca delas é transformada, e você passa a realizá-las para servir ao Senhor.

Cada segundo da sua existência deve ser utilizado *coram Deo*[1]. Cada minuto precisa ser gasto diante da presença do Senhor. Entregue-Lhe seu trabalho, seus afazeres, sua família e submeta-Lhe suas decisões. Abra espaço para que o Senhor não somente faça parte, mas seja o protagonista de todos os momentos da sua vida.

---

[1] *Coram Deo* é um termo em latim que significa "diante de Deus".

INTERCESSÃO E AÇÃO

| 26 DE SETEMBRO

Finalmente, irmãos, orem por nós, para que a palavra do Senhor se propague e seja glorificada, como aconteceu entre vocês. Orem também para que sejamos livres das pessoas perversas e más; porque a fé não é de todos. (2 Tessalonicenses 3.1-2)

Há um ímpeto crescente, na nossa geração, por ocupar espaços na sociedade e influenciar pessoas. É realmente bom perceber que muitos se têm movimentado de forma relevante nas igrejas, empresas, faculdades etc. Contudo, antes disso, é crucial sermos intencionais em preparar esses ambientes pela intercessão para que vidas se abram ao Evangelho. Qualquer decisão que tomarmos precisa ser pautada na vontade de Deus e sustentada por uma vida de oração. Não entre em lugares que não foram devidamente conquistados por meio da oração; ore para que, ali, haja um ambiente propício para a expansão do Reino de Deus.

Vemos, na passagem de 2 Tessalonicenses, a importância de unirmos intercessão e ação. O Apóstolo Paulo sabia que necessitava que os fiéis intercedessem, a fim de prepararem os ambientes nos quais ele proclamaria as Boas Novas. Isso porque é impossível sermos bem-sucedidos em cumprir a missão que Deus nos confiou se nossos passos práticos não estiverem firmados em uma vida com Ele.

Não ouse mover-se um centímetro sequer em direção a algum lugar sem antes colocar diante do Senhor tudo que fizer. Aprenda a viver na dependência de Deus. Antes de abrir uma empresa, por exemplo, consagre-a ao Senhor; peça a Ele que estenda Sua mão sobre uma reunião de negócios. Mesmo em questões corriqueiras, sua melhor estratégia sempre será construir um arsenal de oração. Coloque sua casa, seu trabalho e sua família diante d'Ele em oração e tenha ao seu lado pessoas que poderão interceder pela sua vida à medida que você faz o mesmo por elas.

NA PRÁTICA

Antes de sair de casa, entregue seu dia a Deus em oração, colocando diante d'Ele suas decisões e tudo o que você precisará fazer. Faça isso sempre que iniciar um novo projeto, quando estiver prestes a entrar em uma reunião ou aula e ao chegar em casa.

- Esdras 1-2
- Salmos 91
- 1 João 4

ANOTAÇÕES

27 DE SETEMBRO | BOAS NOVAS

Durante três meses, Paulo frequentou a sinagoga, onde falava ousadamente, discutindo e persuadindo a respeito do Reino de Deus. [...], passou a falar diariamente na escola de Tirano. Paulo fez isso durante dois anos, de modo que todos os habitantes da província da Ásia ouviram a palavra do Senhor, tanto judeus como gregos. (Atos 19.8-10)

DIA 270

NA PRÁTICA

Reflita: observando a sua realidade, os lugares que frequenta e as pessoas que o cercam, qual o maior desafio que você enfrenta hoje para pregar o Evangelho? O que você pode fazer para permanecer firme? Após refletir, proponha-se a pregar as Boas Novas para pelo menos uma pessoa na próxima semana.

BÍBLIA EM UM ANO

Esdras 3-4 ☐
Salmos 92 ☐
1 João 5 ☐

ANOTAÇÕES

Paulo exerceu um ministério radical de pregação da Palavra, logo após ter um encontro transformador com Jesus. O apóstolo, que antes perseguia os seguidores de Cristo, foi preso, açoitado e caluniado por querer espalhar aquilo que viu e experimentou na pele. Mesmo assim, ele permaneceu firme no caminho e guardou a fé até o fim. É uma postura intensa e comprometida como essa que Deus deseja quando se trata de espalhar as Boas Novas.

Como não querer gritar para um mundo caído que ainda existe esperança? Como não querer que pessoas quebradas conheçam cura e restauração? Como não amar tanto a Jesus de modo que os outros se acheguem a Ele? Até que todos saibam, não podemos nos cansar ou esconder. Jesus é o Filho de Deus que veio para nos salvar de toda condenação e de todo pecado, por meio de uma morte dolorosa na cruz. Um inocente que veio expiar os nossos pecados para que fôssemos reconectados com o Pai! O mundo **precisa** saber disso!

Um grande evangelista disse uma vez: "Como se começa um avivamento? Incendeie o púlpito, e os bancos pegarão fogo". Quando um prédio está em chamas, toda a comunidade sabe! Se a sua vida for tocada por Jesus, as pessoas verão! Deixe que o seu caminhar pregue, mas seja ousado e use a sua boca para anunciar a Mensagem. Evangelizar e fazer discípulos pelas nações é parte essencial do chamado cristão, e, caso dificuldades apareçam, Jesus Cristo disse que: "Bem-aventurados são vocês quando, por minha causa, os insultarem e os perseguirem, e, mentindo, disserem todo mal contra vocês" (Mateus 5.11).

CARREGUE ÓLEO

| 28 DE SETEMBRO

O fogo queimará continuamente sobre o altar; não deve ser apagado. (Levítico 6.13)

Manter a chama acesa em nossa vida espiritual exige mais que momentos de intensidade; é um exercício contínuo de fidelidade e constância. Em Levítico 6.13, o fogo sobre o altar pode ser entendido como uma metáfora para nossa dedicação à relação com Deus. A manutenção de nossa chama espiritual não é somente uma precaução contra os altos e baixos, mas uma caminhada de intencionalidade.

As parábolas das dez virgens e dos talentos destacam a importância dessa constância (cf. Mateus 25.1-13; 25.14-30). As virgens prudentes estavam preparadas com óleo extra, mesmo quando a chegada do Noivo fora adiada. Da mesma forma, o servo fiel foi elogiado por ser diligente com o que lhe fora confiado, independentemente da pressão imediata. Ou seja, a vida cristã mais se parece com uma maratona do que com uma prova de cem metros rasos!

Assim, alimentar a chama envolve uma vida de oração e comunhão com o Senhor. É imprescindível orar por unção, mas além disso precisamos caminhar em fome e em unidade. Se você permanecer em unidade, Deus o manterá ungido (cf. Salmos 133). Embora a unção possa ser transferida, ela é, principalmente, desenvolvida na intimidade com o Pai e na união com os irmãos.

Carregar nosso óleo significa investir em nossa espiritualidade e honrar a presença do doce Espírito de Deus em nossas vidas. Assim, quanto mais nos dedicamos a manter ardendo a chama do Espírito, mais crescemos em intimidade com Deus e entendemos o que de fato significa ser parte do Corpo de Cristo com nossos irmãos.

DIA 271

NA PRÁTICA

Dedique tempo à oração e à leitura da Palavra, buscando um relacionamento mais profundo com Deus. Comprometa-se a ser fiel em sua caminhada e a construir sua intimidade com o Senhor, sem depender unicamente das experiências alheias. Não restrinja esse despertar à sua própria vida. Acorde as pessoas à sua volta, em especial os irmãos de sua comunidade de fé, para que façam o mesmo, mantendo suas chamas acesas.

BÍBLIA EM UM ANO

- [ ] Esdras 5-6
- [ ] Salmos 93
- [ ] 2 João 1

ANOTAÇÕES

29 DE SETEMBRO | FILHOS AMADOS

[...] nem a morte, nem a vida, nem os anjos, nem os principados, nem as coisas do presente, nem do porvir, nem os poderes, nem a altura, nem a profundidade, nem qualquer outra criatura poderá nos separar do amor de Deus, que está em Cristo Jesus, nosso Senhor. (Romanos 8.38-39)

DIA 272

NA PRÁTICA

Hoje, gostaria de desafiá-lo a compartilhar este devocional com algum amigo ou familiar. Tire uma foto desta página e envie-a a alguém que precisa se lembrar de que é totalmente amado. Aproveite a oportunidade para conversar sobre o grande amor de Deus.

BÍBLIA EM UM ANO

Esdras 7-8 ☐
Salmos 94 ☐
3 João 1 ☐

ANOTAÇÕES

A paternidade de Deus nos dá um claro entendimento: somos filhos **amados**. Somos filhos, porque fomos adotados por um Pai bondoso e paciente, que, justamente por nos amar, sacrificou Seu filho unigênito para que tivéssemos vida (cf. João 3.16). Essa é nossa identidade! Ele não nos amou com um sentimento passageiro e falho como estamos acostumados, mas com um amor incondicional e completo. Seu amor por nós existiu antes mesmo que pudéssemos amá-lO de volta (cf. Romanos 5.8-10), e absolutamente nada pode nos separar dele.

Assim, somos totalmente amados, e isso não depende de nós. Onde quer que estejamos, os braços de amor do nosso Pai sempre nos alcançam, pois Ele nos considera valiosos. É esse, também, o motivo pelo qual deseja nos transformar! Agora, podemos ser à imagem de Cristo, que morreu por amor e pagou o preço de nossos pecados, tornando-Se o primogênito entre muitos irmãos (cf. Romanos 8.29).

Tudo o que Deus faz é em amor — essa é Sua natureza. Dessa forma, nossa resposta natural deve ser amá-lO com tudo o que somos e temos, pois, em Sua misericórdia, Ele nos ensina o que é amar verdadeiramente. Quando entendemos que somos filhos, reconhecemos que somos totalmente amados e que o nosso Pai nos afirma com Seu amor.

Nisto consiste o amor: não em que nós tenhamos amado a Deus, mas em que ele nos amou e enviou o seu Filho como propiciação pelos nossos pecados. (1 João 4.10)

SIMPLESMENTE, CONTEMPLE

| 30 DE SETEMBRO

Falava ele ainda, quando uma nuvem luminosa os envolveu; e eis, vindo da nuvem, uma voz que dizia: – Este é o meu Filho amado, em quem me agrado; escutem o que ele diz!
(Mateus 17.5)

No Monte da Transfiguração, Pedro, Tiago e João tiveram uma experiência extraordinária ao contemplarem a glória de Deus. Em um momento de revelação divina, Cristo foi transfigurado diante deles, Sua face brilhou como o Sol, ao mesmo tempo que Moisés e Elias apareceram.

O monte, nesse contexto, representa um lugar de encontro com a presença do Senhor. Assim como Pedro, Tiago e João testemunharam algo extraordinário, nós também somos convidados a buscar momentos de intimidade com Ele. Aliás, em um mundo cheio de distrações e preocupações, é essencial diminuir o ritmo e dedicar um tempo para focar na presença do Mestre. Quando você contempla a presença de Jesus, pode receber a revelação de um novo nível da Sua glória. É essa disposição em contemplá-lO, sem distrações, que o levará a um lugar de mais profundidade no conhecimento do Senhor.

Nesse sentido, a voz de Deus, vinda da nuvem luminosa, interrompeu Pedro quando ele sugeriu construir tendas para Jesus, Moisés e Elias. Essa intervenção divina despertou a atenção dos apóstolos, instruindo-os a ouvirem a voz de Cristo, pois não é possível contemplá-lO em meio à pressa. Aquele não era o momento de construir tendas, mas de mergulhar na presença — que já não precisava mais de um lugar físico.

Livre-se de toda distração para desfrutar da presença de Jesus. Quando Ele Se manifesta, todo o resto deixa de fazer sentido. Não se trata dos profetas, dos louvores ou da iluminação, mas apenas do Filho amado de Deus, o nosso verdadeiro foco.

DIA 273

NA PRÁTICA

Escolha um momento tranquilo do seu dia para se afastar das distrações e simplesmente contemplar a presença de Jesus. Leia trechos das Escrituras que falam sobre Sua presença e poder. Dedique tempo em oração, ouvindo silenciosamente o que Ele quer dizer a você. Permita que esse momento de contemplação renove sua fé e fortaleça seu relacionamento com Cristo, focalizando sua vida n'Ele, como Pedro, Tiago e João fizeram no Monte da Transfiguração.

BÍBLIA EM UM ANO

- ☐ Esdras 9-10
- ☐ Salmos 95
- ☐ Judas 1

ANOTAÇÕES

OUTUBRO

MAIS QUE SUFICIENTE

| 01 DE OUTUBRO

E Abraão deu àquele lugar o nome de "O Senhor Proverá". Daí dizer-se até o dia de hoje: "No monte do Senhor se proverá". (Gênesis 22.14)

Sabe o que significa compreender que Deus é nosso provedor e que Ele suprirá todas as nossas necessidades? A resposta é mais simples do que imagina: é saber que somos filhos! Um filho caminha com a certeza de que nada faltará.

Desafios financeiros e materiais infelizmente existirão, porém o que deve dominar nosso coração não é a ansiedade ou a desesperança, mas a convicção de que temos um Deus que tudo pode. Como poderia um Pai não dar aquilo de que seu filho precisa? Não o que ele quer e pede, mas o que necessita para crescer e se desenvolver de maneira saudável. O que está escrito em Salmos 23 deve se tornar nossa oração de louvor e declaração ao Senhor.

> *O Senhor é o meu pastor; nada me faltará. Ele me faz repousar em pastos verdejantes. Leva-me para junto das águas de descanso; refrigera-me a alma. Guia-me pelas veredas da justiça por amor do Seu nome. Ainda que eu ande pelo vale da sombra da morte, não temerei mal nenhum, porque Tu estás comigo; o Teu bordão e o Teu cajado me consolam. (vs. 1-4)*

Uma pessoa com uma mentalidade de órfão se sente vítima do destino e pensa que as coisas ruins cooperam para o estado em que se encontra. Já o que sabe que é filho tem consciência de que, independentemente de qualquer coisa, a intimidade com o Pai é suficiente para preenchê-lo. Entende que já é aceito pelo Senhor, e que isso supre todos os vazios existenciais, então sempre terá mais que o suficiente (cf. Marcos 6.42-43).

DIA 274

NA PRÁTICA

Agora reflita: Deus é o suficiente para que eu acredite que Ele suprirá cada uma das minhas necessidades?

BÍBLIA EM UM ANO

- [ ] Neemias 1-2
- [ ] Salmos 96
- [ ] Apocalipse 1

ANOTAÇÕES

02 DE OUTUBRO | CORAGEM

Ninguém poderá resistir a você todos os dias da sua vida. Assim como estive com Moisés, estarei com você. Não o deixarei, nem o abandonarei. (Josué 1.5)

DIA 275

NA PRÁTICA

Esteja aberto à direção de Deus hoje. Abandone o passado e aceite o que Ele tem para você, sabendo que está ao seu lado a cada passo do caminho, assim como esteve com Josué.

BÍBLIA EM UM ANO

Neemias 3 ☐
Salmos 97 ☐
Apocalipse 2 ☐

ANOTAÇÕES

Mais do que ter disposição para enfrentar os desafios de frente, ter coragem é ser sensível à voz de Deus e se dispor a deixar o passado para trás para seguir Sua direção. Quando Ele chamou Josué para liderar os israelitas após a morte de Moisés, foi necessário reconhecer que o Senhor estava fazendo algo novo. Josué não podia confiar nos métodos do passado ou se apegar a velhos costumes. Em vez disso, assumiu o novo papel com confiança, sabendo que o Criador estava com ele. Deus prometeu estar com Josué assim como estivera com Moisés (cf. Josué 1.5). Essa garantia lhe deu a coragem de obedecer sem medo ao comando do Senhor.

A resposta de Josué à ordem divina foi imediata e inabalável. Ele ouviu o comando do Senhor e trilhou Seu rumo, entendendo que a obediência era a chave para a vitória. Quando somos sensíveis à voz d'Ele e escolhemos obedecer, mesmo quando o caminho à frente parece incerto, Deus fornece tudo de que precisamos. Assim como guiou Josué, Ele nos guia, equipando-nos com coragem, força e sabedoria para enfrentar o que vier. O segredo é confiar em Sua presença e seguir em frente com a certeza de que nunca nos deixará.

Quando nos alinhamos à vontade do Senhor e ouvimos Sua direção, descobrimos que não precisamos ter medo do futuro. A coragem vem de saber que Ele está conosco, assim como o fez com Josué. Ao deixarmos o passado para trás e abraçarmos o que Deus tem para nós, podemos entrar com ousadia em novas estações, confiando que Suas promessas são verdadeiras e que Ele nunca nos deixará.

FRUTIFICANDO EM TODA ESTAÇÃO

| 03 DE OUTUBRO

Faço um pedido em favor de meu filho Onésimo, que gerei entre algemas. Antes, ele era inútil para você; atualmente, porém, é útil, para você e para mim. Eu o estou mandando de volta a você – ele, quero dizer, o meu próprio coração. (Filemom 1.10-12)

A maturidade espiritual permite que colhamos frutos mesmo nas situações mais improváveis, como aconteceu com Paulo. Observando sua vida, percebemos que ele tinha plena consciência do propósito e da missão que carregava e não deixou que circunstâncias adversas o impedissem de obedecer a Cristo. Mesmo na prisão, ele persistiu, possibilitando que muitos também frutificassem. Portanto, não seja refém de ambientes favoráveis para andar em obediência ao Senhor.

Quando não dependemos de circunstâncias favoráveis para seguir as direções de Deus, mas continuamos fazendo a Sua vontade apesar das dificuldades, somos usados para transformar vidas e trazer reconciliação. O livro de Filemom nos revela que, por meio de Paulo, Onésimo teve sua vida totalmente transformada. No versículo 11, vemos as consequências da fidelidade do apóstolo. Por intermédio dele, Onésimo foi transformado de escravo foragido a um útil discípulo de Cristo. De modo semelhante, pessoas são impactadas quando têm um encontro com Jesus por meio de nós, independentemente das adversidades que possamos estar enfrentando.

Paulo promoveu reconciliação entre o fugitivo e seu patrão, espelhando exatamente aquilo que Cristo fez por nós: "E, se ele causou algum dano a você ou lhe deve alguma coisa, ponha tudo na minha conta" (v. 18). Quando ainda éramos pecadores perdidos, Jesus Se entregou por nós, pagando toda a nossa dívida. Semelhantemente, somos chamados a ser pacificadores, levando o Evangelho àqueles que precisam ter um encontro com Senhor e conhecer Seu perdão.

■ DIA 276

NA PRÁTICA

Avalie como você tem agido em circunstâncias difíceis e de que forma seus comportamentos têm influenciado as pessoas ao seu redor tanto positiva quanto negativamente. Ore e peça a direção do Senhor que o capacite a frutificar em situações improváveis.

BÍBLIA EM UM ANO

☐ Neemias 4
☐ Salmos 98
☐ Apocalipse 3

ANOTAÇÕES

04 DE OUTUBRO | O FILHO PRÓDIGO

E o filho lhe disse: "Pai, pequei contra Deus e diante do senhor; já não sou digno de ser chamado de seu filho". O pai, porém, disse aos servos: "Tragam depressa a melhor roupa e vistam nele [...] porque este meu filho estava morto e reviveu, estava perdido e foi achado". E começaram a festejar. (Lucas 15.21-22,24)

DIA 277

NA PRÁTICA

Leia a parábola do filho perdido em Lucas 15.11-32. Você está caminhando distante do Pai e precisa retornar confessando o seu pecado e reconhecendo a sua dependência? Talvez você não tenha ido embora como aquele jovem, mas acredita que seria mais feliz em outro lugar. Analise o seu interior, faça uma oração expondo as suas dificuldades e pedindo ao Senhor que molde o seu coração de acordo com o caráter d'Ele.

BÍBLIA EM UM ANO

Neemias 5-7 ☐
Salmos 99 ☐
Apocalipse 4 ☐

ANOTAÇÕES

A parábola do filho pródigo traz para nós uma ilustração clara de como o Senhor derrama graça sobre nossa vida, revelando-Se como Pai. Jesus, por meio dessa história, apresentou-nos o Todo-Poderoso como um pai relacional. Deus geralmente era tratado como o Senhor e Redentor da nação de Israel, e raramente era apresentado de maneira pessoal e íntima.

Na passagem citada, vemos o relato de um filho que deixou o conforto da casa de seu pai para esbanjar as riquezas em outras terras. Fome, solidão, humilhação, sede e desolação foram o que restou para aquele jovem, que teve de trabalhar alimentando porcos e desejava se alimentar com eles. Este é o grande problema da humanidade: crer que podemos ser mais felizes longe da presença de Deus. A verdade é que, quanto mais distantes estamos do Pai, mais a comida dos porcos se torna atraente.

Depois de tudo o que passou, o filho retornou, e seu pai o recebeu com muita alegria. Essa parábola reafirma que Deus nos conhece por inteiro e que, mesmo que nosso coração seja egoísta e maldoso, o Pai está pronto para nos receber de braços abertos. Podemos nos achegar até Sua casa com os pés sujos e roupas rasgadas, e Ele nos dará novas vestes, nos santificará e limpará.

Deus quebra a nossa vergonha com a Sua compaixão, graça e misericórdia. Ele continua poderoso e soberano, mas também é misericordioso e compassivo para nos perdoar e curar. Permaneça na casa do Pai e não fuja de Sua presença, pois esse é o melhor lugar para se estar!

PREGUE O EVANGELHO

05 DE OUTUBRO

A minha palavra e a minha pregação não consistiram em linguagem persuasiva de sabedoria, mas em demonstração do Espírito e de poder. (1 Coríntios 2.4)

Ser missionário não é algo que fazemos esporadicamente; é uma extensão de quem somos em Cristo. Todos os dias, quando nos levantamos, devemos nos preparar com a consciência de que saímos de casa para sermos Seus enviados. Pregar as Boas Novas é um chamado para todos os que seguem Jesus, mas essa missão não pode ser cumprida de forma eficaz sem o poder do Espírito Santo operando em nós.

Paulo, em sua primeira carta aos coríntios, lembra-nos de que sua pregação não se baseava em palavras eloquentes ou em sabedoria humana, mas na demonstração do Espírito e de poder; e esse mesmo poder está disponível para nós hoje!

Ser movido pelo Espírito Santo nos permite ultrapassar as barreiras da nossa própria capacidade, tornando-nos instrumentos nas mãos do Senhor para impactar aqueles ao nosso redor. Isso não significa que sempre veremos resultados imediatos, mas, ao sermos obedientes e confiantes em Seu poder, estamos plantando sementes que Ele mesmo fará crescer.

Avançar no Reino de Deus requer coragem e dependência total do Espírito, sabendo que é Ele quem convence o coração do pecador e nos capacita a falar com autoridade. Seu fogo em nós não apenas nos dá ousadia e nos habilita a proclamar Sua Palavra com convicção, mas também leva salvação àqueles que nos ouvem.

Contudo, é Ele quem toca os corações de maneira transformadora, ou seja, quando exercitamos nosso músculo evangelístico, estamos desenvolvendo uma prática contínua de depender do Espírito Santo e de permitir que Ele nos guie em cada passo.

DIA 278

NA PRÁTICA

Dedique tempo esta semana para pedir ao Espírito Santo que renove seu amor pelas Boas Novas. Ore a Ele para que o capacite a enxergar as oportunidades de ser um missionário onde estiver, e que, com autoridade, você leve a mensagem de salvação às pessoas ao seu redor.

BÍBLIA EM UM ANO

- [ ] Neemias 8
- [ ] Salmos 100
- [ ] Apocalipse 5

ANOTAÇÕES

06 DE OUTUBRO | **CONFIANÇA**

O anjo respondeu: — O Espírito Santo virá sobre você, e o poder do Altíssimo a envolverá com a sua sombra; por isso, também o ente santo que há de nascer será chamado Filho de Deus. (Lucas 1.35)

DIA 279

NA PRÁTICA

Anote em uma folha as promessas que Deus já lhe deu, mesmo que pareçam distantes para você. Após escrever, ore sobre cada uma dessas palavras e coloque-as diante do Pai, pedindo o Seu agir e clareza! Clame sinceramente ao Senhor e dedique um tempo em oração intencional sobre isso. Podem ser cinco ou trinta minutos: diga a Ele caso você tenha dificuldade em exercer sua confiança diante de alguma promessa; também agradeça por aquilo que já está acontecendo.

BÍBLIA EM UM ANO

Neemias 9 ☐
Salmos 101 ☐
Apocalipse 6 ☐

ANOTAÇÕES

Suponho que Maria, após receber a instrução do anjo, tenha ficado espantada por não saber **como** aquilo seria feito, mesmo que não duvidasse de que aconteceria. Gerar o Filho de Deus num corpo humano sendo virgem? Parece insanidade! A gestação de Maria foi um milagre sobrenatural! Um Deus que habitava no Alto Trono, ao lado do Pai e já reinava sobre todo o Universo, Se fez carne. Inteiramente Deus e inteiramente homem, Jesus veio ao mundo como um frágil neném — esse é o nosso Salvador!

Pode ser que o Senhor lhe tenha dado algum direcionamento ou promessa, mas você esteja tentando fazer pelos seus próprios meios e pela força de seu braço. Pode ser que você ainda esteja esperando esse direcionamento, e Deus permaneça em silêncio. De uma maneira ou de outra, a oração precisa atravessar a sua vida! As palavras do Pai não se perdem nem mudam, porque Ele faz o que promete, então O busque. Lembre-se, também, de que abandonar a confiança e o relacionamento com o Senhor pode nos levar para alguns extremos: egocentrismo, por confiarmos em nós mesmos; desesperança, por não confiarmos plenamente em Deus; e idolatria, por confiarmos mais na promessa dada do que n'Ele.

Geralmente, quando as coisas não acontecem como desejamos, demoram para se concretizar ou são impossíveis aos nossos olhos, ficamos cheios de dúvida, medo, insegurança ou desesperança, mas a Palavra de Deus nos aponta outro caminho: a confiança (cf. Salmos 37.3-5). Não hesite em pedir auxílio ao Espírito Santo nas situações e confie em Suas palavras!

AMAR COMO DEUS AMA

07 DE OUTUBRO

Ora, a esperança não nos deixa decepcionados, porque o amor de Deus é derramado em nosso coração pelo Espírito Santo, que nos foi dado. (Romanos 5.5)

O amor de Deus é derramado em nosso coração pelo Espírito Santo e não está relacionado a afeições humanas e efêmeras. É verdade que, em alguns momentos, olharemos para o nosso próximo e não sentiremos nada em relação a ele, mas o Espírito pode nos dar a ótica divina e permitir que nosso coração seja movido por aquilo que o próprio Deus sente.

A Bíblia nos conta que, certo dia, alguém perguntou a Jesus como poderia herdar a vida eterna, e, após Cristo ensinar sobre amor ao Senhor e ao próximo, Ele contou a história do bom samaritano (cf. Lucas 10.25-37). A parábola é sobre um homem que foi roubado e deixado à beira da estrada para morrer. Ali, passaram várias pessoas, e nenhuma parou para ajudá-lo, até que um samaritano se compadeceu e cuidou dele com o coração movido por amor e misericórdia.

É esse o ensinamento do Mestre sobre amar o próximo! Em nós mesmos, não temos a capacidade de gerar amor suficiente pelas pessoas. Não conseguimos comportar tanto amor sacrificial sozinhos, mas o Espírito Santo pode produzir em nós um amor que vem do próprio Pai e flui por meio de nossas vidas!

Ser compassivo, caridoso e agradável pode não ser a sua primeira atitude ao ver um necessitado ou alguém que o ofendeu, mas, por meio do Espírito, você é convidado a sempre agir com compaixão e misericórdia. O seu amor ao próximo é um reflexo do que sente por Jesus! Amamos porque Ele nos amou primeiro (cf. 1 João 4.19)! E essa ação não para em nós, mas transborda para o outro — esse é o indício de que amamos verdadeiramente a Cristo.

DIA 280

NA PRÁTICA

Agora, vá até Lucas 10.25-37, leia a história completa do bom samaritano e reflita: a atitude de qual dos três personagens que passaram pelo homem caído na estrada mais se parece com a sua? Amar aqueles que não têm nada a nos oferecer é amar como Deus nos amou! Não tínhamos nada para dar, e Ele Se entregou por nós! Peça ao Espírito que esse tipo de compaixão seja formado em você hoje!

BÍBLIA EM UM ANO

- [ ] Neemias 10
- [ ] Salmos 102
- [ ] Apocalipse 7

ANOTAÇÕES

08 DE OUTUBRO

A COMUNHÃO DOS SANTOS

Ainda tinha muitas coisas a lhes escrever, mas não quis fazê-lo com papel e tinta, pois espero ir visitá-los, e conversaremos pessoalmente, para que a nossa alegria seja completa. (2 João 1.12 – grifo nosso)

DIA 281

NA PRÁTICA

Busque criar ações práticas para fortalecer os laços com os irmãos. Nesta semana, dê o primeiro passo: marque um café ou faça uma visita a alguém que faz parte da sua vida e é importante para você.

BÍBLIA EM UM ANO

Neemias 11 ☐
Salmos 103 ☐
Apocalipse 8 ☐

ANOTAÇÕES

Nada substitui o contato face a face da Igreja de Jesus. Por mais que existam ferramentas e avanços tecnológicos, que se desenvolvem cada vez mais, eles nunca terão o mesmo poder que existe na interação dos santos. João sabia que a alegria era completa quando ele estava com seus irmãos e que existem elementos da fé cristã que não podem ser transmitidos por meio de cartas.

Muitas vezes, estamos tão conectados ao mundo online que negligenciamos a comunhão com as pessoas no dia a dia. Não deixe de vivenciar e fortalecer seus relacionamentos para passar sua vida construindo um mundo virtual paralelo. Existe, sim, valor na comunicação à distância, e é um privilégio podermos falar com aqueles que estão fisicamente distantes. No entanto, há um diferencial em poder marcar presença na vida de quem é importante para nós.

Até mesmo Jesus necessitava passar tempo com aqueles que faziam parte de Seu círculo mais íntimo; ao conversar e fazer refeições, Ele aprofundava o vínculo com Seus discípulos. Nesse sentido, Hebreus 10.25 nos exorta:

> *Não deixemos de nos congregar, como é costume de alguns. Pelo contrário, façamos admoestações, ainda mais agora que vocês veem que o Dia se aproxima.*

Quando reconhecemos a importância de caminharmos juntos de corpo presente, fortalecemos uns aos outros tanto espiritualmente como nas demais áreas. Aprenda a valorizar a congregação e a comunhão entre os santos; promova encontros, cafés, atividades e se faça totalmente presente quando estiver com seus amigos, familiares e irmãos na fé.

NÃO SE ACOMODE

| 09 DE OUTUBRO

Ela [Ana] fez um voto, dizendo: – Senhor dos Exércitos, se de fato olhares para a aflição da tua serva, e te lembrares de mim, e não te esqueceres da tua serva, e lhe deres um filho homem, eu o dedicarei ao Senhor por todos os dias da sua vida, e sobre a cabeça dele não passará navalha. (1 Samuel 1.11 – acréscimo nosso)

Quando Deus quer fazer algo magnífico, Ele escolhe pessoas improváveis. Condições adversas e diagnósticos contrários são as circunstâncias mais propícias para um milagre. A história de Ana é um ótimo exemplo disso. Na época em que ela vivia, a esterilidade era vista como maldição, e esse era o motivo de sua angústia. Porém, em vez de se acomodar à sua realidade, ela se posicionou em oração e fez um voto de consagração ao Senhor.

Da mesma forma, se algo parece impossível para você, não se acomode! Participe daquilo que Deus deseja realizar na sua vida. O modo de agir do Senhor vai na contramão do mundo. Primeiro, Ele quer gerar incômodo por meio do que não se encaixa no padrão. O desconforto, então, serve de impulso para que o poder d'Ele se aperfeiçoe na sua fraqueza (cf. 2 Coríntios 12.9).

Muitos, ao se encontrarem presos a circunstâncias impossíveis, acostumam-se com cenário terreno, sem recorrer Àquele que pode e deseja transformar sua realidade. Foi isso o que aconteceu com Sara e Abraão. Como ela não podia engravidar e já estava em idade avançada, tentaram resolver o problema à sua própria maneira (cf. Gênesis 16). Contudo, o Senhor não precisa de ajuda; Ele deseja ver a nossa fé.

Não tente assumir o controle nem se adapte à realidade que o Senhor quer mudar. Consagre seu milagre a Ele e caminhe em obediência. A sua parte é não aceitar aquilo que enxerga no mundo natural e entender que a realidade dos Céus se faz presente a partir do momento em que você se coloca à disposição do agir do Senhor.

■ DIA 282

NA PRÁTICA

Como você tem lidado com situações impossíveis em sua vida? Você tem se acomodado a elas, ou tem buscado a intervenção de Deus por meio da fé e da oração?

BÍBLIA EM UM ANO

- ☐ Neemias 12
- ☐ Salmos 104.1-23
- ☐ Apocalipse 9

ANOTAÇÕES

18 DE OUTUBRO | # AME O DEUS DA PROMESSA

Então Moisés disse: – Se a tua presença não for comigo, não nos faz sair deste lugar. Pois como se poderá saber que alcançamos favor diante de ti, eu e o teu povo? Será que não é o fato de andares conosco, de maneira que somos separados, eu e o teu povo, de todos os povos da terra? (Êxodo 33.15-16)

DIA 283

NA PRÁTICA

Reserve alguns dias – podem ser sete ou quinze – para ler o Êxodo e estudar os momentos em que Moisés exaltou a importância da presença de Deus. Preste atenção aos instantes em que esse líder amou o Criador verdadeiramente e reflita sobre por que ele considerava a Presença essencial para a identidade do povo de Israel.

BÍBLIA EM UM ANO

Neemias 13 ☐
Salmos 104.24-35 ☐
Apocalipse 10 ☐

ANOTAÇÕES

....
....
....
....
....
....

Nenhuma promessa pode substituir a presença do próprio Deus! Sei que essa parece uma afirmação óbvia, mas pare por um instante e pense: quantas vezes você se distraiu com o lugar que o Senhor lhe prometeu e se esqueceu de ir até Ele? É fácil cairmos nesse local, mas não é o correto!

Se amamos a presença do Criador, já temos o mais importante, e nosso interior encontra completude n'Ele. Isso não quer dizer que o Senhor não nos levará a lugares maiores ou não nos usará para contribuir com Sua obra nesta Terra. Pode ser que isso aconteça ou não, só não deve ser o objetivo de nossa existência! O que precisa motivar qualquer um de nossos passos é o amor pela Presença.

Moisés sabia que permanecer no deserto com Deus era muito melhor que alcançar a Terra prometida sem Ele — afinal, era a presença do Todo-Poderoso que os distinguia dos outros povos. Hoje, até podemos usar as mesmas roupas, falar os mesmos idiomas, andar em carros iguais aos de outras pessoas, no entanto, o que nos diferencia dos outros povos da terra é a presença de Deus em nossas vidas. É isso o que nos marca e nos capacita!

Pelo Espírito Santo, temos a constante Presença em nós e somos capacitados a levar as Boas Novas por todo o mundo (cf. Atos 1.8), além de curar e libertar pelo poder do nome de Jesus. Temos Suas águas e Sua vida fluindo de nosso interior e somos autorizados por Cristo a manifestar o ambiente celestial neste mundo; contudo nada disso tem valor se a presença de Deus não for conosco!

VULNERABILIDADE SÁBIA

11 DE OUTUBRO

Se você se mostra fraco no dia da angústia, é porque a sua força é pequena.
(Provérbios 24.10)

A vulnerabilidade faz parte do ser humano, mas é importante ser sábio ao escolher as pessoas a quem confiaremos nossas lutas mais profundas. Nem todo mundo está equipado para nos ajudar espiritualmente ou nos guiar em momentos de dor. O discernimento é fundamental ao escolher com quem se abrir. É sábio buscar aqueles que são espiritualmente maduros e capazes de oferecer conselhos centrados em Deus, porém é a Ele que devemos sempre recorrer em primeiro lugar, é n'Ele que nossa verdadeira força se encontra. Em Provérbios 24.10, somos ensinados que, em tempos difíceis, mostrar força é crucial, e essa força vem de confiar mais em Deus do que nas pessoas.

A mulher sunamita traz um exemplo perfeito de vulnerabilidade sábia. Quando seu filho morreu, ela não compartilhou imediatamente sua dor com todos ao seu redor, mas manteve-a consigo, confiando em Deus e buscando Eliseu, a pessoa que poderia ajudá-la naquele momento (cf. 2 Reis 4.18-27). Sua história nos ensina que compartilhar nossas lutas com qualquer pessoa pode não nos levar ao apoio espiritual de que precisamos. Devemos ser intencionais em buscar aqueles que podem realmente nos guiar na fé.

Em um mundo no qual a mídia social encoraja o compartilhamento excessivo, é importante resistir à tentação de transmitir nossos problemas para todos. Em vez disso, precisamos fortalecer nosso relacionamento com Deus e confiar em Sua orientação. Quando aprendemos a confiar n'Ele, podemos enfrentar nossas lutas com fé e sabedoria.

DIA 284

NA PRÁTICA

Antes de compartilhar seus fardos, reflita se a pessoa em quem você está confiando está equipada para apoiá-lo espiritualmente. Ore por sabedoria para se abrir apenas com aqueles que o apontarão para Cristo.

BÍBLIA EM UM ANO

- [ ] Ester 1
- [ ] Salmos 105.1-25
- [ ] Apocalipse 11

ANOTAÇÕES

....

....

....

....

....

12 DE OUTUBRO | POVO SANTO

Toquem a trombeta em Sião, proclamem um santo jejum, convoquem uma reunião solene. Reúnam o povo, santifiquem a congregação, congreguem os anciãos, reúnam as crianças e os que mamam no peito. Que o noivo saia do seu quarto, e a noiva, dos seus aposentos.
(Joel 2.15-16)

DIA 285

NA PRÁTICA

Examine seu coração para identificar áreas que precisam de arrependimento. Abandonar os velhos caminhos é crucial para experimentar a restauração, então peça a Deus que derrame Seu Espírito e traga avivamento, começando por seu próprio coração e ações.

BÍBLIA EM UM ANO

Ester 2
Salmos 105.26-45
Apocalipse 12

ANOTAÇÕES

O arrependimento é o ponto de partida para a verdadeira transformação da sociedade. Para experimentarmos o avivamento em seu sentido mais pleno, devemos abandonar nossa velha natureza e abraçar a nova vida que Cristo oferece. A passagem de Joel 2.15-16 exorta toda a congregação a se unir em arrependimento e santificação. Não se refere apenas à mudança pessoal: é o povo de Deus que se alinha para receber o poder e a presença do Espírito Santo.

Quando nos arrependemos, alinhamo-nos à vontade de Deus e preparamos o caminho para que Seu Reino seja estabelecido na Terra. O Reino dos Céus não pode coexistir com nossos velhos modos de vida. Como Igreja, nossa posição deve ser de santificação contínua, em que buscamos ajustar nossas ações e mentalidades às verdades das Escrituras. Esse processo nos renova e nos equipa para sermos agentes eficazes do avivamento, trazendo a realidade do Reino de Deus àqueles que ainda não o experimentaram. Por isso, além de gerar um benefício pessoal, o arrependimento também impacta o mundo ao nosso redor.

Ao instruirmos novos convertidos na fé, devemos enfatizar a importância de abandonar o passado e de entrar na nova vida que Cristo oferece. Não se trata apenas de seguir regras, mas de abraçar a liberdade e a restauração que vêm de viver em alinhamento à vontade de Deus. Quando a Igreja se posiciona na santificação, criamos uma atmosfera em que o Espírito Santo pode Se mover poderosamente, trazendo verdadeiro avivamento e transformação.

MÃOS À OBRA

| 13 DE OUTUBRO

Assim, também a fé, se não tiver obras, por si só está morta. Mas alguém dirá: "Você tem fé, e eu tenho obras." Mostre-me essa sua fé sem as obras, e eu, com as obras, lhe mostrarei a minha fé. (Tiago 2.17-18)

A fé é mais do que apenas uma crença — na verdade, é um modo de vida que deve ser acompanhado de ações. A fé genuína e salvadora é também uma fé que age. A passagem acima deixa claro que, sem obras, a fé é morta, o que significa que, se a nossa não nos leva a atos tangíveis de amor, serviço e gentileza, é incompleta. Tiago nos encoraja como cristãos a vivê-la de uma forma que produza frutos visíveis. No entanto, isso não significa que nossas obras nos dão salvação; em vez disso, a salvação é o fundamento que nos inspira a realizar boas obras por gratidão pelo que Deus fez por nós e porque, de fato, recebemos uma nova natureza.

Para garantir que nossa fé esteja produzindo frutos visíveis, devemos ser intencionais em nossas ações diárias. Isso significa procurar oportunidades para servir aos outros, ser generosos com nosso tempo e recursos e permitir que o amor de Deus flua por meio de nós de maneiras práticas. Assim, nossas obras devem refletir naturalmente a fé que professamos, mostrando o poder transformador da Graça de Deus em nossas vidas.

Além disso, executar as obras que o Senhor preparou para nós é uma parte crucial da demonstração de uma fé viva. Isso envolve buscar a orientação d'Ele, ser sensível às necessidades das pessoas e estar disposto a dar um passo de fé para fazer a diferença. Ao fazermos isso, não apenas fortalecemos nossa fé, mas nos tornamos um testemunho vivo do amor de Deus para o mundo. A verdadeira fé não é passiva, mas ativa, produzindo frutos que glorificam ao Criador e servem aos outros.

DIA 286

NA PRÁTICA

Identifique uma maneira de colocar sua fé em ação esta semana. Deixe sua gratidão pela Graça de Deus inspirá-lo a realizar uma boa obra que reflita sua fé e amor pelos outros.

BÍBLIA EM UM ANO

☐ Ester 3-4
☐ Salmos 106.1-23
☐ Apocalipse 13

ANOTAÇÕES

14 DE OUTUBRO | ABRACE O PROCESSO DE DEUS

Então, na sua angústia, clamaram ao Senhor, e ele os livrou das suas tribulações.
Conduziu-os pelo caminho direito, para que fossem à cidade em que pudessem morar.
(Salmos 107.6-7)

DIA 287

NA PRÁTICA

Ore, pedindo a Deus clareza quanto à estação em que você se encontra. Anote versos bíblicos que o lembrem dos passos que você deve tomar.

BÍBLIA EM UM ANO

Ester 5-6 ☐
Salmos 106.24-48 ☐
Apocalipse 14 ☐

ANOTAÇÕES

A o longo do Pentateuco, a Bíblia narra a jornada do povo hebreu desde a saída do Egito até a entrada na Terra Prometida. No entanto, mesmo estando fisicamente mais distantes do lugar onde haviam sido escravos, o Egito não saiu de dentro deles tão rapidamente. Os hebreus testemunharam o livramento do Senhor e receberam a vitória, mas não O conheciam o bastante para saber como Ele agia. Por isso, não souberam valorizar a Sua presença.

Em alguns momentos, podemos agir como esses israelitas, preferindo a vitória à presença e à direção de Deus. É verdade que as promessas são importantes, mas não se esqueça de que o Senhor vale mais do que elas.

O deserto é um local de difícil passagem. Mas, ao entender sua importância, você aprende a não murmurar e busca viver de forma intencional, seguindo os direcionamentos divinos. Agora, a sua motivação é avançar apesar das circunstâncias, porque existe propósito em cada etapa. À medida que caminha com o Senhor, o seu caráter é tratado.

Não se engane pensando que sua jornada será livre de sofrimento. Quando sentir falta do Egito e desanimar, não permaneça nesse lugar, pois os planos do Senhor avançam para muito além de você. Aprenda a agradecer aquilo que Deus já fez e reconhecer o que Ele quer fazer agora. Valorize cada passo da sua jornada e continue andando em obediência. Em meio às dificuldades, lembre-se de que o poder do Senhor se aperfeiçoa na sua fraqueza (cf. 2 Coríntios 12.9) e de que, assim como Deus livrou Seu povo das angústias, Ele tem poder para agir em sua vida hoje.

DESCANSE E VEJA

| 15 DE OUTUBRO

E ele disse: "Assim diz o Senhor: Cavem muitas cisternas neste vale". (2 Reis 3.16 – NVI)

Enquanto Deus trabalha em Seu grande plano de redenção e em nossas vidas, precisamos confiar n'Ele e descansar em Seus braços. Após ouvi-lO e obedecer-Lhe, fazendo nossa parte com diligência, podemos esperar e observar o agir sobrenatural de Deus. Ele sempre vai fazer mais do que podemos imaginar, porque tudo parte d'Ele e é para Ele!

Em 2 Reis 3.16, Eliseu profetizou sobre o povo e ordenou, em nome de Deus, que cavassem cisternas para que tivessem água. O Senhor, então, lhes disse:

> [...] *"Vocês não verão vento nem chuva, contudo este vale ficará cheio de água, e vocês, seus rebanhos e seus outros animais beberão".* **Mas para o Senhor isso ainda é pouco;** *ele também lhes entregará Moabe nas suas mãos.* (vs. 17-18 – NVI – grifo nosso)

Eles queriam água, mas também receberam a vitória na batalha contra os reis. Talvez, da mesma forma, você busque ao Senhor por precisar de algum livramento ou suprimento; no entanto, Ele quer lhe dar um propósito e uma mentalidade de vencedor. Deus deseja que você se aquiete e contemple Seu poder!

Só o poder do Espírito faz o impossível acontecer! Claro que devemos continuar cavando os poços e fazendo aquilo que está ao nosso alcance, mas existe um *gap* para que Deus aja. Confie! Quando descansamos no Senhor, sabendo que Ele intervirá sobrenaturalmente, testemunhamos Seu agir. Nosso Deus é detentor de todo poder e toda glória que existe na Terra e no Céu!

DIA 288

NA PRÁTICA

Quais são as cisternas que você tem de cavar, hoje, para receber o que Deus deseja derramar sobre sua vida? Antes de recebermos água, precisamos ter onde armazená-la. Cave suas cisternas e esteja pronto para ver o agir do Senhor.

BÍBLIA EM UM ANO

☐ Ester 7-8
☐ Salmos 107.1-22
☐ Apocalipse 15

ANOTAÇÕES

16 DE OUTUBRO | MESMO SEM SENTIR

Quem crer em mim, como diz a Escritura, do seu interior fluirão rios de água viva.
(João 7.38)

DIA 289

NA PRÁTICA

Anote em um papel todas as experiências sobrenaturais e as manifestações sensoriais do Espírito que já sentiu. Depois ore a Deus afirmando que nenhuma dessas coisas pode tomar o lugar de destaque do próprio Deus. Peça ao Senhor que mantenha seu coração no lugar correto!

BÍBLIA EM UM ANO

Ester 9-10
Salmos 107.23-43
Apocalipse 16

ANOTAÇÕES

Manifestações físicas ou sensoriais, como arrepios ou choro, são apenas algumas formas por meio das quais Deus Se revela. Ele pode Se apresentar de inúmeras maneiras — muitas pessoas já presenciaram pó de prata e de ouro em suas mãos, um forte calor queimando no peito ou até mesmo visões abertas, em que se depararam com anjos. Mas é bom lembrar que essas coisas são uma parte, e não a totalidade do modo como o Senhor flui através de nós e manifesta Sua presença.

Assim que nos rendemos a Cristo e nos tornamos filhos de Deus, Sua presença se torna uma constante em nossa vida, pois Ele passa a habitar dentro de nós. Ainda que não sintamos frio na barriga, nossa convicção deve estar firmada na transformação interior e no impacto que causamos no mundo. A Palavra de Deus precisa se tornar tão viva para nós a ponto de **fluir de nosso falar, agir e pensar**. Um estilo de vida transformado vai além de experiências sobrenaturais: reflete-se na prática constante dos ensinamentos bíblicos.

Nem sempre receberemos uma visita estrondosa do Espírito Santo. Nossa convicção precisa estar na seguinte verdade: Deus está aqui. Nossa fé não está fundamentada em nossos sentimentos, mas na Palavra. Mesmo que eu não chore no devocional de hoje, Ele é comigo aonde eu for e em todas as horas do meu dia. Não porque eu sinto, mas porque Ele me disse isso em Sua Palavra. O Senhor é onipresente e atravessa quem somos, fluindo de nosso interior. Ele não muda, e o que diz dura para sempre. Ainda que eu não veja ou não sinta, Ele continua sendo Deus!

TRANSFERÊNCIA DE DONS

| 17 DE OUTUBRO

Não seja negligente para com o dom que você recebeu, o qual lhe foi dado mediante profecia, com a imposição das mãos do presbitério. (1 Timóteo 4.14)

A transferência de dons espirituais é um princípio bíblico que demonstra como Deus pode ungir por meio da imposição de mãos. No entanto, receber um dom dessa maneira não deve ser o foco de nossa jornada espiritual. Como vemos em 1 Timóteo 4.14, a imposição de mãos tem um papel importante na transferência de dons, mas é essencial cultivar um estilo de vida que envolva oração, jejum e serviço a Deus, para que saibamos administrar os dons que recebemos.

Em 2 Timóteo 1.6, mais uma vez, Paulo lembra seu discípulo de despertar a chama do dom que recebeu por meio da imposição de mãos. Isso nos mostra que, embora o dom seja transferido, ele ainda requer que o alimentemos e desenvolvamos, de modo a não sermos negligentes com o que recebemos. É possível ver esse mesmo princípio ainda no Antigo Testamento: Josué estava cheio do espírito de sabedoria porque Moisés havia imposto as mãos sobre ele (cf. Deuteronômio 34.9). A principal lição aqui é que Josué já estava caminhando perto de Deus, e a imposição de mãos era um complemento ao seu relacionamento com o Senhor.

Embora a transferência de dons seja poderosa, ela deve ser vista como parte de um processo espiritual. Não podemos confiar somente em um evento ou depender de outras pessoas; em vez disso, devemos nos envolver ativamente em oração, jejum e serviço para realmente ver esses dons crescerem e serem usados para a glória de Deus. A imposição de mãos é apenas uma peça do quebra-cabeça, e cultivar uma vida com o Senhor é essencial para crescer e sustentar a unção.

DIA 290

NA PRÁTICA

Desafie-se a desenvolver um estilo de vida de busca pela presença de Deus por meio da oração, jejum e serviço, em vez de depender somente da unção transferida. Peça ao Senhor que o ajude a crescer em responsabilidade com aquilo que foi derramado sobre sua vida.

BÍBLIA EM UM ANO

- [ ] Salmos 108
- [ ] Isaías 1-2
- [ ] Apocalipse 17

ANOTAÇÕES

18 DE OUTUBRO

QUEM É JESUS?

Ao que Jesus perguntou: — E vocês, quem dizem que eu sou? Respondendo, Simão Pedro disse: — O senhor é o Cristo, o Filho do Deus vivo. (Mateus 16.15-16)

DIA 291

NA PRÁTICA

Agora, imagine: se Jesus lhe fizesse a mesma pergunta que fez aos discípulos, quem você diria que Ele é? Quem é Jesus para você? E, para além de suas opiniões pessoais, quem a Palavra de Deus diz que Ele é?

BÍBLIA EM UM ANO

Salmos 109.1-19 ☐
Isaías 3-4 ☐
Apocalipse 18 ☐

ANOTAÇÕES

Jesus Se revelou aos discípulos de maneira profunda, e, hoje, podemos conhecê-lO também. Isso é diferente de ouvir ou achar algo sobre Ele! Conhecê-lO é receber a revelação da Sua verdadeira identidade como Senhor e Salvador de nossas vidas por meio da Palavra de Deus. Isso gera em nosso interior restauração, santificação e intimidade com Cristo.

O Mestre pergunta aos seus amigos mais próximos quem dizem que Ele é. Jesus já lhes havia ensinado, mas será que eles O reconheciam de tal forma? Os discípulos caminhavam com o Deus encarnado e poderiam atestar com os próprios olhos se Ele era mesmo quem dizia ser. Assim, como seguidores d'Ele, não podemos nos basear no que ouvimos de terceiros, pois o Filho de Deus deseja Se revelar pessoalmente a nós!

As experiências de outras pessoas podem fortalecer a nossa fé, mas não balizar a nossa relação com Deus ou ser a única fonte de conhecimento sobre a Eternidade. A resposta de Pedro foi baseada em uma revelação vinda do próprio Pai (cf. Mateus 16.17). Em algum momento durante a jornada com o Messias, essa convicção brotou e cresceu em seu coração. Ele andou sobre as águas, viu Cristo multiplicar alimento, curar cegos, amar órfãos e viúvas. Ele tinha uma relação pessoal com o Mestre! Todos nós temos acesso a Cristo, basta acessarmos essa realidade pela fé na obra consumada da Cruz. Ele já está conosco! E é porque Jesus é o Filho de Deus, puro, amoroso e santo, que podemos ter paz com o Pai novamente e sermos chamados de filhos. Deixe que Ele Se revele a você íntima e pessoalmente!

COMBATA A RELIGIOSIDADE

19 DE OUTUBRO

E, não encontrando uma forma de fazer isso por causa da multidão, subiram ao telhado e, por entre as telhas, desceram o paralítico no seu leito, deixando-o no meio das pessoas, diante de Jesus. (Lucas 5.19)

Muitas vezes, precisamos de ousadia e determinação para buscar um toque de Jesus. Há momentos em que as circunstâncias ao nosso redor parecem nos impedir de nos aproximarmos d'Ele, como a multidão que cercava o Senhor e bloqueava o caminho para o paralítico. Contudo, aqueles que têm fome pela presença de Cristo não se deixam deter por obstáculos.

Os quatro amigos do paralítico não mediram esforços ao abrir espaço no telhado, a fim de o descerem até o Mestre. Essa atitude de fé mostra que, quando encontramos portas fechadas, devemos ver isso como uma oportunidade para enxergar os Céus abertos.

A religiosidade e o orgulho, por outro lado, agem como bloqueio para impedir que as pessoas experimentem o sobrenatural. Em Lucas 5.21, vemos que os religiosos questionaram a autoridade de Jesus ao perdoar os pecados do paralítico, no entanto, enquanto eles assistiam, o paralítico recebia o milagre. A falta de discernimento e revelação os impediu de ver a divindade de Cristo e a manifestação de Seu poder.

Sendo assim, viver uma vida sobrenatural requer coragem para ofender a religiosidade que nos cerca. Devemos estar dispostos a superar o temor dos homens para experimentar o mover do Espírito. Ou seja, focar totalmente a presença de Cristo, buscando Sua vontade acima de qualquer tradição.

Jesus não veio para confirmar o *status quo*, mas para trazer transformação de maneira disruptiva. Assim, que você tenha a ousadia de buscar a presença do Senhor com fome e determinação, rompendo as barreiras impostas para viver o novo de Deus.

DIA 292

NA PRÁTICA

Identifique as áreas em sua vida em que a religiosidade pode estar limitando sua fé e sua experiência com o poder de Deus. Ore pedindo ao Espírito Santo que lhe revele esses aspectos e lhe dê coragem para quebrar as barreiras que o impedem de acessar o sobrenatural. Para isso, esteja disposto a sair da sua zona de conforto, ofender a religiosidade e buscar com ousadia a presença de Jesus.

BÍBLIA EM UM ANO

- [ ] Salmos 109.20-31
- [ ] Isaías 5-6
- [ ] Apocalipse 19

ANOTAÇÕES

20 DE OUTUBRO

OBRAS MAIORES

Em verdade, em verdade lhes digo que aquele que crê em mim fará também as obras que eu faço e outras maiores fará, porque eu vou para junto do Pai. E tudo o que vocês pedirem em meu nome, isso farei, a fim de que o Pai seja glorificado no Filho. (João 14.12-13)

DIA 293

NA PRÁTICA

Nesse momento, ore ao Pai para ter a ousadia de realizar obras ainda maiores que Cristo. Peça que, ainda hoje, Ele lhe dê uma oportunidade para orar por alguém, declarando cura. Reconheça, com temor, a autoridade que existe em Jesus e mova-se com a convicção de que você tem uma procuração para agir em Seu nome.

BÍBLIA EM UM ANO

Salmos 110 ☐
Isaías 7-8 ☐
Apocalipse 20 ☐

ANOTAÇÕES

Não se engane ao pensar que "em nome de Jesus" é apenas uma frase de efeito bonita ou uma liturgia de nossas orações. Essa declaração é o reconhecimento de que oramos e suplicamos, representando a vontade de Cristo, como se tivéssemos uma procuração deixada por Ele. Nossas orações, portanto, devem ultrapassar nossos desejos pessoais, pois, por meio do Espírito Santo, podemos realizar obras ainda maiores que o próprio Jesus quando esteve na Terra, já que o poder flui em nós e frutifica.

Em João 15.16, Cristo dá os últimos conselhos a Seus discípulos, antes de ser crucificado:

> *Não foram vocês que me escolheram; pelo contrário, eu os escolhi e os designei para que **vão e deem fruto**, e o fruto de vocês permaneça, a fim de que tudo o que pedirem ao Pai **em meu nome**, ele lhes conceda.* (grifos nossos)

O Salvador nos nomeou como Seus representantes e nos deu legalidade para agir com poder. Quando reconhecemos Sua soberania e autoridade para libertar, frutos eternos são gerados em nós. Além disso, frutificamos quando amamos o próximo e repartimos a porção de poder do Espírito com os perdidos, em misericórdia.

Usar o nome de Jesus requer que permaneçamos alinhados à Sua vontade. As curas, libertações e maravilhas não têm um fim em si mesmas, mas sempre devem apontar ao Pai, de forma que o nome d'Ele seja glorificado por meio das obras. Ou seja, Cristo nos deu autoridade para que cumpríssemos uma missão: continuar a expansão de Seu Reino.

PROTEGENDO O PRIMEIRO AMOR

| 21 DE OUTUBRO

*Tenho, porém, contra você o seguinte: **você abandonou o seu primeiro amor**.*
(Apocalipse 2.4 – grifo nosso)

Em uma noite, ao sair para comer pizza com minha esposa, olhamos para a mesa ao lado e nos deparamos com um casal que passava noventa por cento do tempo no celular. Só entra no piloto automático quem perdeu o primeiro amor. Com certeza, o primeiro encontro daquele casal não foi daquela forma. No meio da vida, perdeu-se o brilho nos olhos, e o que antes era tão profundo se tornou leviano.

Um dos maiores perigos de nossa vida cristã é entrarmos em piloto automático. Isso fica evidente quando analisamos o capítulo 2 de Apocalipse. Ao observarmos a igreja de Éfeso — para a qual João direciona essa exortação de Cristo —, percebemos que não se tratava de uma congregação estagnada. Ao contrário, eles eram trabalhadores; avançavam, tinham força e vigor: "Conheço as obras que você realiza, tanto o seu esforço como a sua perseverança [...]" (v. 2).

Na passagem de Apocalipse, percebemos que Jesus Se dirigia a uma igreja ativa e comprometida, mas que havia perdido o primeiro amor. Salvação, milagres, maravilhas e crescimento — por melhores que sejam — não são indícios de que estamos vivendo o primeiro amor.

Deus nos convida a proteger o coração que tínhamos quando conhecemos Jesus e O aceitamos. Não arrisque tornar-se vazio da verdadeira paixão por Cristo nem se acostume com os momentos de adoração; anseie, incessantemente, a alegria e a sede que você tinha nos primeiros encontros, como o salmista declara: "Restitui-me a alegria da tua salvação e sustenta-me com um espírito voluntário" (Salmos 51.12).

DIA 294

NA PRÁTICA

Analise o estado de seu coração quando você se coloca na presença de Deus para orar e adorar. Em seu momento de devocional, quebrante-se aos pés do Senhor e não saia do seu quarto até que o Espírito Santo o encontre com o primeiro amor. Insista em buscá-lO de forma intencional.

BÍBLIA EM UM ANO

- [ ] Salmos 111
- [ ] Isaías 9-10
- [ ] Apocalipse 21-22

ANOTAÇÕES

22 DE OUTUBRO | UMA FÉ GERACIONAL

Uma geração contará à outra a grandiosidade dos teus feitos; eles anunciarão os teus atos poderosos. (Salmos 145.4 – NVI)

DIA 295

NA PRÁTICA

Dedique um tempo para pensar em como contribuir para transmitir a fé e os ensinamentos do Senhor à próxima geração. Se tem filhos, ore a Deus que lhe dê sabedoria para guiá-los em Seus caminhos. Se não, considere maneiras de impactar os mais jovens em sua igreja ou comunidade. Seja intencional em passar adiante a fé que recebeu, sabendo que, ao fazer isso, contribuirá para a obra de Deus, que transcende o tempo.

BÍBLIA EM UM ANO

Salmos 112 ☐
Isaías 11-13 ☐
1 Tessalonicenses 1 ☐

Nosso Deus trabalha por meio das gerações, realizando Seus propósitos e deixando um legado de fé que precisa ser passado adiante. Nesse sentido, o salmo 145 nos lembra da importância de compartilhar com aqueles que virão depois de nós as maravilhas que o Senhor tem feito. Não se trata apenas de uma herança material, mas espiritual, que é infinitamente mais valiosa.

Para contribuirmos com isso, primeiro devemos viver uma vida que reflete a fé que professamos, servindo de exemplo para os mais jovens. Nossas palavras e ações devem estar alinhadas aos ensinamentos do Senhor, para que possamos inspirar outros a seguirem o mesmo caminho. Hebreus 13.7 nos encoraja a nos lembrarmos daqueles que nos ensinaram a fé e a imitar a fé deles. Este é o ciclo que precisa continuar: recebemos a fé de uma geração anterior, vivemos essa fé e a transmitimos adiante.

Para aqueles que ainda não têm filhos, essa transmissão não é menos importante. Existem muitas maneiras de manter a fé viva e de impactar os mais jovens: investindo tempo em ministérios voltados para crianças e adolescentes, sendo mentores para os mais novos na fé, ou simplesmente vivendo de forma autêntica em sua comunidade, de modo que sua vida seja um testemunho vivo do poder de Deus.

Quando nos conscientizarmos do aspecto geracional e progressivo do plano de Deus, seremos chamados a participar ativamente desse processo. Assim, passaremos adiante a herança espiritual que recebemos, garantindo que a fé permaneça viva e vibrante entre aqueles que virão depois de nós.

NOVIDADE DE VIDA

| 23 DE OUTUBRO

No ano da morte do rei Uzias, eu vi o Senhor assentado sobre um alto e sublime trono [...]. Então um dos serafins voou para mim [...]. Com a brasa tocou a minha boca. [...] Depois disto, ouvi a voz do Senhor, que dizia: – A quem enviarei, e quem há de ir por nós? Eu respondi: – Eis-me aqui, envia-me a mim. (Isaías 6.1,6-8)

Os versículos que você acabou de ler relatam o momento em que o ministério do profeta Isaías mudou permanentemente. A partir do toque da brasa em seus lábios, ele foi purificado, e tudo se transformou. Uma nova temporada surgiu para a nação, e, junto a ela, Isaías foi levantado para anunciar profecias, inclusive a futura vinda do Messias. Apenas após o rei ser retirado do governo, ao morrer, o profeta viu o Senhor assentado sobre um alto e sublime trono. O encontro que marcou a vida dele aconteceu depois de um grande momento de transição.

Deus sempre trabalha com novidade de vida. Cada temporada traz consigo algo desconhecido, e, muitas vezes, nos prendemos na glória que passou, não dando espaço para um derramar diferente do Espírito. Por outro lado, também existem pessoas que não vivem o novo porque não se comprometem com a temporada atual, apenas anseiam pela próxima. Quando isso acontece, a oportunidade do encontro transformador com o Pai passa e dá lugar à frustração. A questão é que a presença do Senhor permanece a todo tempo, nós é que nos distraímos facilmente.

Mais de dois mil e setecentos anos se passaram desde essa visão, e o Senhor continua no trono. O Pai quer encontrá-lo e revelar-lhe Sua glória, a fim de prepará-lo para o seu chamado! Por isso, esteja atento à estação que está vivendo e deixe o velho para trás; ao mesmo tempo, afaste as ansiedades daquilo que ainda virá. Viva o que Deus está lhe oferecendo agora! As transições são o lugar propício para transformação e crescimento, então não as desperdice.

DIA 296

NA PRÁTICA

Reflita se existe algo o atrapalhando de viver a temporada atual, sejam relacionamentos, lugares ou comportamentos. Como você pode se comprometer de maneira plena com a estação que está vivendo – independentemente de ser difícil ou tranquila – em vez de apenas focar as expectativas para o futuro ou as coisas do passado? Qual é a importância desse compromisso para o seu crescimento espiritual e pessoal?

BÍBLIA EM UM ANO

- [ ] Salmos 113
- [ ] Isaías 14-16
- [ ] 1 Tessalonicenses 2

ANOTAÇÕES

....
....
....
....
....

24 DE OUTUBRO | UM PAI QUE CUIDA DE SEUS FILHOS

Portanto, humilhem-se debaixo da poderosa mão de Deus, para que ele, em tempo oportuno, os exalte. Lancem sobre ele todas as suas ansiedades, porque ele cuida de vocês. (1 Pedro 5.6-7)

DIA 297

NA PRÁTICA

Escreva uma carta a Deus, registre suas preocupações, alegrias e agradecimentos; permita que Ele fale ao seu coração enquanto escreve. Depois, ore pedindo para sentir a presença reconfortante do Pai e peça a Ele que continue a mostrar Seu cuidado e amor.

BÍBLIA EM UM ANO

Salmos 114 ☐
Isaías 17-19 ☐
1 Tessalonicenses 3 ☐

ANOTAÇÕES

Há momentos da nossa caminhada cristã em que adotamos uma postura de alguém forte e inabalável, como se a vulnerabilidade fosse algo ruim. Passamos por situações desconfortáveis e dolorosas, mas não temos coragem de expor isso ao Senhor. Quando a Palavra nos diz para nos humilharmos sob a mão poderosa de Deus, significa reconhecer que Ele está no controle, e nós não. E, como um Pai amoroso, Ele deseja apenas que a nossa confiança esteja em Seus atos, em Seu tempo e em Seu plano.

Dessa forma, precisamos lançar nossas ansiedades sobre Deus porque Ele cuida de tudo e pode lidar com nossas preocupações melhor do que nós mesmos. Além disso, apegar-nos às nossas ansiedades e dores só piora as coisas. Mas, ao entregá-las ao Pai, reconhecemos que Ele é nosso protetor e provedor. Com o Senhor, não há relacionamento íntimo sem vulnerabilidade; expor nossas preocupações a Ele nos leva a um lugar de plenitude e segurança.

Lembre-se de que Deus cuida de nós diariamente, ouvindo nossas orações e suprindo nossas necessidades. Ele nos recebe de braços abertos, pronto para nos apoiar em todos os desafios. Assim como um bom pai, Ele está sempre presente, preparado para nos confortar e guiar: você nunca está sozinho.

ADORAÇÃO

25 DE OUTUBRO

[...] Veio uma mulher, trazendo [...] um perfume muito valioso, de nardo puro; e, quebrando o frasco, derramou o perfume sobre a cabeça de Jesus. Alguns dos que estavam ali ficaram indignados [...]. Mas Jesus disse: – Deixem a mulher em paz! Por que vocês a estão incomodando? Ela praticou uma boa ação para comigo. (Marcos 14.3-4,6)

O perfume que aquela mulher derramou sobre a cabeça do Salvador, pouco tempo antes de Sua crucificação, foi um ato genuíno de adoração e entrega. Alguns a olharam torto, outros a julgaram com uma falsa e religiosa moralidade, mas Jesus Se agradou. Fato é que a verdadeira adoração nos custa, e isso parecerá loucura ou desperdício para aqueles que a presenciam!

A questão é que a maioria dessas pessoas estão cegas, porque o mais importante é derramar o que consideramos precioso aos pés do nosso Senhor, já que nada se compara à Sua grandeza e suficiência. A nossa vida deve ser norteada pela devoção, como a daquela mulher, em que um amor profundo por Deus gerou ações radicais, intensas e sinceras. Além disso, adorar também deve ser uma constante! Um alto nível de sinceridade diante do Pai só é alcançado ao nutrirmos uma vida integral de adoração, em que exaltamos o Seu nome todos os dias e em tudo o que fazemos (cf. Colossenses 3.23).

Davi, conhecido por ser o homem segundo o coração de Deus e por derramar-se em adoração ao Senhor independentemente da situação, registrou em Salmos 27.4 o seguinte clamor:

> *Uma coisa peço ao Senhor e a buscarei: que eu possa morar na Casa do Senhor todos os dias da minha vida, para contemplar a beleza do Senhor e meditar no seu templo.*

A verdadeira adoração flui desse lugar de intimidade e dependência, que não leva em conta as circunstâncias ou as críticas, mas se mantém ao passo que contemplamos a beleza da majestade de Deus, porque Ele permanece o mesmo em meio ao caos que nos cerca.

◼ DIA 298

NA PRÁTICA

O que significa oferecer o nosso melhor a Deus, mesmo que isso pareça "desperdício" aos olhos de outras pessoas? Qual é o melhor que você pode oferecer a Ele?

BÍBLIA EM UM ANO

☐ Salmos 115
☐ Isaías 20-22
☐ 1 Tessalonicenses 4

ANOTAÇÕES

26 DE OUTUBRO |

SOLA SCRIPTURA

Toda a Escritura é inspirada por Deus e útil para o ensino, para a repreensão, para a correção, para a educação na justiça, a fim de que o servo de Deus seja perfeito e perfeitamente habilitado para toda boa obra. (2 Timóteo 3.16-17)

DIA 299 ☐

NA PRÁTICA

Ao longo da semana, leia o Salmo 119, reflita sobre sua exaltação na importância da Palavra de Deus. Ore por um coração que se deleite e medite nas Escrituras, buscando compreender a vontade de Deus mais plenamente.

BÍBLIA EM UM ANO

Salmos 116 ☐
Isaías 23-24 ☐
1 Tessalonicenses 5 ☐

ANOTAÇÕES

O texto de hoje destaca que toda a Escritura é inspirada por Deus e é nosso manual para viver uma vida que O satisfaz. Em outras palavras, a Bíblia não é simplesmente um livro. Isso significa que *Sola Scriptura* tem como propósito intensificar a importância das Escrituras como a fonte inalterável e fiel de compreensão da vontade do Senhor.

A singularidade da Bíblia, diferentemente de outros livros considerados sagrados, está na sua inspiração divina. Ao contrário de outros textos, toda a Bíblia **é** a Palavra de Deus — e isso quebra qualquer falácia que tente nos convencer de que as Escrituras devem ser reinterpretadas ou atualizadas —, e não existe profecia contra ela! Essa característica a torna a nossa principal fonte de orientação e verdade. Ela é a constituição do Reino de Deus, como uma bússola para nós, além de ser o primeiro canal de conexão com o Senhor.

Desenvolver o hábito da leitura regular da Bíblia pode transformar nossas vidas. O salmista declarou em Salmos 119.103: "Quão doces são as tuas palavras ao meu paladar! Mais que o mel à minha boca". Lembre-se: hoje, nós temos um banquete ainda mais apetitoso do que ele, pois, além da Torá, podemos nos deliciar com Mateus, Marcos, Lucas, João, Atos, Gálatas, dentre outros. Por isso, reserve um horário específico todos os dias para a leitura e meditação da Palavra; reflita sobre o que você leu e peça a Deus que lhe revele Suas verdades. A Bíblia não é apenas um instrumento para informação, mas para revelação e transformação! Deixe-se ser transformado por ela.

SOLUS CHRISTUS

| 27 DE OUTUBRO

Porque há um só Deus e um só Mediador entre Deus e a humanidade, Cristo Jesus, homem, que deu a si mesmo em resgate por todos, testemunho que se deve dar em tempos oportunos. (1 Timóteo 2.5-6)

Em João 14.6, Jesus afirma: "Eu sou o caminho, a verdade e a vida. Ninguém vem ao Pai senão por mim". Isto é, em *Solus Christus*, aprendemos que Jesus é o único Salvador e Mediador para chegar a Deus. Refletindo sobre essa verdade, entendemos que a fé em Cristo é o que traz luz para a nossa vida. O Pai não teria escolhido o caminho de sacrificar Seu próprio Filho se houvesse outra maneira de nos garantir a salvação. Esse sacrifício sublinha a gravidade do pecado e o profundo amor que Deus tem por nós.

Para compreender Jesus como o único caminho, precisamos reconhecer o significado do Seu sacrifício. Ele, que Se entregou como resgate por todos, estabeleceu uma ligação única e insubstituível entre nós e Deus. Esse ato de amor e redenção define nosso relacionamento com o Senhor e mostra até onde Ele foi para nos restaurar. Ao aceitar Jesus como nosso Salvador, reconhecemos a profundidade do compromisso de Deus com a humanidade e o Seu amor inabalável, que nos lembra: nenhum outro caminho pode nos aproximar d'Ele.

Assim, além de confessar Jesus como nosso único Senhor e Salvador, temos, também, de cultivar uma vida de intimidade com Ele. Para isso, mergulhe na leitura bíblica, dedique-se à oração diária e viva em comunhão com outros cristãos. Ao nos dedicarmos a esses hábitos, podemos enxergar Jesus Se manifestando no ordinário do nosso dia a dia, reforçando a verdade de que Ele é o único caminho para Deus. Viver com essa consciência transforma nossas vidas e nos alinha à vontade e ao propósito divino.

DIA 300

NA PRÁTICA

Em um papel, escreva sua história pessoal: como você conheceu Jesus como seu Salvador? Reflita sobre como Ele transformou sua vida e compartilhe essa história com um familiar ou amigo. Depois, medite em João 14.6, em que Cristo diz: "Eu sou o caminho, a verdade e a vida; ninguém vem ao Pai **senão por mim**" (grifo nosso). Pense sobre o que isso significa para a sua fé e para o seu relacionamento com Jesus.

BÍBLIA EM UM ANO

- [ ] Salmos 117
- [ ] Isaías 25-26
- [ ] 2 Tessalonicenses 1

ANOTAÇÕES

28 DE OUTUBRO | **SOLA GRATIA**

Porque a graça de Deus se manifestou, trazendo salvação a todos. Ela nos educa para que, renegadas a impiedade e as paixões mundanas, vivamos neste mundo de forma sensata, justa e piedosa. (Tito 2.11-12)

DIA 301

NA PRÁTICA

Escolha um dia para jejuar e use o tempo para refletir sobre a Graça e a compaixão de Deus. Ore e medite sobre como Seu favor imerecido impacta sua vida e como você pode viver mais plenamente no temor do Senhor.

BÍBLIA EM UM ANO

Salmos 118 ☐
Isaías 27-28 ☐
2 Tessalonicenses 2 ☐

ANOTAÇÕES

Em *Sola Gratia*, somos lembrados de que a Graça imerecida de Deus é a pedra angular da nossa salvação. A passagem de Tito 2.11-12 ensina que essa Graça não apenas nos salva, mas também nos transforma, ajudando-nos a negar a impiedade e as paixões mundanas. Esse duplo aspecto da Graça — salvadora e transformadora — é crucial. A mesma Graça que nos leva à salvação é aquela que nos capacita a viver de maneira agradável a Deus, afastando-nos dos desejos pecaminosos e abraçando um caminho justo.

Considere a história da mulher pega em adultério em João 8.3-11. A resposta de Jesus exemplifica a Graça escandalosa de Deus, que perdoa os pecados e silencia os nossos acusadores. Além disso, a graça transformadora instrui: "Vá e não peque mais". Esse encontro poderoso mostra-nos que o Cristo que nos perdoa também nos ensina diariamente a viver de maneira digna. Ao refletir sobre isso, notamos como a Graça de Deus não consiste apenas em perdoar o nosso passado, mas também em guiar o nosso futuro.

Viver à luz da Graça de Deus significa abraçar o Seu poder salvador e transformador. Somos salvos pela Graça, não pelas nossas ações ou pensamentos. Essa compreensão deve nos levar a viver com temor ao Senhor, honrando-O com nossas vidas. Ao fazermos isso, reconhecemos o dom profundo que recebemos e temos nossas ações transformadas em resposta ao amor e à misericórdia irresistíveis de Deus.

SOLA FIDE

29 DE OUTUBRO

Concluímos, pois, que o homem é justificado pela fé, sem as obras da lei. (Romanos 3.28 – ARC)

O que é ser justificado? É ser declarado justo no tribunal de Cristo. A fé é a única maneira de o homem justificar-se perante Deus. Ao escrever aos romanos, Paulo afirma que as obras não nos justificam, apenas a fé em Jesus Cristo. Tal declaração apresenta grande contraste com o que era dito pelo judaísmo na época; este alegava que as obras da Lei justificavam o Homem. No entanto, nossa salvação não depende do que fazemos, mas sim do que Cristo já fez por nós na Cruz. Por meio da fé no sacrifício de Jesus, Deus declara justo o pecador.

Muitas vezes, podemos cair na armadilha de acreditar que, para sermos aceitos por Deus, precisamos fazer alguma boa ação. Contudo, o que Paulo nos ensina é que a fé — e não nossas ações — é que nos conecta com a Graça. Não há nada que você possa fazer para constranger Deus a amá-lo. Não são necessárias obras para adquirir a salvação, pois ela é um presente gratuito que você recebe por fé.

Isso não significa que as boas obras não são importantes. Pelo contrário, uma fé genuína naturalmente gera boas ações como fruto. Mas essas ações são uma resposta ao amor e à Graça de Deus, e não uma tentativa de ganhar o favor d'Ele. A fé nada mais é do que a plena convicção de que o que Deus prometeu em Cristo já é uma realidade, mesmo que ainda não possamos ver (cf. Hebreus 11.1). Nas palavras de Lutero: "A justificação pela fé é a verdade central do Evangelho; sem ela, toda a estrutura do cristianismo se desmorona".[1]

DIA 302

NA PRÁTICA

Separe um tempo para refletir sobre onde tem colocado sua confiança. Você tem confiado nos seus próprios esforços, ou entende que depende de Jesus para tudo na sua vida? Peça a Deus que o ajude a identificar as áreas em que precisa exercitar sua fé com a confiança de que Ele é fiel e de que sua salvação é um presente, e não algo que você precisa conquistar. Que sua fé se manifeste em gratidão e boas obras, não por interesse, mas como uma resposta ao que Ele já lhe deu: Jesus.

BÍBLIA EM UM ANO

- [ ] Salmos 119.1-32
- [ ] Isaías 29-30
- [ ] 2 Tessalonicenses 3

ANOTAÇÕES

---

[1] Martinho Lutero, *Comentário à epístola aos Romanos.*

30 DE OUTUBRO | **SOLI DEO GLORIA**

Portanto, quer comais, quer bebais ou façais outra qualquer coisa, fazei tudo para a glória de Deus. (1 Coríntios 10.31 – ARC)

DIA 383

NA PRÁTICA

Nesta semana, pergunte-se como suas ações e decisões têm glorificado a Deus. Dedique tempo para orar, pedindo ao Senhor para ajudá-lo a viver com essa perspectiva, enxergando as oportunidades de glorificá-lo até nas pequenas coisas. Seja no seu trabalho, nos seus relacionamentos ou nas suas escolhas diárias, procure refletir a glória de Deus em tudo o que fizer. Que a sua vida seja um espelho da grandeza d'Ele.

BÍBLIA EM UM ANO

Salmos 119.33-64 ☐
Isaías 31-33 ☐
1 Timóteo 1 ☐

ANOTAÇÕES

Ao escrever aos coríntios, Paulo nos lembra de que até mesmo nas ações mais simples e cotidianas, como comer e beber, precisamos ter em conta que devemos glorificar a Deus. Isso nos diz que a vida com Deus não está limitada aos momentos de adoração na igreja nem a nenhum evento público em Seu nome. As vinte e quatro horas dos nossos dias devem ser vividas para agradar e glorificar o Senhor.

O termo "glória" — do grego, *doxa*[1] — refere-se à manifestação da majestade e da presença divina. Cada talento, recurso e oportunidade que recebemos deve ser usado de maneira que reflita Sua bondade e Seu poder sobrenatural em nós. Isso nos leva a viver com intencionalidade e entender que até as escolhas mais singelas têm um propósito maior: apontar para a grandeza de Deus.

> A nossa vida não deve ser dirigida a nós mesmos, mas devemos considerar que todas as nossas ações, palavras e pensamentos devem ter em conta a glória de Deus.[2]

Quando compreendemos isso, não buscamos glória para nós mesmos, isto é, o reconhecimento humano. Viver para a glória de Deus impacta todos os aspectos da nossa vida — nosso trabalho, nossos relacionamentos, nossas decisões e, até mesmo, como enfrentamos desafios e sucessos.

---

[1] *DOXA* [1391]. *In*: DICIONÁRIO bíblico Strong. Barueri: Sociedade Bíblica do Brasil, 2022.

[2] João Calvino, *Institutas da religião cristã*, Livro I, Capítulo XVII, Seção I.

A REFORMA NÃO ACABOU

31 DE OUTUBRO

E não vivam conforme os padrões deste mundo, mas deixem que Deus os transforme pela renovação da mente, para que possam experimentar qual é a boa, agradável e perfeita vontade de Deus. (Romanos 12.2)

A Reforma Protestante, que teve início no século XVI, encoraja-nos, ainda hoje, a realizar uma auto-avaliação constante dentro de nós, garantindo que nossas práticas e crenças se alinhem aos padrões divinos. Em Romanos 12.2, somos orientados a não nos conformarmos com este mundo, mas permitir que Deus transforme nossas mentes. Essa transformação nos ajuda a discernir e experimentar Sua vontade boa, agradável e perfeita. É importante que, refletindo sobre isso, você se sinta impulsionado a procurar continuamente a renovação espiritual, alinhando sua vida aos princípios celestiais, e não às normas mundanas.

Essa mentalidade nos mantém abertos à transformação que o Senhor deseja realizar em nós, além de assegurar que não nos tornaremos complacentes com os padrões deste mundo, que está sempre contradizendo os ensinamentos do Reino. Ao promover um coração inconformado, podemos buscar o que é eterno, verdadeiro, bom e agradável a Deus, em vez do que é aceito pela sociedade.

Inspirado pelo exemplo de Lutero, que iniciou a Reforma em seu tempo, desenvolva o estudo diligente da Palavra e o questionamento de práticas que não se alinham aos ensinamentos bíblicos. Isso requer coragem e compromisso com a verdade. Ao renovar sua mente e permitir que as Escrituras o direcionem, promova mudanças em sua mentalidade e comportamento. Dessa forma, suas ações não serão apenas reações ao mundo, mas, sim, passos intencionais em direção à vontade perfeita de Deus.

DIA 304

NA PRÁTICA

Identifique um aspecto da sua prática de fé pessoal que precisa de reforma. Pode ser um hábito, uma atitude ou uma crença que não esteja totalmente alinhada com a Palavra de Deus. Comprometa-se a trabalhar nessa área durante um mês, buscando a orientação e a força do Senhor.

BÍBLIA EM UM ANO

- [ ] Salmos 119.65-96
- [ ] Isaías 34-35
- [ ] 1 Timóteo 2

ANOTAÇÕES

NOVEMBRO

ESPERANÇA EM MEIO À DOR

| 01 DE NOVEMBRO

E não somente isto, mas também nos gloriamos nas tribulações, sabendo que a tribulação produz perseverança, a perseverança produz experiência e a experiência produz esperança. (Romanos 5.3-4)

Diante das dificuldades, podemos nos tornar amargurados e nos entregar a uma mentalidade de derrota. Reconhecer situações impossíveis como oportunidades pode parecer esquisito, mas isso não significa ignorar o problema, e sim entregá-lo a Quem pode trazer a solução.

A melhor forma de superar as adversidades é permanecer perto do Senhor. Ele deseja que cresçamos até mesmo nos momentos de desafio e aflição, assim como Jesus aprendeu a obediência por meio daquilo que sofreu (cf. Hebreus 5.8-9). As dificuldades não foram feitas para nos parar, mas podem ser usadas para nos aproximar da presença d'Ele, até que sejamos completamente dependentes.

Na Bíblia, há alguns exemplos de nossos heróis da fé que foram capazes de perseverar em meio ao sofrimento. Eles tinham convicção no Deus que serviam, e isso não os cegava para as circunstâncias. Ao depositarem sua confiança no Senhor, mantiveram-se íntegros e obedientes a Ele em todo tempo. Esse foi o caso de José, que passou por inúmeras situações e teve muito sofrimento, mas, ainda assim, destacava-se entre os demais e prosperava, até que, ao fim de seu processo, foi honrado (cf. Gênesis 37-40).

Determinados acontecimentos podem tentar roubar sua esperança, e nem sempre haverá uma solução imediata. A importância de perseverar surge justamente nessas horas em que o impossível parece tomar conta da sua vida. Lembre-se, então, de que a perseverança, sendo completa, torna-nos perfeitos e íntegros (cf. Tiago 1.4). Permita que Deus use essa provação para fazê-lo completo!

DIA 305

NA PRÁTICA

Quais situações na sua vida têm exigido de você perseverança? Entregue-as a Deus em oração e peça por estratégias para lidar com elas da melhor forma.

BÍBLIA EM UM ANO

☐ Salmos 119.97-120
☐ Isaías 36-37
☐ 1 Timóteo 3

ANOTAÇÕES

02 DE NOVEMBRO | ÁGUAS MAIS PROFUNDAS

Quando acabou de falar, Jesus disse a Simão: — Leve o barco para o lugar mais fundo do lago e então lancem as redes de vocês para pescar. (Lucas 5.4)

DIA 306

NA PRÁTICA

Escolha uma área da sua vida em que você poderia ir mais fundo. Pode ser um novo projeto, um relacionamento ou um passo de fé que tem evitado. Agora, discirna o direcionamento do Senhor e Lhe peça coragem para obedecer e agir com sabedoria. Anote suas percepções em um diário e busque o apoio de um líder espiritual ou amigo de confiança. Lembre-se de que, nas águas mais profundas, encontramos os maiores milagres e crescimento espiritual.

BÍBLIA EM UM ANO

Salmos 119.121-144 ☐
Isaías 38-39 ☐
1 Timóteo 4 ☐

ANOTAÇÕES

Pedro, um experiente pescador, havia passado a noite inteira sem pegar nenhum peixe. Ele já estava lavando suas redes quando Jesus pediu para usar seu barco como plataforma de pregação. Depois de concluir seu sermão, Cristo instruiu Pedro a levar o barco para águas mais profundas e lançar as redes novamente. Apesar do fracasso recente, ele seguiu as ordens sem hesitar.

A obediência de Pedro foi motivada pela fé. Ele confiou nas palavras de Jesus, mesmo quando a lógica lhe dizia o contrário. Ainda que receoso, sua atitude de submissão o levou a testemunhar algo extraordinário: uma pesca abundante (cf. Lucas 5.6).

Frequentemente, somos resistentes às direções do Alto por vários motivos. Comparar nossa situação com a de outros, por exemplo, pode minar nossa confiança; o medo do que podem pensar ao nosso respeito é um obstáculo. Aliás, pare para refletir sobre quantas vezes você se pegou mais preocupado com a percepção alheia do que com o chamado do Senhor — é isso o que nos impede de conhecer os mistérios do Pai.

De fato, adentrar águas profundas não é fácil, mas é transformador. Nesse lugar, o Senhor trata nosso caráter, removendo nosso orgulho. A preocupação com os julgamentos diminui, pois nossa prioridade passa a ser apenas nosso relacionamento com Deus. Além disso, em alto-mar, encontramos novas revelações que não experimentaríamos no raso.

Ao seguir o direcionamento de Jesus, você também será incentivado a confiar na provisão divina. O Senhor o chama a arriscar, prometendo uma pesca extraordinária.

LUGAR DE ESPERA

| 03 DE NOVEMBRO

Esperei com paciência pelo Senhor; ele se inclinou para mim e me ouviu quando clamei por socorro. (Salmos 40.1)

O lugar de espera é um espaço que todos nós, em algum momento da vida, somos chamados a ocupar. Não é fácil esperar, especialmente quando ansiamos por ver as promessas de Deus se cumprirem em nossas vidas. No entanto, isso pode ser transformado em um campo fértil para o crescimento espiritual, em que nossa resiliência e fé são cultivadas e amadurecidas.

Simeão, descrito no evangelho de Lucas, é um exemplo perfeito de alguém que soube esperar. Ele foi um homem justo, que esperava a consolação de Israel, e o Espírito Santo estava sobre ele. Embora a promessa de ver o Messias pudesse parecer distante, Simeão permaneceu fiel, aguardando com esperança. Quando, finalmente, segurou o Salvador em seus braços, suas palavras revelaram uma vida de expectativa cumprida (cf. Lucas 2.29-30).

Sempre que escolhemos enfrentar cada dia com fidelidade, mesmo quando a resposta parece demorada, demonstramos que nossa confiança está firmada em Deus, e não nas circunstâncias. Esse posicionamento não apenas fortalece nossa fé, mas nos prepara para receber o cumprimento das promessas divinas em nossas vidas. Além disso, quando outros nos observam perseverando no lugar de espera, nossa postura também pode servir de inspiração.

Durante o período de aguardo, é vital lembrar que Deus está trabalhando em nós e por meio de nós a todo momento, moldando-nos à imagem de Cristo. Ou seja, nossa espera não é em vão; é um processo divino que nos ensina a confiar plenamente na fidelidade do Senhor.

DIA 307

NA PRÁTICA

Se você está em um lugar de espera, ore e peça ao Senhor que lhe conceda paciência e resiliência. Confie que Ele está no controle e que, no tempo certo, Suas promessas se cumprirão. Compartilhe essa fé com alguém que também esteja enfrentando uma estação semelhante, incentivando-o a permanecer firme na esperança que vem do Alto.

BÍBLIA EM UM ANO

- [ ] Salmos 119.145-176
- [ ] Jeremias 1-2
- [ ] 1 Timóteo 5

ANOTAÇÕES

04 DE NOVEMBRO | ANTES DO IDE

E, comendo com eles, deu-lhes esta ordem: — Não se afastem de Jerusalém, mas esperem a promessa do Pai, a qual vocês ouviram de mim. Porque João, na verdade, batizou com água, mas vocês serão batizados com o Espírito Santo, dentro de poucos dias. (Atos 1.4-5)

DIA 308

NA PRÁTICA

A preparação para realizar aquilo que o Criador nos entrega como chamado engloba diversas dimensões, mas principalmente a espiritual. Afinal, aquilo que fazemos para a expansão do Reino de Deus ecoará eternamente. Como você pode estar mais preparado para a Grande Comissão?

BÍBLIA EM UM ANO

Salmos 120 ☐
Jeremias 3-4 ☐
1 Timóteo 6 ☐

ANOTAÇÕES

O Senhor nos dá a ordem de ir por todo o mundo e pregar o Evangelho a toda criatura (cf. Marcos 16.15). Se você é um seguidor de Cristo, certamente tem isso como uma missão de vida. O que acontece é que, nesse processo, alguns recebem chamados específicos para ir até determinada nação ou estado; ou são levantados para realizar o "ide" em sua faculdade ou escola. A verdade é que todos somos chamados para cumprir a Grande Comissão nos lugares em que estamos inseridos hoje e não podemos ficar à espera de um momento específico.

O perigo está quando as pessoas são displicentes e não buscam a capacitação do Espírito Santo. Ao aceitarmos Jesus, o Espírito passa a habitar em nós — Ele é o Consolador prometido por Cristo (cf. João 14.16), que O levantou dos mortos (cf. Romanos 8.11) e fez a sombra de Pedro curar os enfermos (cf. Atos 5.15). Por isso, você só estará devidamente preparado para anunciar a Mensagem quando for cheio do Espírito de Deus — o que não pode ser apenas uma experiência; precisa se tornar um estilo de vida (cf. Efésios 5.18). É Ele quem nos dá autoridade, coragem e poder! Precisamos do Espírito Santo para viver. Não é o contrário! Deus não precisa de nós. Nossa alma que anseia por Ele. Ainda assim, Ele escolhe caminhar e agir em parceria conosco.

Busque se encher do Espírito Santo antes de ser tomado pela urgência de cumprir sua missão. Não utilize isso como uma moeda de troca, mas por necessidade. É verdade que há grande importância em se preparar para a missão por meio de estudos e conexões com homens de Deus, mas nada supera ou pode tomar o lugar do Espírito.

CELEBRE TUDO O QUE DEUS FEZ | 05 DE NOVEMBRO

Para que isto seja por sinal entre vocês. E, no futuro, quando os seus filhos perguntarem: "O que significam estas pedras para vocês?", respondam que as águas do Jordão foram cortadas diante da arca da aliança do Senhor. [...] Estas pedras serão, para sempre, por memorial aos filhos de Israel. (Josué 4.6-7)

Diante dos desafios e incertezas, é essencial celebrar o que Deus já nos fez. As pedras tiradas do rio Jordão, em Josué 4.6-7, serviram como memorial poderoso, um lembrete da fidelidade divina. O objetivo era ser um memorial às gerações, que perguntariam aos mais velhos sobre seu significado e assim conheceriam a bondade do Senhor. Igualmente, precisamos construir nossos memoriais — refletir sobre tudo o que Ele nos fez e agradecer por isso.

Tal qual Samuel ergueu uma pedra e a chamou de *eben ha-ezer*[1] (do hebraico, "pedra de ajuda"), dizendo "Até aqui o Senhor nos ajudou" (cf. 1 Samuel 7.12), devemos marcar as ocasiões em que percebemos Sua ação. Compartilhar nossos testemunhos não apenas fortalece nossa fé, mas encoraja as gerações a servi-lO. Quando contamos Seus milagres e bênçãos, preservamos a memória da fidelidade do Senhor.

É importante abraçarmos as coisas novas que o Criador faz em nossas vidas. Para isso, devemos celebrar o que Ele já fez, abrindo espaço para o novo. Essa mentalidade de gratidão nos permite andar na fé, sabendo que Deus está conosco e que continuará a trabalhar em nós e por meio de nós. Portanto, olhe para a frente com grande expectativa, pronto para celebrar e testemunhar a bondade d'Ele, garantindo que Suas obras sejam lembradas, e Seu nome glorificado.

DIA 309

NA PRÁTICA

Celebre e compartilhe com outros o que Deus fez em sua vida até agora. Seu testemunho pode ser a chave para liderar as gerações futuras à fé e ao serviço no Senhor.

BÍBLIA EM UM ANO

- [ ] Salmos 121
- [ ] Jeremias 5-6
- [ ] 2 Timóteo 1

ANOTAÇÕES

---

[1] *EBEN HA-EZER* [072]. DICIONÁRIO bíblico Strong. Barueri: Sociedade Bíblica do Brasil, 2002.

06 DE NOVEMBRO | DEUS DE ALIANÇA

Farei uma aliança entre mim e você e darei a você uma descendência muito numerosa. (Gênesis 17.2)

DIA 310

NA PRÁTICA

Durante os próximos dias, traga à memória todas as palavras que o Senhor já declarou em sua vida. Pegue um caderno e anote cada uma delas, para se lembrar de que Deus tem uma aliança ainda maior com você por meio do sacrifício de Cristo na Cruz.

BÍBLIA EM UM ANO

Salmos 122
Jeremias 7-8
2 Timóteo 2

ANOTAÇÕES

A história de Abraão revela a nós que Deus sempre teve a intenção de redimir a humanidade de seus pecados por meio de uma aliança eterna. Ao estabelecer uma união com Seu servo, Ele não apenas mudou seu nome — de Abrão para Abraão, transformando sua identidade —, como abençoou sua descendência para sempre.

A aliança que fez com Abraão se estendeu a seus filhos, netos e a todos os que entregaram a vida a Jesus Cristo (cf. Gálatas 3.14). Como consequência dessa aliança, o Senhor amou Israel e retirou o povo da escravidão por meio de Sua mão poderosa. Isso é tão forte que Ele ficou conhecido como o Deus de Abraão, de Isaque e de Jacó!

Depois de Abraão, Isaque aponta para a chegada do Messias. Em Gênesis 22.7,8, lemos sobre o sacrifício do patriarca: o holocausto de seu próprio filho que foi impedido pelo anjo do Senhor. Esse trecho faz uma forte alusão a Cristo, que subiu no Calvário com o madeiro em Suas costas em obediência e submissão ao Pai, restabelecendo a aliança entre Deus e os homens.

Assim, se Ele lhe fez uma promessa, tenha certeza de que ela converge com a aliança divina principal e que não tem um fim em si mesma. Deus Se apresentará a você como tal porque escolheu firmar uma aliança por meio da cruz do Calvário. Sua palavra permanece para sempre, e Suas promessas se estendem a todas as gerações.

ABRACE O ARREPENDIMENTO

| 07 DE NOVEMBRO

Daí em diante Jesus começou a pregar e a dizer: – Arrependam-se, porque está próximo o Reino dos Céus. (Mateus 4.17)

O ato de nos arrependermos é uma das ações mais poderosas que podemos tomar como cristãos. O verdadeiro arrependimento, guiado pelo Espírito Santo, envolve uma renovação completa de mente, como somos ensinados em Romanos 12.2. Jesus iniciou Seu ministério com um chamado ao arrependimento (cf. Mateus 4.17), e, por essa razão, a Igreja precisa ser a primeira a ter essa postura — milagres e maravilhas por si só não mudam o mundo. Em 2 Crônicas 7.14, Deus promete que, se Seu povo se arrepender, Ele trará cura à terra, o que nos ensina que a transformação do mundo começa com nosso quebrantamento.

Em 2 Coríntios 7.10, Paulo diferencia a tristeza mundana, que leva à morte, da tristeza piedosa, que traz vida. É como a luz de advertência no painel de um carro, que nos alerta da necessidade de mais óleo — a presença de Deus, que mantém nossos corações sensíveis para o arrependimento sempre que necessário. Ouvir a voz do Espírito nas pequenas ações revela nossa disposição para Sua correção e orientação.

A passagem de Efésios 4.22-24 mostra que o velho homem deve morrer. Nossos velhos hábitos não podem ser consertados: precisam ser abandonados. Ao fazer isso, abraçamos o processo de santificação e renovação de nossas mentes. Arrependimento não pode ser apenas um evento no momento de salvação, precisa se tornar um hábito daqueles que são guiados pelo Espírito. Quando isso acontece, podemos viver conforme a vontade de Deus e transformar todos ao nosso redor. É assim que a verdadeira mudança se inicia, estendendo-se de nós para o mundo.

DIA 311

NA PRÁTICA

Reflita sobre como o arrependimento pode abrir portas para uma caminhada mais profunda com Cristo. Confesse a Deus as áreas em que você se desviou e peça a Ele que o guie em um caminho de santificação. O avivamento começa com você!

BÍBLIA EM UM ANO

- Salmos 123
- Jeremias 9-10
- 2 Timóteo 3

ANOTAÇÕES

08 DE NOVEMBRO | VIDA DE OBEDIÊNCIA

Vocês são meus amigos se fazem o que eu lhes ordeno. Já não chamo vocês de servos, porque o servo não sabe o que o seu senhor faz; mas tenho chamado vocês de amigos, porque tudo o que ouvi de meu Pai eu lhes dei a conhecer. (João 15.14-15)

DIA 312 ☐

NA PRÁTICA

Aproveite uma oportunidade de sair da sua zona de conforto em obediência à liderança de Deus (por exemplo, compartilhar sua fé com alguém, ser voluntário de uma nova maneira). Ore por coragem e dê o salto de fé.

BÍBLIA EM UM ANO

Salmos 124 ☐
Jeremias 11-12 ☐
2 Timóteo 4 ☐

ANOTAÇÕES

Já passou pela sua cabeça que apenas ser chamado por Deus não é suficiente para estabelecer uma amizade profunda com Ele? É como receber um convite para uma festa, porém não aparecer! A vontade de Deus é que participemos ativamente desse relacionamento. Você se lembra de Moisés? Ele recebeu um chamado, mas passou por uma situação complexa por não cumprir um mandamento divino, que era circuncidar seu filho (cf. Êxodo 4.24-26). Ou seja, após sermos comissionados, Deus espera que sejamos obedientes.

O que eu quero dizer com isso é que ser usado por Deus não significa, automaticamente, ter um relacionamento de amizade com Ele. O Senhor é misericordioso e deseja alcançar a humanidade; para isso, pode usar qualquer pessoa, mesmo aquelas que não sejam tão próximas da Sua presença; ser chamado por Deus não é sinônimo de ser aprovado por Ele.

A amizade íntima com o Senhor, por sua vez, não acontece nos termos humanos, mas sim nos divinos. Dessa forma, podemos compreender que, para conhecer a Deus em profundidade, devemos obedecer-Lhe radicalmente.

O sacrifício de Cristo nos permitiu ter acesso direto ao Pai, por isso devemos honrar a Sua entrega, estabelecendo uma vida de intimidade e fazendo exatamente o que Ele nos ordena. Obediência radical é evidência de uma amizade íntima com Cristo. Ou seja, esse relacionamento é construído por meio de uma relação verdadeira e próxima com Deus, que só pode ser estabelecida com uma obediência sem reservas. Isso significa seguir os Seus mandamentos e viver de maneira a refletir o Seu amor.

NÃO TENHA MEDO

| 09 DE NOVEMBRO

*E, aproximando-se dela, o anjo disse: — Salve, agraciada! O Senhor está com você. Ela, porém, ao ouvir esta palavra, perturbou-se muito e pôs-se a pensar no que poderia significar esta saudação. Mas o anjo lhe disse: — **Não tenha medo, Maria**; porque você foi abençoada por Deus.* (Lucas 1.28-30 – grifo nosso)

Quando Deus nos entrega um sonho ou uma missão, é natural existir um "*gap* do impossível", ou seja, algo que confronta o que nossas mãos podem fazer. O Senhor pode lhe dizer o que fará na sua vida, mas sem detalhar como, ou pode até dar os meios e não dizer quando acontecerá, mas o fato é que as promessas de Deus sempre exigirão de você **confiança**. É difícil para nós compreendermos o motivo de querermos ter o controle de todas as coisas, porém é necessário nos lembrarmos constantemente de que a soberania e o poder pertencem ao Senhor. Por isso, tenha fé mesmo quando não entender todos os detalhes!

Provavelmente a reação de Maria, no momento em que o anjo falou que ela carregaria o Prometido de Israel, foi de espanto e medo. Mesmo que ela fosse serva de Deus, encontrou-se aflita ao ouvir o anjo. Esse sentimento é normal quando nos deparamos com a ação divina, pois não a compreendemos plenamente; ela está fora da nossa racionalidade! Porém, a fé nos conduz a confiar e lembrar que o Senhor é fiel! A Bíblia diz, em Isaías 41:

> [...] "*Você é o meu servo, eu o escolhi e não o rejeitei*"; **não tema, porque eu estou com você; não fique com medo, porque eu sou o seu Deus** [...]. (v. 9-10 – grifo nosso)

Quando o profeta diz isso, vemos uma similaridade com o texto de Lucas. O motivo para não temermos é a presença de Deus e a Sua bênção. O Senhor é maior que tudo, por isso não precisamos nos render ao medo. Então, em meio às dificuldades, aflições e dúvidas, não tema! Maior é Aquele que está não só **com** você, mas **em** você (cf. 1 João 4.4)!

DIA 313

NA PRÁTICA

Agora, responda: como podemos cultivar uma fé que supere o medo diante do desconhecido?

BÍBLIA EM UM ANO

- [ ] Salmos 125
- [ ] Jeremias 13-14
- [ ] Tito 1

ANOTAÇÕES

10 DE NOVEMBRO | **A PROSPERIDADE DA ALMA**

*Amado, peço a Deus que tudo corra bem com você e que esteja com boa saúde, **assim como vai bem a sua alma**.* (3 João 1.2 – grifo nosso)

DIA 314

NA PRÁTICA

Reflita sobre como a prosperidade espiritual tem impactado sua saúde física e sua vida diária. Depois escreva, em um caderno, formas de trazer equilíbrio entre prosperidade espiritual, emocional e física.

BÍBLIA EM UM ANO

Salmos 126 ☐
Jeremias 15-16 ☐
Tito 2 ☐

ANOTAÇÕES

A prosperidade da alma reflete, na verdade, a abundância que o Senhor deseja para cada área da nossa vida e a provisão que Ele tem para nós aqui na Terra. Em sua terceira carta, João expressa o desejo de que a prosperidade espiritual seja acompanhada por saúde física e sucesso em todas as coisas.

Não se trata de "teologia da prosperidade", em que a fortuna é tida como o essencial e mais relevante, mas, sim, da convicção de que em Cristo sempre teremos suprimentos necessários para o cumprimento de nossa missão. Além disso, essa prosperidade refere-se à plenitude na alma — quando a paz, a alegria e a esperança do Reino invadem nossas emoções, pensamentos e vontades.

Dessa forma, compreendemos que o Senhor espera que tenhamos vida plena n'Ele, que é um bom Pai e que almeja boas coisas aos Seus filhos. Também nos guiamos pela certeza de que estamos debaixo do cuidado de um Deus provedor. Dependemos do Seu agir, contudo somos incentivados, também, tanto a orar por milagres e curas como a cultivar um estilo de vida de excelência em todas as áreas. Ganhamos uma nova perspectiva acerca da nossa alimentação, da prática de exercícios físicos e passamos a colocar nossos desejos, vontades e emoções diante do Senhor, de forma intencional.

A vida em abundância à qual Cristo Se refere em João 10.10 diz respeito não somente à Eternidade prometida, mas ao tempo que passamos aqui. Isso significa que a prosperidade que existe no mundo espiritual deve invadir seu corpo, mente e alma, a fim de que você transborde a partir dessa realidade.

CORRA PARA OS LUGARES ALTOS

| 11 DE NOVEMBRO

Quando ela chegou ao homem de Deus, no monte, agarrou-se aos pés dele. Geazi se aproximou para arrancá-la, mas o homem de Deus lhe disse: — Deixe-a, porque a sua alma está em amargura, e o Senhor escondeu isso de mim; não me revelou nada a respeito.
(2 Reis 4.27)

A mulher sunamita nos ensina uma lição profunda sobre persistência na busca pela presença de Deus. Quando seu filho prometido morreu, ela não se contentou com soluções intermediárias, mas foi até o Monte Carmelo, ao encontro de Eliseu. É curioso pensar que o profeta não estava apenas em um lugar físico, mais do que isso, o monte simbolizava um "lugar alto" espiritual, um lugar de intimidade com Deus e oração. Quando enfrentamos dificuldades ou sentimos que nossas promessas estão escapando, é crucial corrermos para esse lugar alto — indo mais fundo em oração e nos posicionando para ouvir a voz de Deus.

Após escutar o que havia acontecido, Eliseu orientou seu servo Geazi a ir à casa daquela mulher para colocar o bordão do profeta sobre o rosto do menino. Contudo, ela se manteve firme ao lado de Eliseu, demonstrando que não buscava uma intervenção indireta, mas sim a presença e ação direta do homem de Deus (cf. 2 Reis 4.29-30). Isso reflete um coração que anseia por mais do que uma simples intervenção. Ela desejava a plenitude da presença, a unção e a voz do Senhor, pois sabia que somente o toque divino poderia ressuscitar seu filho.

Da mesma forma como a mulher sunamita, não recorra a soluções rápidas; antes, apegue-se à presença de Deus. Diante de desafios, é necessário que sejamos implacáveis em buscar a voz do Senhor e permanecer em um lugar de intimidade. Sejamos conhecidos em lugares altos, conhecidos por nossa busca pela Presença e nossa recusa em desistir de ouvir Sua voz.

DIA 315

NA PRÁTICA

Crie o hábito diário de simplesmente sentar-se e desfrutar da presença de Deus, deixando a voz d'Ele moldar seus pensamentos. Permaneça e creia, sabendo que Ele está conduzindo-o para um nível mais profundo – e mais alto – de intimidade.

BÍBLIA EM UM ANO

- [ ] Salmos 127
- [ ] Jeremias 17-18
- [ ] Tito 3

ANOTAÇÕES

12 DE NOVEMBRO |

NADA PODE PARAR A IGREJA

Também eu lhe digo que você é Pedro, e sobre esta pedra edificarei a minha igreja, e as portas do inferno não prevalecerão contra ela. (Mateus 16.18)

DIA 316 ☐

NA PRÁTICA

Permaneça firme na verdade de que o Inferno não pode vencer a Igreja de Cristo. Evite distrações e discussões fúteis; em vez disso, concentre-se em fazer avançar o Reino de Deus com sabedoria e maturidade, orando pelo Corpo de Cristo, e não apenas por sua igreja local.

BÍBLIA EM UM ANO

Salmos 128 ☐
Jeremias 19-20 ☐
Filemom 1 ☐

ANOTAÇÕES

A Igreja de Jesus é imparável, não pelo esforço humano, mas por ser construída sobre o sólido fundamento do próprio Cristo. Em Mateus 16.18, Jesus afirma que as portas do Inferno não prevalecerão contra Sua Igreja. Essa promessa deve nos encorajar a seguir em frente com confiança, sabendo que nada pode impedir o crescimento da Igreja: nenhuma crise financeira, pandemia ou governos poderão conter o avanço do Reino. Com esse entendimento, vem a responsabilidade de honrar a Palavra de Deus e evitar ser pego em ocupações sem sentido, que nos distraem de nossa missão. Assim, nosso foco deve estar na maturidade e no crescimento espiritual.

Embora existam diferentes denominações, devemos lembrar que Jesus está retornando para uma Igreja. Essa unidade deve nos levar a sermos bons mordomos do que Ele nos confiou, administrando Seus recursos e responsabilidades com sabedoria e cuidado, sempre pensando no Reino em detrimento de nossas preferências pessoais. Podemos facilmente nos tornar orgulhosos de nossos papéis, mas devemos sempre lembrar que a Igreja pertence a Cristo e que nós somos apenas administradores de Sua missão na Terra.

Dado esse fundamento, nossa postura deve ser de compromisso inabalável com a Verdade e com a orientação do Espírito Santo. Em vez de diluir a mensagem para se adequar a tendências culturais ou a preferências pessoais, precisamos permanecer firmes, fazendo avançar o Reino com a autoridade que Cristo nos deu. É assim que O honramos e garantimos que nada impedirá a Igreja de cumprir sua missão divina.

O BOM PASTOR

| 13 DE NOVEMBRO

– Qual de vocês é o homem que, possuindo cem ovelhas e perdendo uma delas, não deixa no deserto as noventa e nove e vai em busca da que se perdeu, até encontrá-la? [...] E, indo para casa, reúne os amigos e vizinhos, dizendo-lhes: "Alegrem-se comigo, porque já achei a minha ovelha perdida". (Lucas 15.4,6)

O amor paternal do pastor que deixa as 99 ovelhas para procurar a que fugiu é o que mais me chama atenção nessa parábola contada por Jesus. O que parece uma negligência, já que seria mais inteligente reforçar o cuidado para que nenhuma outra se perdesse, na realidade, só reafirma o amor e a importância que o Senhor dá à ovelha perdida, zelando por ela sem medir esforços. Esse amor é como o de um pai, pautado na direção e no cuidado.

Uma coisa relevante para sabermos é que as ovelhas são guiadas pela voz do pastor, caso contrário, elas se perdem. Ao lermos João 10.27, percebemos como o pastoreio e a paternidade estão intimamente ligados, pois Jesus afirma: "As minhas ovelhas ouvem a minha voz; **eu as conheço**, e elas me seguem" (grifo nosso). Assim também um pai age com seu filho; por exemplo, é a minha voz que conduz os meus filhos, Joshua, Hadassah e David, corrigindo-os e acalentando-os. Quando estão em perigo ou com dúvidas sobre onde encontrar algo, eles precisam ouvir a minha voz para prosseguir. Mas, se escolhem seguir o próprio entendimento e desobedecer aos meus direcionamentos, abrem espaço para que algo de ruim aconteça com eles.

Fazer o que Deus ordena é estar debaixo do pastoreio do Alto. A Palavra nos garante que as ovelhas ouvem a voz de Cristo (cf. João 10.27). Portanto, nossa capacidade de reconhecer o Senhor como pastor de nossas almas e obedecer à Sua voz revela se O enxergamos como nosso Pai. Afinal, já que recebemos a filiação, agora podemos confiar em uma voz que nos direciona e nos busca vez após vez.

■ DIA 317

NA PRÁTICA

Liste as vezes em que precisou escutar a voz do Senhor para não se perder no caminho. Mesmo com muito barulho em volta, quais foram os momentos em que você parou e escutou o Bom Pastor?

BÍBLIA EM UM ANO

- ☐ Salmos 129
- ☐ Jeremias 21-22
- ☐ Tiago 1

ANOTAÇÕES

14 DE NOVEMBRO |

VESTES BRANCAS E UNÇÃO FRESCA

Que as suas vestes sejam sempre brancas, e que nunca falte óleo sobre a sua cabeça. (Eclesiastes 9.8)

DIA 318

NA PRÁTICA

Reflita sobre as áreas de sua vida nas quais a pureza e a unção precisam crescer juntas. Ore por sensibilidade ao Espírito Santo e pela força para andar em santidade diariamente.

BÍBLIA EM UM ANO

Salmos 130 ☐
Jeremias 23-24 ☐
Tiago 2 ☐

ANOTAÇÕES

Viver uma vida de pureza é essencial para caminhar debaixo da unção do Senhor. Como lemos no versículo de hoje, a pureza e a unção devem caminhar de mãos dadas. Pureza representa uma vida de santificação, consagração e quebrantamento, enquanto unção é o poder sobrenatural que nos empodera a cumprir as missões que o Senhor nos outorgou. Quando andamos em ambas, estamos equipados para cada tarefa que Deus coloca diante de nós.

Em Apocalipse 7.13, lemos que aqueles que lavaram suas vestes no sangue do Cordeiro são purificados e, em Mateus 25.8-9, aprendemos que o óleo representa a unção necessária para manter o fogo do Espírito aceso. Portanto, sem pureza, o óleo acaba; sem óleo, nossas lâmpadas se apagam. Dessa forma, a unção requer que andemos na luz de Cristo, buscando continuamente Sua presença por meio da oração, jejum e sensibilidade ao Espírito.

Para crescer na unção, precisamos ser intencionais. Não se trata apenas de servir ou de fazer boas obras, mas sim de criar um ambiente onde o Espírito Santo Se sinta bem-vindo e possa Se mover. Por meio da oração, do jejum e da comunhão com os santos, a unção do Senhor em nossas vidas aumenta. E, à medida que caminhamos em pureza, nossa sensibilidade ao Espírito Santo se aguça. Assim, mantenha suas vestes brancas e nunca deixe sua cabeça sem óleo. Quanto mais nos aproximamos de Deus, mais a unção e a presença d'Ele nos capacitam e transformam.

NÃO DÊ OUVIDOS AO INIMIGO

| 15 DE NOVEMBRO

Mas a serpente, mais astuta que todos os animais selvagens que o Senhor Deus tinha feito, disse à mulher: – É verdade que Deus disse: "Não comam do fruto de nenhuma árvore do jardim"? (Gênesis 3.1)

Não duvide da Palavra de Deus. A dúvida é uma das principais armas que o Inimigo usa para tentar nos afastar. Por meio de questionamentos aparentemente insignificantes, ele planta mentiras em nossa mente, aproveitando-se de momentos em que nos encontramos vulneráveis. Foi isso o que aconteceu com Eva no Jardim do Éden.

Ao vê-la aproximar-se da árvore proibida, a serpente encontrou uma chance de enganá-la e convencê-la a desobedecer a Deus. O primeiro erro de Eva foi conversar com a serpente. Por isso, não dê ouvidos ao Inimigo. Há uma grande armadilha pela qual ele pode induzir as pessoas ao erro: enganá-las com as suas mentiras e distorções. Todas as falas do Diabo atacam diretamente as ordenanças do Senhor na tentativa de gerar dúvida em nosso coração, e é por esse motivo que não podemos dar espaço às falácias do Inimigo.

O modo mais eficaz de fazer isso, combatendo Satanás e resistindo a ele, é pela Palavra de Deus, assim como Jesus fez durante os quarenta dias que passou em jejum no deserto. Ao ser tentado, Ele declarou a Palavra (cf. Mateus 4.1-11). Mesmo sendo Deus, Cristo não disse "eu sinto", "eu acho" ou "eu tive uma visão", mas proclamou as Escrituras, dizendo: "Está escrito". Da mesma forma, quando você valoriza a Palavra de Deus e preenche sua mente com ela, ganha um vasto repertório e uma ferramenta poderosíssima contra as ciladas do Diabo. Portanto, não permita que nenhuma fortaleza maligna se instale no seu coração, mas disponha das armas espirituais (cf. 2 Coríntios 10.3-5).

DIA 319

NA PRÁTICA

Procure discernir quais mentiras o Inimigo vem tentando incutir em Sua mente. A partir de uma leitura bíblica diária, liste ao menos cinco versículos que rebatem cada uma dessas mentiras e declare-os em voz alta em oração.

BÍBLIA EM UM ANO

- ☐ Salmos 131
- ☐ Jeremias 25-26
- ☐ Tiago 3

ANOTAÇÕES

16 DE NOVEMBRO | PALAVRA DE CONHECIMENTO

Jesus viu Natanael se aproximar e disse a respeito dele: — Eis um verdadeiro israelita, em quem não existe fingimento algum! Natanael perguntou a Jesus: — De onde o senhor me conhece? Jesus respondeu: — Antes de Filipe chamá-lo, eu já tinha visto você debaixo da figueira. Então Natanael exclamou: — Mestre, o senhor é o Filho de Deus! [...]. (João 1.47-49)

NA PRÁTICA

Invista tempo estudando a Palavra de Deus e orando. Peça ao Senhor que, ainda hoje, fale com você e o use para transmitir alguma palavra de conhecimento. Se sentir uma impressão ou um versículo vindo à sua mente ao conversar com alguém, dê um passo de fé e compartilhe essa palavra. Confie que Deus está usando-o para trazer encorajamento e edificação. Seja humilde e sensível ao Espírito Santo e esteja sempre disposto a ouvir e obedecer à voz do Senhor.

BÍBLIA EM UM ANO

Salmos 132 ☐
Jeremias 27-28 ☐
Tiago 4 ☐

ANOTAÇÕES

O dom da palavra de conhecimento é uma manifestação do Espírito Santo, em que Deus nos revela verdades específicas sobre a vida de alguém que não poderíamos saber por meios naturais (cf. 1 Coríntios 12.8). Ela pode ser uma percepção sobre algo que está acontecendo ou já aconteceu, e que Deus nos faz saber para edificação e restauração.

No momento em que Natanael foi atingido por uma palavra de conhecimento tão específica liberada por Jesus, seu coração foi cheio de fé e ele O reconheceu como Filho de Deus. Palavras de conhecimento carregam o poder de abrir corações para o Evangelho e, geralmente, são uma poderosa ferramenta para evangelismo, milagres e maravilhas.

Receber palavras de conhecimento também exige sensibilidade à voz do Espírito e disposição para dar passos de fé. Muitas vezes, somos tentados a pensar que a palavra é simples demais ou que não somos bons o suficiente para transmitir tal mensagem. No entanto, devemos resistir a esses pensamentos, sabendo que estamos sendo usados por Deus como canais para manifestação de Seu poder.

Nesse momento, é importante manter uma postura humilde. Nunca julgue ou acuse, mas sempre transborde o amor de Deus. Lembre-se de que a palavra de conhecimento tem o intuito de revelar Cristo, portanto não tem fim em si mesma, e geralmente nos conduz a uma oração de cura, palavra profética ou salvação do perdido.

A ARTE DA CONTEMPLAÇÃO

| 17 DE NOVEMBRO

Quando Moisés desceu do monte Sinai [...] não sabia que a pele do seu rosto resplandecia, depois de Deus ter falado com ele. [...] Então Moisés os chamou. Arão e todos os chefes da congregação foram até ele, e Moisés lhes falou. [...] Quando Moisés acabou de falar com eles, pôs um véu sobre o rosto. (Êxodo 34.29,31,33)

Moisés foi convidado para subir ao Monte Sinai, e, ao descer, seu rosto resplandecia, por causa do seu contato íntimo com o Senhor. Era necessário que ele colocasse um véu sobre sua face, pois, quando olhava para ele, o povo de Israel sentia medo (cf. Êxodo 34.30) — tamanho fora o impacto físico e espiritual que ele havia experimentado. Hoje, nós também somos convidados a contemplar esse mesmo Deus, e a glória é ainda maior. A presença do Senhor está disponível para você, porque o Mediador, Jesus Cristo, permitiu que a humanidade tivesse acesso ao Criador (cf. 1 Timóteo 2.5)!

Sabendo disso, deveríamos agir com ousadia e entrega diante de Deus, já que a glória maior a que temos acesso é permanente. Cristo já removeu o véu que nos separava, e, hoje, "[...] todos nós, com o rosto descoberto, contemplando a glória do Senhor, somos transformados, de glória em glória, na sua própria imagem, como pelo Senhor, que é o Espírito" (2 Coríntios 3.18). Já viu alguém sair de um encontro com Deus da mesma forma que entrou? Quando passamos tempo em Sua presença, algo acontece!

Não tenha pressa de sair do seu momento diário com Deus! Por enquanto, vemos apenas vislumbres de Sua glória, e isso já é o suficiente para gerar transformação em nós. Portanto, contemple-O, vez após vez, ansiando o Grande Dia com paciência e fome de Sua presença, reconhecendo o quão dependente você é do Senhor.

DIA 321

NA PRÁTICA

Relembre como Cristo o encontrou. Como você era? O que fazia? Onde estaria hoje se Jesus não o tivesse resgatado? Reflita sobre a restauração que a presença de Deus já lhe causou. O que Ele já transformou na sua alma?

BÍBLIA EM UM ANO

- [ ] Salmos 133
- [ ] Jeremias 29-30
- [ ] Tiago 5

ANOTAÇÕES

18 DE NOVEMBRO | A HONRA VEM PRIMEIRO

Então os discípulos dos profetas que estavam em Jericó se aproximaram de Eliseu e lhe perguntaram: – Você sabia que hoje o Senhor levará o seu mestre, elevando-o por sobre a sua cabeça? Ele respondeu: – Sim, também eu já sei. Mas não digam nada. (2 Reis 2.5)

DIA 322

NA PRÁTICA

Quem são os "Elias" em sua vida? Se possível, entre em contato com eles e expresse sua gratidão, ou ore em reconhecimento ao quanto têm contribuído para seu amadurecimento. Além disso, pense em como pode continuar esse legado de unção e honra em sua própria vida, certificando-se de que a obra de Deus não apenas continue, mas cresça por meio de seu ministério.

BÍBLIA EM UM ANO

Salmos 134 ☐
Jeremias 31-32 ☐
1 Pedro 1 ☐

ANOTAÇÕES

O legado de Elias é um dos mais poderosos na história bíblica. Ele foi um profeta que, com grande coragem e obediência, confrontou reis e uma nação, operou milagres e manteve viva em Israel a chama da adoração ao Deus verdadeiro. Elias não apenas cumpriu seu chamado, mas também preparou o caminho para a próxima geração, deixando um legado que transcenderia o tempo.

Honrar a obra de Elias, ou de qualquer outro líder espiritual que nos precedeu, é essencial para carregar a unção que foi deixada. A honra é o princípio que abre portas para a continuidade da unção. Eliseu entendeu isso muito bem. Ele não apenas seguiu Elias, como lhe serviu fielmente, aprendendo com o ministério de seu mestre e observando-o de perto.

Para isso, Eliseu teve de passar por um processo de preparação. Durante o percurso, foi testado várias vezes, mas permaneceu firme ao lado de Elias, mostrando que estava pronto para carregar o manto dele. Ao final, sua persistência e honra foram recompensadas: o espírito de Elias repousou sobre ele, e Eliseu iniciou um ministério ainda mais poderoso.

Para aplicarmos esse conceito em nossas vidas, precisamos primeiro reconhecer as pessoas e os ministérios que pavimentaram o caminho diante de nós. Em nossos ministérios, isso significa estudar e aprender com os líderes que vieram antes, honrando seu legado com humildade e respeito. Na verdade, a honra vem antes de qualquer crescimento espiritual; sem ela, não há continuidade, e, sem continuidade, a obra de Deus não avança por meio de nós.

RETIDÃO

| 19 DE NOVEMBRO

Nos dias de Herodes, rei da Judeia, houve um sacerdote chamado Zacarias, do turno de Abias. A mulher dele era das filhas de Arão e se chamava Isabel. Ambos eram justos diante de Deus, vivendo de forma irrepreensível em todos os preceitos e mandamentos do Senhor. (Lucas 1.5-6)

Deus nos convida a um processo de santificação após sermos salvos por Jesus e encontrados pela Sua abundante Graça. Isabel e Zacarias eram vistos pelo Senhor como justos e fiéis, pois andavam de acordo com os preceitos do Senhor e desejosos de agradar ao Pai, por isso as promessas e misericórdias do Alto foram testemunhadas por eles. Ao ver a fidelidade de Seus servos, o Senhor lhes confiou a missão de carregar e gerar o grande profeta João Batista, aquele que abriria o caminho para a chegada de Jesus.

Em João 14.21, o Mestre diz: "Aquele que **tem os meus mandamentos e os guarda**, esse é o que me ama [...]" (grifo nosso). Os obedientes e justos serão conhecidos por Ele! Portanto, andar em retidão diante de Deus é como cultivar um solo fértil e saudável dentro do coração, no qual as sementes podem ser lançadas e plantadas, porque lá encontrarão as condições ideais para crescerem, florescerem e frutificarem (cf. Mateus 13.1-23).

Por isso, mantenha o seu interior nutrido pela Palavra e por boas influências! Esteja atento ao direcionamento do Espírito Santo e se encha das verdades do Senhor para que o caráter de Cristo seja formado em você! Às vezes, pode ser difícil abraçar o processo de santificação e prosseguir confiante no Senhor, mas não desanime! Deus está com você e o capacitará para vencer as batalhas e manter-se puro, mas você precisa se comprometer com Ele e, com seriedade, amá-lO de todo o seu coração, caminhando em obediência.

☐ DIA 323

NA PRÁTICA

Consulte a sua Bíblia e reúna o nome de homens e mulheres que andaram em retidão diante de Deus. Anote, se quiser! Separe um tempo para relembrar a trajetória de cada um e peça a Deus que o torne parecido com eles, formando em você, por meio da Palavra, o caráter de Cristo.

BÍBLIA EM UM ANO

☐ Salmos 135
☐ Jeremias 33-34
☐ 1 Pedro 2

ANOTAÇÕES

28 DE NOVEMBRO

BÊNÇÃO QUE GERA DESCONFORTO

A mulher que está dando à luz sente dores, porque chegou a sua hora; mas, quando o bebê nasce, ela esquece a angústia, por causa da alegria de ter nascido no mundo um menino.
(João 16.21 – NVI)

DIA 324

NA PRÁTICA

Pergunte a Deus, em oração, quais são os planos que Ele tem para você. À medida que o Senhor responder, anote as respostas em um caderno e as releia sempre, declarando em voz alta a vontade d'Ele sendo cumprida. Lembre-se, também, de que os sonhos de Deus não param em você.

BÍBLIA EM UM ANO

Salmos 136 ☐
Jeremias 35-36 ☐
1 Pedro 3 ☐

ANOTAÇÕES

Algumas crises são respostas a orações perigosas. Às vezes, imaginamos que uma bênção não vai gerar qualquer desconforto, mas algo diferente acontece quando nos posicionamos com ousadia em oração e recebemos aquilo que pedimos ao Senhor — que é sempre maior do que sonhamos (cf. Efésios 3.20).

Isso porque orar em meio às bênçãos é completamente diferente de orar em meio às crises. Comumente, as pessoas recorrem a Deus quando estão desesperadas, mas, quando tudo vai bem, esquecem-se de buscar a presença do Senhor. A verdade é que precisamos manter nossos olhos n'Ele em qualquer circunstância. Assim, se fomos abençoados, temos de procurar entender qual o propósito de Deus para o que recebemos.

Rebeca, mulher de Isaque, quando estava grávida de gêmeos, percebendo que os dois bebês brigavam em seu ventre, perguntou ao Senhor: "Por que isso está acontecendo comigo?". Então, Ele respondeu o que ela precisava saber (cf. Gênesis 25.19-26). Isaque havia pedido por filhos, o Senhor lhe entregou nações! Ele é poderoso para nos surpreender e responder além das nossas impossibilidades. Por isso, entregue ao Pai a sua esterilidade, e Ele fará o impossível.

Lembre-se também de que Deus não é limitado pelos seus sonhos, mas pode lhe revelar os planos d'Ele à medida que você O busca. As Escrituras declaram: "[...] Olho nenhum viu, ouvido nenhum ouviu, mente nenhuma imaginou o que Deus preparou para aqueles que o amam" (1 Coríntios 2.9 – NVI).

AGUARDANDO O NOIVO

21 DE NOVEMBRO

Se a nossa esperança em Cristo se limita apenas a esta vida, somos as pessoas mais infelizes deste mundo. (1 Coríntios 15.19)

omo Igreja, nossa visão sobre a Eternidade deve transformar nossa maneira de viver a vida na Terra. Em 1 Coríntios 15.19, Paulo destaca que, se a esperança em Cristo se restringe apenas a esta vida, somos os mais infelizes dos homens. Nossa verdadeira esperança deve ser depositada na realidade celestial, esperando ansiosamente pela segunda vinda de Jesus.

Vivemos em um mundo repleto de desafios e necessidades, mas é crucial não permitirmos que essas preocupações terrenas se tornem o centro de nossas vidas. A provisão, a cura e o chamado são importantes, porém devem ser vistos de uma perspectiva eterna.

Enquanto aguardamos o retorno do Noivo, devemos agir como uma noiva que se prepara para o casamento e espera por ele. Diferentemente do que estamos acostumados em nosso tempo, não sabemos o momento em que Cristo, nosso Amado, virá nos buscar para Suas bodas (cf. Mateus 24.36). Por isso, é essencial manter nossas lamparinas cheias de azeite, simbolizando uma constante vigilância e preparação espiritual.

Durante esse tempo de espera, sua busca pelo Espírito Santo deve ser contínua. Até porque **não é sobre começar a queimar, é sobre terminar em chamas!** Não dependa apenas da unção dos outros, mas carregue seu próprio óleo e mantenha a chama acesa. Clame pela presença do Senhor pessoalmente e não permaneça apoiado na espiritualidade alheia. Assim, cultivando uma vida de oração, adoração e comunhão com Deus, garanta que a sua fé permanecerá fervorosa e ativa até o fim.

DIA 325

NA PRÁTICA

Analise como está sua preparação para a volta de Cristo e se sua vida está centrada na esperança celestial, ou nas preocupações terrenas. Avalie se você está mantendo sua lamparina cheia e sua fé ativa. Peça ao Espírito Santo que renove seu desejo e compromisso com a presença de Deus. Pergunte a si mesmo: "Estou vivendo como uma noiva preparada para o Noivo?". Independentemente da resposta, intensifique ainda mais sua busca espiritual e fortaleça sua unção pessoal.

BÍBLIA EM UM ANO

- [ ] Salmos 137
- [ ] Jeremias 37-38
- [ ] 1 Pedro 4

ANOTAÇÕES

....

....

....

....

....

....

22 DE NOVEMBRO | MONTANHA DA COMUNHÃO

> Naqueles dias, Maria se aprontou e foi depressa à região montanhosa, a uma cidade de Judá. Entrou na casa de Zacarias e saudou Isabel. Quando Isabel ouviu a saudação de Maria, a criança lhe estremeceu no ventre. Então Isabel ficou cheia do Espírito Santo. (Lucas 1.39-41)

DIA 326

Analise a sua vida espiritual e o seu tempo secreto com Deus e responda: você tem cultivado um período para ir até a "montanha da comunhão" com seriedade e constância? Você pode melhorar isso separando os primeiros minutos da manhã para orar e ler a Palavra de Deus, priorizando essa atividade antes de qualquer outra e entregando as primícias do seu dia a Ele.

BÍBLIA EM UM ANO

Salmos 138 ☐
Jeremias 39-40 ☐
I Pedro 5 ☐

Ao refletirmos na Palavra de Deus, perceberemos que várias passagens bíblicas trazem a figura da montanha como a representação de um lugar de conexão com o Senhor. Maria precisou ir até uma região montanhosa para se encontrar com Isabel e vê-la ser cheia do Espírito. Os antigos profetas e pais da fé recebiam palavras de Deus quando se retiravam para buscá-lO no alto de montes, e até o próprio Jesus subia ao monte. Inclusive, quando estava perto de concretizar a Sua missão na Terra, fez isso pela última vez para conversar com o Pai e suplicar (cf. Mateus 26.36-46).

O que existe em comum em cada um desses episódios é a **separação**. A montanha é lugar de encontro, pois exige que nos separemos das nossas obrigações diárias e das pessoas. Atualmente, ela pode simbolizar o seu lugar secreto com o Senhor, momento de focar em Sua Presença e se desligar do mundo ao redor para que as verdades d'Ele o preencham e para que você experimente a comunhão verdadeira. Você tem priorizado o secreto? O que recebemos em cultos e conferências é extremamente precioso, mas você tem conseguido, diariamente, "subir a montanha" sozinho, em um lugar íntimo, ou depende de um culto ou evento para entrar na presença de Deus?

Em um lugar de encontro com o Pai, os outros relacionamentos fluem melhor. Maria e Isabel se encontraram e foram encontradas pelo Senhor. A conexão delas era pautada em obedecer e honrar o que Ele havia dito! Ao entendermos e priorizarmos a nossa intimidade com Deus, haverá conexões divinas e cumprimento de palavras proféticas.

AMOR PELA PRESENÇA

| 23 DE NOVEMBRO

Ainda que um exército se acampe contra mim, não se atemorizará o meu coração; e, se estourar contra mim a guerra, ainda assim terei confiança. Uma coisa peço ao Senhor e a buscarei: que eu possa morar na Casa do Senhor todos os dias da minha vida, para contemplar a beleza do Senhor e meditar no seu templo. (Salmos 27.3-4)

Um caráter que reflete Jesus só pode ser desenvolvido em nós por um relacionamento profundo e íntimo com o Senhor, muito além de somente uma vez por semana ou na forma de barganha durante a preparação de um evento eclesiástico especial. A busca de relacionamento com o Criador é um fundamento, pois é por meio dela que expressamos nosso amor e fidelidade ao Senhor.

É esse princípio que observamos na vida de Davi. Em Salmos 27, esse servo de Deus enfrentava momentos de guerras e dificuldades, mas, ainda assim, tudo o que pediu ao Pai foi Sua presença. Ele tinha convicção de que, mesmo enfrentando tempos desafiadores, não havia motivos para temer, pois seus olhos e sua confiança estavam na face do Senhor. Davi tinha ciência de que o maior ganho de sua vida era estar com o Criador e pertencer-Lhe para sempre! Mesmo que vencesse as guerras e tudo o que perdera fosse restituído, se o Senhor não o sustentasse com Sua poderosa mão, não havia sentido em continuar respirando. Esse homem sabia ser intencional ao amar e desejar a presença de Deus!

Por causa de sua devoção e busca, Davi foi capaz de vencer obstáculos — ele estava em constante transformação de mente e caráter. Do mesmo modo, temos de ser intencionais ao amarmos a presença do Senhor e ao nos expormos a ela, ainda que estejamos cercados de problemas. A transformação de nosso interior acontece quando aprendemos a contemplar a glória de Deus, porque é n'Ele que encontramos vida abundante — e é esse o lugar que devemos desejar, acima de todas as coisas.

DIA 327

NA PRÁTICA

Qual foi a última vez que você pediu ao Senhor para permanecer em Sua presença? Pode parecer algo simples, mas, diante dos problemas, costumamos nos esquecer daquilo que de fato importa. Tente se lembrar de um momento desafiador que você viveu e registre tudo o que foi aperfeiçoado em seu caráter ao permanecer ao lado do Pai — talvez você tenha se tornado mais manso e paciente ou, até mesmo, mais generoso e leal.

BÍBLIA EM UM ANO

☐ Salmos 139
☐ Jeremias 41-42
☐ 2 Pedro 1

ANOTAÇÕES

24 DE NOVEMBRO | PRATIQUE A PALAVRA

Porque Esdras pôs no coração o propósito de buscar a Lei do Senhor, cumpri-la e ensinar em Israel os seus estatutos e os seus juízos. (Esdras 7.10)

DIA 328 ☐

NA PRÁTICA

Desafie-se esta semana e estipule um tempo para se dedicar ao estudo profundo da Palavra. Podem ser trinta minutos ou duas horas, não importa! Busque dicionários bíblicos, livros de apoio ou vídeos explicativos. Dedique tempo de maneira intencional e aprofunde-se no conhecimento de Deus!

BÍBLIA EM UM ANO

Salmos 140 ☐
Jeremias 43-44 ☐
2 Pedro 2 ☐

ANOTAÇÕES

Amigos de Deus são intencionais na busca por Ele, ou seja, prezam por separar tempo para estar com o Senhor e ouvi-lO. Todos nós passamos por desafios para nos manter constantes. Por isso, seja consistente e peça ajuda ao Espírito para vencer a apatia e o desânimo quando o caminho ficar mais difícil.

A intencionalidade em exercer as disciplinas espirituais faz com que nosso espírito seja fortificado e que os desejos da carne se tornem menos atrativos. Só conseguimos vencer o pecado pelo Espírito! Você pode estar há anos em uma igreja local, mas, se não se envolver com o Senhor — e, diferentemente de Esdras, não tiver o hábito de buscar a Lei de todo o coração —, não adianta nada. Sua relação com Deus é pessoal e insubstituível!

Não podemos depender do "alimento previamente processado", ou seja, alimentar-nos das revelações dadas a outras pessoas e de palavras provenientes delas. Pregações e livros são bênção de Deus, mas não o prato principal. Mesmo que você leia este devocional todos os dias, se não abrir a Bíblia e ler a fonte de toda a sabedoria, de nada irá adiantar. Precisamos ter autonomia para buscar a Lei como primeiro fundamento!

A sua oração diária precisa ser: "Deus, eu desejo ver Seu filho Jesus na Palavra". Porque, afinal, Cristo está em cada página da Bíblia, e você poderá experimentar isso e se apaixonar cada vez mais por quem Ele é. Seja intencional ao procurar o Senhor e ao estudar Sua Palavra! Invista tempo e busque mais profundidade, pois a vida eterna é encontrada nas Escrituras!

COMPROMETA-SE A AGIR

25 DE NOVEMBRO

Amaste a justiça e odiaste a iniquidade; por isso, Deus, o teu Deus, te ungiu com o óleo de alegria como a nenhum dos teus companheiros. (Hebreus 1.9)

Como cristãos, somos chamados a um padrão que não se conforma com as injustiças a nosso redor. A vida de William Wilberforce é um exemplo poderoso desse chamado. Motivado por sua fé, de 1787 até sua morte, em 1833, liderou um dos movimentos abolicionistas mais significativos do Reino Unido, recusando-se a aceitar a escravidão como uma realidade imutável. Em Hebreus 1.9, somos exortados a amar a justiça e a odiar a iniquidade. Essa exortação nos capacita a resistir às injustiças, alimentados por uma alegria profunda que vem de saber que lutamos pelo que é certo.

Hoje isso significa confrontar ativamente as iniquidades que vemos a nosso redor. A unção do Espírito Santo, descrita como o "óleo da alegria", dá-nos força e resiliência para continuar pelejando, mesmo quando a batalha é longa e difícil. Essa alegria, enraizada na certeza de que trabalhamos em parceria com Deus, sustenta-nos na busca por Sua justiça na Terra.

O legado de Wilberforce nos ensina que a insatisfação com a injustiça deve ser acompanhada de ação determinada. Ele não apenas odiava a maldade da escravidão, como atuava incansavelmente para erradicá-la. Não devemos apenas reconhecer os erros em nossa sociedade, mas nos comprometer a agir. Temos que usar nossas vozes e influência para lutar por causas que refletem o coração de Deus por justiça. Dessa maneira, não apenas resistimos à conformidade a uma realidade falha, mas ajudamos a trazer o Reino de Deus à Terra.

DIA 329

NA PRÁTICA

Peça a Deus que lhe mostre áreas de injustiça em que você pode fazer a diferença. Comprometa-se a apoiá-las, seja por meio de oração, seja por voluntariado, inspirado pela luta movida pela fé de William Wilberforce contra a iniquidade.

BÍBLIA EM UM ANO

- [ ] Salmos 141
- [ ] Jeremias 45-46
- [ ] 2 Pedro 3

ANOTAÇÕES

26 DE NOVEMBRO | # VALORIZE A PALAVRA

E, assim, a fé vem pelo ouvir, e o ouvir, pela palavra de Cristo. (Romanos 10.17)

DIA 330

NA PRÁTICA

Faça uma escolha consciente de valorizar a Palavra acima de todas as outras vozes. Identifique alguma área ou situação em que você tem sido tentado a duvidar e desafie-se a dedicar tempo para ouvir a verdade de Cristo, permitindo que ela fortaleça sua fé. Deixe que essa verdade transforme seu modo de viver e tomar decisões, mantendo seus olhos fixos nas promessas que o Senhor tem para você!

BÍBLIA EM UM ANO

Salmos 142 ☐
Jeremias 47-48 ☐
Gálatas 1 ☐

ANOTAÇÕES

Aquilo que ouvimos tem o poder de moldar nossas vidas. A Palavra de Deus é a fonte da verdade e o alicerce para construir uma fé inabalável. Mas o que acontece quando damos ouvidos a vozes que não vêm de Deus? A Bíblia nos oferece exemplos claros disso, como o contraste entre os eventos descritos em Números 14 e Mateus 8.

Em Números 14, vemos como os israelitas, após darem ouvidos ao relatório negativo dos espias, permitiram que o medo dominasse suas mentes e corações. Mesmo tendo experimentado os milagres de Deus no Egito, eles duvidaram da promessa de entrar na Terra Prometida por causa das palavras de incredulidade que ouviram. O resultado foi trágico: perderam a oportunidade de ver o cumprimento da promessa divina e vagaram no deserto por quarenta anos (cf. vs. 20-48).

Por outro lado, em Mateus 8, encontramos a história do centurião que se destacou por sua fé. Ele acreditava que apenas uma palavra de Jesus seria suficiente para curar seu servo. Ao contrário dos israelitas, ele ouviu a Palavra de Cristo, creu nela e confiou na autoridade d'Ele. Sua fé foi até mesmo elogiada pelo Mestre, que disse que nem mesmo em Israel havia encontrado tamanha demonstração de fé.

Logo, a fé não é baseada em emoções ou circunstâncias, mas na sentença que vem do Alto. Se permitirmos que a Palavra de Deus penetre profundamente em nossos corações, ela gerará fé, esperança e transformação. Quando damos ouvidos a ela, passamos a enxergar a vida pela perspectiva do Reino, assim como o centurião, que soube que uma simples palavra do Mestre podia mudar tudo.

APRENDA A CELEBRAR

| 27 DE NOVEMBRO

Um dos dez [leprosos], vendo que estava curado, voltou dando glória a Deus em alta voz e prostrou-se com o rosto em terra aos pés de Jesus, agradecendo-lhe. E este era samaritano. (Lucas 17.15-16 – acréscimo nosso)

Dez homens leprosos avistaram Jesus e clamaram por cura à certa distância — pois, de acordo com as leis da época, eles não podiam se aproximar de outras pessoas. O Mestre, então, os mandou ir até o sacerdote, e, no caminho, eles receberam a cura. Eu chamo isso de "romper da obediência", uma vez que Jesus os curou enquanto obedeciam ao Seu claro direcionamento. Mas o interessante aqui é que, dos dez, apenas um voltou para agradecer a Jesus. Com certeza, este recebeu a maior recompensa: estar perto do Cristo. Prostrando-se, aquele que antes gritava de longe por salvação agora pôde encostar o rosto nos pés do Filho de Deus como ato de adoração e gratidão.

A gratidão é a rodovia da adoração, e, se você deseja uma vida de integral adoração ao Senhor, permanecer grato precisa se tornar um hábito em sua vida! Esse ato deve dominar os seus dias, desde o amanhecer até o anoitecer, pois demonstra um coração devoto, dependente e humilde. Dar graças é, sim, uma escolha voluntária, mas também é a vontade de Deus para a vida de Seus filhos (cf. 1 Tessalonicenses 5.18). Quando somos gratos, nós nos aproximamos e nos tornamos mais íntimos de Deus, por isso o salmista diz para entrarmos em Sua presença com ação de graças (cf. Salmos 100.4).

Uma vez que você reconhecer aquilo que Deus fez no passado e agradecer por isso, uma alegria verdadeira será produzida em seu presente. Hoje, no Dia de Ação de Graças, gostaria de lembrá-lo de que a gratidão é a pura expressão da sua adoração e fé no Pai. Dê graças a Ele por tudo o que tem feito!

■ DIA 331

NA PRÁTICA

Ao refletir sobre isso, tente se lembrar de cinco coisas que aconteceram no último ano pelas quais você deve agradecer. Em seguida, ore a Deus e dê graças pelo cuidado d'Ele com a sua vida. Aproveite o dia de hoje para reunir um grupo de amigos e compartilhar seus motivos de gratidão, gerando um momento de adoração ao Senhor.

BÍBLIA EM UM ANO

- ☐ Salmos 143
- ☐ Jeremias 49-50
- ☐ Gálatas 2

ANOTAÇÕES

....

....

....

....

....

28 DE NOVEMBRO | CONHECIMENTO X REVELAÇÃO

— Então o Reino dos Céus será semelhante a dez virgens que, pegando as suas lamparinas, saíram a encontrar-se com o noivo. Cinco delas eram imprudentes, e cinco, prudentes. As imprudentes, ao pegar as suas lamparinas, não levaram óleo consigo, mas as prudentes, além das lamparinas, levaram óleo nas vasilhas. (Mateus 25.1-4)

DIA 332

NA PRÁTICA

Qual é a importância de buscar ativamente a revelação do Espírito Santo ao ler as Escrituras? Como você pode receber a revelação divina ao estudar a Bíblia todos os dias?

BÍBLIA EM UM ANO

Salmos 144 ☐
Jeremias 51-52 ☐
Gálatas 3.1-18 ☐

ANOTAÇÕES

Nosso relacionamento com o Senhor é pessoal e intransferível. Posso estar exposto aos melhores ambientes espirituais, ler os melhores livros e participar das melhores reuniões. Contudo, nada disso garante crescimento em intimidade e relacionamento com o Senhor.

Em Mateus 25, cinco virgens carregavam azeite, e cinco não tinham o suficiente; porém, as imprudentes somente sentiram a urgência de adquirir mais óleo quando suas lamparinas estavam se apagando (cf. v. 8). Este é um dos nossos maiores problemas: só começamos a nos preocupar com o azeite quando o brilho das lamparinas começa a perder a força.

O óleo simboliza a presença do Espírito Santo em nossas vidas, já a lamparina representa o ministério pelo qual somos chamados para brilhar a luz de Cristo. O ministério é importante, porém secundário quando levamos em conta a preciosidade da presença de Deus. Nenhuma obra ao Senhor é maior do que o Senhor da obra. Precisamos valorizar, acima de tudo, a presença de Deus em nossas vidas. É necessário que cada um busque óleo para sua lamparina em tempo oportuno, porque o Senhor Se revela de formas diferentes de acordo com a medida que O buscamos.

Compreenda que o Espírito Santo não é apenas um elemento para fazer o seu ministério resplandecer; Ele é Deus e deve ser honrado como tal. Que o Senhor deposite em seu coração um temor santo, para que tenha apreço por Sua glória, mais do que qualquer plataforma, influência, fama ou aplausos.

O PODER DA LÍNGUA

| 29 DE NOVEMBRO

A morte e a vida estão no poder da língua; quem bem a utiliza come do seu fruto. (Provérbios 18.21)

As palavras que falamos têm poder, não apenas sobre nossas próprias vidas, mas sobre todo o Corpo de Cristo. Em Provérbios 18.21, somos ensinados que a morte e a vida estão no poder da língua, o que significa que o que dizemos pode edificar ou destruir, trazer vitória ou derrota, promover a unidade ou causar divisão. É fácil subestimar o impacto de nossas palavras, especialmente em momentos de tensão ou frustração. Mas, mesmo nesses, as coisas que dizemos podem ter efeitos duradouros — em nossos relacionamentos, comunidades e vidas espirituais. É por isso que é tão crucial estarmos atentos ao que sai de nossas bocas.

Quando fazemos declarações negativas, contrárias à Palavra de Deus, não apenas prejudicamos a nós mesmos, mas também afetamos os que estão a nosso redor. Palavras ditas com raiva ou descuido podem criar feridas difíceis de curar, levando a relacionamentos rompidos e discórdia. Nesses momentos, é importante buscar perdão e restauração, reconhecendo o peso que nossas palavras carregam e a necessidade de alinhá-las à verdade de Deus.

Nossa atitude em relação à nossa fala deve ser de intencionalidade e sabedoria. Precisamos cuidar de nossos lábios, entendendo que nossas palavras podem construir ou destruir. Ao falar a vida e a verdade, contribuímos para a unidade e força do Corpo de Cristo. Por outro lado, palavras descuidadas podem semear divisão e derrota. Vamos escolher as nossas com sabedoria, pois elas podem moldar nossas vidas e as dos outros.

DIA 333

NA PRÁTICA

Passe um tempo em oração, pedindo a Deus que o ajude a guardar sua língua. Deixe que suas palavras sejam instrumentos de vida e unidade, entendendo o profundo impacto que elas têm em você e no Corpo de Cristo.

BÍBLIA EM UM ANO

- [ ] Salmos 145
- [ ] Lamentações 1-2
- [ ] Gálatas 3.19 - 4.20

ANOTAÇÕES

30 DE NOVEMBRO | **EQUILÍBRIO**

Marta tinha uma irmã, chamada Maria, que, assentada aos pés do Senhor, ouvia o seu ensino. Marta agitava-se de um lado para outro, ocupada em muitos serviços [...].
(Lucas 10.39-40)

DIA 334

NA PRÁTICA

Reserve um momento para pedir discernimento a Deus, a fim de entender quando ficar quieto e quando agir. Permita que seu tempo de intimidade com o Senhor o inspire e o capacite a seguir em frente.

BÍBLIA EM UM ANO

Salmos 146 ☐
Lamentações 3-4 ☐
Gálatas 4.21-31 ☐

ANOTAÇÕES

Em nossa jornada espiritual, é essencial encontrar o equilíbrio entre serviço e intimidade com Deus. A história de Marta e Maria em Lucas 10 destaca isso perfeitamente. Marta estava ocupada com muitos serviços, enquanto Maria, assentada aos pés de Jesus, desfrutava de Sua presença. Ambas as ações são importantes, mas é necessário saber o momento adequado para cada uma.

Maria escolheu a boa parte, pois ela ouviu o que o Mestre estava falando. Ao analisar o texto, percebemos que, naquele momento, Jesus não buscava ser servido, mas escutado. Às vezes, precisamos apenas ficar em silêncio em Sua presença. No entanto, o serviço também é um princípio bíblico fundamental — até mesmo Jesus não veio para ser servido, mas para servir (cf. Marcos 10.45).

Serviço e intimidade estão profundamente interligados. O tempo que passamos na presença de Deus, buscando Sua voz e orientação, deve naturalmente nos levar a agir. Se estivermos realmente nos conectando com Ele, Seu amor e direção nos compelirão a servir aos outros. Contudo, é importante reconhecer que serviço sem intimidade pode se tornar mera atividade, carecendo do propósito que advém de estar enraizado em Cristo.

O lugar de intimidade com Deus não é algo passivo, é um campo de preparação para um serviço eficaz, no qual ganhamos a clareza necessária para servir aos outros de forma genuína. Ao manter esse equilíbrio, podemos cumprir nosso chamado com o coração e as mãos, glorificando a Deus por meio de nossos momentos em silêncio aos Seus pés e de nosso serviço ativo aos outros.

DEZEMBRO

01 DE DEZEMBRO | A ORAÇÃO NO ESPÍRITO

Mas vocês, meus amados, edificando-se na fé santíssima que vocês têm, orando no Espírito Santo. (Judas 1.20)

DIA 335

NA PRÁTICA

Se você já recebeu o dom de línguas, ore no Espírito por dez minutos ainda hoje. Caso ainda não tenha recebido esse dom, peça a Jesus que o batize com o Espírito Santo, a fim de conceder-lhe o dom de oração em línguas.

BÍBLIA EM UM ANO

Salmos 147 ☐
Lamentações 5 ☐
Gálatas 5.1-15 ☐

ANOTAÇÕES

A oração no Espírito é uma ferramenta importantíssima para o fortalecimento da nossa fé. Na verdade, o Espírito Santo nos concede essa dádiva ao compartilhar esse dom espiritual, colocando em nossa mente expressões de oração e até adoração que não compreendemos, a fim de acessarmos as chaves do Reino.

É bem verdade que frequentemente não sabemos como orar. Até podemos separar um tempo para isso, mas na hora da ação sentimos uma limitação ou desencorajamento. A falta de oração, porém, produzirá fraqueza espiritual (cf. Romanos 8.26), e é nesse momento que o Espírito nos auxilia, como Paulo afirma à Igreja em Roma: "[...] Porque não sabemos orar como convém, mas o próprio Espírito intercede por nós com gemidos inexprimíveis". (Romanos 8.26)

Quando nos faltam palavras, podemos contar com a ajuda do Espírito Santo. Não apenas isso, mas observamos nas Escrituras que somos edificados pela oração em línguas (cf. 1 Coríntios 14.4). O próprio Apóstolo Paulo enfatiza a importância de buscarmos os dons espirituais, incentivando a oração em línguas e sua interpretação (cf. vs. 1-2,5,13).

Contudo, mais importante que os dons em si é Aquele que os concede. Não hesite em buscar a presença constante do Espírito Santo. Cultive um relacionamento de intimidade com Ele, aprendendo a ouvir Sua voz a todo tempo. O sobrenatural se torna parte integral da nossa vida quando a gastamos diante do Consolador; Ele Se alegra em nos conceder os dons quando pedimos. Acima de tudo, portanto, persista em buscá-lO todos os dias de forma incansável.

LEMBRE-SE DAS PALAVRAS DE DEUS

02 DE DEZEMBRO

Não desprezem as profecias. Examinem todas as coisas, retenham o que é bom.
(1 Tessalonicenses 5.20-21)

O processo de espera pode ser cansativo — principalmente quando não há sinal do cumprimento das palavras que recebemos do Senhor —, mas a gratidão pelo que ainda não aconteceu gera um forte impacto no modo como lidamos com a espera. Assim, devemos nos guiar pelas promessas que Deus tem para nós, pois elas servem como bússola para nosso destino.

Quando alguém entregar a você uma palavra, busque entender o que Deus quer falar e aprenda a discernir o que de fato provém d'Ele. Caso as palavras sejam testadas nas Escrituras e confirmadas pelo Espírito Santo, não as despreze. Seja grato e não tenha pressa; creia que, no tempo certo, elas se concretizarão.

É importante saber que talvez você não veja todos os frutos do cumprimento das promessas de Deus, como foi o caso de Simeão. Lucas 2.25-35 narra que ele havia recebido do Espírito Santo a revelação de que não morreria antes de ver a Cristo. Quando finalmente conheceu a Jesus, que ainda era bebê, ele O tomou nos braços e disse ao Senhor que poderia concretizar Sua palavra e despedi-lo em paz.

Simeão sabia que Jesus seria o Messias que traria salvação ao mundo. É provável que ele não tenha vivido o bastante para testemunhar tudo o que Cristo realizou na Terra, mas, só de vê-lO, ficou em paz. Muitos outros heróis da fé — como Abraão e Moisés — experimentaram algo semelhante, e, assim como eles, talvez você não veja o cumprimento total das palavras que o Senhor lhe entregou. Independentemente disso, mantenha um coração alegre e esperançoso pelos planos que Deus realizará.

DIA 336

NA PRÁTICA

Recorde as palavras que você recebeu de Deus em sua vida. Como você as tem guardado? Qual é a importância delas para você?

BÍBLIA EM UM ANO

- [ ] Salmos 148
- [ ] Ezequiel 1
- [ ] Gálatas 5.16-26

ANOTAÇÕES

03 DE DEZEMBRO |

SEJA ANFITRIÃO DA VOZ DE DEUS

Ela disse ao seu marido: — Vejo que este que passa sempre por aqui é um santo homem de Deus. Vamos fazer um quarto pequeno no terraço da casa e colocar nele uma cama, uma mesa, uma cadeira e uma lamparina; assim, quando ele vier à nossa casa, poderá ficar ali. (2 Reis 4.9-10)

DIA 337

NA PRÁTICA

Faça uma reflexão sobre como você pode abrir espaço para Deus trabalhar no ordinário. Ofereça-Lhe uma atmosfera de louvor e adoração, permitindo que Ele Se mova livremente em sua vida.

BÍBLIA EM UM ANO

Salmos 149 ☐
Ezequiel 2-3 ☐
Gálatas 6 ☐

ANOTAÇÕES

A história da mulher sunamita em 2 Reis nos mostra o poder de criar espaço para Deus Se mover. Ela reconheceu a unção na vida de Eliseu e respondeu com sensibilidade, preparando um quarto em sua casa para ele. Aquela mulher não fez isso para ganho pessoal, mas por reconhecer a presença do Senhor na vida do profeta e desejar honrá-la. Esse simples ato de hospitalidade abriu a porta para que ela recebesse um milagre que jamais imaginou: um filho. Sua abertura para hospedar a presença de Deus desbloqueou algo além de seus sonhos mais impossíveis.

A atitude dessa mulher nos desafia a sermos igualmente sensíveis à Presença em nossas próprias vidas. Estamos criando espaço — seja por meio de nosso tempo, seja por meio de ações — para que Deus Se mova em nossas vidas? Assim como ela foi abençoada além de suas expectativas, nós também podemos experimentar o poder milagroso do Senhor quando abrimos espaço para Ele. Eliseu não prometeu nada fácil de cumprir. O nascimento de um filho estava além da capacidade humana, mas a palavra profética se cumpriu. Isso porque o Pai não apenas aparece para nós, Ele traz vida a áreas que julgávamos impossíveis.

Quando preparamos um ambiente para Deus, abrimos espaço para que Ele providencie crescimento, renovação e até a realização de sonhos que nunca ousamos expressar. Então, como a sunamita, sejamos sensíveis, tenhamos expectativa e observemos como Deus Se move de maneiras que jamais poderíamos imaginar. Você tem preparado seu coração e seu ambiente para que Ele traga à existência o impossível?

AGUARDANDO AS PROMESSAS

| 04 DE DEZEMBRO

Simeão o tomou nos braços e louvou a Deus, dizendo: "Ó Soberano, como prometeste, agora podes despedir em paz o teu servo". (Lucas 2.28-29 – NVI)

A o longo da narrativa bíblica, os israelitas foram constantemente subjugados por outros reinados mais poderosos. Durante esse período, diversos profetas receberam palavras de juízo da parte de Deus e alertaram o povo acerca de seu pecado, incentivando-os a voltarem seus olhos para o Senhor. Ele, porém, ainda desejava restaurá-los e trazê-los para perto, por meio de Seu Filho amado. Depois de tanto tempo à espera da aparição do Messias e da restauração da nação, talvez muitos tivessem desanimado.

Esse não foi o caso de Simeão. No Novo Testamento, há um breve relato acerca desse homem temente a Deus. Ele havia recebido do Espírito Santo a promessa de que veria o Salvador antes de morrer e continuou esperando seu cumprimento. Sua fé foi recompensada, e ele de fato pôde segurar Cristo, ainda bebê, em seus braços (cf. Lucas 2.25-35).

Assim como Simeão, é provável que você também esteja aguardando o cumprimento de palavras que recebeu do Senhor. Não desanime! Continue sendo fiel e permaneça sensível à voz do Espírito Santo. Afaste-se de qualquer voz de desencorajamento que possa distanciá-lo das promessas e confie na bondade e na fidelidade de Deus.

Durante esse período de espera, o Senhor forja o seu caráter e o ensina a perseverar com alegria. Então, ainda que você não esteja enxergando, a Palavra de Deus o sustentará. Agarre-se a ela, mas, principalmente, agarre-se Àquele que é fiel para cumpri-la.

☐ DIA 338

NA PRÁTICA

De que maneira o conhecimento das promessas do Senhor pode impactar sua expectativa e esperança na vida? Como você pode aplicar essas promessas em sua jornada diária?

BÍBLIA EM UM ANO

☐ Salmos 150
☐ Ezequiel 4-5
☐ Efésios 1

ANOTAÇÕES

05 DE DEZEMBRO | FÉ EM AÇÃO

De fato, sem fé é impossível agradar a Deus, porque é necessário que aquele que se aproxima de Deus creia que ele existe e que recompensa os que o buscam. (Hebreus 11.6)

DIA 339

NA PRÁTICA

Pense: quais hábitos você pode adquirir no seu dia a dia para exercitar sua fé e ser perseverante?

BÍBLIA EM UM ANO

Isaías 40 ☐
Ezequiel 6-7 ☐
Efésios 2 ☐

ANOTAÇÕES

Um atleta que decide participar de uma maratona não deixa de se preparar com antecedência, treinando todos os dias para conseguir concluir o trajeto da forma adequada. A fé deve ser cultivada da mesma maneira. Para ilustrar, quero encorajá-lo a enxergá-la como um músculo: quanto mais exercitada, mais forte e resiliente será.

Muitos, quando se convertem, cometem o erro de apenas esperar por coisas extraordinárias e excluem Jesus de sua vida nas ações simples do dia a dia. Eles creem que o Senhor é soberano para fazer milagres e se esquecem de envolvê-lO em seu cotidiano. Mas é justamente nas decisões diárias que a sua fé é desenvolvida.

Não se acomode dentro da sua realidade. Exercite a sua fé diariamente, seja orando por uma cura de dor de cabeça, resolvendo problemas no seu trabalho ou lidando com conflitos familiares aparentemente pequenos. Abra espaço para que Deus seja o protagonista do seu dia a dia. No longo prazo, esse hábito o capacitará e o fortalecerá para testemunhar grandes milagres. A perseverança consiste justamente em unir sua fé à ação, como está escrito em Tiago 2.17. Perseverar é viver em obediência radical a Deus, fazendo obras que demonstrem sua salvação e sua confiança n'Ele.

A direção do Senhor, no decorrer do tempo, pode parecer loucura. No entanto, quando você é fiel em cumpri-la todos os dias, nas pequenas coisas, a sua fé torna-se cada vez mais natural e fortalecida. Portanto, persevere nas escolhas certas, mesmo quando estas parecerem simples, até completar a carreira e glorificar a Cristo.

MANASSÉS E EFRAIM

06 DE DEZEMBRO

Ao primogênito José chamou de Manassés, pois disse: "Deus me fez esquecer todo o meu trabalho e toda a casa de meu pai." Ao segundo deu o nome de Efraim, pois disse: "Deus me fez próspero na terra da minha aflição." (Gênesis 41.51-52)

Quando perdoamos, exercitamos a capacidade de "esquecer" o sofrimento causado por pessoas que, assim como nós, são falhas. A história de José, narrada em Gênesis, revela como podemos ter nossas almas curadas quando estendemos perdão àqueles que nos feriram. Depois de sofrer injustiça ao ser jogado em um poço e, mais tarde, vendido como escravo por seus irmãos, ele tinha motivos aparentemente válidos para guardar rancor. Contudo, por mais difícil que fosse, era necessário que ele passasse por esse processo a fim de que, mais tarde, viesse a prosperar.

Apagarmos da nossa mente as ofensas que nos marcaram pode parecer impossível. Entretanto, a partir do perdão, a realidade dos Céus é destravada em nossas vidas. No capítulo 41 de Gênesis, vemos que, depois de se tornar governador no Egito, José teve dois filhos cujos nomes simbolizam o processo de cura pelo qual ele passou antes de frutificar em sua aflição. O nascimento de Efraim — representando vitória, bênção e prosperidade — é posterior ao de Manassés — o esquecimento da dor.

Talvez, muitos processos encontram-se estagnados em nossas vidas porque ainda precisamos liberar perdão. Ao voltarmos nossa atenção à Palavra, percebemos que Jesus, ao ser questionado por Seu discípulo Pedro, ordenou: "[...] — Não digo a você que perdoe até sete vezes, mas até setenta vezes sete" (Mateus 18.22).

Não perca mais tempo lembrando-se daquilo que o feriu. Abrace Manassés e você terá Efraim. A prosperidade e a bênção só vêm quando abandonamos os ressentimentos e seguimos em frente.

DIA 340

NA PRÁTICA

Em um caderno, faça uma lista com as pessoas a quem você precisa perdoar. Em seu momento com Deus, ore a Ele pedindo ajuda e, com as suas palavras, declare perdão sobre a vida delas, mesmo que você não sinta vontade.

BÍBLIA EM UM ANO

- [ ] Isaías 41
- [ ] Ezequiel 8-9
- [ ] Efésios 3

ANOTAÇÕES

....
....
....
....
....

07 DE DEZEMBRO | O BOTÃO DA DISCIPLINA

Quando, dento de mim, desfalecia a minha alma, eu me lembrei do Senhor; e subiu a ti a minha oração, no teu santo templo. (Jonas 2.7)

DIA 341

NA PRÁTICA

Tente se lembrar das vezes em que Deus usou o "botão da disciplina" em sua vida e agradeça o cuidado d'Ele em lapidar seu coração e caráter. Se estiver passando por alguma tempestade agora, ore ao Senhor e peça-Lhe ajuda para identificar se há algo a ser corrigido em sua conduta. Não tenha medo do arrependimento, a misericórdia do Pai sempre alcança Seus filhos.

BÍBLIA EM UM ANO

Isaías 42
Ezequiel 10-11
Efésios 4.1-16

ANOTAÇÕES

Como podemos distinguir entre as "tempestades" de nossa vida que são um ataque Inimigo e aquelas que são um chamado ao arrependimento e à correção de rota? Parece muito difícil e, até mesmo, confuso, mas basta que estejamos atentos.

Jonas acionou o botão da disciplina de Deus quando foi confrontado por Ele! Após fugir, o profeta ficou preso dentro do grande peixe, distante do Senhor — essa foi a consequência de sua rebeldia. O fato é que Deus poderia simplesmente permitir a fuga de Jonas, mas Ele não desistiu de aperfeiçoar o Seu servo com Seu amor disciplinador.

Por isso, é necessário que saibamos discernir as tempestades. Em algumas, você poderá descansar, pois está alinhado, vivendo em santidade e caminhando em obediência; em outras, você precisará se arrepender e ser levado a ter um coração contrito diante do Senhor. Isso pode parecer, para alguns, algo ruim! Mas imagine só se um Pai não corrigisse os seus filhos; seria um desastre! Deus nos ama tanto que insiste em nos trazer de volta ao caminho!

A boa notícia é que, logo depois de levar Jonas a um lugar de arrependimento, Deus estendeu Sua misericórdia, trazendo o profeta para o centro da Sua vontade. A rebeldia de Jonas acionou adoração no barco todo! Muitas vezes, as tempestades vêm para quebrantar nosso orgulho e nos lembrar de que dependemos inteiramente de Deus. Jonas clamou e disse, no capítulo 2, versículo 7, que se lembrou do Senhor quando estava desfalecendo. Ainda assim, sua oração subiu a Ele. Deus é misericordioso e disciplina Seus filhos em amor!

HUMILDADE

08 DE DEZEMBRO

Mas Jesus respondeu: – Não fui enviado senão às ovelhas perdidas da casa de Israel.
(Mateus 15.24)

o lermos o relato sobre a mulher cananeia, podemos pensar que Jesus foi cruel com ela. Na realidade, Ele conhecia o seu coração, mas talvez quisesse testar até onde iria a sua fé. Ao responder ao Senhor, aquela mãe dispôs de humildade. Ela sabia que não era benquista pelos judeus, mas deixou de lado seu orgulho e se arriscou ao pedir ajuda, mantendo seu posicionamento até o fim para que sua filha fosse liberta.

Essa história apresenta uma lição valiosa acerca de qual deve ser nossa atitude diante de situações nas quais a nossa identidade é posta à prova. Quando sabemos quem somos no Senhor, pouco importa o que dizem a nosso respeito; em vez de buscar validação, devemos ser humildes em reconhecer quando necessitamos de ajuda. A humildade consiste justamente em compreender que, mesmo que não receba o apoio e a admiração das pessoas, você é filho amado de Deus e não precisa provar seu valor, pois a aprovação do Pai é mais relevante que qualquer opinião humana.

Aquela cananeia se diminuiu perante os judeus e não se importou com eles, pois buscava ter êxito no seu único objetivo naquele momento — a cura de sua filha. Sua atitude foi igual à do próprio Cristo, que Se fez semelhante ao homem, esvaziando-Se e obedecendo até a morte de cruz, também com um único objetivo: a nossa salvação (cf. Filipenses 2.5-9). Ele não esperou reconhecimento humano, pois sabia que a Sua exaltação viria do Pai. Da mesma forma, devemos nos livrar da expectativa de sermos vistos pelas pessoas, pois o próprio Deus nos enxerga e reconhece.

DIA 342

NA PRÁTICA

Anote em um papel ou *post-it* em que momentos você identifica a importância de se manter humilde e quando sente mais dificuldade em exercer a humildade. Leve isso em oração e peça ao Senhor oportunidades para colocar esse princípio em prática.

BÍBLIA EM UM ANO

- [ ] Isaías 43
- [ ] Ezequiel 12-13
- [ ] Efésios 4.17-32

ANOTAÇÕES

09 DE DEZEMBRO | A OBRA NÃO TERMINA

Mas eu lhes digo a verdade: é melhor para vocês que eu vá, porque, se eu não for, o Consolador não virá para vocês; mas, se eu for, eu o enviarei a vocês. (João 16.7)

DIA 343

Quais ações podem ser iniciadas para capacitar aqueles que virão após você? Busque orientação do Espírito Santo para identificar áreas em seu ministério em que pode preparar melhor o caminho para a continuidade da obra de Deus. Comece a investir em discipulado e organização, para que, quando sua parte na obra estiver completa, as próximas gerações estejam prontas para prosseguir com mais força e determinação.

BÍBLIA EM UM ANO

Isaías 44
Ezequiel 14-15
Efésios 5.1-21

Quando Jesus esteve na Terra, iniciou uma obra grandiosa que não se limitava a Seu ministério terreno. Ele sabia que, para que esta alcançasse níveis ainda maiores, seria necessário deixar um legado às futuras gerações. Para tanto, antes de Sua partida, prometeu o envio do Consolador, o Espírito Santo, que capacitaria todos aqueles que viriam depois d'Ele a prosseguirem com o trabalho que havia começado.

Com essa postura, Jesus nos ensina que liderar uma grande obra exige visão além do presente. Essa percepção mostra a importância de um legado bem-estruturado! Cristo organizou tudo de forma que, mesmo após Sua ascensão, a obra do Evangelho não apenas continuasse, mas se expandisse de maneira ainda mais poderosa.

Ele sabia que, sozinhos, Seus seguidores não teriam condições de enfrentar os desafios que estariam por vir. O Espírito Santo, portanto, é o agente capacitador, que guia, ensina e fortalece os crentes em todas as gerações. Esse ato de Jesus revela Seu amor e cuidado, garantindo que cada geração esteja equipada para realizar obras ainda maiores, conforme Ele mesmo prometeu (cf. João 14.12).

Somos chamados a sermos diligentes em nossa missão, organizando cada detalhe e capacitando aqueles que vêm depois de nós a continuar o trabalho de maneira eficaz. Assim como Jesus deixou tudo pronto para que Seus discípulos pudessem prosseguir, devemos preparar o caminho para que as próximas gerações avancem e alcancem níveis ainda maiores no cumprimento da vontade de Deus.

MURMURAÇÃO

| 18 DE DEZEMBRO

Toda a congregação dos filhos de Israel murmurou contra Moisés e Arão no deserto. Os filhos de Israel disseram a Moisés e Arão: — Quem nos dera tivéssemos morrido pela mão do Senhor na terra do Egito, quando estávamos sentados junto às panelas de carne e comíamos pão à vontade! Pois vocês nos trouxeram a este deserto a fim de matarem de fome toda esta multidão. (Êxodo 16.2-3)

Após o povo de Israel ser liberto das mãos de Faraó, foi necessário que o Senhor iniciasse um novo processo de purificação para que todos chegassem até a Terra Prometida. Eles viram a ação do poder de Deus, milagres e maravilhas, mas ainda estavam tão envoltos em idolatria e murmuração que desejavam voltar à escravidão. Estavam cegos e não conseguiam perceber o agir do Senhor, esqueciam-se facilmente de Suas promessas e as trocavam por muito pouco. Por causa desse contexto, Deus precisava, em alguns momentos, corrigir Seu povo e derramar Sua ira para trazê-lo de volta.

Cada vez que eles reclamavam, o caminho era dificultado, e a terra se tornava mais distante. Da mesma forma, Deus pode permitir que passemos por momentos de maior dificuldade para formar em nós um coração mais próximo ao de Seu filho, Jesus. Os períodos de deserto, quando são cheios de murmuração, trazem morte para nós, mas, quando são vividos com a certeza da purificação, podem nos tornar livres de qualquer condenação.

O processo pode ser difícil, porém precisamos ser lembrados das coisas que o Senhor já fez até aqui! A provisão e o cuidado d'Ele sempre foram constantes para com os Seus filhos. A murmuração é perigosa, pois começa aos poucos e torna o nosso coração amargurado. Rouba-nos do lugar de reconhecer a misericórdia divina, tornando-nos ingratos e distantes, mas Jesus diz em João 6 que n'Ele encontramos contentamento.

▪ DIA 344

NA PRÁTICA

De que maneira as dificuldades podem nos aproximar de Deus e nos purificar de pensamentos e comportamentos que não condizem com nossa nova natureza em Cristo? Registre em seu bloco de notas uma situação em que isso aconteceu com você.

BÍBLIA EM UM ANO

- ☐ Isaías 45
- ☐ Ezequiel 16
- ☐ Efésios 5.22-33

ANOTAÇÕES

11 DE DEZEMBRO

O TESTEMUNHO QUE SALVA

Com grande poder, os apóstolos davam testemunho da ressurreição do Senhor Jesus, e em todos eles havia abundante graça. (Atos 4.33)

DIA 345

NA PRÁTICA

Clame por renovo do Espírito Santo em sua vida, para testemunhar com poder e Graça. Seja sensível para identificar possíveis conexões espirituais em seu meio e use esses relacionamentos como canais para conectar outros ao Pai. Que seu testemunho seja um legado vivo, capaz de inspirar e capacitar futuras gerações! Lembre-se de que, assim como os apóstolos, você foi chamado para dar testemunho da ressurreição de Jesus!

BÍBLIA EM UM ANO

Isaías 46 ☐
Ezequiel 17 ☐
Efésios 6 ☐

ANOTAÇÕES

O plano de Deus para a humanidade inclui a participação ativa de pessoas comuns, como você e eu, na proclamação do Evangelho. Jesus, durante Seu ministério terreno, iniciou uma obra grandiosa, mas não a completou sozinho. Ele a delegou a nós, Seus seguidores, empoderados pelo Espírito Santo, para que perpetuássemos Sua mensagem.

Testemunhar com poder e Graça significa estar cheio da presença do Espírito Santo, permitindo que Ele nos habilite a compartilhar as Boas Novas com autoridade e compaixão. Por outro lado, quando agimos sem essa unção e entendimento, nossas palavras podem se tornar vazias, desprovidas de vida e transformação. Mas, quando somos revestidos, nossa pregação vira uma ferramenta poderosa nas mãos de Deus, capaz de impactar corações e mudar destinos.

Aliás, o próprio discipulado, como foi modelado por Jesus, é um convite para conectar as pessoas ao Pai, tornando-nos instrumentos de Sua vontade. Agora que fomos ligados a Deus, somos chamados a testemunhar e a discipular, para que outros também possam experimentar essa conexão. A missão não termina em nós; ela é passada adiante, capacitando a próxima geração a alcançar lugares a que nós mesmos talvez nunca consigamos chegar.

Nosso testemunho não é apenas uma lembrança de quem Deus é e do que Ele fez, mas também um impulso para que os que virão depois de nós sigam firmes no propósito divino. Que possamos, portanto, ser fiéis a nosso chamado, sabendo que, em Cristo, fazemos parte de um plano maior.

A COMEÇAR POR NÓS

| 12 DE DEZEMBRO

Porque chegou o tempo de começar o juízo pela casa de Deus; e, se começa por nós, qual será o fim daqueles que não obedecem ao evangelho de Deus? (1 Pedro 4.17)

Como Igreja, temos a responsabilidade de viver alinhados com a Palavra, sendo exemplos de obediência. O versículo de hoje nos lembra de que o julgamento começa pela Casa de Deus; ou seja, antes de julgar a iniquidade do mundo, o Senhor julgará o Seu povo. Isso nos leva a refletir se encaramos nossa caminhada cristã com seriedade.

Nossa vida deve ser marcada pela busca constante de alinhamento com as Escrituras, sabendo que seremos os primeiros a responder por nossa fidelidade ou infidelidade. Frases como "o juízo começa em casa" nos alertam de que devemos nos examinar e corrigir nossas atitudes com urgência, buscando viver de acordo com os princípios bíblicos.

Sendo assim, nossa responsabilidade como Igreja é orar com quebrantamento, gerando arrependimento dentro de nós. Precisamos cultivar um coração contrito e cheio de temor diante de Deus, reconhecendo nossas falhas e buscando Sua misericórdia. O Evangelho nos chama a uma vida de constante entrega e sacrifício, pois "estreita é a porta e apertado é o caminho que conduz para a vida, e são poucos os que o encontram" (Mateus 7.14). Antes de um grande avivamento na sociedade, precisamos clamar por um profundo quebrantamento na Igreja.

Portanto, esteja atento à sua postura, consciente de que a submissão às ordenanças divinas não é apenas um encargo pessoal, mas coletivo. Como Corpo de Cristo, nosso exemplo impacta outros e mostra a seriedade com que tratamos a nossa fé. Por isso, que a sua vida cristã seja um testemunho vivo, resplandecendo a luz de Jesus por onde andar.

DIA 346

NA PRÁTICA

Em seu devocional, tenha um tempo de quebrantamento e total entrega. Peça ao Senhor que sonde o seu coração e revele tudo aquilo que está desalinhado. Busque por arrependimento sincero, não somente pedindo perdão a Deus, mas confessando a alguém mais maduro tudo o que precisa ser levado à luz para ser purificado, para assim obter cura espiritual. Lembre-se de que seu exemplo pode inspirar outros a fazerem o mesmo, promovendo uma onda de temor e devoção em seu meio.

BÍBLIA EM UM ANO

- ☐ Isaías 47
- ☐ Ezequiel 18
- ☐ Filipenses 1.1-11

ANOTAÇÕES

....
....
....
....
....

13 DE DEZEMBRO | LEGALIDADE

> *Estes sinais acompanharão aqueles que creem: em meu nome, expulsarão demônios; falarão novas línguas; pegarão em serpentes; e, se beberem alguma coisa mortífera, não lhes fará mal; se impuserem as mãos sobre enfermos, eles ficarão curados.* (Marcos 16.17-18)

DIA 347

NA PRÁTICA

Qual tem sido sua relação com Deus? Você tem vivido em obediência à Sua palavra? Tem usado o nome de Jesus com reverência e temor? Peça ao Espírito Santo que abra sua percepção espiritual e confronte-o caso as coisas não estejam alinhadas. Humilhe-se diante do Senhor, clamando a Ele para que renove sua fé e lhe conceda a Graça de uma vida digna de Seu chamado.

BÍBLIA EM UM ANO

Isaías 48 ☐
Ezequiel 19 ☐
Filipenses 1.12-30 ☐

ANOTAÇÕES

O poder de Deus, manifesto por meio de milagres, é uma das marcas da Igreja verdadeira. No entanto, é fundamental entender que o exercício desse poder está diretamente ligado à nossa posição em Cristo. Não basta usarmos o nome de Jesus de forma automática: precisamos estar verdadeiramente conectados a Ele para experimentarmos a plenitude de Seu poder.

Sendo assim, devemos fazer tudo com temor e reverência. Aliás, o temor ao Senhor é o princípio da sabedoria (cf. Provérbios 9.10). Ao termermos a Deus, reconhecemos Sua santidade, e essa reverência nos leva a termos cuidado com a forma como usamos Seu nome. Em vez de manipularmos o poder de Deus para nossos próprios fins, buscamos Sua vontade em cada passo.

A história dos sete filhos de Ceva, em Atos 19, é um exemplo claro das consequências de usar o nome de Jesus sem autoridade. Esses homens tentavam expulsar demônios, mas não tinham uma verdadeira relação com Cristo. Como resultado, foram derrotados e espancados. Esse episódio nos mostra que o poder de Deus não está ligado a fórmulas mágicas ou a palavras vazias, e sim a um coração transformado.

Usar o nome de Jesus apenas como um amuleto, sem compreender o significado profundo da salvação, é a receita da humilhação. Ao usarmos Seu nome, estamos lidando com forças espirituais poderosas. Então, para representarmos o Salvador aqui na Terra, precisamos estar crucificados, mortos para o pecado e ressurretos com Cristo.

O MOMENTO DE TENSÃO

| 14 DE DEZEMBRO

Sabemos que todas as coisas cooperam para o bem daqueles que amam a Deus, daqueles que são chamados segundo o seu propósito. (Romanos 8.28)

No momento em que o arqueiro tensiona a flecha, ele a aproxima de seu peito e de sua visão, preparando-a para um lançamento perfeito. A tensão criada pelo arco é essencial para garantir que a flecha tenha a força e a precisão necessárias para atingir o alvo. De maneira semelhante, em nossa vida espiritual, momentos de tensão e desafios são cruciais para que possamos alcançar o propósito que Deus tem para nós, pois nos proporcionam a força e a capacidade de que precisamos para prosseguir em nossa jornada.

Quando tensionados, somos preparados para cumprir o nosso destino com eficácia. Muitas vezes, o que percebemos como batalhas e dificuldades são, na verdade, oportunidades de treinamento que Deus usa para nos fortalecer e nos alinhar com Seu propósito. Costumo dizer uma frase que resume bem essa realidade: "Tem batalhas que você vê como guerra, mas Deus vê como treinamento".

Deus nunca nos deixa à mercê das dificuldades, mas usa cada uma delas para o nosso bem. Quando confiamos n'Ele e permanecemos seguros em Suas palavras, podemos enfrentar qualquer tensão com fé e coragem, sabendo que tudo coopera para o nosso bem e para a realização dos planos do Senhor em nossa vida.

Por isso, para que você consiga lidar com esses momentos de tensão, é essencial amar ao Senhor e ter a sua identidade firmada n'Ele. Quando possuir esses pré-requisitos, a tensão não o abalará mais, mas será a força que o levará mais longe.

☐ DIA 348

NA PRÁTICA

Identifique os momentos de tensão presentes em sua vida. Peça sabedoria a Deus para discernir como você pode amadurecer diante desses desafios. Exercite sua visão espiritual, enfrentando essas situações com a perspectiva divina, e simplesmente persevere. Creia que o Senhor está usando tudo isso para forjar em você o caráter necessário para impactar o mundo pelo Seu Reino.

BÍBLIA EM UM ANO

☐ Isaías 49
☐ Ezequiel 20
☐ Filipenses 2.1-11

ANOTAÇÕES

15 DE DEZEMBRO |

ROMPA COM A MALDIÇÃO DO PASSADO

Então Josué disse a todo o povo: – Assim diz o Senhor, Deus de Israel: "Antigamente, os pais de vocês, incluindo Tera, pai de Abraão e de Naor, viviam do outro lado do Eufrates e serviam outros deuses. Eu, porém, trouxe Abraão, o pai de vocês, do outro lado do rio e o fiz percorrer toda a terra de Canaã". [...]. (Josué 24.2-3)

DIA 349

NA PRÁTICA

Ore ao Senhor e peça a Ele que lhe mostre questões familiares com as quais você precisa romper. Talvez você se lembre de objetos específicos que precisa jogar fora, por exemplo. Esteja sensível àquilo que o Espírito direcionar.

BÍBLIA EM UM ANO

Isaías 50 ☐
Ezequiel 21-22 ☐
Filipenses 2.12-30 ☐

ANOTAÇÕES

Josué havia reunido o povo para renovar a aliança com Deus. Israel precisava compreender a importância de adorar apenas o Senhor, o único Deus, distanciando-se de qualquer hábito que o afastasse de Seus caminhos. A luta de Josué era justamente manter os hebreus alertas quanto ao perigo de voltarem aos velhos costumes pagãos, presentes mesmo antes de Abraão atender ao chamado do Altíssimo.

Josué afirma que o pai de Abraão era idólatra. Gênesis 11.31-32 nos mostra que Terá saiu de Ur dos Caldeus a fim de chegar a Canaã. Mas, ao parar em Harã, cidade situada na parte superior do Rio Eufrates, ele se estabeleceu lá e morreu antes de alcançar a terra que tinha como destino. Quando o Senhor ordenou que Abraão saísse de sua terra para ir ao lugar que mostraria, Ele não estava apenas lhe entregando um novo endereço, mas chamando o patriarca a romper com o passado e os costumes de sua família, a fim de construir uma nova cultura — a do céu —, por meio da fé em um único Deus.

Sabemos que não precisamos ter medo de qualquer mal sobre nossas vidas e sobre nossas famílias, como o salmista declara: "Nenhum mal lhe sucederá, praga nenhuma chegará à sua tenda" (Salmos 91.10). Mas, se desejamos tomar posse dessas promessas de proteção e provisão, devemos abandonar as influências pecaminosas da nossa história familiar e receber de todo coração a mensagem da Cruz. Cristo Se fez maldição por você (cf. Gálatas 3.13) para que a bênção do Senhor repousasse sobre sua vida. Não traga de volta ao presente o passado do qual Ele o libertou!

OS PEQUENOS COMEÇOS

| 16 DE DEZEMBRO

E você, Belém-Efrata, que é pequena demais para figurar como grupo de milhares de Judá, de você me sairá aquele que há de reinar em Israel, e cujas origens são desde os tempos antigos, desde os dias da eternidade. (Miqueias 5.2)

Os pequenos começos são subestimados por aqueles que buscam grandes resultados imediatos. No entanto, a Bíblia está repleta de exemplos que mostram como Deus valoriza o que parece insignificante aos olhos humanos, como Belém, uma cidade pequena e aparentemente irrelevante entre os grandes nomes de Judá. Ainda assim, foi escolhida para ser o local de nascimento do Salvador.

Seja em nosso ministério, trabalho ou vida pessoal, as primeiras tentativas podem parecer desanimadoras, mas são justamente nesses começos que Deus está moldando nosso caráter, preparando-nos para algo maior. Ele nos chama a confiar, mesmo quando o que temos em mãos é pouco. Afinal, é por meio da fidelidade no pouco que o Senhor nos capacita a vivenciar transformações poderosas.

Jesus nasceu em Belém, uma cidade aparentemente sem importância, mas foi dali que o plano de redenção para a humanidade se revelou ao mundo inteiro. Semelhantemente, quando confiamos que Deus está no controle, compreendemos que a verdadeira grandeza vem não do que o mundo considera grande, mas do propósito divino que Ele estabelece para cada um de nós.

Aliás, o Senhor não escolhe os grandes de acordo com os padrões humanos; Ele escolhe fracos para confundir os fortes (cf. 1 Coríntios 1.27). Sendo assim, devemos aprender a enxergar as oportunidades naquilo que parece não ter valor. Nossa missão é valorizar os primeiros passos, sabendo que Deus pode escalar qualquer coisa a níveis estratosféricos, basta crer e permanecer.

DIA 350

NA PRÁTICA

Comece a valorizar os pequenos começos e repreenda todo sentimento de rejeição ou inferioridade em seu coração. Clame ao Senhor por uma visão renovada, para que você enxergue o potencial das situações humildes que Ele colocou em suas mãos. Comprometa-se a ser fiel nas pequenas tarefas, confiando que Deus está preparando algo grandioso por meio delas.

BÍBLIA EM UM ANO

- [ ] Isaías 51
- [ ] Ezequiel 23
- [ ] Filipenses 3

ANOTAÇÕES

17 DE DEZEMBRO | NO ALTO DO MONTE

Depois, Jesus subiu ao monte e chamou os que ele quis, e vieram para junto dele. Então designou doze, aos quais chamou de apóstolos, para estarem com ele e para os enviar a pregar e a exercer a autoridade de expulsar demônios. (Marcos 3.13-15)

DIA 351

Subir ao monte é um convite para uma profunda intimidade com Jesus. No passado, Cristo subiu ao monte para se afastar das distrações e estar mais perto de Deus. Ali, Ele também chamou Seus discípulos para uma experiência transformadora de comunhão e revelação. Esse momento foi crucial, pois preparou os doze para o ministério que teriam.

Hoje, subir ao monte pode significar buscar momentos de intimidade com o Senhor em nosso dia a dia. É a hora em que nos afastamos das distrações e nos dedicamos exclusivamente a uma profunda conexão com o Pai. Em nossa vida espiritual, "subir ao monte" é dedicar tempo ao devocional, buscar a presença de Deus e permitir que Ele nos molde e revele Sua glória.

A intimidade com Cristo não é apenas uma experiência pessoal, mas uma transformação que reflete em nosso testemunho e ministério. Assim como os discípulos foram capacitados e enviados após a experiência no monte, você também é fortalecido e equipado para viver como sal e luz no mundo (cf. Mateus 5.13-14). A presença de Deus o transforma, o capacita e o envia para impactar o Corpo de Cristo e a sociedade.

Portanto, busque subir ao monte diariamente. Dedique momentos para se afastar das preocupações mundanas e mergulhe em uma intimidade com o Pai. Em Sua presença, você será transformado para manifestar Sua verdade em todos os lugares e assim cumprir o propósito divino em sua vida.

NA PRÁTICA

Reserve um tempo especial para "subir ao monte". Encontre um lugar tranquilo e se dedique a buscar a presença de Deus. Use esse período para se afastar das distrações, mergulhar na Palavra e ouvir a voz do Senhor. Encontre formas de cultivar essa intimidade em seu cotidiano, buscando estar mais perto do Pai e permitindo que a presença d'Ele transforme sua vida. Comprometa-se a manter esse hábito com regularidade, para que, pouco a pouco, você possa refletir a glória divina cada vez mais.

BÍBLIA EM UM ANO

Isaías 52 ☐
Ezequiel 24 ☐
Filipenses 4 ☐

ANOTAÇÕES

....
....
....
....
....

DELEITE-SE NO DEUS DA OBRA

| 18 DE DEZEMBRO

Mas Jonas ficou muito aborrecido e com raiva [...]: — Ah! Senhor! Não foi isso que eu disse, estando ainda na minha terra? Por isso, me adiantei, fugindo para Társis, pois sabia que tu és Deus bondoso e compassivo, tardio em irar-se e grande em misericórdia, e que mudas de ideia quanto ao mal que anunciaste. (Jonas 4.1-2)

Podem existir momentos da vida em que obedecemos a Deus por obrigação, e não por alegria — Jonas é um exemplo disso. Ele sabia que o Senhor era misericordioso e perdoaria Nínive, cidade para a qual havia sido enviado. Por isso, inicialmente, fugiu para Társis. Na história, quando o povo de Nínive se arrependeu e foi poupado, Jonas ficou descontente. Sua crise foi o resultado de fazer a obra de Deus sem se deleitar no Deus da obra. Ele não sentiu prazer na misericórdia do Senhor, mas obedeceu em segunda instância por obrigação.

A história desse profeta destaca como um coração que se alegra com a salvação dos outros pode transformar a nossa obediência a Deus em fonte de alegria. Apesar de ter recebido perdão pessoal quando foi salvo da barriga do grande peixe (cf. Jonas 1.17; 2.10), Jonas não conseguiu estender esse perdão ao povo de Nínive. A verdade para a nossa vida é que obedecer à vontade do Senhor deixa de ser um fardo para se tornar uma missão alegre quando nos espelhamos no amor do Pai por todos.

Ouvir o Senhor é uma responsabilidade que devemos levar a sério. A rebelião do profeta o conduziu por uma jornada difícil, mas a disciplina de Deus refez o seu caminho. Às vezes, como Jonas, precisamos de tempestades para nos trazer de volta à direção apontada pelo Pai. Mas, ao contrário do que aconteceu com o profeta, que o nosso coração seja quebrantado e possamos obedecer ao Senhor com alegria. Deleite-se no Deus da obra e no Seu caráter; assim, será muito mais prazeroso obedecer.

■ DIA 352

NA PRÁTICA

Em algum momento, você já se pegou obedecendo a Deus por obrigação? Não se permita viver dessa forma! Peça ao Senhor um coração que tem prazer em Lhe obedecer, participar da Sua obra e amar o próximo. Não entre no automático, mas lembre-se, constantemente, de que você está servindo ao Rei dos reis.

BÍBLIA EM UM ANO

- [ ] Isaías 53
- [ ] Ezequiel 25-26
- [ ] Colossenses 1.1-23

ANOTAÇÕES

19 DE DEZEMBRO |

ENCHA-SE TODOS OS DIAS

Tendo eles orado, tremeu o lugar onde estavam reunidos. Todos ficaram cheios do Espírito Santo e, com ousadia, anunciavam a palavra de Deus. (Atos 4.31)

DIA 353

NA PRÁTICA

Você tem clamado por mais do Espírito Santo em seu dia a dia, ou se contentou com o derramar que recebeu no passado? Avalie seu coração e mantenha-se em completa dependência do Espírito, sabendo que a ousadia necessária para anunciar a Palavra vem de um relacionamento constante com Ele.

BÍBLIA EM UM ANO

Isaías 54 ☐
Ezequiel 27-28 ☐
Colossenses 1.24 - 2.19 ☐

ANOTAÇÕES

Um dos maiores mal-entendidos na caminhada cristã é ver o enchimento do Espírito Santo como um evento único e isolado. Em Atos 4.29-32, os discípulos foram novamente cheios do Espírito após o Pentecostes (cf. Atos 2), mostrando que essa experiência deve ser contínua. Ou seja, não se trata apenas de um momento, mas de um estilo de vida que busca a Presença continuamente.

Será que, em nossos dias, já nos acostumamos a caminhar por nós mesmos e nos contentamos com a primeira experiência de quando recebemos o Espírito? A pergunta que devemos nos fazer é: "O que resta se tirarmos o Espírito Santo de nossa igreja e de nossas vidas?". Se mantivermos nossas performances e agendas exatamente como são, significa que temos nos movido sem dependermos de Sua presença, direção e poder. Afinal, apenas com Ele temos o poder e a orientação espiritual que nos mantêm alinhados à Sua vontade. Pedro pôde afirmar que não tinha ouro e prata, mas carregava o poder do nome de Jesus (cf. Atos 3.6). Que tragédia seria afirmar o oposto nos dias de hoje!

Nossa conexão com o Senhor se aprofunda quando passamos mais tempo em Sua presença e nos abrimos para receber mais de Seu derramar. À medida que nos mantemos nesse lugar, começamos a notar maior discernimento e clareza em nossa caminhada espiritual, porque estamos sendo cheios do Espírito de Deus de forma contínua. Apenas dessa forma permanecemos espiritualmente vivos e em sintonia com o Pai. Por isso, não se contente com uma única experiência: permita que o Espírito Santo o encha dia após dia.

O ALINHAMENTO DE DEUS

| 20 DE DEZEMBRO

— Entrem pela porta estreita! Porque larga é a porta e espaçoso é o caminho que conduz para a perdição, e são muitos os que entram por ela. Estreita é a porta e apertado é o caminho que conduz para a vida, e são poucos os que o encontram. (Mateus 7.13-14)

Como cristãos, somos chamados a viver fora do conforto. Jesus nos alerta de que o caminho que conduz à vida é estreito, e poucos são os que o encontram. Isso significa que nossa caminhada com Deus requer renúncias constantes. Nosso caminho não é fácil, pois dia após dia devemos carregar a nossa cruz (cf. Lucas 9.23).

Por isso, o alinhamento de Deus em nossas vidas é essencial. O Espírito Santo trabalha em nós, revelando as áreas que precisam ser alinhadas com a vontade divina. Esse processo pode ser desconfortável, pois envolve abrir mão de nossos desejos para abraçar algo maior. Contudo, é nesse lugar de entrega total que encontramos a verdadeira vida e o cumprimento dos planos de Deus.

A Igreja, como Corpo de Cristo, deve passar por esse alinhamento. Precisamos estar sensíveis ao que o Espírito Santo deseja ajustar em nossa comunidade de fé. Quando permitimos que Ele opere em nosso meio, nosso organismo se torna mais eficaz em cumprir Sua missão na Terra, sendo sal e luz em meio às trevas (cf. Mateus 5.13-14).

Diante das oposições que você enfrentar, sua resposta deve ser marcada pela firmeza. Seguir a Cristo pode levá-lo a enfrentar adversidades, mas é justamente nesses momentos que deverá manter o foco no que é eterno, não permitindo que as dificuldades o desviem do caminho estreito. Ao se comprometer com o que o Senhor anseia, você será capacitado a viver de maneira que glorifica o nome d'Ele e impacta aqueles ao seu redor.

DIA 354

NA PRÁTICA

Hoje mesmo, esteja disposto a abrir mão de qualquer coisa que o esteja impedindo de seguir o caminho estreito que leva à vida. Ore pela sua igreja, pedindo que o Espírito Santo traga alinhamento e direção clara para sua congregação e toda a sua liderança. Enfrente as oposições com coragem, sabendo que Deus é quem o capacita a vencer cada desafio.

BÍBLIA EM UM ANO

☐ Isaías 55
☐ Ezequiel 29-30
☐ Colossenses 2.20 - 3.17

ANOTAÇÕES

21 DE DEZEMBRO | RELACIONAMENTO PROFUNDO

Então o Senhor disse: — Ouçam, agora, as minhas palavras: se entre vocês há um profeta, eu, o Senhor, em visão me faço conhecer a ele ou falo com ele em sonhos. Não é assim com o meu servo Moisés, que é fiel em toda a minha casa. Falo com ele face a face, claramente e não por enigmas; pois ele vê a forma do Senhor [...]. (Números 12.6-8)

DIA 355

NA PRÁTICA

Reflita: você considera que o seu relacionamento com Deus hoje é distante e superficial ou está caminhando para tê-lo cada vez mais profundo e íntimo? Pegue uma folha de papel e anote como você pode inserir mais tempo com Deus no seu dia a dia. Aumente um pouco mais o nível!

BÍBLIA EM UM ANO

Isaías 56 ☐
Ezequiel 31-32 ☐
Colossenses 3.18 - 4.18 ☐

ANOTAÇÕES

Ao observarmos a história de Moisés, perceberemos que ele tinha uma vida de amizade e intimidade com Deus diferente da do povo de sua época. O Senhor olhava para ele de modo único, pois encontrava em Seu servo compromisso e integridade. Os relatos nos mostram que, enquanto Deus Se comunicava com os homens por meio de sonhos ou visões, Ele falava com Moisés face a face.

Existem diferentes níveis de intimidade em uma relação interpessoal, e a mesma verdade se aplica ao nosso relacionamento com Deus, como vimos nessa passagem. Está à nossa disposição viver de modo íntimo e profundo com o Senhor, e é isso o que precisamos ansiar, em vez de permanecermos distantes, vivendo de forma superficial. Não existe promoção de intimidade sem fidelidade. A profundidade só será atingida por meio de uma experiência espiritual genuína, da rendição, da obediência e da proximidade com o Senhor no dia a dia.

Ver quem Deus é de perto e se aproximar requer humildade e intencionalidade. Após conhecer Jesus, existe uma decisão a ser feita. Os que experimentam de Deus dizem "venha e veja" (cf. João 1.45-51), mas Jesus também diz "tome a sua cruz e siga-me" (cf. Lucas 9.23). A amizade com Cristo tem uma condição: obediência à Sua Palavra. É esse cenário que abre espaço para um próximo nível de intimidade, no qual Ele deixa de nos chamar de servos e passa a nos chamar de amigos (cf. João 15.14-15). Comprometa-se com o Senhor e siga a Cristo radicalmente.

O FILHO DE DEUS

| 22 DE DEZEMBRO

Você ficará grávida e dará à luz um filho, a quem chamará pelo nome de Jesus. Este será grande e será chamado Filho do Altíssimo. Deus, o Senhor, lhe dará o trono de Davi, seu pai. Ele reinará para sempre sobre a casa de Jacó, e o seu reinado não terá fim. (Lucas 1.31-33)

O povo de Israel escutou durante gerações e gerações, por meio dos profetas e mestres da Lei, que um Salvador viria para libertá-lo e trazer-lhe uma nova vida. Depois de tantas profecias, finalmente havia chegado o tempo de o Messias vir ao mundo. Assim que o anjo falou com Maria, deixou clara a identidade do bebê que ela carregaria. Dela nasceria o Redentor da humanidade e o Herdeiro do trono de Davi. Aquele a respeito de quem ouviram tantas vezes, enfim, seria revelado!

Entender quem Jesus é transforma a nossa ideia de mundo, de nós mesmos e do outro, porque tudo perpassa Sua identidade de Filho do Altíssimo. Cristo não foi mais um profeta, filósofo, líder político, militante ou rebelde, Ele foi e é o Salvador! Ele é o Filho de Deus! Essa verdade nos indica algo: Deus é Pai, e, agora, nós somos filhos a partir do sacrifício do Filho Primogênito. O significado prático de reconhecer Jesus como Senhor de nossas vidas é nos submetermos à vontade d'Ele e vivermos de acordo com a nova identidade que recebemos.

Em Cristo, somos novas criaturas e precisamos expressar esse fundamento. Uma vez encontrados pela Graça de Deus, tudo o que somos é restaurado, e a vida antiga não tem mais valor ou sentido.

Jesus é o Filho de Deus, que Se fez servo e Se despiu de toda glória em obediência ao Pai e amor à missão de restauração da humanidade (cf. Filipenses 2.5-11). Você é fruto da Graça e do amor de Deus! Você é filho, e isso ficará cada vez mais claro no seu interior conforme o Espírito Santo revelar sua nova identidade em Cristo.

DIA 356

NA PRÁTICA

Faça uma lista das características que Deus lhe deu e que fazem parte da sua identidade. Depois, escreva atributos de Cristo que você percebe que já desenvolve e aqueles aos quais ainda precisa dar mais atenção.

BÍBLIA EM UM ANO

- [ ] Isaías 57
- [ ] Ezequiel 33
- [ ] Lucas 1.1-25

ANOTAÇÕES

23 DE DEZEMBRO |

O MAIOR ATO DE AMOR

E o Verbo se fez carne e habitou entre nós, cheio de graça e de verdade, e vimos a sua glória, glória como do unigênito do Pai. (João 1.14)

DIA 357 ☐

NA PRÁTICA

Neste Natal, reserve um momento para meditar sobre o verdadeiro significado dessa celebração. Reflita sobre o sacrifício de Jesus e a missão que Ele cumpriu por amor a nós. Comprometa-se a viver de acordo com os Seus ensinamentos, demonstrando graça e verdade em suas ações diárias. Se possível, participe de um ato de serviço ou caridade em sua comunidade local para compartilhar ainda mais do amor de Cristo com aqueles ao seu redor, tornando o Natal um memorial digno da Sua mensagem.

BÍBLIA EM UM ANO

Isaías 58 ☐
Ezequiel 34 ☐
Lucas 1.26-56 ☐

ANOTAÇÕES

A celebração do Natal é um lembrete do maior ato de amor que a humanidade já conheceu: Deus enviando Seu Filho ao mundo. O nascimento de Jesus, após a gestação mais importante da História, foi o cumprimento da promessa divina de redenção da humanidade. Cristo veio em carne e nasceu como homem para viver entre nós, experimentar nossas dores e, finalmente, cumprir a missão de salvar a humanidade por meio de Sua morte e de Sua ressurreição.

Ele viveu uma vida sem pecado, demonstrando em cada ação o amor do Pai. Sua vinda à Terra nos ensina o imenso amor de Deus por nós. Na verdade, Seu nascimento foi apenas o início de um ministério que culminaria em Sua morte na cruz, quando Ele Se entregou em sacrifício, religando-nos ao Senhor.

Em Cristo, vemos a glória do unigênito do Pai (cf. João 1.14). Ele deixou a Sua glória e assumiu a forma humana para que pudéssemos conhecer o Seu caráter e ter um exemplo perfeito a seguir. Esse ato de humildade nos mostra que o Senhor sempre almejou restaurar Seu relacionamento com a criação e, por isso, deseja que todos experimentemos uma vida abundante em Sua presença.

Diante da profundidade desse amor, responda à entrega de Cristo de maneira prática. Assim, celebre o Natal não apenas como uma data festiva, mas como uma oportunidade de refletir e renovar seu compromisso com o Pai. A partir dessa compreensão, tenha atos de gratidão a Deus, vivendo de acordo com os ensinamentos de Jesus e compartilhando Sua mensagem a cada instante.

UM HOMEM JUSTO

24 DE DEZEMBRO

O nascimento de Jesus Cristo foi assim: Maria, a sua mãe, estava comprometida para casar com José. Mas, antes de se unirem, ela se achou grávida pelo Espírito Santo. (Mateus 1.18)

O nascimento de Jesus é marcado por circunstâncias extraordinárias que revelam o plano divino de redenção para a humanidade. Maria, comprometida com José, achou-se grávida pelo Espírito Santo, uma situação que desafia a lógica humana e requer uma fé profunda no poder de Deus.

José, inicialmente perplexo com a situação, decidiu deixar Maria em segredo para poupá-la da vergonha. No entanto, um encontro com um anjo do Senhor transformou sua compreensão. O mensageiro revelou a José que o filho que Maria carregava era o Messias, e, por isso, ele deveria permanecer ao lado dela. Esse encontro não só esclareceu qualquer dúvida, como revelou o caráter de José como um homem temente a Deus. Em vez de agir com precipitação, ele escolheu obedecer ao plano divino e aceitar seu papel.

As circunstâncias peculiares do nascimento de Cristo não somente desafiam as normas sociais, mas também mostram como Deus escolhe pessoas autênticas para contribuírem com a Sua obra. José é um exemplo vivo disso: foi escolhido para ser o pai terreno do Messias não por seu status, e sim por sua devoção ao Senhor.

Para honrar a missão que Deus coloca em nossas mãos, devemos seguir o exemplo de José, sendo obedientes ao Senhor. Por isso, confie na sabedoria divina acima das suas próprias compreensões e aja com ousadia, mesmo diante de impasses. Todos precisamos estar dispostos a sacrificar nosso conforto pessoal para cumprir o propósito dos Céus, então creia que o Senhor o capacitará em todos os momentos dessa jornada.

■ DIA 358

NA PRÁTICA

Reflita sobre as missões que Deus colocou sob sua responsabilidade e ore para que Ele lhe conceda sabedoria e discernimento para cumprir Seus propósitos. Considere áreas em sua vida em que você pode agir com mais fé e obediência, seguindo o exemplo de José. Procure oportunidades para demonstrar amor e cuidado pelos outros, especialmente aqueles que estão enfrentando desafios similares aos seus.

BÍBLIA EM UM ANO

- [ ] Isaías 59
- [ ] Ezequiel 35-36
- [ ] Lucas 1.57-80

ANOTAÇÕES

25 DE DEZEMBRO | A SALVAÇÃO É UMA PESSOA

> Porque os meus olhos já viram a tua salvação, a qual preparaste diante de todos os povos: luz para revelação aos gentios, e para glória do teu povo de Israel. (Lucas 2.30-32)

DIA 359

NA PRÁTICA

Neste Natal, dedique um tempo para meditar sobre o significado profundo da salvação em Jesus. Se ainda não entregou sua vida a Cristo, peça-Lhe que perdoe seus pecados e entregue seu coração totalmente a Ele, como único caminho para Deus. Reflita sobre como Ele é a resposta às suas necessidades espirituais mais profundas e a fonte da sua esperança eterna. Que esse tempo de celebração seja uma oportunidade para relembrar o seu compromisso com Jesus, quando O reconheceu como Salvador.

BÍBLIA EM UM ANO

Isaías 60 ☐
Ezequiel 37 ☐
Lucas 2.1-20 ☐

ANOTAÇÕES

Quando Simeão segurou o menino Jesus em seus braços no templo, ele reconheceu que estava diante da promessa cumprida de Deus — a salvação não só para Israel, mas para todos os povos. Essas palavras refletem o propósito divino no nascimento de Cristo: Ele veio como a luz que ilumina gentios e judeus, revelando a todos a oportunidade de redenção por meio da fé n'Ele.

Jesus é a salvação porque veio para cumprir o plano do Senhor de reconciliar a humanidade. Para isso, Ele não apenas nasceu em humildade, mas viveu em obediência perfeita ao Pai, sem pecado, e, finalmente, deu Sua vida na cruz para pagar pelos pecados de todos.

Em João 3.16, Jesus é descrito como o presente de amor do Pai para o mundo, oferecendo vida eterna a todos os homens. Ele é o caminho, a verdade e a vida (cf. João 14.6), e não há salvação em nenhum outro nome senão no de Jesus (cf. Atos 4.12). Não existem três ou dois caminhos para a salvação, somente um, e Seu nome é Jesus! A salvação não é algo que podemos fazer, mas é Alguém que conhecemos.

Celebrar o Natal nos lembra da preciosidade e da profundidade da nossa salvação em Cristo Jesus. É um tempo para refletir sobre como Deus enviou Seu Filho como a solução para o nosso maior problema: a morte eterna. Ao reconhecermos Seu nascimento miraculoso, somos convidados a renovar nossa fé, a nos arrependermos dos nossos pecados e a viver em obediência à Sua vontade.

É um momento para compartilhar o amor e a esperança que encontramos em Cristo com os outros, proclamando as Boas Novas de salvação que Ele trouxe.

A ENTREGA DO PAI

26 DE DEZEMBRO

Então Maria deu à luz o seu filho primogênito, enfaixou o menino e o deitou numa manjedoura, porque não havia lugar para eles na hospedaria. (Lucas 2.7)

O nascimento de Jesus é um testemunho vivo da entrega e humildade do Pai Celestial. Enviando Seu Filho ao mundo, o Senhor entregou Seu bem mais precioso, permitindo que Jesus nascesse em um lugar humilde, dormisse em uma manjedoura e vivesse entre nós. Essas condições modestas não foram um acidente, mas uma demonstração deliberada do amor sacrificial de Deus por toda a humanidade.

Ele veio para servir, e não para ser servido, mostrando-nos que o Reino dos Céus é manifestado por meio da humildade e da abdicação da própria vida. Aliás, Seu nascimento exemplifica o caminho da renúncia às próprias vontades em favor de uma vontade superior.

Tais condições tão humildes também nos ensinam muito sobre nossa postura como cristãos. Devemos aprender a abandonar nossas expectativas, deixando que a voz de Deus fale mais alto. Isso envolve humildade para reconhecer nossa dependência d'Ele e nossa disposição para servir a todos com amor e compaixão, independentemente das circunstâncias.

Seguindo o exemplo do Mestre, trilhe um caminho de negação e coloque a mensagem do Evangelho e o avanço do Reino acima de tudo. Uma tarefa tão árdua e prazerosa só é possível se você deixar que a sabedoria divina supere o seu entendimento. Jesus foi vitorioso em Seu ministério, pois seguiu esse preceito desde o nascimento, e nos convida a dar o mesmo passo quando nos tornamos nova criatura em Cristo.

DIA 360

NA PRÁTICA

Hoje, reconheça tudo em sua vida que deve ser renunciado para que você siga o exemplo de Jesus em humildade. Ore para que Deus lhe conceda a graça de servir aos outros com compaixão, sem esperar qualquer recompensa. Procure oportunidades para demonstrar sua entrega, buscando a vontade de Deus em cada decisão que você tomar e em cada ação que fizer.

BÍBLIA EM UM ANO

- [ ] Isaías 61
- [ ] Ezequiel 38-39
- [ ] Lucas 2.21-52

ANOTAÇÕES

27 DE DEZEMBRO | PALAVRAS DE VIDA

Simão Pedro respondeu: — Senhor, para quem iremos? O senhor tem as palavras da vida eterna, e nós temos crido e conhecido que o senhor é o Santo de Deus. (João 6.68-69)

DIA 361

NA PRÁTICA

Aproveite os últimos dias do ano e dedique um tempo para refletir sobre suas motivações para seguir a Cristo. Examine sinceramente se você O busca apenas por aquilo que Ele pode lhe proporcionar, ou se O reconhece e adora como o Senhor da sua vida. Ore pedindo ao Espírito Santo que revele áreas em seu coração que precisam ser alinhadas com a soberania de Jesus. Comprometa-se a buscar um relacionamento mais íntimo com Ele, baseado no reconhecimento do Seu governo sobre tudo e todos.

BÍBLIA EM UM ANO

Isaías 62 ☐
Ezequiel 40-41 ☐
Lucas 3.1-20 ☐

ANOTAÇÕES

....
....
....
....
....

No relato de João 6, vemos duas abordagens distintas em relação a Jesus: a multidão, que O seguia por causa dos sinais milagrosos; e Pedro, que reconheceu n'Ele não apenas um Mestre, mas o Senhor e o Santo de Deus. Enquanto o povo O buscava por motivos temporais e materiais, como pão e milagres, Pedro e os discípulos reconheceram algo mais profundo: as palavras da vida eterna.

Pedro expressou essa convicção ao afirmar que não tinha para onde ir, pois Cristo era o único que oferecia palavras de vida eterna. Isso revela um relacionamento íntimo e pessoal com Jesus, baseado no reconhecimento de Sua soberania e na aceitação de Sua palavra como verdadeira e transformadora.

Refinar nosso caráter para alinhar nossas motivações ao reconhecimento do senhorio de Cristo envolve um processo contínuo de busca espiritual e autoexame. Isso significa deixar de lado as razões egoístas e buscar conhecê-lO mais profundamente por meio da oração, do estudo da Palavra e da obediência aos Seus mandamentos. Quando buscamos um relacionamento íntimo com Jesus, somos transformados pelo Seu Santo Espírito e passamos a adorá-lO não por aquilo que Ele pode fazer por nós, e sim por quem Ele é em Sua essência.

É essa intimidade que o fará experimentar a presença, a Graça transformadora e a orientação de Jesus todos os dias. Quando você se aproxima d'Ele e Lhe entrega sua vida, passa a entender que o Seu plano é perfeito e infalível e que já não é mais possível viver apenas como multidão, porque as palavras da vida eterna estão somente no Senhor.

OS REMANESCENTES DE DEUS

28 DE DEZEMBRO

O remanescente de Israel não cometerá injustiça. Eles não proferirão mentira, e da sua boca não sairão palavras enganosas, porque serão apascentados, se deitarão, e não haverá quem os atemorize. (Sofonias 3.13)

Em um mundo que parece caminhar cada vez mais na direção oposta à vontade de Deus, podemos nos sentir isolados em nossa fé. No entanto, a Bíblia nos lembra de que sempre há um remanescente escolhido pelo Senhor, um grupo de pessoas que, mesmo em tempos de escuridão, permanece fiel ao plano divino. O profeta Sofonias fala desses remanescentes como aqueles que não cometerão injustiça e viverão em integridade, guardados pelo Senhor. Isso nos traz encorajamento, pois, mesmo quando nos sentimos sozinhos, nosso Pai está conosco.

Para além disso, nossa missão não é apenas sobreviver em meio às dificuldades, mas também brilhar como luzes em um mundo que precisa da verdade de Deus (cf. Filipenses 2.15). A sensação de solidão pode ser real, mas a verdade é que não estamos sozinhos. O próprio Senhor nos apascenta, dá-nos descanso e nos protege de todo mal.

Nessa caminhada, também é importante reconhecer que Deus nos conecta com outras pessoas que compartilham do mesmo sentimento. Precisamos estar atentos e abertos para fazer essas conexões divinas! Então, busque ativamente se aproximar de outros irmãos e irmãs de fé, pessoas que dividam os pesos, as lágrimas e o encorajamento. O papel da comunidade é fundamental para nos manter firmes em nossa missão e lembrar-nos de que somos parte de algo maior, de um plano divino que está muito mais elevado que nossas circunstâncias temporárias.

DIA 362

NA PRÁTICA

Observe com atenção as conexões divinas que estão ao seu redor, ou seja, pessoas com as quais você sente que pode compartilhar sua missão e caminhar junto na fé. Ao identificá-las, comprometa-se a ser uma fonte de encorajamento e apoio ao longo do próximo ano, lembrando-se de que, juntos, vocês são parte do remanescente fiel de Deus, vivendo em integridade e cumprindo o propósito divino.

BÍBLIA EM UM ANO

- [ ] Isaías 63
- [ ] Ezequiel 42-43
- [ ] Lucas 3.21-38

ANOTAÇÕES

29 DE DEZEMBRO | CLAMANDO POR MAIS

Jabez invocou o Deus de Israel, dizendo: Oh! Quem dera me abençoasses e expandisses o meu território! Que a tua mão esteja comigo! Preserva-me do mal, para que não me sobrevenha aflição! E Deus lhe concedeu o que ele tinha pedido. (1 Crônicas 4.10)

DIA 363

A história de Jabez é breve, mas profundamente impactante. Em meio a uma genealogia, ele se destaca por sua oração sincera e ousada. Seu nome, que significa "dor", remetia ao sofrimento de sua mãe durante o parto e colocava um peso sobre sua vida. No entanto, ele não se conformou com essa marca que o passado lhe impunha. Em vez de aceitar um destino imposto, ele clamou por redenção.

Podemos aprender muito com a atitude de Jabez. Ele não apenas pediu a Deus que mudasse sua condição, mas que expandisse o território de sua vida e permitisse que a mão do Senhor estivesse sempre com ele. Esse tipo de clamor nos desafia a buscar a manifestação dos Céus além das nossas limitações e a não deixar que as marcas do passado determinem nosso futuro. Traumas, fracassos e até mesmo a forma como fomos rotulados podem nos impedir de viver a plenitude que Deus tem para nós. Se não redimirmos essas áreas por meio da Cruz, podemos acabar vivendo de forma limitada e presa ao que já aconteceu. O texto nos confirma que o Senhor ouviu a oração de Jabez. Que privilégio! Temos um Deus que ouve as nossas orações e o nosso clamor!

A oração, assim como foi para Jabez, é um poderoso instrumento para ressignificar nossa trajetória. Ao clamarmos a Deus, abrimo-nos para que Ele aja em nossa vida de maneira sobrenatural e reconhecemos nossa dependência do Alto! Quando buscamos a Deus com sinceridade e fé, Ele ouve e pode abrir novas portas de bênçãos em nossa vida, independentemente de onde começamos ou de quais obstáculos enfrentamos.

NA PRÁTICA

Em seu momento devocional, ouse levantar um clamor tão corajoso como o de Jabez, apresentando ao Senhor as áreas da sua vida em que você precisa de transformação completa. Peça por mais de Deus, por Sua presença e por uma expansão do Seu território em sua vida. Permita que Ele ressignifique sua trajetória e conduza-o a viver em Sua plenitude.

BÍBLIA EM UM ANO

Isaías 64 ☐
Ezequiel 44-45 ☐
Lucas 4.1-30 ☐

ANOTAÇÕES

CUMPRINDO A AGENDA DE DEUS

| 30 DE DEZEMBRO

Jesus, vendo-o deitado e sabendo que estava assim havia muito tempo, perguntou:
– Você quer ser curado? (João 5.6)

Em um mundo cheio de oportunidades, é fácil sermos tentados a abraçar cada uma delas, especialmente quando parecem boas ou espirituais. No entanto, a vida de Jesus nos ensina algo fundamental: precisamos ser submissos à vontade e à liderança do Pai. No episódio do tanque de Betesda, em que muitos doentes aguardavam por um milagre, Ele escolheu curar um homem. Isso pode parecer estranho à primeira vista, mas nos revela uma verdade poderosa: Cristo não era movido por necessidade ou oportunidade, mas pelo propósito específico que Deus tinha para Ele.

Discernir quais agendas e oportunidades estão realmente no coração de Deus é essencial para cumprirmos nossa missão na Terra. Por isso, ao planejarmos e aguardarmos um novo ano, precisamos aprender a ouvir a Sua voz e a seguir Seus direcionamentos, em vez de nos deixarmos levar por todas as demandas ao nosso redor. Jesus sabia que não podia abraçar todas as agendas, por mais urgentes ou justas que parecessem. Ele tinha clareza de Seu propósito e Se concentrava apenas naquilo que o Pai O enviara para fazer.

Assim como o Mestre curou aquele homem específico, busque em Deus a direção para as obras que você deve realizar no ano que está para começar, sabendo que nem tudo o que aparecer diante de você será parte da sua missão. Isso também lhe ensinará a importância de dizer "não" para certas coisas. A vontade divina deve ser tão palpável em nossa vida a ponto de negarmos convites que parecem espirituais, mas que não estão alinhados com a agenda dos Céus.

☐ DIA 364

NA PRÁTICA

Você já estabeleceu suas metas para o próximo ano? Caso ainda não tenha feito isso, comece com uma avaliação das oportunidades e agendas que têm surgido em sua vida. Ore a Deus pedindo discernimento para identificar quais delas realmente fazem parte do propósito que Ele tem para você. Comprometa-se a abandonar, na próxima temporada, todas as distrações e a seguir apenas o que o Senhor reservou para sua vida.

BÍBLIA EM UM ANO

☐ Isaías 65
☐ Ezequiel 46-47
☐ Lucas 4.31-44

ANOTAÇÕES

31 DE DEZEMBRO | SEJA FIEL NO PLANTIO

Isaque semeou naquela terra e, no mesmo ano, recolheu cem por um, porque o Senhor o abençoava. (Gênesis 26.12)

O período entre o final de um ano e o início de outro é um momento de reflexão, um tempo para olhar para trás e ver o que foi plantado ao longo dos meses. Muitas vezes, podemos nos sentir desanimados se os frutos do nosso trabalho ainda não apareceram. No entanto, a história de Isaque nos ensina a importância de ser fiel, mesmo quando a colheita ainda não é visível.

Ele semeou em uma terra que parecia improvável, mas não deixou que as circunstâncias o impedissem de fazer o que Deus havia orientado. Ao permanecer fiel, a colheita foi abundante. Esse exemplo nos desafia a continuar semeando com dedicação, confiando que a colheita virá no tempo certo, pois nossa fidelidade no plantio é uma expressão de fé.

É fácil nos concentrarmos nos resultados imediatos, mas Deus nos chama a olhar para o processo com gratidão. Mesmo que aquilo que plantamos neste ano ainda não tenha germinado, podemos ser gratos pela oportunidade de semear. Temos autonomia sobre a semente que plantamos, mas a chuva do crescimento pertence a Deus. Assim, em vez de gastarmos tempo nos preocupando com o resultado, devemos primeiro garantir que nossas sementes estão firmemente plantadas, preparando o solo do nosso coração.

Enquanto aguardamos o próximo ano, é importante reconhecer que Deus vê cada semente plantada e abençoará nosso trabalho no tempo certo. Lembre-se de que o plantio e a colheita realmente ocorrem em temporadas distintas. À medida que entramos em um novo ciclo, que sejamos constantes no plantio, certos de que o Senhor é fiel em nos abençoar com a colheita.

DIA 365

NA PRÁTICA

Aproveite o último dia do ano para relembrar todas as sementes que você plantou ao longo dos últimos meses. Agradeça a Deus por cada oportunidade de semear, mesmo que os frutos ainda não tenham aparecido. Comprometa-se a continuar sendo fiel no plantio no próximo ano, confiando que o Senhor trará a colheita no tempo certo. Sua fidelidade à semeadura é o que preparará o caminho para a abundância dos Céus sobre a sua vida.

BÍBLIA EM UM ANO

Isaías 66 ☐
Ezequiel 48 ☐
Lucas 5.1-26 ☐

ANOTAÇÕES

TERMINE BEM

omo foi sua jornada até aqui? Faça um balanço dos últimos doze meses e deixe tudo registrado neste espaço. Você está terminando o ano mais apaixonado por Jesus do que quando começou? Seu relacionamento com Ele está mais profundo? Quais foram seus maiores desafios? E as respostas de oração? Não deixe de escrever aquilo que Deus fez em sua vida.

aça uma oração de gratidão a Deus. Agradeça a Ele pelas bênçãos e pelos desafios que o fizeram crescer neste último ano. Agradeça pela oportunidade de conhecê-lO profundamente e comprometa-se a permanecer nessa busca por todos os dias da sua vida.

Este livro foi produzido em EB Garamond Pro 10 e impresso
pela Gráfica Promove sobre papel Pólen Natural 80g
para a Editora Quatro Ventos em novembro de 2024.